시청률 분석

수용자 측정과 분석법

이 도서의 국립중앙도서관 출판예정도서목록(CIP)은 서지정보유통지원시스템 홈페이지(http://seoji.nl.go.kr)와 국가
자료공동목록시스템(http://www.nl.go.kr/kolisnet)에서 이용하실 수 있습니다.
CIP제어번호: CIP2017022018(양장), CIP2017022017(학생판)

수용자 측정과 분석법

시청률 분석

제임스 웹스터 · 퍼트리샤 팰런 · 로런스 릭티 지음 | 정성욱 옮김

한울
아카데미

RATINGS ANALYSIS: Audience Measurement and Analytics(4th edition)

by James G. Webster, Patricia F. Phalen, and Lawrence W. Lichty

Copyright ⓒ 2014 Taylor and Francis

Korean Translation Copyright ⓒ 2017 HanulMPlus Inc.

차례

제1부 수용자 측정

10장 정책과 수용자 연구 378

　오래전에 번역되었어야 할 교과서라 여겨온 책을 내놓게 되어 홀가분하다. 모교인 노스웨스턴 대학교의 선생님들께 진 빚에 눌려왔던 터라 더욱 그렇다. 이런 빚을 갚는 좋은 방법은 역시 거기서 배운 바로 홍익인간하는 것일 터인데, 무엇보다도 수용자 측정에 관련된 다양한 분야의 발전에 밑거름이 되기를 희망한다.

　태평양을 건너 온 지식이 여기서도 사태를 밝혀 진전을 이루는 빛이 되자면 번역자가 감당해야 할 일이 많은데 제대로 했는지 두렵다. 이 글을 쓰는 이유도 바로 이 소임을 제대로 이행하자는 데 있다. 그래서 밝히건대, 용어 번역은 관련 업계나 학계의 번역 사례를 존중하되 일반 독자도 직관적으로 이해할 수 있도록 번역하는 쪽에 무게를 두었다. 예컨대 'cross-sectional'은 통계학계의 표준 번역을 존중하여 '횡단면'이라고 번역하되 저 말과 한 짝을 이루는 'longitudinal'의 번역은 '다시점', '경시적'과 같은 기존 번역보다 '횡단면'에 대응한다는 느낌이 더 분명한 '종단면'으로 하였다. 기존 관행을 이탈한 번역어는 모두 이런 취지로 취한 것이다. 색인란을 비롯해 이곳저곳에서 원어를 밝혀두었으므로 심각한 혼란은 없을 것이라 믿는다. 한편, 직관적 이해의 편의 못지않게 중히 여긴 기준은 혼란을 피하기 위한 일관성 유지다. 예컨대 수용자 집단이 미디어에 노출된 정도를 뜻하는 'rating'은 텔레비전에 국한된다는 사전적 의미의 한계에도 불구하고, 시종일관 '시청률'로 옮겼다. 또, 모호한 전문 용어 'engagement'는 원저자의 풀이를 살려, 국내의 번역 선레들에도 불구하고, 시종일관 '몰입'으로 옮겼다.

　이런 기준을 만들어 지킨 이유는 물론 이 책이 앞에서 말한 '밑거름 역할'을 감당하자면 쉽게 이해할 수 있는 책이 되어야 한다는 데 있다. 말미의 용어 해설 한 대목도 독자의 이해를 증진하기보다는 방해한다고 생각되어, 원저자 웹스터 선생님과의 상의를 거쳐 번역본에서는 제외했다. 독자에게 혼란스럽게 보일 것이라고 우려한 용어 해설 몇 대목은 독자가 관련 영문 자료를 더 읽어나가는 과정에서 조우할 수 있다는 선생님 말씀에 따라 그대로 두었다. 또 피디(PD)라는 한국적 명칭 때문에도 혼동할 수 있는 'program director'는 '편성 책임자'로 옮겼는데, 이 용어에 대한 설명은 원서의 용어 해설에는 없던 것이다.

　이제 이 책의 번역으로 무엇을 뜻했는지 충분히 이야기했으니, 출판 저작권자와의 연결을 포함해 여러모로 도와주신 웹스터 선생님께 깊이 감사드린다는 말로 이 글을 맺을 때이다. 대학원생이던 역자에게 잊지 못할 친절을 베풀어주신 릭티 교수님께도 이 자리를 빌려 감사의 정을 표하고 싶다. 노스웨스턴 선생님들께 진 빚을 조금이나마 갚게 도와준 출판사 한울엠플러스 측에도 감사의 뜻을 전한다.

　『시청률 분석』초판을 쓴 지 20년이 넘었다. 그동안 수용자 측정에 많은 변화가 있었지만 집필의 전반적인 목적은 그때와 같다. 초판 서문에 밝힌 바와 같이 이 책은 두 부류의 독자를 염두에 두고 집필되었다. 첫째, 수용자 조사연구에 대한 깊이 있는 이해를 원하는 이들이다. 여기에는 광고, 미디어와 관련 산업의 종사자들이 포함될 터이다. 이들에게 수용자 데이터는 거역할 수 없는 직무 수행 조건이다. 조사연구 관련 연구자로서 훈련을 받은 적이 있든 없든 간에 이들의 직무는 수용자 집단을 사고팔 때나 마케팅·프로그램 편성·투자에 관한 결정을 할 때 시청률 데이터의 숫자를 활용할 수 있는 능력을 요구한다. 둘째, 시청률 데이터를 실제 활용해야 할 필요는 없지만 그것에 대해 알아야만 하는 이들이다. 여기에는 학술인, 비평가, 정책 입안자, 디지털 미디어 연구자, 그리고 관심을 가진 일반 시민까지 포함시킬 수 있겠다. 우리는 양 독자 집단 모두를 위해, 주제가 허용하는 한 되도록 평이하게 서술된 책을 만들기 위해 노력했다.

　4판에서도 이런 기조에는 변함이 없다. 그러나 지난 3판의 출간 이래로 수용자 측정과 데이터 분석법이 변했다. 광고 수익에 의존하는 미디어 시스템이 지구촌 각지에서 늘어난 만큼 수용자 측정에 대한 전 지구적 수요는 더 커졌다. 좋건 싫건 시청률은 이제 세계 각지에서 흔히 볼 수 있게 되었는데, 이번 판은 전 지구적 시야를 담았다. 미디어가 수용자를 찾아가는 방식도 변했다. 세계의 많은 지역에서 텔레비전 서비스뿐 아니라 광범한 인터넷 서비스를 제공하는 데 디지털 네트워크에 의존하고, 태블릿과 스마트폰과 같은 휴대 장치는 언제 어디서나 소비되는 미디어의 도래를 내다보게 한다. 이런 기술들은 예외 없이 디지털 미디어의 흐름을 관리하기 위해 컴퓨터에 기대고, 컴퓨터 서버는 발신된 것을 추적할 수 있다. 이들은 수용자 측정에 대한 새로운 접근을 대표하는데, 우리가 지난 3판을 쓸 때만 해도 막 생겨난 상태였다. 이번 4판은 소위 '서버 중심' 측정에 대한 긴 토의를 포함한다.

4판은 책의 구성에도 변화를 주었다. 이번에도 이전과 같이 학술적인 것에서 상업적인 수용자 측정에 이르는 다양한 형태의 수용자 조사연구에 대한 개관에서 출발했지만, 그다음은 3부로 나뉜다. 제1부는 수용자 데이터와 그 출처다. 여기서는 미국과 전 세계의 수용자 측정 역사를 다룬다. 나아가 새로운 미디어와 당대의 비즈니스 관행이 어떻게 수용자 측정의 형태를 결정했는지 서술한다. 마지막으로 현재 사용되는 수용자 데이터를 산출하는 다양한 방법에 대해 자세히 평하는데, 각각의 방법이 가진 장단점도 정리해 놓고 있다. 제2부는 수용자 데이터 분석이 초점인데 수용자 행태 이해의 이론적 틀로 시작해서 수용자 총량 측정과 수용자 누적 측정에 대한 복기로 마무리된다. 여기에 이번에는 웹 측정이 포함되었다. 제3부는 수용자 조사연구의 광고, 편성, 재무 분석, 정책 분야에의 응용을 보여준다.

감사의 글

많은 이들이 이 책을 만드는 데 도움을 주었다. 여기에는 구판에서 감사를 표한 이들도 포함된다. 이들의 기여는 4판에서도 여전히 살아 있다. 이번 4판에서는 특히 다음에 열거한 이들의 성원과 지도, 통찰에 빚졌다: 브래드 베드퍼드(Brad Bedford), 에드 보먼(Ed Bowman), 크리스 브라이머(Chris Brimer), 에드 코언(Ed Cohen), 폴 도나토(Paul Donato), 캐슬린 폭스(Kathleen Fox), 브라이언 푸러(Brian Fuhrer), 패티 강구자(Patti Ganguzza), 개리 하트(Garry Hart), 존 마크스(Jon Marks), 웨인 니먼(Wayne Nieman), 스테이시 린 슐먼(Stacey Lynn Schulman), 제이미 스털링(Jamie Sterling), 라다 수브라마니암(Radha Subramanyam), 브루스 로젠블룸(Bruce Rosenblum), 톰 사이(Tom Thai), 로버트 버바낙(Robert Verbanac), 마이클 빈슨(Michael Vinson), 잭 왁슐래그(Jack Wakshlag), 헨리 웹스터(Henry Webster), 리처드 잭콘(Richard Zackon). 우리는 수용자 데이터와 그 용례를 제공해준, 다양한 미디어 기업 및 수용자 측정 기업에서 일하는 수많은 이들에게 고마움을 느낀다. 여기에는 다음의 기업과 기관이 포함된다: 아비트론, 컴스코어미디어메트릭스(comScore Media Metrix), LUC미디어(LUC Media, Inc.), 닐슨미디어리서치(Nielsen Media Research), 닐슨//넷레이팅스(Nielsen//NetRatings), 렌트랙(Rentrak), 게에프카텔레콘트롤(GfK Telecontrol), 티보(TiVo), 터너방송(Turner Broadcasting), 버로니스슐러스티븐슨(Veronis Suhler Stevenson), 몇 군데의 주요 동업자 단체. 우리는 또한 유익한 수정을 제안한 익명의 심사자들과 루틀리지(Routledge)의 린다 배스게이트(Linda Bathgate)와 그 보좌진의 공도 기억한다. 이 책에 훌륭한 점이 있다면 그것은 이 많은 이들의 공헌에 힘입은 것이다. 이들의 도움에도 불구하고 이 책에 어찌어찌 들여놓고 만 나쁜 점은 우리 자신의 책임이다. 끝으로 가족들에게 감사를 표하고 싶다. 부모님과 배우자, 동기와 아이들에게 감사하다. 이들 모두는, 크게 또 작게, 나름의 방식으로 우리가 과업을 해내도록 도와주었다.

"측정되는 것은 알려진다"는 경구를 언젠가는 들어보셨으리라. 이 말은, 켈빈 경이라고도 알려진, 윌리엄 톰슨(William Thomson)이 한 말이라고 한다. 최근에는 기업 경영 분야의 조언자이자 지난 세기 가장 큰 영향력을 행사한 이 분야 사상가의 한 사람인 피터 드러커(Peter Drucker)가 이 생각을 자신의 관찰을 토대로 더 밀고 나가 이렇게 말했다. "측정되는 것은 경영된다."

측정과 분석을 통해 우리는 상대적 기회, 진전, 수행 등등을 평가할 수 있게 된다. 측정과 정보는 자산의 가치 평가와 전략적 결정을 좌우한다. 다양한 방식으로 현 세계는 측정과 정보에 의해 정의된다.

측정은 우리 주변에서 흔히 볼 수 있다 ― 시계, 달력, 온도계, 심지어 주식 시장까지. 측정은 피할 수 없다. 여기에는 유력한 이유가 있다. 측정 없는 세계를 그려보라. 여러분이 알고 있는 세계가 삽시간에 사라질 것이다. 오늘날 우리는 유례가 없는 정도로 많은 측정치를 파악하고 있다. 이는 데이터를 획득, 기록, 계산, 저장, 분석하는 일에 관련된 ― 마침 우리 생애 안에 일어난 ― 기술적 진보에 힘입은 것이다. 그리고 이런 진보가 세계를 재창조한다.

오늘날 측정에 의해 추동되는 변화는 산업 전반이 겪는 변화이다.

자주 이야기되는 또 다른 경구, 모든 회사와 인간 존재가 사실은 '미디어 회사'라는 말 역시 마찬가지로 지당한 말씀이 되고 있다. 측정을 추동하는 바로 저 힘이 수용자에 대한 접근성을 유례없이 제고하는 일도 가능케 한다. 이는 ― 수용자에 대한 접근성 제고 방안을 늘 모색하기 마련인 ― 미디어 업계의 점점 더 많은 것이 거기 걸리게 되는 변화다. 미디어 회사들은 더 좋은 정보를 근거로 결정할 수 있게 하는 혁신을 필요로 한다. 이 회사들은 '누가, 무엇을, 어디에서, 왜, 그리고 어떻게'란 측면으로 분절되는, 인간의 미디어와의 상호 작용을 이해하는 데 더 똑똑해지고 더 민감해질 필요를 심화한다.

2013년까지 전 세계의 광고 지출은 5220억 달러에 달할 것이라고 예측된다. 이런 규모의 광고 지출을 사업 기회로 만드는 데 열쇠가 되는 것이 수용자 측정과 여기에 들인 노력의 결과로 산출되는 시청률 데이터이다. 광고 기회를 파는 회사는 재고 가치를 극대화하기 위해 시청률 데이터를 사용하고, 광고를 구매하는 회사는 소비자에게 효과적으로 접근하기 위해 시청률과 수용자 분석법을 사용한다.

사업 성과 제고를 위해 정확한 측정에 의존하는 사업체 가운데는 100년이 넘게 사업을 해온 것도 있고 시작한 지 아마 100일이 못될 것도 있다. 미디어 소비의 선택 범위가 비약적으로 늘어나면서 소비자의 취향과 태도도 여기에 발맞춰 진화해왔지만, 측정은 여전히 상수다. 그것은 과거 일어났거나 현재 벌어지는 일, 그리고 앞으로 도래할 바를 알려주는 상수다.

여러분의 경력이 미디어와 마케팅 분야 어디로 뻗어가건 수용자 측정의 이론과 실제, 여기 깃든 통찰과 분석법에 대한 이해는 어디서나 필수적인 앎으로 남을 것이다 ─ 늘 변하는 세계에서 여러분의 길잡이가 될 것이다.

닐슨미디어리서치 최고경영자
데이비드 캘훈(David Calhoun)

수용자 조사연구 입문

수용자들은 미디어 기업의 부와 힘의 원천이다. 재화와 서비스에 대해 직접 비용을 지불하는 것도 이들이다. '무료' 미디어를 선택하는 경우에도 이들의 미디어에 대한 주목은 광고주에게 수십 억 달러, 유로, 엔으로 팔린다. 프로그램의 값을 결정짓는 데서 더 나아가 수용자는 미디어 선택을 통해 어느 미디어가 사회적으로 중요한지도 규정짓는다. 많은 수의 추종자를 성공적으로 끌어들인 프로그램과 웹사이트는 공적인 의제를 결정하고 우리가 그 안에서 숨 쉬는 문화를 형성하는 데도 영향력을 행사한다.

그러나 수용자들은 파악이 어렵다. 지역적으로 널리, 어떤 경우에는 전 지구적으로 흩어져 있다. 이들은 가정과 직장으로 서로 떨어져 있는 데다가 한 자리에서도 하나의 '플랫폼'에서 다음 플랫폼으로 물 흐르듯 옮겨 다닌다. 미디어 제공자가 이들에게서 이익을 뽑기는 고사하고 이해라도 하려면 우선 이들을 볼 수 있어야 한다.

이들을 볼 수 있게 하는 것이 수용자 조사연구다. 공중의 주목을 어쨌거나 다루자면 필수가 수용자 연구다. 미디어 분야 전문가가 수용자 연구에 대한 이해가 없다면 주어진 일을 제대로 해낼 준비가 되어 있지 않은 것이다. 이 책의 중심 주제는 바로 이런 연구, 특히 시청률 조사연구이다. 우리는 이하에서 다양한 나라의 수용자 측정 시스템을, 그리고 관련 데이터가 알려주는 바를 탐색한다.

1. 수용자 연구의 유형

수용자 측정을 적절한 맥락 속에 놓기 위해 몇몇 폭넓은 범주를 생각해보는 것으로 시작하겠다. 이들은 수용자 연구에만 적용되는 범주도 아니고 2장 이하에서 빠짐없이 다루지도 않을 것이다. 우리가 여기서 이들에 대해 복기하는 것은 연구의 실제 관행에 관한 개관을 제공하고, 독자가 연구자의 다양한 연구 동기와 방법을 알아보도록 돕고, 또 이 분야에 관해 이야기하는 데 필요한 어휘를 쌓는 데 있다.

1) 응용 대 이론

응용 연구(applied research)는 때로 실행 연구(action research)라고도 불리는데, 관심의 대상이 되는 현상을 기술하거나 특정한 실행 경로를 선택한 데 따르는 후과들을 조명함으로써 결정을 안내하는 실천적 정보를 제공한다. 응용 연구는 당면 과제나 필요에 관심을 두는 것이 대부분이고 세상이 실제 어떻게 돌아가느냐에 대한 일반화할 수 있는 설명을 제안하는 양하는 경우는 드물다. 그럼에도 이런 연구는 쓸모 있는 통찰을 산출할 수 있고 가끔은 수용자 행태에 대한 보다 오래가는 이론의 기반을 닦기도 한다.

미디어 산업에서 응용 연구는 수용자 분석의 지배적 형태이다. 텔레비전 업계의 연구 사례에는 어느 광고가 잘 기억되는지, 어떤 유명인이 더 사랑받는지, 프로그램의 소셜미디어 '버즈(buzz: 대중적으로 요란하게 뜨는 것)'가 높은 수준의 시청자 몰입도로 연결되는지 측정하는 조사연구가 포함된다. 여기서 얻게 되는 통찰은 제작과 편성의 결정에 영향을 줄 수 있다. 인터넷의 경우에는 다양한 관심 끌개와 할인 전략이 방문자가 구매까지 가도록 클릭하게 하는 데 얼마나 효율적인지 실험하는 웹 기반 실험 연구가 사례로 포함된다. 이런 연구는 책과 DVD의 매출에 영향을 미칠 수 있다. 물론 텔레비전과 웹사이트는 각각의 수용자 규모, 구성, 행태를 기술하는 데 시청률 데이터와 같은 수용자 데이터에 의존한다. 이들은 광고를 배치하고 평가하는 데 쓰이는 지표가 되고 나아가 그 자체로 응용 연구의 핵심을 이룬다.

응용 연구의 유형 가운데서 종종 별도의 범주로 취급될 만큼 유별한 것이 **방법론적 연구**(methodological research)이다. 기본적으로 이는 연구에 대한 연구이다. 이어지는 장들에서 설명하는 바와 같이, 닐슨이나 아비트론과 같은 많은 수용자 조사 기업이 부상한 것은 새로운 연구 방법을 개발한 덕분이었다. 결국, 이들은 연구의 결과물을 파는 사업을 하는 기업이다. 자기 이해를 좇는 기업이라면 어떤 기업이라도 그러듯이, 이들도 급속하게 변하는 미디어 환경에 처한 고객이 필요로 하는 데이터를 제공하고자 자신이 파는 상품의 품질 시험과 개발에 열중한다. 방법론적 수용자 연구에는 '어떻게 하면 텔레비전 시청을 보다 정확히 측정할 수 있을까?'나 '시청자 패널 구성원을 적절히 섭외하자면 어떻게 해야 할까?', 또 '어떻게 하면 개별 미디어 플랫폼을 초월해서 미디어 이용자를 추적할 수 있을까?'와 같은 물음을 제기하는 일이 포함되겠다. 이러한 방법론적 질문에 대한 대답 다수가 수용자 데이터를 다룬 이하의 장들에서 논의될 것이다.

이론적 연구(theoretical research)는 세계가 어떻게 돌아가는지에 대한 보다 일반화된 설명을 시험한다. 만일 이런 설명 혹은 이론이 폭넓고도 실증적이라면 다양한 상황에서 유용하게 활용할 수 있다. 저명한 커뮤니케이션 연구자, 쿠르트 레빈(Kurt Lewin)이 말한 바와 같이, "좋은 이론만큼 실용적인 것도 없다"(Rogers, 1994: 321). 가끔은 업계에서도 이론적 연구가 이뤄지지만 학계에서 더 자주 이뤄진다. 예로는 텔레비전 폭력의 시청 효과나 웹사이트에서 내려받는 노래의 선택을 좌우하는 요인을 찾아내도록 설계된 실험 연구를 들 수 있다. 전형적으로 이런 연구는 개별 조직이 봉착한 특정 사안들을 넘어서는 문제를 다룬다.

응용 연구도 이론 연구도 연구자가 선택한 연구 방법의 유형에 의해 정의되는 것은 아니다. 서베이, 실험, 심층 면접, 내용 분석, 기타의 방법 모두 응용이나 이론 추구의 목적에 부합할 수 있다. 사태를 더욱 복잡하게 만드는 것은 특정 연구 결과물의 독자가 누구냐, 또 그가 거기서 어떤 배움을 얻느냐에 따라 저 연구의 목적이 응용이 될 수도 이론이 될 수도 있다는 점이다. 이런 유연성은 대체로 좋은 쪽으로 생각해볼 수 있겠지만, 이는 종종 응용 대 이론의 구분이 어렵다는 것을 의미한다.

2) 양 대 질

업계 연구자나 학계 연구자 공히 양적 연구와 질적 연구를 자주 구분한다. 하지만 양적이니 질적이니 하는 용어의 사용은 상당히 모호하다. 엄격히 말해 연구 대상을 수로 환원하는 것이 **양적 연구**(quantitative research)다. 수적 환원은 연구자가, 큰 인간 집단을 다룰 수 있게 하는 동시에 데이터를 통계적으로 처리할 수 있게 한다. **질적 연구**(qualitative research)는 현장 노트나 면접에서 옮겨 적은 언급과 같은, 수치가 빠진 요약을 산출한다. 질적 방법은 연구자가 주어진 화두를 깊이 파고들 수 있게 하는 반면, 연구가 드러낸 결과를 보다 넓은 범위로 일반화하기는 대개 힘들다는 난점도 갖고 있다. 이상적으로는 이 두 접근 방법을 함께 쓰면 좋다. 질적인 연구는 풍부한 세부와 의외의 통찰을, 양적 연구는 일반화 가능성을 가져다준다.

응용 대 이론이 특정 연구 방법에 의해 정의되지 않는 것과는 달리 양 대 질의 범주는 특정한 연구 방법에 엮이는 경향이 있다. 양적 연구는 서베이, 실험, 내용 분석의 방법에 크게 의존한다. 이들 방법은 주목할 만한 관심 변인을 찾아내고 사람이나 기타 분석 단위에 대해 이런 변인에 결부된 속성을 나타내는 수를 부여한다. 예컨대, 서베이 연구자는 사람의 나이를 기록하고 남성에게는 숫자 1을 여성에게는 숫자 2를 부여해 성별을 늘 알아볼 수 있겠다. 실험연구자는 반응을 규칙적 형태로 파악하기 위해 심장 박동이나 안구 운동과 같은 생리적 반응을 양화할 수 있을 것이다. 마찬가지로 정치적 소통을 연구하는 이라면 보도의 편파성을 드러내기 위해 대선 기간 동안 개별 정치인이 뉴스 보도에서 인용된 횟수를 기록할 수 있을 것이다.

집단 면접이나 참여 관찰과 같은 질적 방법은 대개 대화 기록이나 현지 조사 노트와 같은, 숫자 없는 결과물을 산출하게 마련이다. 그러나 이런 자료를 의미 있게 만들기 위해 약간의 양화 작업이 이루어질 수 있다. 연구자는 때로 그의 관찰을 범주에 따라 나누고 그 수를 헤아린다. 즉 양화한다. 예컨대 연구자는 어떤 생각이나 어구가 얼마나 자주 표현되거나 쓰이는지를 추적하고 싶어 할 수 있다. 그리하여 자유롭게 한 언급이나 특이한 행동이 양적인 조사연구에서처럼 개별적 특징을 잃고 압축, 요약되기도 한다.

양 대 질의 구분은 업계에서 사용되면서 더욱 흐릿해진다. 많은 미디어 종사자가 '양적 조사연구'를 '수용자 시청률'과 동일시한다. 이하의 장들에서 보는 바와 같이 시청률은 미디어 산업의 매출을 좌우하는 '통화'의 일종인 양 취급된다. 수용자를 어림하는 데 쓰이는 냉정한 숫자를 제공하지 않으면 다질적인 연구라 칭하는 업계 관행이 있고, 여기에는 라이프스타일, 가치, 의견, 상품 선호와 같은 덜 관례적인 수용자 특성에 관한 조사연구가 들어간다. 이런 특성 데이터는 미디어 거래의 통화인 시청률을 대신하지 않는 것이 보통이지만 기술적으로는 '양적'이다. 주목한 특성을 통계적으로 압축, 요약했기 때문이다.

이런 단서에도 불구하고, 업계에도 진정한 의미의 질적 연구의 사례가 많다. 관심 주제에 대해 토론할 소규모 인원의 소집이 필수인 **포커스그룹**(focus groups)이 널리 사용되고 있다. 크루거와 케이시는 포커스그룹 연구를 "자유롭고 안락한 환경에서 이루어지는, 관심 영역에 대해 어떻게 지각하는지를 알아보기 위해 용의주도하게 설계된 토론"이라고 정의했다(Kreuger and Casey, 2000: 5). 포커스그룹은 라디오 방송국 포맷이나 뉴스 프로그램 출연자와 프로그램 기획 등을 평가하는 데 흔히 사용된다. 예컨대 워너브라더스(Warner Bros.)가 파일럿 프로그램의 시험에 일상적으로 사용하는 방법이다. 숙련된 포커스그룹 진행자는 미래의 시청자가 다양한 프로그램 구성 요소에 어떻게 반응할지를 ― 어느 요소가 효과적이고 어느 요소가 그렇지 않은지 ― 구하기 위해 파고든다. 여기서 얻은 통찰은 등장인물의 개발과 이야기 구성, 편성에 관한 결정을 하는 데 도움을 줄 수 있다.

과거 30년간 다른 질적 연구 방법, 느슨하게 수용자 **민속지**(ethnography)라고 일컬어지는 접근법이 인기를 얻었다. 어떤 민속지 연구는 포커스그룹과 매우 유사하다. 미디어 이용자와 자유롭게 하는 일대일 면접이 수반되기도 하고, 다른 경우에는 팬과 같은 이들이 소셜미디어 사이트에서 무슨 이야기를 하는지를 연구하기도 한다. 또 다른 경우에는 살림집 안이나 팬 집회장과 같은 관심 장소에 관찰자들을 풀어놓기도 한다. 2008년 연구탁월성위원회(CRE: Council for Research Excellence)는 사람들이 텔레비전과 컴퓨터, 모바일 기기를 어떻게 사용하는지를 더 잘 이해하기 위해 훈련된 관찰자가 하루 종일 관찰 대상자를 쫓아다니는 연구를 재정적으로 지원했다. 극단적인 경우에는 연구자가 몇 달 혹은 몇 년 동안 연구 현장에 자신을 묶어둘 수도 있다. 최선의 경우 민속지는 양적 연구가 닿기 어려운 깊이에 도달하는 이해를 낳을 수 있다.

3) 미시 대 거시

수용자 연구는 다양한 '분석 수준'에서 이루어질 수 있다. 사회과학자는 흔히 미시 수준과 거시 수준의 연구를 구별한다. **미시 수준**(micro-level) 연구는, 민속지 연구처럼, 수용자를 수용자 개인의 시선에서 그 내부로부터 바라본다. **거시 수준**(macro-level) 연구는 수용자가 크고 복잡한 체계로 움직이는 것을 이해하기 위해 그 외부에서 바라본다. 지금까지 살펴본 다른 구분과 마찬가지로 이들 사이의 차이도 분별하기가 까다롭다. 시장이나 사회 연결망의 경우처럼 거시 수준의 체계란 미디어 사용자 개개인을 한데 모음으로써 결집되는 것이기 때문이다. 언제 하나의 수준에서 다음 수준으로 옮겨간 것인지를 늘 확실히 알 수 있는 것이 아니다. 그럼에도 미시 대 거시의 구분은 늘 염두에 두어야 할 중요한 구분이다.

미시 연구의 초점은 개인들에 ― 그들의 특성, 성향, 미디어 관련 행태에 ― 있다. 미시 연구는 연구 문제를 직관적 호소력을 갖는 사람 눈높이에서 틀 짓는다. 우리는 모두 미디어 사용자로서 경험이 있고 또 자기 자신을 들여다봄으로써 다른 이들의 행동을 무엇으로 설명할 수 있을지를 상상할 수 있으므로, 우리가 수용자에 대하여 이런 식으로 생각하는 것은 자연스럽다. 흔히 미시 연구는 무엇이 미디어 사용자 개인을 움직이는지를 파악해내기만 하면 수용자의 행태를 이해하게 될 것이라는 가정 위에서 움직인다. 수용자는 결국 한 사람 한 사람이 모여 형성된 것일 따름이다.

그래도 개인에 초점을 맞추면 한 사람 한 사람에게 귀속시킬 수 없는 요인에 대해 맹목적이게 된다. 우리는 오래전부터 편성이 프로그램 선택에 영향을 줄 수 있다는 사실을, 때로는 개인의 선호에 우선할 정도로 큰 영향을 줄 수 있다는 사실을 알고 있다. 그리고 이제는, 소셜미디어가 성장함에 따라, '무리 짓기(herding)' 같은 미디어 소비의 패턴들을 보게 되는데, 이런 현상은 개개인의 특성으로 쉽게 설명되지 않는다. 잘 알려진 사회학자이자 마이크로소프트 연구원인 던컨 와츠(Duncan Watts)가 관찰했듯이, "주어진 모집단에 속한 개개인의 모든 것을 ─ 호오, 경험, 태도, 믿음, 희망, 꿈을 ─ 알아낼 수 있다 하더라도 그들의 집합 행동을 만족스럽게 예측하는 것은 여전히 불가능할 수 있다"(Watts, 2011: 79).

그러나 대부분의 수용자 연구는, 특히 시청률 조사연구는 집합 행동에 관한 것이다. 수용자 분석가는 대개 많은 수의 사람이 했거나 할 것에 관해 진술하고 싶어 한다. 일반적으로 이들의 관심사는 클리블랜드에 거주하는 밥 스미스가 방송 뉴스를 시청했는지가 아니라 35세부터 64세까지의 남성 가운데 방송 뉴스를 시청한 이가 얼마나 되는지다. 대중 행동에 대한 관심은 거시 수준 연구에 전형적인데, 이런 관심이 실은 일종의 축복이다. 특정 개인이 시시각각 매일매일 어떻게 행동하는지를 설명하거나 예측하려고 애쓰는 것은 좌절로 끝날 수 있다. 그러나 개개인의 행동을 한데 모아 보면 대개의 경우 대중 행동에 관한 믿을 만한 예측이 가능해진다 ─ 그리고 광고주에게 시청자의 주목을 파는 사업은 바로 예측에 기초를 두고 있다.

규모가 큰 집단을 연구하는, 과학적 앎의 이 갈래를 **통계적 사고**(statistical thinking)라 불러왔다. 이는 18세기 유럽에서, 특히 보험업자들에 의해 개발되었다. 예컨대 생명 보험의 문제를 생각해보자. 어떤 개인이 언제 죽을지 예측하는 것은 불가능에 가깝지만, 많은 케이스를 모아보면 다음 해에 얼마나 많은 이가 세상을 뜰지는 추정할 수 있다. 대상이 되는 집단 전체가 어떻게 될지 예측하기 위해 개별 케이스 하나하나가 어떻게 될지 일일이 예측해야 하는 것은 아니다. 같은 맥락에서, 특정 저녁 시간대에 밥 스미스와 동갑인 남성 가운데 얼마나 많은 이가 텔레비전을 보고 있을지 알기 위해 그가 같은 시간대에 뭘 할 것인지를 알아내야 할 필요는 없다.

거시 수준에 초점을 맞추면 미디어 이용 행위의 추적은 훨씬 용이해진다. 수용자 규모와 흐름의 안정적 패턴을 알아볼 수 있게 되는 것이다. 미디어 이용에 관한 예측을 가능케 하는 수학적 등식이나 모형도 개발할 수 있다. 연구자 가운데는 수용자 행태에 관한 '법칙'을 정초하는 데까지 밀고 나간 경우도 있다. 이런 법칙이 일종의 행위 규범으로서 시청자 개인을 강제하는 것은 물론 아니다. 그보다는 대중 행동이 법칙적 경향을 노정할 정도로 예측 가능성이 높다는 의미다. 이런 종류의 추론은 상업적 수용자 조사연구 대부분의 경우에 전형적으로 이뤄지는 것이면서 이하의 장들에서 다룰 분석적 기법 다수의 기초를 이룬다.

수용자 연구에 오직 한 가지 옳은 길만 있는 것은 아니다. 양적 방법 대 질적 방법의 경우와 마찬가지로 분석의 수준 각각은 나름의 미덕과 한계를 가진다. 방법의 분류에 대한 지금까지의 이야기와 마찬가지로 미시적 접근과 거시적 접근 양자를 함께 잘 활용한다면 미디어 이용에 대한 보다 깊은 이해에 도달하게 될 것이다.

4) 합동형 대 맞춤형

마지막 구분은 합동형 대 맞춤형 조사연구다. 복수의 가입자에게 팔 표준화된 제품을 내놓는 연구가 합동형이다. 시청률 보고서는 특정 시장의 많은 이용자의 필요를 충족시킨다. 맞춤형 연구는 단일 고객이 가진 필요에 응하는 데 맞춰진 연구다.

합동형 조사연구(syndicated research)는 광고주가 수용자의 주목을 구매하는 곳이면 어디서나 볼 수 있는데, 요즘은 세계 각지에서 거의 보편적으로 볼 수 있다. 〈표 1-1〉은 합동형 수용자 조사의 세계 각지의 주요 공급자와 이들이 팔고 있는 각종 생산품을 열거하고 있다. 이 목록은 망라한 것이라기보다는 대표적인 것을 추린 것에 가깝다. 이 표에서 보다시피 이 분야에는 다수의 나라에서 움직이는 많은 거대 다국적 기업이 있다. 또, 여기 나열된 다수가 디지털 미디어의 이용을 전자적으로 모니터하기 위해 정교한, 때로는 값비싼, 기법을 사용한다. 이런 데이터는 미디어 업계에서 팔리는데, 공중은 그 상세한 내용에 접근할 수 없는 것이 상례이다. 몇몇 기업은 또한 다양한 시장에서 광고 집행과 청취자나 시청자에게 도달하기 위해 드는 비용의 규모를 추적하여 비교한 미디어 보고서를 제공하기도 한다. 점점 더 많은 수의, 구글이나 페이스북과 같은 미디어 운영자가 자신의 서비스를 이용하는 고객에 대한 데이터를 제공한다. 대체적으로 미디어 업계는 숫자로 뒤덮여 있다. 그리고 디지털 미디어 환경이 보다 편재적이고 복잡해지면서 숫자를 다루고 해석하는 능력이 점점 더 중요해진다.

합동형 조사연구는 다른 종류의 연구에 비해 몇 가지 점에서 상대적으로 유리하다. 많은 가입자가 조사 비용을 나누기 때문에 각각의 가입 이용자가 총비용의 일부만 부담한다. 합동형 조사가 데이터 수집에 사용하는 방법은 대체로 잘 이해되고 있고 독립적 감사의 대상이 되는 경우도 있다. 이런 조사연구 보고서는 서로 충돌하는 이해관계를 가진 고객에게 제공되는 서비스이기 때문에 객관적이고자 하는 작성자 동기는 한층 강화된다. 보고서가 가진, 공적인 것에 준하는 성격 때문에 한 개별 주체가 조사연구를 왜곡하는 일이 더 힘들어지고, 보고서의 표준 형식은 데이터의 일상적 이용을 용이하고 순탄하게 만든다. 비록 불완전하지만 시청률과 같은 합동형 데이터는 상거래에 사용되는 공식적인 숫자가 된다.

맞춤형 조사연구(custom research)는 특정한 후원 고객의 필요에 대응하도록

표 1-1 세계 각지의 합동형 수용자 측정 데이터의 주요 공급자

아비트론 www.arbitron.com	미국의 라디오 시청률 공급자로 가장 잘 알려져 있지만, 라디오, 텔레비전, 케이블, 집 밖 미디어 수용자를 측정하는 국제 마케팅 조사 기업이다. 이 기업의 '휴대 피플미터'가 북미, 유럽 및 아시아의 수용자 측정에 사용되고 있다.
ABC www.accessabc.com	인쇄 미디어와 인터랙티브 미디어가 내세우는 유통 부수의 진위를 검사한다. 웹사이트 트래픽을 검사하고, 스카버러(Scarborough)와 함께, 신문의 인쇄 부수와 온라인 구독에 관한 보고서를 제공한다.
컴스코어 www.comscore.com	170개국을 아우르는 국제 조사 회사이다. 미디어메트릭스(Media Metrix) 보고서가 유명한데, 200만 지구촌 이용자한테 뽑아낸 데이터를 웹사이트 기반 데이터와 결합하여·인터넷 이용을 측정한다.
CSM미디어리서치 www.csm.com.cn	CTR시장조사(CTR Market Research)와 칸타미디어(Kantar Media)의 합작 투자 사업으로 중국과 홍콩에서 텔레비전 및 라디오 시청률을 공급한다. 10억 명이 넘는 인구의 행태를 추정하기 위해 대규모 시청자 패널을 운영한다.
GfK그룹 www.gfk.com/group	20개가 넘는 나라에서 미디어 측정 결과를 공급하는 대규모 조사 회사로 텔레콘트롤(Telecontrol)을 소유하고 있는데 여기서는 독일, 프랑스, 인도를 포함한 몇 나라에서 전자식 텔레비전 시청률을 제공한다. MRI(Mediamark Research)도 소유하고 있는데, 여기서는 제품 사용, 인구 통계, 인쇄 미디어와 전자 미디어의 이용에 관한 정보를 포함하는, 미국 소비자에 대한 전국 서베이 결과를 출간한다. MRI는 자신의 데이터와 닐슨의 전국 텔레비전 패널을 '융합'한 서비스를 판다.
히트와이즈 www.hitwise.com/us	페이지 요청, 방문, 평균 방문 시간, 검색어와 행태에 대한 다양한 표준 측정치를 제공하기 위해 인터넷 서비스 제공자의 데이터를 수집한다. 이를 위해 지구 전체로는 2500만 명, 미국에서만 천만 명에 이르는 대규모 표집을 시행한다. 익스피리언마케팅서비시스(Experian Marketing Services) 소속이다.
이보피 www.ibope.com.br	브라질의 다국적 마케팅 및 여론조사 기업으로 이보피미디어(IBOPE Media)를 운영하는데, 여기서는 남미 13개국의 텔레비전 시청률 데이터와 인터넷 측정 데이터를 닐슨온라인(Nielsen Online)과 공동으로 공급한다.
입소스 www.ipsos.com	미디어 플랫폼을 초월하여 수용자 규모와 구성을 측정하는 전 지구적 마케팅 조사 기업이다. 특히, 59개국의 인쇄 미디어 수용자와 24개국의 라디오 수용자의 규모를 측정한다.
칸타미디어 www.kantarmedia.com	한때 TNS미디어라고 알려졌던 조직이 속해 있다. 50개가 넘는 나라에서 다양한 텔레비전, 라디오 및 인터넷 수용자 측정 서비스를 제공한다.

날리지네트워크 www.knowledgenetworks.com	맞춤형 보고서와 합동형 보고서 모두 낸다. 소속사로 멀티미디어멘토(MultiMedia Mentor)가 있는데, 여기서는 5000명이 넘는 미국 패널을 기반으로 8개의 플랫폼을 가로지르는 미디어 이용을 조사한다.
마케팅이밸류에이션스 www.qscores.com	텔레비전 프로그램, 브랜드, 생존 유명 인사 및 작고 유명 인사에 대한 공중의 친숙도와 선호도를 측정하는 '큐점수(Q Scores)'로 가장 잘 알려져 있다. 프라임타임 텔레비전 프로그램에 대한 시청자 관여도를 측정하는 소셜TV모니터(Social TV Monitor)도 갖고 있다.
메디아메트리 www.mediametrie.com	미디어와 광고주가 소유한, 프랑스의 수용자 측정 기업으로 라디오와 인터넷, 영화의 수용자를 추적하고 피플미터를 사용하여 텔레비전 시청률을 산출한다.
닐슨 www.nielsen.com/us/en.html	세계에서 가장 큰 마케팅 조사 기업으로 미국 전역과 그 지역 시장들 양자 모두의 텔레비전 시청률 데이터의 공급자로 가장 잘 알려져 있다. 약 100개국에서 텔레비전, 라디오, 음악, 영화, 도서, DVD, 비디오게임, 모바일 기기 및 소셜미디어 플랫폼상에서의 '버즈'와 웹사이트 방문을 포함하는 온라인 행동을 대상으로 수용자 측정치를 제공한다.
렌트랙 www.rentrak.com	수용자 측정 및 조사 기업으로 모바일 미디어 이용과 25개가 넘는 나라의 영화 관객 수를 추적한다. 셋톱박스 데이터를 활용해 텔레비전 시청도 추적한다.
로이모건리서치 www.roymorgan.com	호주의 시장조사 및 여론조사 기업. 호주와 뉴질랜드 소비자의 라이프스타일, 제품 구매, 미디어 소비 습관을 조사한다.
스카버러리서치 www.scarborough.com	아비트론과 닐슨이 소유한 기업. 75개가 넘는 미국 도시에서 시장 보고서를 공급. 인구통계, 쇼핑, 라이프스타일, 각종 미디어(전자, 인쇄, 집 밖 미디어)의 이용을 측정.
시몬스 www.experian.com	2만 5000명을 상회하는 미국 응답자를 대상으로 하는, 인구통계, 제품 사용, 인쇄 및 전자 미디어 이용에 관한 일반적인 측정치가 포함된 전국 서베이를 출간. 익스피리언마케팅서비시스(Experian Marketing Services)소속이다.
시노베이트 www.synovate.com	네덜란드에 근거한 대규모 마케팅 조사 기업. EMS(European Media & Marketing Survey: 유럽 미디어·마케팅 조사)를 출간. 여기에는 텔레비전과 인쇄물, 웹사이트의 이용을 측정한 결과가 들어 있어 범유럽적 미디어 광고에 유용. 팩스(PAX)도 출간하는데, 이는 아시아 태평양 지역과 라틴 아메리카에 대한 유사한 조사임. 현재는 입소스 소속.
더미디어오딧 www.themediaaudit.com	80개가 넘는 미국 지역 시장에서 다양한 보고서를 발간. 라디오 방송국, 지역 텔레비전 뉴스 프로그램, 케이블 텔레비전, 일간지, 주간지 및 월간지, 인터넷, 지역 미디어 웹사이트와 야외 미디어를 대상으로 수용자의 규모와 성격을 측정하는 전화 서베이 수행.

설계된 연구로서 후원 조직 바깥에서는 공유가 허용되지 않을 수도 있다. 이런 연구는 뉴스 및 편성 상담역과 같은 전문가가 의뢰한 것일 수도 있고 사내의 조사연구 부서가 수행하는 것일 수도 있다. 예컨대, 주요 시장의 많은 라디오 방송국이 전화 서베이를 통해 음악에 대한 공중의 취향을 추적한다. 연구자는 잠재 시청자를 표집하여 전화를 걸고 몇 개의 대중가요 가운데 등장하는 '낚시성 악절(hook)' 내지 기억할 만한 악절을 들어볼 것을 요청한다. 방송국들은 이런 **호출 조사**(call-out research)를 '방송 목록(playlists)'을 조정하기 위해서 한다.

신작 프로그램의 인기도를 시험하는 다른 방법은 **프로그램 분석기**(program analyzer)를 사용하는 것인데, 이는 CBS가 1930년대 말에 개발한 장치로 연구자가 응답자를 객석에 데려가서 프로그램을 듣게 한 후에 좋아하는 것과 싫어하는 것에 대해 일정한 간격으로 투표하게 하는 것이다. 수용자 연구의 이 전통은 라스베이거스 소재의, '텔레비전시티(Television City)'라는 CBS 방송국 거대 시설에서 지속되고 있다. 여기서는 이런 분석기 연구에 더해 포커스그룹 연구도 하고 안구 운동과 뇌파 활동을 측정하여 시청자 반응을 조사하기도 한다. 타임워너(Time Warner) 같은 다른 거대 미디어 법인도 이와 유사한 활동에 관여하는 연구 실험실을 운영한다.

맞춤형 조사연구는 그 후원자에게 값어치가 매우 클 수 있지만, 더 멀리 가지는 못하는 것이 상례이다. 호출 조사나 프로그램 분석기 연구를 수행한 이들이라면 조직 외부의 누구와도 연구 결과를 공유하고 싶지 않을 터이다. 그리고 만약 공유한다 해도 공유된 정보는 의심의 눈총을 받게 될 것이다. 외부인의 입장에서는 어떤 연구 방법이 사용된 것인지 점검하는 일이 어려울 수 있고 연구 후원자에게 결과를 홍보할 이기적 동기가 있으리라는 것이 당연히 할 수 있는 짐작이기도 하겠다.

대학에서 이루어지는 연구 대부분은 맞춤형이지만, 대개 **1차 연구**(original

or primary research)라고 지칭된다. 학계의 연구 결과가 학술지를 통해 발표되는 경우, 같은 분야의 전문가가 점검하게 된다. 이 전문가 점검 과정은 논문의 연구 절차에 대한 신뢰성을 어느 정도 보장한다. 때로 학계 혹은 대학의 연구소가 업계의 요청에 따라 맞춤형 연구를 수행하기도 한다. 대학에 적을 두고 있다는 점이 공적인 신뢰를 높이는 데 기여할 수 있다.

합동형 조사와 맞춤형 조사 양쪽의 특징이 가끔 **혼종 연구**(hybrid studies)에서 결합하기도 한다. 합동형 수용자 연구를 담당한 조사 회사는 표준화된 보고서도 물론 만들겠지만, 특정 고객에게 특별한 관심을 불러일으킬 법한 방식으로 분석될 수 있는 대단한 양의 원데이터도 보유하고 있다. 요즘에는 이런 조사 회사가 요금을 내는 고객이 자신의 데이터베이스에 접근할 수 있게 해주어 이들이 '맞춤형' 보고서를 낼 수 있도록 한다. 이미 생산된 데이터에 의존하기 때문에 이런 조사연구는 **2차 분석**(secondary analyses)이라고 부른다.

예컨대, 세계 각지의 많은 기업이 '피플미터'를 사용해 텔레비전 시청자의 시청 행태를 측정한다. 이들 측정 장치는 누가 시청 중인지와 무슨 프로그램을 보고 있는지 분 단위로 기록한다. 그리고 바로 이것이 프로그램 시청률을 추정하는 데 사용되는 데이터이다. 그러나 어떤 고객은 자신의 시청자가 한 프로그램에서 다음 프로그램으로, 한 채널에서 다음 채널로 어떻게 이동하는지 궁금해할 수 있다. 피플미터 데이터베이스에 접근할 수 있다면 이런 궁금증을 풀어줄 정보는 '수용자 흐름'에 관한 조사를 통해 어렵지 않게 얻을 수 있다. 8장에서 살펴볼 것이지만, 이는 프로그래머의 편성표 결정에 도움을 줄 수 있는 정보이기도 하다. 유사하게, 웹사이트 수용자를 측정하는 기업 역시 특정 사이트의 고유 방문자 수만 보고하는 것이 아니다. 이들은 대개 고객이 자신의 사이트에 들기 이전과 나기 이후에 방문하는 곳이 어딘지를 파악하는 데 쓸 수 있는 온라인 도구도 갖추고 있다.

혼종 연구는 몇 가지 장점이 있다. 매우 소소한 부가 비용으로 부가 수입을 올릴 수 있기 때문에 이들은 합동형 수용자 조사연구 수행자의 이해에 확실히 부합한다. 고객으로서도 처음부터 시작해야 하는 경우보다 저렴한 비용으로 필요한 답을 낼 수 있다는 것을 깨닫게 될 터이다. 더구나 결과가 합동형 데이터에 기반을 둔 것이므로 공식적이고 객관적인 숫자가 풍기는 분위기를 낼 것이다.

이런 모든 이유로 말미암아 기존 데이터에 대한 2차 분석은 잠재 가치가 매우 크다. 그러나 동시에 무엇이 건전한 연구 관행인지에 대한 이해를 가지고 조심스럽게 수행되어야 마땅하다. 매우 자주, 데이터 수집 당시에 의도하지 않았던 방식으로 데이터를 쪼개면 통계적으로 신뢰하기에는 크기가 너무 작은 쪼가리가 된다. 표집과 표집의 크기에 관한 문제는 3장에서 더 자세히 이야기할 것이다.

2. 시청률 조사연구

이 책의 핵심에 자리한 수용자 연구 유형은 시청률 조사이다. 시청률 조사는 그 자체로 정체와 중요성에 대해 몇 마디 해둘 만하다.

1) 정체

역사적으로 **시청률**(ratings)은 사람들의 전자 미디어 노출에 관한 데이터 덩어리를 간단히 지칭하는 약어로 사용돼왔다. 엄격히 말해 시청률이란 무엇인가를 보거나 들은 이들의 전 인구 대비 백분율이고 미디어 노출 데이터에서 뽑아낼 수 있는 다양한 수용자 요약 정보 가운데 하나일 뿐이다. 미국에서 프로그램의 시청률을 보고하는 관행은 1930년대로 거슬러 올라가는데, 그 시절은 라디오가 자신의 수용자를 광고주에게 확인시킬 필요에 직면했던 때이다.

시청률 조사연구는 방금 되새겨본 분류 범주를 이용해 묘사할 수 있다. 늘 그것은 수용자의 주의를 광고주에게 팔거나 편성을 결정짓는 것과 같은 일에 응용할 목적으로 수행된다. 그러나 우리가 주목한 대로, 응용 목적으로 생산된 데이터도 미디어 이용에 관한 다양한 이론을 시험하기 위해 사용될 수 있다. 시청률 조사연구는 그 목적이, 규모가 큰 인구가 무엇을 하는지를 그려내는 일이기 때문에 늘 양적이다. 같은 이유로 언제나 거시적 분석 수준을 겨냥해 수행된다. 그래도 데이터를 분해하면 이용자가 매일 채용하는 미디어 '레퍼토리'와 같은 것을 알아내기 위해 개개인을 추적하는 것이 가능하다. 그리고 시청률 조사연구는, 다음과 같은 제공 관행이 느슨해지고는 있지만, 독립적인 합동형 판매자, '제3자'에 의해 제공되는 것이 보통이다.

통신망으로 '제공되는' 디지털 미디어의 급격한 성장은 시청률 조사연구의 역사적 성격에 두 가지 방식으로 영향을 끼쳤다. 첫째, 수용자 정보를 수집하고 보고하는 기업의 수를 늘렸다. 둘째, 수집되는 정보의 종류를 바꾸어 놓았다.

종종 이런 새로운 종류의 데이터를 모으는 회사는 조사연구의 전통적인 합동형 판매자가 아니다. 예컨대 페이스북은 광고를 팔아 수입을 얻는 미디어 창구다. 이 책을 쓰고 있는 2012년 기준으로 페이스북은 세계적으로 8억 명이 넘는 이용자가 있다. 이용자는 친구들과 상호 작용하고 이것저것 토의하는데 이런 과정에서 자신에 관한 많은 정보를 토해낸다. 페이스북은 이런 정보를 토대로 매우 정밀하게 겨냥된 광고를 판다. 비슷하게 구글도 엄청난 양의 정보를 수집하고 광고를 판다. 이런 회사들은 '페이스북 페이지 인사이트(Facebook Page Insights)'와 '구글 애널리틱스(Google Analytics)' 같은 서비스를 통해 자신들이 보유한 데이터 일부는 공중이 이용할 수 있도록 한다. 때때로 이들은 닐슨 같은 전통적 합동형 판매자와 협력하기도 한다. 또 다른 기업은 웹에서 구할 수 있는 것을 거둬들여 전문적 수용자 측정치를 다양하게 제공한다. 그러나 이들 데이터가 미디어 자신에게서 나오는 것인 만큼, 수용자 시청률을 전통적으로 산출해온 '객관적인' 제3자의 것이라고는 할 수 없다.

이런 새로운 데이터 출처가 등장하면서 시청률을 이룰 수 있는 것이 무엇인지에 대한 관념 자체가 변할 수도 있다. 20세기 초부터 시청률 조사로 노출을 측정해온 미디어는 처음에는 라디오, 다음은 텔레비전, 지금은 인터넷이다. 물론 사람들의 시청 여부나 웹사이트 방문 여부만이 광고주나 프로그래머가 알고 싶어 할 전부는 아니다. 오랫동안 시청률 데이터 이용자는 수용자가 노출된 미디어에 '몰입'하는지도 궁금해해왔다. 이 궁금증을 풀기 위해 요즘에는 페이스북과 트위터 같은 소셜미디어를 모니터하여 프로그램, 제품, 유명인에 대한 논의의 양과 유형을 추적한다. 참으로, 디지털 네트워크를 작동시키는 서버에 의해 수집되는 엄청난 양의 데이터가 미디어 시청률의 온통 새로운 대열이 우리를 향해 밀려오고 있을지도 모른다는 가능성을 제기한다. 이는 한 논평자로 하여금 시청률 데이터 이용자들에게 "통화 바스켓(basket of currencies)"을 제공할지도 모를 "노출 이후의 수용자 장터(post-exposure audience marketplace)"를 내다보게 만들었다(Napoli, 2011: 149).

불행히도, 다양한 가능성은 문제를 야기한다. 어떤 측정치도 통화로 기능하기 위해서는 이를 교환의 매개로 삼자는 합의가 필요하다. 노출 이후의 새 장터가 제공하는 선택지는 이런 합의가 이루어지기 어려울 정도로 많다. 예컨대 많은 이들이 **몰입**(engagement)이 노출 못지않게 중요한 척도일 수 있다고 생각한다. 광고연구재단(ARF: Advertising Research Foundation)은 이 말의 정확한 의미에 대한 합의를 도출하기 위해 업계 전문가를 모아 백서를 펴냈다. 주의 깊은 숙고 끝에 25개나 되는 몰입에 대한 서로 다른 정의를 찾아냈지만(Napoli, 2011), 또 다른 정의가 없다는 논리적 보장은 없다. 무엇을 측정하는 것이고 용도가 무엇인지에 대한, 새로운 유형의 공통 이해가 수반되지 않은 시청률 데이터는 안착하기 힘들다. 미디어 이용에 대한 이해를 풍부하게 하고 마케팅과 편성에 관한 결정에 정보적으로 도움을 줄 수 있다는 것은 확실하지만, 우리는 이런 새로운 유형의 데이터가 노출 측정치 데이터를 대체하기보다는 보충하는 정도이지 않을까 짐작한다.

그렇다면 '시청률 분석'을 다룬 책의 적절한 범위는 어디까지일까? 우리의 접근법은 노출 측정치에 중점 두기를 계속하는 것이다. 우리가 이렇게 하는 데는 세 가지 이유가 있다. 첫째, 노출에 대한 데이터가 어느 때보다 많다. 디지털 셋톱박스의 채널 변경, 웹페이지의 클릭, 노래 내려받기, 비디오 스트리밍은 모두 노출 측정으로 해석할 수 있다. 이런 일들이 단순한 행위, 일률적 행위는 아니지만 '몰입' 같은 개념에 비해서는 간단명료하다. 쉽게 이해할 수 있기에 유용한 측정치의 기초를 이룬다. 둘째, 웹페이지에서 소비한 시간에 대한 주목이나 미디어 선택의 통시적 추적과 같은, 노출에 대한 창의적 분석은 자주 수용자의 충성심이나 몰입 정도를 드러낼 수 있다. 셋째, 노출 측정치는 여전히, 미디어 업계가 거래에 사용하는 유일 통화다. 미디어 제품이나 서비스가 성공적이려면 우선 수용자를 끌어모을 수 있어야 한다. 일단 누가 거기 있는지 알면 아이디어나 제품을 파는 것 같은 뭔가를 도모할 수 있게 된다. 그러나 이런 과정은 노출 패턴을 기록하고 이해하는 데서 시작하는 것이다. 여기에 시청률 조사연구의 중심이 되는 초점이 놓여 있다.

2) 중요성

이제 시청률 조사연구가 미디어 업계의 많은 이들에게 중요하다는 것이 명백해 보일 것이다. 미국에서 시청률은 텔레비전 광고에서만 약 1500억 달러의 배분에 지침 역할을 한다. 세계적으로는 해당 금액이 2015년까지 5000억 달러를 초과할 것으로 예측된다. 시청률 조사는 또한 방송국과 텔레비전 네트워크의 편성, 웹사이트 개발, 미디어 자산의 가치 평가, 공공 정책 입안을 담당하는 이들에게도 귀한 자료이다. 이하의 장들에서 우리는 이 모든 과업의 수행을 뒷받침하는 데 수용자 시청률이 어떻게 사용되는지를 다룰 것이다. 그러나 직업적 과업 수행을 위해 수용자 데이터에 의존하는 이들을 단순히 나열하고 마는 것은 시청률 조사연구의 보다 큰 사회적 중요성을 축소해서 말하는 셈이 된다. 그리고 이런 셈이 되는 이유를 이해하기 위해서는 세계적으로 심화하고 있는 전자 미디어 의존도와 더불어 수용자 측정이 이런 미디어 시스템을 어떻게 조형하는지를 음미할 필요가 있다.

우리는 시청률 조사가 1930년대에 시작되었다는 점을 지적한 바 있다. 당시 라디오 청취는 대중 여가 활동으로 빠르게 자리 잡았다. 미국에서 광고는 라디오 산업이 작동하는 데 필요한 자금을 공급했다. 그러나 이런 시스템이 돌아가자면 방송국도 광고주도 모두 시청률 데이터가 필요했다. 이때쯤 유럽에서도 ― 비록 초기에는 대부분의 국가에서 라디오, 다음으론 텔레비전을 통한 방송에 필요한 자금을 정부에 의존하긴 했지만 ― 방송이 시작되었다. 그리고 나머지 세계가 뒤를 이었다. 오늘날 중국은 10억 명 이상의, 세계적으로 규모가 가장 큰 텔레비전 수용자 집단을 보유하고 있다. 중국은 세계에서 세 번째로 큰 광고 시장이기도 하다. 인도는 1991년에는 텔레비전 채널이 다섯 개였지만 지금은 500개가 넘는 채널이 운영 중이다(FICCI, 2011: 18). 그리고 인터넷, 스마트폰과 같은 새로운 미디어 플랫폼의 도입과 함께 디지털 미디어 소비도 늘어났다. 평균적으로 미국인은 하루 5시간을 텔레비전 시청에 보내고 인터넷으로 1시간을 소비한다. 그리고 이제 미국인의 절반은 온라인으로 비디오 시청을 경험한다(Nielsen, 2011b). 소수의 미디어 창구는 여전히 국가의 지원을 받지만 대부분의 미디어는 광고와 소비자 직불을 배합한 방식으로 자금을 조달한다. 그러나 자금원에 상관없이 이들의 운영은 모두 시장 정보에 의존한다.

학자들은 때때로 이런 정보 데이터를 산출하는 시스템을 '시장 정보 체제 (market information regimes)'라 부른다. 사회학자 애넌드와 피터슨에 따르면, 시장 정보는 경쟁적 분야의 생산자가 자신과 소비자, 경쟁자, 공급자의 행동을 이해하는 데 일차적인 자료원 역할을 한다(Anand and Peterson, 2000: 217). 시청률 데이터는 이런 시장 정보의 탁월한 예이다. 그것은, 공적이거나 상업적이거나 간에, 미디어 기관이 자신의 수용자를 이해하고 또 이런 이해에 따라 행동하게 한다. 이들 기관은 그것 없이는 아무것도 볼 수 없다. 그러나 모든 시장 정보 체제와 마찬가지로 시청률 조사 역시 결코 중립적이지 않다. 비록 최선의 시청률 공급자들이 잘 확립된 조사 관행을 따르기는 하나, 이들은 모두 정확히 무엇을 재고 데이터가 어떻게 수집, 보고되어야 할지에 대한 나름의 결정을 내린다. 이들 결정은 결과가 따르는 것이고 거의 언제나 어떤 이들에게는 유리하게 어떤 이들에게는 불리하게 작용한다. 예컨대, 2장에서 우리는 닐슨이 미국의 지역 시장에서 일기식 조사를 피플미터로 대체했을 때 폭발한 논쟁을 묘사할 것이다. 일반적으로 방송국은 이런 변화에 대해 불만스러워 했고 소수자 집단 대상의 프로그램 편성을 어렵게 할 것이라고 주장했다.

이 주장은 피플미터식 조사의 실체적 문제에 관한 것이라기보다는 피플미터식 조사의 실시를 연기하기 위한 수사적 전략에 가깝다는 것이 증명되었다. 그러나 이는 신비스러운 수용자 통계가 얼핏 좁아 보이는 자기 목적을 넘어서는 결과를 가질 수 있음을 예증한다. 수용자 시청률을 산출하는 방식의 어떤 변화도 관련 시장 정보 체제를 관통하는 파생 효과를 가질 수 있다. ≪뉴욕타임스≫는 이를 이렇게 설명했다.

예컨대 세는 방식을 바꾸면, 광고 수입의 배분이 바뀌고, 이는 따라서 어떤

프로그램들이 제작되고 그중 어떤 쇼가 다음 시즌에도 계속 제작될지를 결정
짓는다. 세는 방식을 바꾸면, 잠재적으로 인구통계적 부분집합(청년 대 노년,
남성 대 여성, 히스패닉 대 흑인) 모두의 상대적 가치는 물론 장르(뉴스 대 스포츠,
드라마 대 코미디) 모두의 그것도 바꿀 수 있다. 세는 방식을 바꾸면, 시트콤 스
타와 뉴스 앵커의 가치를 재평가할 수도 있고, 시청률 1점이 수백만 달러를 의
미하는 상황에서는 네트워크 지역 가맹사와 텔레비전 네트워크 방송사의 수
익을 공히 재평가하게 될 수도 있다. 달리 셈으로써, 광고주들이……라디오나
웹이 그들의 브랜드를 알리거나 제품을 구매하게 만드는 데 또는 그들의 후보
에 투표케 만드는 데 더 효과적인 방법이라는 것을 발견하게 된다면, 업계의
수지 타산 전체를 변경하는 데까지도 이를 수 있다. 달리 말해 미국의 문화적
소비를 측정하는 방법을 바꾸면, 미국의 문화 산업을 바꾸게 되리라는 것이
다. 심지어는 문화 그 자체까지 바꾸는 일일지 모른다(Gertner, 2005: 36).

이 측면에서 미국은 특이 사례가 아니다. 점점 더 많은 나라가 자신의 미
디어 시스템을 이해하고 운영하기 위해 시청률 조사연구를 이용하게 됨에
따라 수용자 측정의 파생 효과는 지구 곳곳에서 느낄 수 있게 될 것이다.

수용자 시청률은 전자 미디어 운영에 지분이 있는 이라면 거의 누구나가
중요시하게 마련이다. 이 데이터는 광고주와 방송국이 시청자의 주의를 사
고파는 데 쓰는 도구다. 이는 프로그래머가 어떤 프로그램은 죽이고 다른 프
로그램은 기획하게 유도하는 성적표다. 시청률은 미디어 소비 패턴을 알려
주는 지도이고, 그 자체로 투자 은행가에서 사회과학도에 이르는 누구에게
나 관심의 대상일 수 있다. 상당한 공포와 미움의 대상이고 또 크게 혼란스
러운 주제임에 틀림없다. 우리는 이 책이 이런 혼란을 일부라도 종식시키고
수용자 조사연구와 그 쓰임새에 대한 개선된 이해로 대체할 수 있을 것이라
고 희망한다.

이 책의 나머지는 세 부분으로 나뉜다. 첫 부분은 데이터 수집 주체와 수집에 쓰이는 방법을 살펴보면서 수용자 데이터 자체를 다룬다. 두 번째 부분은 수용자 데이터를 이해하고 분석하는 방법을 소개하는데, 이는 수용자 행태를 설명하기 위한 일반적인 이론의 뼈대와 유용한 분석 기법에 대한 검토를 포함한다. 마지막 부분은 수용자 조사연구의 다채로운 응용과 함께 광고주와 프로그래머 같은 서로 다른 사용자들이 수용자 데이터를 바라보게 되기 쉬운 방식들을 검토한다.

Balnaves, M., O'Regan, T. and Goldsmith, B. 2011. *Rating the audience: The business of media*. London: Bloomsbury.

Beville, H. 1988. *Audience ratings: Radio, television, cable*, rev. ed. Hillsdale, NJ: Lawrence Erlbaum Associates.

Easley, D. and Kleinberg, J. 2010. *Networks, crowds, and markets: Reasoning about a highly connected world*. Cambridge, UK: Cambridge University Press.

Ettema, J. and Whitney, C(eds.). 1994. *Audiencemaking: How the media create the audience*. Thousand Oaks, CA: Sage.

Gunter, B. 2000. *Media research methods: Measuring audiences, reactions and impact*. London: Sage.

Krueger, R. A. and Casey, M. A. 2000. *Focus groups: A practical guide for applied research*, 3rd ed. Thousand Oaks, CA: Sage.

Lindlof, T. R. and Taylor, B. C. 2011. *Qualitative communication research methods*, 3rd ed. Thousand Oaks, CA: Sage.

Napoli, P. M. 2011. *Audience evolution: New technologies and the transformation of media audiences*. New York: Columbia University Press.

Webster, J. and Phalen, P. 1997. *The mass audience: Rediscovering the dominant model*. Mahwah, NJ: Lawrence Erlbaum Associates.

Wimmer, R. and Dominick, J. 2010. *Mass media research: An introduction*, 9th ed. Belmont, CA: Wadsworth.

1부

수용자 측정

수용자 측정 사업

 시청률 데이터는 광고, 편성, 재무 분석, 정책 입안에 사용된다. 이들 분야는 경제적으로나 사회적으로 엄청난 파장을 갖는 활동 분야이다. 그러나 저 데이터는 어디에서 오는 것인가? 누가 무엇을 측정하고 보고하기로 정하는 것인가? 정보의 질과 활용 가능성을 결정짓는 것은 무엇인가? 대답 하나는 데이터 생산에 사용되는 조사연구 방법과 관련되는데, 여기에 대해서는 다음 장에서 길게 이야기할 것이다. 그러나 이외에도 고려해야 할 사항이 있다. 수용자 측정은 사업이다. 가끔 비영리로 수행되기도 하나 통상 여기에 연루된 기업은 영리를 목적으로 한다. 어느 경우이건 주어진 예산 내에서 사업을 꾸려야 하는 동시에 데이터 이용 고객의 요구에도 민감하게 반응해야 한다. 측정 사업의 주체는 공적인 검토와 규제적 감시도 받는다. 궁극적으로, 경제적이고 정치적인 고려가 조사연구 방법만큼이나 시청률 데이터에 영향을 미칠 수 있다. 이 장에서는 수용자 측정 사업의 진화를 추적한다. 이는 독자들이 현재의 측정 관행을 더 잘 이해하고 이들이 앞으로 어떻게 바뀔지를 가늠하는 데 도움을 줄 것이다.

1. 시작

최초의 '방송인'도 누가 자기 방송을 듣는지 알고 싶어 했다. 전기 기술자 레지널드 페센든(Reginald A. Fessenden)은 5년 이상의 연구와 실험을 거쳐 1906년 성탄절 전야에 사람 목소리를 방송했다. 그는 바이올린을 연주하고 노래를 부르고 시를 낭송하고 음반을 틀었다. 페센든은 방송을 듣는 이가 누구든 새해 전야에 다시 돌아오겠노라고 약속하고 그에게 편지를 써줄 것을 요청했다 ─ '수용자 조사연구'의 초창기 시도다. 전하는 이야기로는 상당수의 답을 라디오 무전기 조작자로부터 얻었는데, 그중 많은 수가 바다의 배 위에 있던 사람들이었다고 한다. 방송을 들은 이들은 헤드폰에서 모스 부호 이상의 무엇을 듣고 놀랐다. 다른 초기 방송국 운영자 역시 청취자에게 편지를 부탁했다. 프랭크 콘래드(Frank Conrad)는 1920년 미국 최초의 방송국, KDKA를 출범시킨 사람인데, 그는 청취자가 요청한 음반을 틀기까지 하였다.

곧, 수용자를 알아야 할 필요가 방송국 운영자의 호기심을 만족시키는 문제에 그치지 않게 된다. 미국의 전화사업독점사, AT&T는 라디오를 사업으로 발전시키길 희망했고, 1920년대 초까지는 방송국을 통해 소비자에게 도달하려는 고객에게 일종의 통행료를 부과하는 것이 새로운 미디어의 재원을 조달하는 효과적인 방법일 수 있음을 증명해보였다. 당시에는 '통행료 방송(toll broadcasting)'이라고 했는데, 이는 곧 광고 시간을 광고주에게 파는 관행으로 이어졌다.

1928년까지 미국의 방송은 청취자에게 안정적이고 질 좋은 청취 경험을 제공할 정도로 진화했다. 많은 이들이 라디오 청취 습관을 갖게 되었고, 방송국도 광고주와 협력하여 '후원에 적합한' 프로그램 포맷을 개발했다(Spaulding, 1963). 라디오가 광고에 이용되는 것이 마땅한지에 대한 공적인 논란이 있긴 했지만, 1929년에 시작된 대공황은 라디오 방송국 소유주가 광고주의 지원을 바라게 되는 쪽으로 몰고 갔다. 그러나 이런 시스템이 돌아가기 위해서는 방송국이 자신의 수용자의 규모와 구성에 대해 인증할 수 있어야만 했다. 이런 수용자 정보가 없었다면 광고 시간의 가치를 두고 방송국 측과 광고주 측이 협상하는 일은 어려웠을 것이다.

불행히도 이런 종류의 정보는 얻기가 어려웠다. 신문은 부수 검증으로 판매 부수를 기록으로 남길 수 있었지만, 라디오는 남기는 흔적이 거의 없었다. 초창기 라디오 방송국은 청취자 규모를 추정하는 데 원시적 기법을 사용했다. 어떤 방송국은 팬들이 보낸 우편물을 셌고, 다른 방송국은 단순히 방송 시장 내 인구 수나 수신기 판매고를 보고했다. 이런 방법은 들쭉날쭉한 데다 과장하기 쉬웠다. 네트워크 방송사는 수용자 측정에 대해 좀 더 주도면밀했다. 1927년 NBC는 수용자 규모뿐 아니라 듣는 시간과 날짜를 알아보는 연구를 위촉했다. 청취자의 경제적 상황에 대한 정보도 구했는데, 이는 수용자 조사연구의 상당히 큰 부분을 차지하게 된 '인구통계적 정보' 사용의 전조였다. 1930년 CBS는 방송 우편 서베이를 수행했는데, 지역 네트워크 방송국에 답을 써 보내는 청취자에게 공짜 지도를 주겠다고 제안했다. CBS는 각 카운티의 인구를 응답과 비교해서 자신의 첫 번째 통달 범위 지도를 그려나갔다. 그러나 이런 노력 가운데 어느 것도 라디오가 자신을 유지하는 데 필요로 할 규칙적이고 독립적인 수용자 측정을 제안한 것은 아니었다.

다른 어떤 요인보다도 광고를 통한 재원 조달이 지금과 같은 형태의 수용자 측정 관행을 출현시키는 데 크게 기여했다. 시청률 데이터를 수집하는 방법 다수가 상업 방송에 의존하는 나라에서 개발되고 제도화된 것이 그래서 놀랍지 않다. 처음에는 유럽 제국에 비해 미국, 호주, 캐나다가 이런 재원 조달 방식에 더 크게 의존했다. 유럽에서는 상업 방송이 더 두드러지고 나서야 더욱 정교한 수용자 측정 시스템이 자리를 잡았다. 영국에서 이런 일이 벌어진 것이 1950년대이고, 다른 유럽 국가가 뒤따른 것은 십 년 후이다. 영국의 잘 알려진 수용자 연구자, 배리 건터(Barrie Gunter)는 다음과 같이 지적했다.

꽤 가까운 근래까지도 상업적 채널이 없던 나라들에서조차 그런 채널이 있는 나라들의 시스템을 모형으로 하는 텔레비전 수용자 측정 시스템이 출현했다(Gunter, 2000: 122).

많은 수용자 측정 시스템은 미국에서 개발된 후 세계 각지에서 채택되었다. 그래서 우리가 이야기를 시작하는 곳도 거기다.

2. 진화

수용자 측정의 역사는 미디어 산업 자체에 대한 설명인 것은 물론이고 관련 연구자 개개인과 기업가의 이야기, 업계의 수용을 노린 투쟁의 이야기이기도 하다. 이는 또한 조사연구 방법에 관한 이야기이기도 하다. 주요 수용자 측정 기업 대부분은 자신만의 조사연구 브랜드를 완벽하게 다듬고 내세워 홍보함으로써 우뚝 섰다. 그리고 업계 구조 및 서비스 제공자의 주요 변화 대부분도 연구 방법에 연계된 것들이다. 우리는 이런 이유로 수용자 측정의 진화 과정을 데이터 수집 기법 중심으로 조직해 추적했는데, 이들 기법은 모두 오늘날에도 사용되고 있다.

1) 전화 면접

1930년에서 1935년까지 미국 라디오 네트워크의 매출과 이익이 약 두 배로 늘었는데, 같은 시기 내내 나라와 대부분의 타 업종은 깊은 불황에 빠져 있었다. 라디오 청취가 정말 재미나기도 하였거니와, 그 밖의 여가에 지출할 여유가 미국 가정에 없었기 때문에 라디오 청취자는 빠르게 늘어났다. 이런 성장에 중요한 자극으로 작용한 것이 광고주가 신뢰할 수 있는, 청취자에 대한 추정치를 제공하는 시스템의 등장이었다. 이런 시스템의 첫 사례는 또 다른 기술적 경이, 전화에 의존했다.

지금 같이 그때도 광고주들이 시청률 조사연구의 추진력이었다. 이들은 정기적 조사를 수행할 최초의 시청률 회사가 생기는 것을 도왔다. 1927년에는 베이킹파우더 회사가 자사 라디오 광고의 효과를 조사하는 일에 크로슬리사업조사회사(Crossley Business Research Company)를 고용했다. 2년 후 크로슬리는 비슷한 조사를 이스트먼코닥(Eastman Kodak)사를 위해 수행했는데, 사람들에게 특정 프로그램을 들어본 적이 있느냐는 질문을 하는 데 전화면접 방법을 사용했다. 당시 전화는 서베이 조사를 수행하는 도구로서는 낯선 미디어였으나 라디오 청취자처럼 널리 퍼져 있고 빨리 변하는 무엇을 측정하는 데는 안성맞춤으로 비쳐졌다.

이 회사 사장, 아치볼드 크로슬리(Archibald Crossley)는 잘 알려진 여론조사자였다. 그는 전국광고주협회(ANA: Association of National Advertisers)에 신생 동업자 조직이라면 라디오 청취를 측정하는 데 전화를 사용해도 좋을 것이라고 제안했다. 그의 조사보고서, 『광고주는 라디오를 쳐다본다(The Advertiser Looks at Radio)』는 널리 배급되었고, 전국광고주협회 회원들은 라디오 청취에 대한 정기적이고 연속적인 서베이 조사를 지탱하기 위해 월회비를 내는 것에 금방 동의했다. 미광고대행사협회(AAAA: American Association of Advertising Agency)도 정기적 라디오 시청률 측정이 필요하다는 데 동의했다.

이 새로운 서비스는 공식적으로는 '협조적 방송 분석(Cooperative Analysis of Broadcasting)' 또는 CAB라고 불렸는데 1930년 3월에 개시되었다. 일반적으로 업계 전문지는 CAB 보고서를 단순하게 '크로슬리시청률(Crossley Ratings)'이라고 지칭했다. 대중지까지도 특정 프로그램과 유명인의 시청률 부침에 주목하기 시작했다. 처음에는 광고주만이 대가를 지불했지만, 오래지 않아 광고대행사도 서비스에 가입하기 시작했다. 네트워크도 보고서에 접근해서 광고 시간을 팔고 편성을 결정하는 데 사용했지만, 이는 '비공식적' 이용이었다. 1937년이 되어서야 NBC와 CBS도 가입이 허용되어 비용과 데이터를 나누기 시작했다.

초창기 수년 동안 크로슬리는 수차례 조사 방법을 다듬었고 제공하는 정보의 양도 늘렸다. 1935~1936년 시즌까지 NBC 네트워크 둘과 CBS의 지역 가맹사가 있는 33개 도시로 조사가 확대되었다. 하루 네 번 전화를 걸어 응답자에게 지난 3시간 내지 6시간 동안의 라디오 청취를 '상기하도록' 부탁했다. 그래서 크로슬리의 측정 방법은 **전화 상기**(telephone recall)라는 명칭으로 통했다. 다달이, 나중에는 격주로, 모든 전국 네트워크 프로그램에 대한 청취자 추정치가 담긴 보고서가 발간되었다. 나아가 일 년에 세 번씩 보다 상세하게 정리된 보고서가 각 방송국의 시간당 청취자에 대한 정보를 — 지역별, 소득별 범주로 나눈 세목과 함께 — 제공했다.

그러나 CAB의 조사 방법에는 심각한 한계가 있다. 전화 상기 조사는 전화가 없는 라디오 청취자에게는 접근할 수 없다. 이 한계는 라디오 수신기 구매를 선도한 가구가 전화 보유 가능성이 높은 고소득 가구 가운데서 나온 라디오 초창기 수년간에는 심각한 것이 아니었다. 1930년대 종반, 라디오 보유 가구가 전화 보유 가구를 앞지르자, CAB는 이런 한계를 보완하기 위해 저소득 가구를 더 많이 포함하도록 표집 과정을 바꾸지 않을 수 없었다.

그러나 CAB의 가장 심각한 방법상 한계는 청취자가 자신이 청취한 것을 기억하기를 요구한다는 점이었다. 기억에 의존한 것이 오차의 근원이었다. 그래서 새로운 방법, **전화 즉답**(telephone coincidental)이라 불린 방법이 조사 연구자의 호감을 얻게 되었다. 전화 즉답은 전화 받을 때 듣고 있던 것이 무엇이냐고 묻는다. 곧 유명해질 또 다른 여론조사자, 조지 갤럽(George Gallup)은 광고대행사 영앤드루비캠(Young and Rubicam)을 위해 전국을 대상으로 하는 전화 즉답 조사를 수행한 선구자들 가운데 한 사람이다.

전화 상기와 전화 즉답을 비교한 연구는 1930년대 초에 이루어졌는데 다음을 보고했다.

> 어떤 프로그램은 청취자가 많은데 다음 날이 되면 소수만이 청취를 보고한다는 것이 드러났다. 일반적으로 극 형식의 프로그램이 음악 프로그램보다 잘 기억되었다. 그러나 30분짜리 25개 프로그램을 청취한 청취자 비율과 이들을 청취했다고 보고한 비율 사이의 순위 상관도는 대략 0.78이었다. 이것이 전화 즉답 조사에 비교된 크로슬리 조사의 적정성을 보여주는 기준치다(Lumley, 1934: 29~30).

전화 즉답은 시청률 조사 시장의 문호를 CAB의 경쟁자에게 개방한 방법론상의 이점을 제공했다. 이 문호 개방은 클로드 후퍼(Claude Hooper)와 몽고메리 클라크(Montgomery Clark)가 클라크-후퍼(Clark-Hooper)사를 출범시키기 위해 대니얼 스타치(Daniel Starch)의 시장조사 기관을 그만두면서 일어났다. 조지 갤럽은 그들의 첫 번째 조사를 준비하는 일을 도왔다. 후퍼는 회고하여 쓰기를 "우리가 라디오 수용자 규모 측정치의 기본 원천으로 발전시킨 전화 즉답의 방법까지도 원래는 조지 갤럽 박사가 소개한 것이었다"고 했다

(Chappell and Hooper, 1944: vii). 그해 가을, 클라크-후퍼사는 16개 도시에서 합동형 시청률 서비스를 출범시켰다.

아이러니하게도 애초 클라크-후퍼사는 광고 매출 전체에서 차지하는 라디오 업계의 몫이 늘어가는 것을 불편하게 여긴 잡지 출판업자 일군의 지원을 받았다. 이들은 크로슬리의 전화 상기 기법이 라디오 청취자를 부풀린다고 믿었다. 비록 전화 즉답 시청률이 전화 상기에서 빠진 청취 경험 일부를 되살릴 것이라고 예상할 수 있었지만, 이들 출판업자의 희망은 많은 이들이 집에 없거나 라디오 청취 이외의 어떤 일을 하고 있다는 점을 클라크-후퍼가 보여주는 것이었다. 실제로 클라크-후퍼의 첫 보고는 CAB의 보고보다 낮은 시청률 수준을 보여주었다.

1938년 클라크와 후퍼가 헤어지면서 전자는 회사의 인쇄물 조사 사업을 취했다. 라디오의 미래에 대한 큰 믿음을 가졌던 후퍼는 홀로 사업에 뛰어들었다. 그의 조사 방법은 단순했다. 그의 전화에 응답한 이들이 받은 질문은 다음과 같았다.

- 바로 지금 라디오를 듣고 있었습니까?
- 어떤 프로그램을 듣고 있었습니까?
- 어느 방송국 프로그램입니까?
- 어느 광고주가 그 프로그램을 제공했습니까?

그다음으로 응답자는 전화가 울릴 당시에 듣고 있던 남성, 여성, 어린이의 수를 말해줄 것을 요청받았다.

후퍼시청률(Hooperatings)이라고 불리게 된, 그의 수용자 추정치는 프로그램에 따라 CAB의 수치보다 낮기도 하고 높기도 하였다. 후퍼가 나중에 주장한 바와 같이, 길이가 더 길고, 인기가 더 높고, 더 오래 방송된 프로그램이 더 잘 상기될 수 있었다. 버라이어티 프로그램은 응답자가 상기할 확률이 상대적으로 훨씬 높았고, 뉴스 프로그램은 청취했다는 사실을 잊어버릴 확률이 가장 높았다(Chappell and Hooper, 1944: 140~150). 시간이 지나면서 업계는 후퍼의 전화 즉답을 CAB의 전화 상기 기법보다 더 정확하다고 간주하기 시작했다.

그러나 방법론의 우위만으로는 충분치 않았다. 전국광고주협회(ANA)와 미광고대행사협회(AAAA)의 '창조물'로서 CAB는 광고업계 내에 확고한 위상을 가지고 있었다. 후퍼는 CAB의 고객이 라디오 광고 시간의 구매자라는 점에 착안해 방송 미디어 쪽을 공략하기로 결정했고 방송 광고 시간의 구매자와 판매자 모두에게 공급하는 서비스를 정립했다. CAB는 네트워크와 방송국을 무시해도 좋다고 봤을 수 있지만, 후퍼는 그들을 고객으로 모시면서 그들이 필요로 하는 종류의 수용자 조사연구를 제공할 것이었다. 이런 전략은 영리한 것이었다. 오늘날 시청률 서비스 매출의 압도적으로 큰 부분을 미디어 기업이 채우고 있기 때문이다.

후퍼는 후퍼시청률의 대중적 수용을 위해서도 크게 노력했다. 후퍼시청률이 더 널리 보도되도록 매달 가장 높은 시청률을 기록한 저녁 프로그램에 관한 정보를 공개했다. 이는 업계지에만 전달된 것이 아니라 대중적 칼럼니스트에게도 제공되었다. 이렇게 해서 CE후퍼사(C. E. Hooper, Inc.)는 가장 두드러지고 사람들 입에도 가장 자주 오르내리는, 업계의 수용자 정보 공급자가 되었다. 라디오 희극인마저 그들 자신의, 또는 경쟁사의 후퍼시청률에 대해 농하기 시작했다.

프로그램 시청률에 대한 대중적 의식을 고취하는 데 더해 후퍼는 현대 수용자 조사연구의 많은 전통과 관행을 확립하는 데도 기여했다. 그는 '여유 수용자'나 '이용 중 수신기' 같은 개념은 물론이고 시청률 보고서의 '포켓피스(pocketpiece)' 판형도 제도화했는데, 이는 닐슨 전미 시청률의 품질 보증 표식이 되었다. 그는 또 수용자 점유율도 보고하기 시작했는데 이를 '청취자 백분율'이라고 불렀다. 수용자의 연령별, 성별 구성의 보고도 그가 시작한 것이다. 그리하여 1930년대 말이 되면 방송을 위한 상업적 수용자 조사연구의 기본 틀이 갖춰진다.

후퍼와 그 회사는 효율적이고도 공격적이었다. 그는 조사 방법을 더욱 정확하게 다듬거나 새로운 서비스, 특히 네트워크와 방송국에 도움이 될 서비스를 덧붙이기 위한 연구를 정기적으로 수행하였다. 그는 또한 여전히 응답자 상기에 의존하던 CAB의 방법에 대해서도 가차 없는 비판을 계속했다. 이 싸움의 일부로 후퍼는 1941년 컬럼비아 대학 심리학 교수 매슈 채플(Matthew Chappell)을 고용해 상기와 기억에 대한 연구를 수행하게 했다. 2년 후 그들은 전화 즉답의 이점을 나팔 부는 책을 집필했다.

후퍼의 공격성은 성과를 보았다. 2차 세계대전 직후 그는 CAB를 인수했는데, 당시 CAB는 망하기 직전이었다. 잠시나마 CE후퍼사는 미국 시청률 조사 분야에서 의심의 여지 없는 정상에 있었다. 하지만 후퍼가 정상에 접근하는 동안에도 방송 산업은 변하고 있었다. 새로운 미디어인 텔레비전이 여가 시간을 보내는 방식을 바꾸려 하고 있었다. 새로운 방법론과 기업도 도래 중이었다. 비록 라디오와 텔레비전의 지역 측정은 계속 제공했지만, 1950년에 후퍼는 전국 시청률 서비스를 닐슨에 팔았다. 휴 베빌(Hugh Beville)은 — '방송 수용자 조사연구의 학과장'이라 불리기도 하는데 — 다음과 같이 지적했다.

불행히도 후퍼는 텔레비전이 방송의 큰 미래라는 것을 결코 내다보지 못했다. 1950년대 초 라디오 관련 서비스를 닐슨에게 팔 때 네트워크 텔레비전은 유보했더라면 번성할 수 있었을 것이다. 후퍼는 이렇게 하는 대신 거래가 선언된 다음 날 기자 회견을 열어 "거래를 매력적으로 만들기 위해 [우리는] 전국 텔레비전 시청률도 포함시켰다"고 말했다. 후퍼는 자기 기업의 미래로의 티켓을 거의 깔보는 태도로 내던졌다(Beville, 1988: 63).

물론, 우리는 지금 돌아보는 자의 이점을 가지고 라디오가 아닌 텔레비전이 '방송의 장래'였음을 분명히 안다. 그러나 1950년에는 전혀 분명치 않았다. 후퍼는 텔레비전에 기대하는 바가 거의 없었다. 닐슨은 위험을 감내하면서 전 세계를 무대로 하는, 텔레비전 수용자 측정(TAM: television audience measurement)의 지배적 공급자 가운데 하나가 되도록 자신의 기업에 자리를 잡아주는 데 모자람이 없는 선견지명이 있었다.

오늘날 전화 면접은 시장조사자와 여론조사자가 사용하는 공통의 데이터 수집 기법이다. 대부분의 시청률 공급 기업도 응답자의 정체를 확인하거나 그들의 협조를 확보하기 위해 이렇게 저렇게 전화를 이용한다. 전화 즉답은 지속적으로 사용하기에는 너무나도 제한적이고 비싸긴 해도, 많은 이가 아직도 방송 수용자 측정의 '고전적 표준'이라고 생각한다. 사실 전화는 1990년대 후반 이래로 일일 미디어 사용을 측정하는 주요 수단으로서는 눈 밖에 난 상태다.

2) 개인 면접

면대면 개인 면접은 라디오 서베이 초창기에 자주 사용되었다. 1928년 봄부터 시장조사자 대니얼 스타치(Daniel Starch)는 NBC가 의뢰한 연구에 개인 면접 방법을 사용했다. 그리고 시청률 서비스가 등장한 다음인데도 1930년대의 CBS는 스타치에게 일련의 보고서 제출을 의뢰했다. CBS는 후퍼의 "전화 조사는 명백히, 전화가 없는 모든 가정을 빠뜨리기 — 더 작은 지역 공동체로 갈수록 더 커지는 왜곡 — " 때문에 이 방법이 더 정확한 정보를 제공한다고 주장했다. CBS는 NBC보다 적은 수의, 흔히 출력이 더 작은 지역 방송국을 거느리고 있었기 때문에 이런 면접 조사가 자신에게 유리하면 유리했지 불리할 수는 없다고 생각했다(CBS, 1937).

1930년대 후반에 크로슬리와 후퍼가 서로 다른, 전화를 이용한 데이터 수집 방법을 두고 싸우고 닐슨이 그의 기계식 조사 장치를 다듬는 동안, 개인 면접은 여전히 가장 널리 수용된, 사회심리학적 행태 정보를 수집하는 방법이었다. 특히 한 사람, 심리학 박사 시드니 로슬로(Sydney Roslow)는 1939년 뉴욕 세계박람회의 방문객을 면접하면서 이 기법에 강한 흥미를 느끼게 되었다. 수용자 연구의 초기 개척자, 폴 라자스펠트(Paul Lazarsfeld)의 격려도 있어 그는 이 조사 기법을 라디오 청취를 측정하는 데 적당한 형태로 다듬기 시작했다.

1941년 가을, 그는 자신이 개발한 개인 면접 **명단 상기**(roster recall) 방법에 기초해 '뉴욕의 맥박(The Pulse of New York, 이하 펄스)'이라고 불린 수용자 추정치를 제공하기 시작했다. 응답자와 접촉하면 지난 몇 시간 동안 무엇을 들었는지를 상기하는 데 도움을 줄 프로그램 명단을 주었다. 후퍼에 이어 닐슨도 네트워크 시청률에 집중했기 때문에 로슬로의 지역 서비스는 - 특히 2차 세계대전 이후의 엄청난 방송국 증가와 함께 - 급속히 확장했다. 1960년대 초까지 펄스는 전국 250개 라디오 시장에서 보고서를 펴냈고 지역 라디오 수용자 측정의 압도적 정보원이 됐다.

이미 1930년대에 광고로 운영되는 라디오를 보유하고 있던 호주에서도 개인 면접은 데이터 수집의 중요한 수단이었다. 이 방법이 특히 매력적이었던 것은 당시에 전화를 보유한 호주 가정이 극소수였기 때문이다. 1940년대에 경쟁하던 두 시청률 조사 기업, 맥네어서베이(McNair Survey)와 앤더슨방송분석(Anderson Analysis of Broadcasting)은, 비록 후자는 몇 년 후 일기식 기법으로 옮겨가긴 했지만, 둘 다 응답자 상기를 보조해주는 - 펄스의 것과 비슷한 -면접 방법을 채택했다. 이 두 경쟁사는 약간 다른 수용자 시청률을 산출했고 각기 다른 고객층에게 호소력이 있었다. 둘의 조사 절차를 검증할 어떤 공식적 기제도 없는 상황에서 이들은 서로의 조사 결과를 점검하는 역할도 했다. 1973년 둘은 합병하여 일기식을 데이터 수집 방법으로 채택했다.

개인 면접은 다른 대안, 특히 전화 조사에 대해 여전히 장점이 있었다. 이 방법은 자동차나 일터 같은 곳의 집 밖 청취를 포괄할 수 있었고 전화 측답이 불가능한 시간대의 — 후퍼사는 오전 8시부터 오후 10시 반 사이에만 전화할 수 있었다 — 라디오 수신기 이용을 측정할 수 있었다. 나아가 이런 조사는 전화를 보유할 가능성이 낮은 이들에게 인기 있는 많은 소수자·외국어 방송국에 관한 인구통계적 세부 사항과 정보까지 제공했다.

개인 면접에 기반을 둔 시청률은 다른 방법으로는 알아보기 어려운 청취자를 잡아냈기 때문에 미국의 라디오를 재형성하는 데 도움을 주었다. 펄스는 — 네트워크 프로그램에 대한 전국적 측정에 중점을 두는 닐슨에 대하여 — 대도시 지역의 수용자 측정을 강조함으로써 '인기곡 40(Top 40)'과 대중음악 포맷 방송국의 출현에 기여했다. 이런 수용자 통계는 해당 지역 시장의 청취자 수에만 관심이 있는 많은 지역 광고주 사이에서 인기를 얻었다. 그래서, 점점 더 많은 지역 라디오가 방송을 시작하고 또 점점 더 많은 프로그램과 인기인이 텔레비전으로 옮기거나 망각되는 상황에서 펄스의 방법은 록 음악 포맷 방송에게 시의적절한 성장 촉진제였다.

그럼에도, 호주의 경우와 마찬가지로 1970년대가 되자 다른 방법이 지역 방송국 시청률 시장을 지배하기 시작했다. 미국조사국은 이하에서 곧 묘사할 것인데, 라디오 시청률 시장에 진입하기 위해, 일기식 조사 기법을 텔레비전에 적용해 거둔 성공을 이용했다. 큰 컴퓨터 기업의 자회사였기 때문에 시장 보고서를 적기에 생산하는 우월한 계산 능력도 가지고 있었다. 또 하나, 록 음악 방송국과 소수 민족 방송국은 자신들에게 유리한 면접식 조사를 선택하도록 광고대행사를 설득하는 데 그다지 적극적이지 않았고, 그래서 대행사들은 뉴스나 '듣기 편한 음악'을 전문적으로 내보내는 방송국이 밀던 일기식 조사를 받아들였던 것으로 보인다. 펄스는 1978년에 폐업했다.

비록 몇몇 조사 사업은 아직도 면접 조사로 정보를 수집하거나 응답자 개인 면접을 통해 일기장을 배포하고 있기는 하지만, 오늘날, 개인 면접은 더 이상 수용자 측정 사업의 중추가 아니다. 제대로 된 개인 면접은 비싸고, 또 고도로 파편화된 디지털 미디어 환경에서 응답자 상기에 의존하는 전통적 설문으로는 미디어 이용을 추적하는 것이 힘들다. 그럼에도 이들은 수용자를 연구하는 중요한 통로가 될 수 있다. 예컨대 미디어마크리서치(MRI: Media-mark Research)는 2만 6000명의 미국 소비자를 대상으로 설문 조사를 실시했다. 1차 데이터 수집에서는 면접조사원이 대상 가구를 방문해서 일련의 인구통계 데이터와 미디어 이용 데이터를 수집하였다. 이렇게 하면 데이터 수집 과정에서 상기를 돕는, 미디어를 시각화한 다양한 카드를 응답자에게 보여줄 수 있다. 이런 데이터는 광고 시간을 사고파는 데 쓰이는 기준, 수용자 시청률 통화 같이 기능하지는 않지만 제품 구매에 관한 정보와 결합하여 광고 지출의 안배를 지도하는 데 유용하게 이용된다.

3) 일기

1920년대에 많은 라디오 수신기 제작자와 청취자는 프로그램에는 관심이 없었다. 대신 서로 다르고 또 멀리 떨어진 방송국에서 송출하는 라디오 신호를 되도록 많이 들어보려고 했다. 이들은 이런 방송국을 손안에 놓고 보기 위해서 들어본 신호와 수신 시간에 관한 정교한 기록 대장을 유지했다. 방송국 호출 부호, 소재지 도시명, 구호, 프로그램 제목과 같은 정보를 기록했다. 일기식 기록 유지의 이런 초기 형태에도 불구하고, 그리고 라디오 시청률 조사 회사의 간헐적 채용에도 불구하고 일기식 조사는 텔레비전이 등장하고서야 상업적 수용자 조사연구의 중요한 도구가 되었다.

처음으로 체계적 일기식 조사를 수행한 이는 가넷 개리슨(Garnet Garrison)이다. 1937년 그는 "저렴하면서도 상당한 신뢰도를 가질, 청취 습관 측정의 조사 기법을 개발하는 실험"을 시작했다(Garrison, 1939: 204). 오랫동안 미시간 대학 교수를 지낸 개리슨은 당시에 활용된 방법이 전화를 통한 — 즉답이거나 조력 받지 않는 상기이거나 간에 — 조사, 개인 면접, 팬 우편물 분석 내지 서베이, 그리고 '청소년 자동 기록(the youngster automatic recording)'이라는 것에 유의했다. 그는 자신의 방법을 '듣기표(listening table)'라고 불렀는데, 이는 저 방법들 각각에서 약간씩을 취한 것이었다 — 우편으로 보내고 회수될 수 있었고, 프로그램 명단을 포함했고, 객관적이라고 여겨졌기 때문이었다. 그가 사용한 양식은 아침 6시부터 자정까지 15분 간격으로 나눈 격자를 제시하고 응답자에게 방송국과 프로그램, 그리고 함께 들은 이의 수를 나열하라고 요구했다. 그는 다음과 같이 결론지었다.

> 표집, 듣기표의 배포, 원데이터의 집계가 정확하게 이루어지도록 충분히 주의한다면 '듣기표' 기법은 적은 비용으로 라디오 청취에 관한 매우 자세한 정보를 얻는 데 실질적 도움을 준다(Garrison, 1939: 205).

CBS는 1940년대에 일기식 조사를 실험했지만 데이터의 응용 대상으로 편성 이외에 광고 판매까지 생각했던 것은 아니었다 한다. 일기식 조사는 수용자 구성, 프로그램 전후의 유입/유출 프로그램 청취, 수용자 흐름과 수용자 교체율을 추적하는 데 사용되었다. 1940년대 말 후퍼 또한 '전화로는 도달하기가 실제적으로 불가능한' 지역의 전화 표본에 일기식 조사를 더했다. 일기와 전화 즉답의 이런 혼합이 완전히 만족스러운 경우는 결코 없었다. 닐슨에 대해 후퍼가 퇴조한 이유 가운데 하나가 전화 조사 방법이 대부분의 경우에 텔레비전이 라디오 수용자 잠식을 먼저 시작한 거대 대도시 지역에 국한됐었다는 것이다. 그래서 후퍼는 라디오 청취자 규모를 낮춰 잡는 경향이 있었다.

1940년대가 되어서야 일기식 조사가 합동형 수용자 조사 서비스의 주된 방법이 되기 시작했다. 제임스 사일러(James Seiler)는 워싱턴DC 지역의 NBC 소유 방송국을 위한 조사연구 책임자로서 몇 년간 라디오 수용자 측정에 일기식 조사 방식을 채용할 것을 제안했다. 방송사는 결국 새로 만든 텔레비전 방송국을 위한 서베이 조사를 해보는 것에 동의했다. NBC가 몇 개의 시험적 조사에 든 비용을 지원했으나, 사일러는 정기적 시청률 서비스를 개시하기 위해 자신의 회사를 설립했다.

그는 이 회사를 미국조사국(ARB: American Research Bureau)이라고 명명했는데, 전쟁 직후 워싱턴에서 이 명칭은 매우 공식적인 것으로, 심지어는 애국적인 것으로 들렸다. ARB가 자신의 첫 지역 시장 보고서를 낸 것이 1949년이다. 그것은 5월 11일에서 18일 사이의 1주일 치 일기를 바탕으로 에드 설리번(Ed Sulivan)의 일요 버라이어티쇼 〈토스트오브더타운(Toast of the Town)〉이 66.4%라는 놀라운 시청률을 기록했음을 보여주었다. 가을까지는 볼티모어, 필라델피아, 뉴욕에서 지역 텔레비전의 시청률을 측정하고 있었고, 시카고와 클리블랜드는 다음 해에 추가되었다. 이 회사의 초창기는 ─ 텔레비전 보급기가 일기식 조사 방법론이 받아들여지기 시작한 시기와 겹치면서 ─ 성장이 더뎠다. 1951년에는 미서부 해안 지역에서 일기에 근거한 시청률 조사를 시작했던 ─ 텔레큐(Tele-Que)라는 ─ 조사 회사와 합병하여 로스앤젤레스, 샌디에이고, 샌프란시스코 지역의 보고서도 추가하게 되었다.

1950년대를 통틀어 ARB는 닐슨의 지역 텔레비전 수용자 측정의 주요 경쟁자로 떠올랐는데, 특히 지역의 후퍼 텔레비전 시청률 사업을 인수한 1955년 이후로 그랬다. ARB는 사업을 확장했다. 1961년이 되자 거의 모든 텔레비전 시장을 일 년에 두 번 조사했고, 규모가 큰 시장은 더 자주 측정했다. 네트워크와 방송국들은 일기가 시장에 깔리는 '시청률 집중 조사 기간(sweeps)' 동안에 특별히 매력적인 프로그램을 편성함으로써 반응했다. 1973년에 ARB 는 이름을 '아비트론(Arbitron)'으로 바꾼다. 이 회사의 닐슨과의 정면 경쟁은 다시 20년간 지속될 것이었지만, 결국 텔레비전 산업의 경제 논리에 희생되고 만다. 1980년대 말과 1990년대 초에 더욱 경쟁적으로 변모한 미디어 환경에 처한 텔레비전 방송국의 예산이 빡빡해지면서 방송국에서 두 개의 시청률 서비스를 구매할 수 있는 여유가 사라졌다. 균형이 닐슨 쪽으로 기울어 닐슨 시청률이 지역 텔레비전의 실제 통화가 되었다. 1993년 11월, 아비트론은 자신의 텔레비전 측정 사업을 접었다.

라디오의 경우는 이야기가 달랐다. 다음 절에서 다룰 이유들로 인해 닐슨이 라디오 측정 사업을 정리한 것이 1960년대 초였는데, 당시 아비트론은 지역 라디오 시청률 보고서를 쓰기 위해 일기식 조사를 이용하기 시작했다. 이미 살펴본 대로, 일기식 조사가 결국 펄스를 폐업시켰다. 종국적으로, 또 다른 회사인 스태티스티컬리서치사(SRI: Statistical Research Inc.)가 닐슨의 전국적 라디오 서비스 폐지가 남긴 공백을 채웠다. SRI는 1969년에 뉴욕 대학교 통계학 교수 제럴드 글래서(Gerald Glasser)와 닐슨미디어(Nielsen Media)를 위한 조사연구 부서의 책임자였던 게일 메츠거(Gale Metzger)가 설립했다. 3년 후 이 회사는 '레이다(RADAR: Radio's All Dimension Audience Research)'라 불리는 협업적 산업 조사 노력의 운용을 인수했는데, 이 조사는 이후에도 라디오 네트워크 청취자에 관한 보고서 산출을 계속했다. SRI는 CAB 시절로 돌아가 데이터 수집에 전화 상기 기법을 사용했다.

수년간 아비트론은 확고부동의 지역 라디오 시청률 공급자였다. 한때, '버치/스카버러리서치(Birch/Scarborough Research)'라는 회사가, 역시 전화 상기 기법을 사용했는데, 여기에 도전장을 내밀었다. 그러나 다시 한번 업계는 두 번째 경쟁 서비스에 돈을 대고 싶어 하지 않았다. 1992년 톰 버치(Tom Birch)는 시청률 조사를 중단하고 좀 더 '질적(qualitative)'인 스카버러(Scarborough) 서비스는 아비트론에 매각했다. 2001년 아비트론은 SRI로부터 레이다(RADAR) 상호를 취득하면서 미국에서 지배적 라디오 시청률 공급자로서 지위를 확립했는데, 이는 오늘날까지 누리는 지위이다.

일기식 조사의 한계는 다음 장에서 논의할 것인데, 그러나 그 한계에도 불구하고 전 세계적으로 수용자 측정의 중요한 도구로 남아 있다. 몇몇 대규모 시장은 더 값비싼 휴대 계량기로 대체하고 있지만, 미국, 호주, 러시아, 아시아와 많은 유럽 국가에서 일기식 조사는 라디오 청취를 측정하는 데 아직 사용된다. 텔레비전에서마저, 계량기 조사가 측정의 보다 정확한 수단으로 정착했지만, 일기식 조사가 아직 사용된다. 보다 작은 시장에서는, 기계식 조사 시스템에 드는 비용을 정당화할 수 없어, 수용자 측정을 위한 최선의 선택지로 남아 있다. 사실, 이렇게 쓰고 있는 시점에도 닐슨은 미국의 지역 시장 과반 다수에서 텔레비전 시청률 조사에 일기를 사용한다. 이런 관행이 바뀔 수는 있겠지만 일기식 조사는 앞으로도 당분간 계속 사용될 공산이 크다.

4) 계량기

상업 방송 초창기부터 방송국과 광고주는 라디오 청취자가 실제 듣고 있는 것에 대한, 실시간의 영구적이고 계속적인 기록을 만드는 일에 잠재된 장점들에 대해 깨닫고 있었다. 이런 시스템의 계발에 연루된 기술 문제는 1930년대에 풀렸고, 1940년대 말까지는 널리 사용되었다. 그런데 기계식 조사가 마침내 실용화되자 역으로 시청률 사업에 근본적인 영향을 지속적으로 미쳤다.

1929년 컬럼비아 대학교 재학 중에 클로드 로빈슨(Claude Robinson)은 — 후일, 여론조사 분야에서 조지 갤럽(George Gallup)의 동업자가 되는데 — "정해진 기간 동안 채널이 맞춰진…수신기들의 비교 기록을 통해 방송 청취자의 반응을 과학적으로 측정할 수 있게 해줄” 장치에 대한 특허를 획득하였다(Beville, 1988: 17). 이 특허는 NBC의 모기업, RCA에 팔렸지만, 장치에 관해 그 이상 알려진 것은 없었다. 기계식 조사의 장점에도 불구하고 어느 장치도 완벽하지는 않아 럼리(Lumley)는 다음과 같이 보고한다.

> 기계적이거나 전자적인 기록 장치를 사용한 측정의 가능성은 무제한적일 지라도 이 분야에서의 개발 실적은 아직 거의 없다. 수신기가 특정 채널에 맞 춰진 시간과 방송국 호출 부호를 함께 기록하는 장치들에 대한 보도가 나돌기 는 했지만, 이 가운데 어느 것도 실험적인 것 이상의 상황에서 사용되지는 않 았다. 그러나 스탠턴(Stanton)은 라디오 수신기가 켜질 때마다 그 시간을 기록 할 도구를 완벽하게 다듬어냈다(Lumley, 1934: 179~180).

여기 지칭된 인물은 프랭크 스탠턴(Frank N. Stanton)으로 당시에는 럼리의 학생이었고 나중에 CBS 사장이 된다. 학위 논문을 위해 스탠턴은 ‘최장 6주 간 수신기의 작동을 기록하도록 설계된’ 10개의 장치를 만들고 시험했다 (Lumley, 1934: 180). 왁스가 발린 테이프에 바늘 하나는 15분의 시간 간격을, 또 다른 하나는 언제 수신기가 켜지는지를 표시했다. 이 장치는 어느 방송국 에 채널을 맞췄는지는 기록하지 않았는데, 대신 설문지에 기록된 대로 실제 청취했는지를 점검하는 데 사용되었다. 한편 스탠턴은 수용자에게 수신기를 켜고 보내는 시간의 길이를 과소평가하는 경향이 있음을 발견했다.

1930년과 1931년, 매사추세츠 공과대학교의 로버트 엘더(Robert Elder)는 CBS가 출간한, 라디오 광고 효과에 대한 연구를 수행했다. 1933년에서 1934 년 사이에 그와 전기기술자 루이스 우드러프(Louis F. Woodruff)는 라디오 채 널 맞추기를 기록할 수 있는 장치를 설계하고 시험했다. 이 장치는, 라디오 튜너가 눈금판을 가로질러 움직이는 것에 맞추어 앞뒤로 움직이게 한 바늘

그림 2-1 **최초의 오디미터(1936)**
자료: 닐슨

이 종이 위에 기록을 긁었다. 엘더는 그의 장치를 오디미터(audimeter)라고 명명하고 특허를 신청했다. 그리고 로빈슨(Robinson)의 — 이제는 RCA의 — 선행 특허를 발견하고 RCA로부터 계속해도 좋다는 허가를 취득한다. 첫 번째 현장 시험은 보스턴 지역의 기록 장치 약 100개를 사용했다. 1936년 아서 닐슨(Arthur C. Nielsen)은 엘더가 이 장치를 묘사하는 연설을 듣고 즉시 그 기술에 대한 권리를 구매하기 위한 협상을 시작했다고 한다.

전기기술자로 훈련받은 후, 닐슨은 산업용 장비의 효율을 시험하는 사업을 1923년에 시작했는데, 유지는 됐지만 번창하진 않았다. 10년 후 의약품을 취급하는 고객 한 사람이 닐슨의 종업원에게 자신에게 진정 필요한 것은 제품의 배포와 회전에 관한 정보라는 점을 제기했다. 여기에 대한 닐슨의 반응은 재고를 점검하기 위한, 상점 패널에 기초한 소비자 서베이 조사를 개발하는 것이었다. 이 사업은 급속히 커나가서 식품 지수가 덧붙여지고 회사는 번창했다. AC닐슨사(A. C. Nielsen Company)는 세계에서 가장 큰 시장조사 기업이 되는 길로 접어들었던 것이다. 그러나 닐슨이란 이름을 결정적으로 '수용자 측정'과 동의어로 만들게 된 일은 엘더-우드러프(Elder-Woodruff) 오디미터의 인수였다.

공학적 배경과 성공적인 상품 지수에서 남긴 수익을 가지고 닐슨은 오디미터를 재설계했다. 1938년 시카고와 노스캐롤라이나에서 도회지 청취와 전원 청취를 비교하기 위한 현장 시험이 이루어졌다. 1942년까지는 AC닐슨사에서 닐슨라디오지수(NRI: Nielsen Radio Index)가 출시됐는데, 이는 자신의 장치를 설치한 약 800가구를 기반으로 하는 것이었다. 〈그림 2-1〉의 장치 안의 종이테이프를 교체하기 위해 닐슨의 기술자가 개별 가구를 정기적으로 방문해야 했는데, 이는 데이터 수집을 더디게 만들었다. 그러나 AC닐슨사는 각 개별 가구의 '주방 찬장(pantry)' 재고 목록에 기초해 제품 구매에 관한 정보도 제공했다. 원래 광고주 사이에서 평판이 좋았던 닐슨은 지배적 시청률 공급자, CE후퍼(C. E. Hooper)사를 추월하기 위한 전진을 시작했다.

1950년대 닐슨은 시청률 사업의 확장과 수용자 측정 기술의 완성을 위한 작업을 계속했다. 이미 살펴본 바와 같이 1950년에 그는 후퍼의 전국적 시청률 조사 서비스를 인수했다. 같은 해 그는 닐슨텔레비전지수(NTI: Nielsen Television Index)를 도입했는데, 이는 저 부상하는 신매체를 측정하려는 이 회사의 첫 시도였다. 또, 1950년대 중반까지는 라디오와 텔레비전 양자를 포괄하는 지역 시청률을 제공하는 닐슨방송국지수(NSI: Nielsen Station Index)를 출시했다. 그의 기술자들은 튜너의 활동을 16밀리 필름 카트리지에 기록하는, 오디미터의 새로운 버전을 더욱 완벽하게 다듬었다. 더욱 중요하게는 필름 카트리지가 닐슨이 표집한 가구에 직송되고 닐슨 본부로 반송될 수 있었기 때문에 데이터 수집 속도를 높이게 되었다. 닐슨은 수용자 인구통계의 수집에 일기를 사용하는 것도 시작했다. 일기식 조사 데이터의 정확도를 개선하기 위해 그는 '레코디미터(recordimeter)'라 불리는 특별한 장치를 도입했는데, 이는 수신기 사용 시간을 모니터하고 일기의 빈칸을 채우라고 등이 번쩍거리도록 한 장치였다.

1960년대는 미국과 수용자 측정 회사들에게 격동의 10년이었다. 일반적인 사회적 혼돈은 물론이고 텔레비전 퀴즈쇼 추문들과 음악 산업의 부패상 및 '뇌물 수수(payola)'에 관한 보도들로 뭔가 터질 듯한 분위기에서 미 의회는 앞으로 지대한 영향을 미칠, 시청률 사업에 대한 조사를 시작했다. 방송사업자에 대해 시청률이 갖는 엄청난 영향력을 인식하는 동시에 조잡한 시청

률 조사에 대한 소문을 염두에 두었던 오렌 해리스(Oren Harris) 미 하원 주
간·국외통상위원회 의장은 업계 관행에 대한 장기적 조사를 지휘했다. 해리
스 위원회는 1966년에 보고서를 발간했다. 비록 수용자 측정을 규제할 법안
의 입법을 권고하는 선까지 나가지는 않았지만, 이 조사는 시청률 업계를 각
성시키는 효과를 냈다 — 그 효과는 시청률 보고서에서 보게 된, 방법론과 데
이터 신뢰도에 대한 꼼꼼한 세부 서술과 현재는 미디어시청률심의회[the
Media Ratings Council: 1982년까지는 방송시청률심의회(the Broadcast Ratings
Council); 1982년부터 1998년까지는 전자미디어시청률심의회(the Electronic Media
Ratings Council)]라 불리는 조직의 존재가 오늘도 실감케 해주고 있다.

시청률 업계 주도 회사로서 닐슨과 특히 그 라디오 지수는 의회 청문회에
서 유난히 두드러져 보였다. 이에 대한 닐슨의 반응은 비판이 불가능할 정도
의 새로운 라디오 지수를 개인적으로 개발하는 것이었다. 불행히도 혁신적
라디오 지수의 잠재 고객은 데이터 수집 비용의 증가를 수반한 변화에 저항
했다. 이런 상황에 분노하여 1964년에 닐슨은 전국적 라디오 측정에서 한꺼
번에 손을 뗐다. 사실은 이보다 1년 전 닐슨은 지역 라디오 수용자 측정에서
철수함으로써 펄스를 독점적 지위에 남겨뒀었다.

바로 앞 절에서 살펴본 바와 같이 40년의 반 이상, 닐슨과 아비트론은 지
역 텔레비전 시청률 공급에서 직접 경쟁했다. 비용 부담이 가능했던 큰 시장
에서 닐슨은 일기식 조사가 보조하는, 가구에 설치된 계량기를 이용했다. 이
외의 지역에서는 두 회사 모두 일기식 조사에 의존했다. 그렇지만, 아직 '미
국조사국'이던 시절, 아비트론은 계량기도 제한적으로 사용했다. 측정 결과
를 전화망으로 회수할 수 있는 계량기를 개발해서 한 수 앞서 보려고도 했다.
1957년, ARB는 뉴욕시의 300가구에 계량기를 설치하고 '즉각적' 익일 시청
률을 공급하기 시작했다. 전반적으로, 이 한 수는 그 때문에 닐슨이 더욱 효
과적인 경쟁에 직면하게 될 것이라고 해석되어 광고주와 미디어의 호응을

얻었다. ARB에게는 불행하게도 아서 닐슨과 그의 기술자들은 수신 기기를 기계적으로 측정하는, 생각할 수 있는 거의 모든 방법에 대해 특허를 획득해 둔 상태였다. ARB의 새로운 소유주, CEIR란 기업은 닐슨에게 저 장치에 대한 권리에 대해 대가를 지불해야 했다. 그랬음에도 불구하고 이는 닐슨 으로 하여금 뉴욕 표본을 계량기망으로 엮게 하였고 이후, 1973년, '저장식 즉시 오디미터(SIA: storage instantaneous audimeter)'를 자신의 전국 표본 전 부에 도입하게 했다. 이렇게 해서 닐슨은 전화망으로 데이터를 회수하여 '밤 사이(overnights)'라고 지칭된 가구 시청률을 낼 수 있게 되었다.

닐슨의 것과 같은 전통적 가구 계량기의 최대 단점은 시청률 사용자에게 시청한 이가 누군지 알려주는 정보를 전혀 제공할 수 없었다는 데 있다. 광 고주가 자신의 메시지를 특정 유형의 시청자를 향해 겨누는 일에 정교해지 면서 시청 가구에 대한 정보의 유용성은 점차 떨어졌다. 일기식 조사가 이렇 게 생긴 공백을 메우곤 했지만, 이도 느리고 오류에 취약했고 기계식 조사 데 이터와 조화시켜야만 했다. 더 나은 해결책은 '사람' 정보를 기계식 측정에 직접 연결하여 수집하는 것이 될 터였다.

1980년대까지는 유럽에서도 상업 방송이 진전을 이뤄내기 시작했다. 이 와 함께 "양립 불가능한 계량기 체계들의 뒤범벅과 전통적 일기식 및 상기식 조사"를 대체할 더 새롭고 보다 정확한 수용자 측정 시스템에 대한 관심이 높 아졌다(Gane, 1994: 22). 1980년대 초 AGB(Audits of Great Britain)는 피플미터 (peoplemeters)를 이탈리아 표본 가구에 설치했다. 이 장치는 텔레비전 수상 기의 활동을 모니터했을 뿐 아니라 누가 텔레비전을 보는지도 거기 표시할 수 있었다. 또 1984년까지는 영국에서도 피플미터 패널을 운영하게 된다. 거 의 같은 시기에 스위스 회사 텔레콘트롤(Telecontrol)이 스위스와 당시 서독 에 피플미터를 설치했다. 1980년대 말에 이르자 서유럽 대부분의 지역에서 텔레비전 시청을 측정하는 데 피플미터를 사용하게 되었다. 미국 역시 이런 조류에 합류할 터였다.

1950년대부터 닐슨은 미국의 텔레비전 네트워크 시청률 공급을 독점해왔다. 이 데이터는 가구 계량기에 일기식 조사를 결합해 나온 것이었다. AGB는 자신의 피플미터가 미국 시장에서 닐슨과 경쟁할 수 있게 해줄 것이라고 기대했다. 이 회사는 광고주와 미디어를 포함하여 관련 업계의 투자를 확보했으며, 두어 해 안으로, 보스턴에 피플미터를 설치하여 측정 시스템의 현장 시험을 개시할 수 있을 정도로, 충분한 지지를 획득했다. 당시 주요 국제 마케팅 기업이던 닐슨은 이런 경쟁 추이를 주시하면서 자신의 고유한 피플미터를 개발하고 있었다. 전국적 피플미터 서비스를 시험하고 실행할 계획을 발표한 닐슨은 1987년 자신의 'NTI' 서비스를 피플미터를 설치한 가구 표본에 근거하도록 하기 시작했다. 잠시는 버텼지만 업계의, 특히 네트워크 방송사의 모호한 지지로 더 버티기가 불가능하게 된 AGB는 1988년 미국에서의 사업을 접었다.

1990년대에 업계는 또다시, 주로 지상파 네트워크 방송사가 자금원이 된 4000만 달러를 가지고, 닐슨의 대안이 될 전국 텔레비전 시청률 공급자를 모색했다(Terranova, 1998). 이는 '텔레비전 측정 및 보고 시스템(Systems for Measuring and Reporting Television)' 또는 간단히 스마트(SMART)라 불렸다. 스마트 프로젝트는, 당시 전국 라디오 네트워크 시청률을 공급하던 기업, SRI가 주관했다. 피플미터 비슷한 상자를 사용하여 시청 행위를 측정했지만 닐슨 시스템과의 기술적 차이를 내세웠는데, 여기에는 시청 중인 프로그램 소스를 식별해주는 전자 코드 조각을 탐지하는 능력도 들어 있었다. 또 시청자를 보다 포괄적으로 정의했는데, 이는 지상파 네트워크 방송사의 시선을 끌었다. 스마트 프로젝트는 필라델피아에서 500가구를 엮어 시험을 시작했다. 그래도 전국적 형태로 가기 위해서는 업계로부터 6000만 달러의 추가 자금을 공급받아야 했다. 광고주는 스마트를 지상파 네트워크 방송사의 자식으로 간주하였고, 이런 자금 유치 노력에 대한 지원을 거절했다. 이 시점에서 네트워크도 자금 지원을 멈췄고, SRI도 역시 사업을 접게 됐다.

피플미터는 오늘날 전 세계에서 텔레비전 시청률 측정의 선호되는 방식이다. 북미와 유럽에 더해 아시아와 라틴 아메리카에서도 널리 사용된다. 때로 다수의 국가에 진출한 국제적인 거대 기업에 의해 운영되는데, AGB와 합작하게 된 닐슨이나 텔레콘트롤(Telecontrol)을 소유한 GfK그룹 같은 기업이 예다. 때때로 측정 기업은 단 하나의 국가 내에서만 운영되기도 한다. 칸타미디어(Kantar Media)와 협력하여 중국에서 측정 활동을 하는 CSM이나 단독으로 독립하여 유지되는 프랑스 시청률 회사 메디아메트리(Médiamétrie)와 같은 기업이 그 예다. 그러나 수용자 측정의 역사에 대한 우리의 서술이 가르쳐주는 바가 있다면 그것은 다름 아니라 오래 지속되는 것은 없다는 것이다.

피플미터 자신이 계속해서 바뀌고 개량된다. 지금은 '휴대 피플미터(PPM: portable peoplemeter)'가 나와 있는데, 이는 패널 구성원이 하루 종일 지니고 다니게 되어 있다. 많은 가구가 텔레비전 신호를 케이블이나 위성을 통해 수신한다는 사실은 몇몇으로 하여금 시청 행위 관찰에 디지털 셋톱박스에서 나오는 데이터를 활용하도록 북돋웠다. 이는 사실상 셋톱박스를 가구 계량기로 전환하는 셈이다. 1990년대를 통해 인터넷 사용자가 증가함에 따라 컴스코어(comScore)나 닐슨이 소유하게 된 넷레이팅스(NetRatings)와 같은 회사가, 자신이 가진 컴퓨터를 이용하여 스스로의 사이트 방문을 추적하고 보고하는 패널을 섭외하기 시작했다. 이는 실제로는 패널 구성원의 컴퓨터를 일종의 피플미터로 전환하는 셈이다. 사실 인터넷은 수용자 측정에서 훨씬 더 과격한 변화를 예고해왔다. 점점 더 많은 미디어가 컴퓨터를 매개로 서비스를 제공하기 때문에 사이트를 방문하거나 미디어를 다운로드하는 누구나를 추적하는 것이 가능하다. 이는 지금까지와는 매우 다른 수용자 측정 전략으로 통하는 문호를 연 셈인데, 이에 대해서는 다음 절에서 서술할 것이다.

3. 현황

시청률 조사연구가 수년간 어떻게 변해왔는지 이해하는 것이 오늘날의 사업 현황, 이용이 가능한 데이터의 종류, 앞으로 무엇을 기대할 수 있을지를 더 잘 이해하게 해줄 수 있다. 우리가 간략히 서술한, 지구 곳곳의 시청률 조사연구의 역사는 그 자체가 목적이라기보다는 앞으로 나아가며 적용할 수 있을 교훈을 배우는 한 방도이다. 우리는 수용자 측정이 경쟁적 사업이 될 수 있음을 보았다. 조사 방법의 정확도와 더불어 고객의 욕구와 지불 의사가 중요하다. 우리는 또 측정 체계가 미디어 자체를 운용상으로 변하게 할 수 있음도 보았다. 그렇기 때문에 측정 체계는 업계 정치와 협상의 주제가 될 수 있다. 이 모두가 현재에도 유효한 사실이다.

이 절에서 우리는 새로운 미디어 환경이 제기하는 도전을 살펴본 다음, 이런 도전을 다루는 데 사용되는 측정 전략을 간단히 복기할 것이다. 그리고 마지막으로 합동형 수용자 데이터의 본성을 형성하는 제도적 요인 몇 가지를 언급할 것이다.

1) 새로운 미디어 환경의 도전

미디어 환경은 언제나 수용자 측정 사업에 영향을 끼쳐왔다. 라디오 방송국이 늘어나고 자동차에서 라디오를 청취하기 시작하자 시청률 조사연구도 여기 적응해야 했다. 21세기에는 더욱 새로운 미디어 시스템과 광고주의 요구가 수용자 측정 기업에 심각한 도전을 제기했다. 특히 세 가지 변화가 곤란을 야기했다. 첫째, 늘어만 가는 미디어 창구의 수효가 수용자를 더 작게 파편화된 그룹으로 쪼개왔다. 둘째, 주문형 비디오(VOD: video on demand)와 같은 '비선형적' 미디어 시스템은 사용자가 미디어의 배달 시점을 더 잘 통제

그림 2-2 **수용자 파편화의 역사: 네트워크 점유율과 텔레비전 가구당 평균 채널 수(연간)**

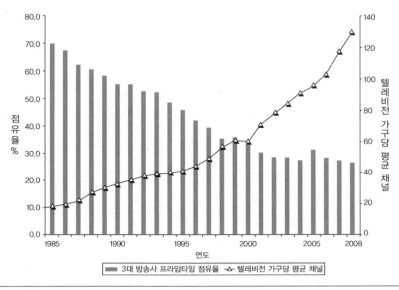

자료: 닐슨미디어리서치(Nielsen Media Research) 데이터. 웹스터(Webster, 2005)에서 재구성.

할 수 있게 했다. 셋째, 스마트폰 같은 새로운 플랫폼은 어디서 미디어를 쓸 지도 더 잘 통제할 수 있게 했다. 이런 전개와 여기에 수반된 어려움이 지금 의 수용자 측정 체계의 미덕에 관한 논의에서 전제 조건을 이룬다.

첫 번째 문제는 단지 미디어의 수 자체가 많아졌기 때문에 생기는 것이다. 사람들은 이제 수백 개의 채널과 수백만 개의 웹사이트 가운데서 선택할 수 있게 되었다. 이런 선택지 각각은 단지 몇 개의 미디어 창구에 집중되었던 공중의 주의 가운데 작은 조각 하나를 차지하려는 셈이다. 다른 어디보다도 텔레비전 지상파의 시청자군 축소에서 수용자 파편화의 장기적인 경향이 가 장 분명히 드러난다. 〈그림 2-2〉는 미국의 지상파 방송 수용자의 꾸준한 축 소를 보여준다. 그림의 막대는 ABC, CBS, NBC의 프라임타임 점유율 합계를

1985~1986년 텔레비전 시즌부터 표시한다. 이 시즌에 3대 방송사는 미국 가구가 텔레비전 시청에 쓴 시간 전부의 거의 70%를 차지했다. 2008~2009 시즌이 되자 이들의 시장 점유율 합계는 ─ 실시간 시청과 '방영 이후 7일'까지 지체된 시청을 포함한 수치가 ─ 30% 이하로 떨어졌다. 같은 기간, 평균적 가구에서 볼 수 있게 된 텔레비전 채널의 수는, 상승하는 선분이 표시하는 바와 같이, 7배로 늘었다. 닐슨이 관련 통계를 보고한 마지막 해인 2008년을 기준으로 미국의 평균적 가구에서 이용 가능한 채널은 130개였다. 이 변화는 미국에만 국한된 것이 아니다. 1장에서 살펴본 대로 방송 채널이 5개였던 인도는 꼭 10년 만에 500개가 됐다. 이런 채널들을 채우는 것이 새로운 방송 네트워크와 엄청난 수의 케이블·위성 네트워크인데, 각 채널은 수용자 조각 하나를 차지하겠다는 것이다.

이런 변화의 결과로 기존 미디어는 수용자 규모가 줄어드는 것을 보게 되었다. 1980년대 초에는 프라임타임 프로그램이 시청률 15%에 미치지 못하면 관례적으로 방송이 중단되었다(Atkin and Litman, 1986). 즉, 15%의 미국 가구를 잡지 못하면 편성에서 빠지게 될 것을 예측할 수 있었다. 오늘날 월드컵이나 슈퍼볼 같은 '미디어 이벤트'는 여전히 대규모 수용자를 끌어들이지만, 성공적 프라임타임 텔레비전 프로그램의 시청률이 대개 낮은 한 자릿수다. 케이블 네트워크의 시청률은 시청률 1점의 몇 분의 일에 머무는 경우가 잦다. 그리고 대부분의 웹사이트 수용자들은 이보다도 훨씬 적다.

광고주가 훨씬 더 세밀하게 쪼개진 수용자 집단에 접근코자 한다는 점을 고려할 때, 수용자 규모의 감소는 수용자 측정에 새로운 문제를 제기한다. 예전 같으면 매우 큰 편에 속하는 표본도 금방 한계에 부딪히게 된다. 예컨대 2만 가구의 전국적 텔레비전 시청 가구 패널을 보유하고 있다면 한 프로그램의 시청률 1점은 그중 200가구가 시청했음을 뜻한다. 만약 어떤 광고주가 좋는 시장(예컨대, 젊은이들의 시장)이 이 프로그램을 본 가구의 10%에만 존재한다면 이 시장에 대해 기록된 시청률은 20명의 개인에 대한 데이터를 바탕으로 산출됐을 수 있다는 이야기다. 표집 규모가 수용자의 파편화 경향에 발맞추지 못하면 이렇게 작은 규모의 수용자에 대한 추정치는 표집 오차 속으로 함몰될 수 있는데, 이는 다음 장에서 다룰 것이다.

　두 번째 문제는 보다 근래에 발전한 것이다. 역사적으로 보면 라디오와 텔레비전의 프로그램 전송은 방송 사업자가 편성을 통제하는 '선형적인' 형태였다. 시청률 회사는 선택된 방송국의 채널 편성 시간표를 파악하고 사람들이 언제 그 채널을 틀었는지만 알면 어느 프로그램을 접했는지 알 수 있었다. 그런데 이제는 VOD, DVR, 월드와이드웹(World Wide Web) 같은 '비선형적' 미디어 때문에 원하는 프로그램을 원하는 시간에 볼 수 있게 됐다. 이런 변화는 더욱 많은 도전을 제기한다. 무엇보다도 그것은 파편화(fragmentation)의 문제를 악화시킨다. 수용자 측정은 시청·청취의 선택지가 500개의 선형적인 채널로 퍼졌을 때 이미 충분히 어렵게 됐었는데, 이제는 손가락만 까딱하면 이용 가능한 수천 개의 추가 선택지가 있다. 고정된 편성 시간표에 의존할 수 없게 됨에 따라 측정 회사들은 어떤 프로그램 및/혹은 광고가 실제 시청되는지 알기 위해 이전과는 다른 방도를 발견해야 하는 것이다. 게다가 프로그램 시청 시간 변경은 ― 그리고 그 와중의 광고 회피도 ― 비교적 단순했던 계량을 복잡하게 만든다. 노출의 측정이 거래의 통화로 사용된다면, 그 노출은 어떤 종류여야 할 것인가? 2007년 미국 텔레비전의 전국적 거래 통화는 프로그램 시청률에서 'C3' 시청률이라고 불리는 것으로 옮아갔다. 이것은 광고 방송의 실시간 노출에 방송 후 3일까지의 광고 시청을 더한 것이다.

　세 번째 문제는 미디어 콘텐츠가 서로 다른 기술적 플랫폼 사이로 옮겨다닌다는 데 있다. 미디어를 언제 이용할지뿐 아니라 어디서 할지도 점점 더 많이 수용자가 통제한다. 텔레비전은 거실의 수상기, 공공장소의 모니터, 태블릿, 스마트폰, 다양한 웹사이트(광고와 함께 또는 광고 없이)를 통해 볼 수 있다. 사람들은 뉴스를 구식으로 읽을 수도 있지만 갖가지 전자 장치로도 그렇게 할 수 있다. 이 모든 접촉 지점이 마케팅 담당자가 잠재 고객에 접근하는 기회가 될 수 있고 그래서 광고주에게 점점 더 중요해지고 있다. 어떤 프로그램이나 광고에 대한 개인의 노출은 다양한 플랫폼들을 가로질러 추적해야 온당할 것이다. 불행히도 대부분의 수용자 측정이 실제 운영에서는 하나의 미디어에 전문화되어 있다. 라디오를 하면 텔레비전은 하지 않고 인터넷이면 인쇄 미디어 이용은 측정하지 않는 식이다. 하나의 기업이 서로 다른 미디어를 측정하는 경우에도 미디어 이용 측정의 표집은 미디어별로 수행된다. 예컨대, 텔레비전을 위한 표집, 인터넷을 위한 표집이 따로 이루어진다. 진정한 의미의 모든 이용 행위를 측정할 '단일 자료원(single source)' 패널은 응답자에게 지나치게 많은 부담을 주거나 불가능할 정도로 비싸다는 것이 자주 드러났다. 그럼에도 플랫폼들을 가로질러 이용 행태를 추적할 방안을 찾는 일은 수용자 측정의 중요한 과제로 남아 있다.

2) 측정 전략

이 모든 도전에 직면해서 어떻게 측정 운영 조직 가운데 어느 하나라도 정확하고 유용한 미디어 이용 측정치를 내놓기를 바랄 수 있는가? 우선 상기할 것은 어떤 수용자 측정 체계도 완벽하지 않다는 것이다. 신문 유통 부수 조사까지 치면 우리는 약 100년간의 수용자 측정 경험을 가진 셈인데, 그동안 나름의 결점을 갖고 있지 않은 측정 체계는 없었다. 의심할 바 없이 앞으로의 100년도 그러할 것이다. 측정에 대한 접근들은 각기 나름의 장점과 단점이 있다. 우리의 수용자 측정 역사에 대한 서술은 이들 장단점의 대체 관계를 최소한 얼마간이라도 조명했다. 이 점을 잊지 않으면서 우리는 현재 사용되는 두 가지 기본적 측정 전략을 간략히 언급할 것이다. 첫째는 오래된 것,

둘째는 새로운 것이다. 각각은 나름의 장단점이 있다.

이 장에서 묘사된 수용자 측정 작업은 모두 사람이나 가구를 표집하고, 응답자의 협력을 확보하고, 여기서 얻은 데이터를 사용해서 더 큰 모집단에 대해 추론하는 데 의존했다. 이것이 **이용자 중심**(user-centric) 측정 전략이다. 정보는, 설문에 응답하거나, 일기의 공란을 채우거나, 계량기 설치를 허용하는 것에 동의한 미디어 이용자한테서 수집된다. 이 전략의 큰 장점은 사람들이 자신에 대한 정보를 기꺼이 제공한다는 데 있다. 이 전략을 취하면 수용자 개인의 성격에 대해 많은 것을 알 수 있다. 따라서 미디어 이용에 대한 추정치는 인구통계적 특성에, 또는 측정된 특성이면 무엇이건 그에 연계해서 파악할 수 있게 된다. 그러나 정확한 추정치를 제공하려면 적절한 표본을 구성해야 한다.

표본이 잘못되는 경우는 두 가지이다. 보통 가장 좋은 표본은 무작위로 추출된다. 불행히도 표본에 넣고 싶은 모두가 조사에 협력하지는 않는다. 만약 조사 참여를 거부한 이들이 참여하기로 한 이들과 체계적으로 다르다면 추정치에 왜곡이 생긴다. 두 번째 문제는, 앞에서 언급한 바와 같이, 표본의 크기가 수용자 파편화를 상쇄할 만큼 크지 않다는 것이다. 물론 시청률 회사는 언제나 표본 크기를 늘릴 수 있겠다. 그러나 여기에는 비용이 들고, 이는 시청률 데이터 사용자가 지불해야 할 비용이다. 종국에는 더 큰 표본이 더 이상 실제적이지 못한 수확 체감 지점에 도달하게 될 것이다.

더 새로운 전략은 표본 크기의 문제를 피해 버린다. 우리가 이용하는 많은 디지털 미디어가 컴퓨터 장비들을 통해 서비스된다. 이들 장비 혹은 '서버'는 어떤 웹페이지가 요청되는지, 어떤 영상물이 흘러 다니는지, 어떤 광고가 제공되는지 쉽게 추적할 수 있다. 이들은 단지 표본만 보는 것이 아니라 이용 행위 하나하나를 모두 본다. 이런 행위들을 모으면 수용자를 측정하는 또 다른 방법이 된다. 이것이 **서버 중심**(server-centric) 측정 전략이다. 그리고 이는 실시간으로 대상 인구의 센서스 데이터를 창조할 수 있는 잠재력을 가지고 있다. 수백만 이용자에 관한 데이터를 보유한다면 표본 크기의 문제는 해결된다.

그러나 이 접근 방식은 단점도 있다. 첫째, 데이터의 대량 보유가 곧 진정한 센서스 데이터의 보유는 아니다. 예컨대, 수백만 가구의 가정에 디지털 셋톱박스가 있고 지금은 텔레비전 수용자 측정에 이용된다. 그러나 셋톱박스가 없는 수백만 가구가 있다. 우리의 우려는 셋톱박스가 있는 이들과 없는 이들이 체계적으로 ―표본 정보의 경우처럼― 다를지 모른다는 것이고, 실제 다른 경우 추정치는 왜곡될 것이다. 보다 중요한 점은 서버 중심 정보가 서비스 대상자에 대해 이야기해줄 것이 보통 별로 없다는 것이다. 저 웹페이지 그 방문자의 성별은? 저 비디오의 그 시청자는 나이가 몇이나 됐을까? 서버 중심 정보는 수용자의 특성에 대해 많은 것을 이야기하지 못할 수가 있다. 이런 특성에 대해 추정할 수 있는 방법이 있기는 해도, 대개 사용자 중심 접근 방식이 개인 이용자에 대한 보다 정확한 정보를 수집한다.

실무에서는 두 가지 전략이 광범하게 사용된다. 조사연구자는 각각의 단점을 보완할 방법을 고안해왔는데, 이에 대해서는 다음 장에서 묘사할 것이다. 측정 회사들은 다른 원천에서 얻은 데이터의 '융합'을 점점 더 많이 시도해서 양 전략의 좋은 점을 취하려 하고 있다(예컨대, 다음을 보라: Nielsen, 2009, 2011a).

그러나 현재의 수용자 측정 실무는 조사 방법에 관한 것만이 아니다. 대개 그것은 조사 방법이 가능케 하는 것, 고객들이 원하는 것, 그리고 이들이 그에 대해 지불할 의사를 가진 것이 어우러진 결과다. 예컨대 신뢰할 수 있는 C3 시청률의 산출은 기계식 계량기로 수용자를 측정할 때만 가능하다. 그러나 피플미터는 미국에서 C3가 새로운 '통화(currency)'가 되기 훨씬 전에 자리잡았다. 나중의 저 변화는 궁극적으로, 시청률 정보 사용자들이 새로운 합의를 도출하는 것이었다. 인터넷 측정은 합의 도출에 훨씬 큰 도전을 제기한다. 서버는 너무나 많은 정보를 수집하고, 또 많은 수용자 계측(예컨대 클릭 수, 페이지뷰, 개별 방문자, 임프레션 내지 노출 등등)을 가능케 한다. 각각의 척도가 잠재적 가치를 품고 있지만 무엇을 거래의 통화로 삼을 것이냐에 합의하기는 어려울 수 있다. 다음으로 우리는 수용자 측정 사업을 결정짓는 더 폭넓은 제도적 요인 몇몇에 관해 생각해보겠다.

3) 제도적 요인

시청률의 품질도 중요하지만, 이것만이 영향을 입는 업계의 선택 여부를 결정하는 것은 아니다. 우리가 보여준 바와 같이, 수용자를 측정하는 데는 다양한 방법이 있다. 방법이 다르면 결과에 차이가 날 수 있다. 흔히 이런 차이가 어떤 시청률 데이터 사용자에게는 유리하게, 다른 사용자에게는 불리하게 작용한다. 다른 방법을 실행하는 데 드는 비용은 물론이고 이런 고려 모두가 주어진 시장에서 사용 가능한 조사연구 서비스의 종류에 영향을 미친다. 여기서 우리는 수용자 측정 시장에 영향을 미치는 경제적이고 제도적인 요인의 조합을 묘사한다. 그런 다음 다른 나라들이 수용자 조사연구를 조직하는 방식을 묘사할 것이다.

합동형 수용자 시청률의 보고서는, 많은 종류의 정보재와 유사하게, '초판' 비용이 높다는 특징이 있다. 최신식 측정에 필요한 기계 값은 비싸다. 계량기는 설계되고 시험된 후 실물로 제작되어야 한다. 데이터를 획득하고 처리하는 체계도 갖춰야 한다. 투자자와 예상 고객은 비용 충당의 책임을 질 준비가 돼 있어야 한다. 그 비용이 얼마든 첫 번째 보고서가 나오기 전에 들어갈 수밖에 없다. 더구나 기존 시청률 회사가 제공하는 데이터는 대개 광고주와 미디어의 제도적 관행에 깊이 뿌리내리고 있어서 데이터 사용자가 변화에 저항하도록 만든다. 이 같은 '태생적 요인'이 경쟁자의 시장 진입을 어렵게 한다. 세계광고주연맹(WFA: World Federation of Advertisers)은 이렇게 지적한다.

> 두 개의 적절한 텔레비전 패널에 소요될 돈이면 하나의 좋은 패널이 가능할 터이다. 광고대행사의 자원이라는 측면에서도 낭비적인 것이, 복수의 데이터세트를 구매해야 하고 또 조화시켜야 하기 때문이다(WFA, 2008: 5).

이는 수용자 시청률이 대개 단 하나의 지배적 기업에 의해 제공되고 일단 자리를 잡으면 쉽게 변하지 않는다는 것을 의미한다. 그러나 우리가 본 바와 같이 변화는 일어난다. 그러나 어떻게? 부분적으로, 그것은 시청률 기업 자신의 행동에 달려 있다. 그러나 그것은 각기 다른 나라들의 법과 제도적 대처에도 달려 있다.

변화에 대처하는 가장 흔한 방식은 '공동업계위원회(JIC: joint industry committee)'를 통하는 것이다. 이런 대처 방식에서는 주요 시청률 사용자(예컨대 미디어, 광고주, 대행사)가 어떤 수용자 측정 서비스가 요구되는지를 특정하는 위원회를 만들어 입찰 공고를 낸다. 대개 닐슨이나 GfK텔레콘트롤(GfK Telecontrol), 칸타미디어(Kantar Media) 같은 기성의 시청률 회사가 공고에 응할 것이다. 이런 체제에서 특정 조사 방법의 장단점에 대한 의견 조율은 대개 '막후'에서 이루어진다. 그러면 공동업계위원회는 자신이 최선이라고 생각하는 서비스를 선택하고 계약 유효 기간이 얼마건 그 몇 년간의 측정 운용 비용을 감당하기로 동의한다. 사용자가 비용을 댈 뿐 아니라 측정도 통제하는 것인데, 이 기본 모형은 나라마다 달라진다. 영국의 예를 들자면 BBC, ITV, 그 밖의 당사자가 수용자조사방송인위원회(BARB: Broadcasters' Audience Research Board) 라는 이름의 비영리 법인체를 만들었다. BARB는 칸타미디어와 같은 전문가 조직에 수용자 측정 서비스를 의뢰한다. 호주의 오즈탬 (OzTAM)도 비슷하게 구성되었지만 닐슨으로 하여금 피플미터 패널을 운영 하게 한다. 1985년, 프랑스는 메디아메트리(Médiamétrie)라는 회사를 만들었 는데 방송사들과 광고대행사들의 소유이다. 이 경우는 측정을 외부에 맡기 기보다 나름의 측정 서비스를 개발해냈다. 어쨌건 공동업계위원회 방식은 단 하나의 기업이 단 하나의 업계 통화를 제공하게 되어 있다. 사실, 이것이 이 같은 위원회의 존재 이유 가운데 하나다(WFA, 2008).

미국에서는 반독점법 때문에 공동업계위원회의 합법성이 의문시된다. 시 청률 서비스 제공자라면 누구나 미디어시청률심의회(Media Rating Council)라 불리는 업계 기구의 자격 승인을 구할 수 있다. 독립적으로 소유된 시청률 회사들이 시청률 사용자와의 계약을 놓고 하는 경쟁이 언제나 가능했고 앞 으로도 가능하다. 흔히 새로운 조사 방법의 우월성을 내세워 그렇게 한다. 이렇게 해서 후퍼가 CAB를 마침내 압도했고 지금도 이렇게 할 수 있다. 그 러나 변화도 혁신도 쉽게 되는 것은 아니다.

앞서 살펴본 바와 같이, 기존의 시청률 회사를 쫓아내는 것은 시간과 비용 이 많이 드는 데다 위험한 일이다. 시청률을 다른 시장에서 제공해봤다고 해 서, 더 나을 법한 방법을 쓴다고 해서, 나아가 예상 고객들로부터 폭넓은 격 려를 받아낸다고 해서 성공이 보장되는 것은 아니다. AGB의 미국 시장 진입 시도가 실패한 것도 스마트(SMART)의 닐슨에 대한 도전이 성공하지 못했던 것도 같은 맥락의 이야기다. 포덤 대학교 경영대학 교수, 필립 나폴리는 이런 상황의 '고약함'을 다음과 같이 요약했다.

유망해 보이는 신참에 대한 이른 지지 표시가 늘 경쟁에 대한 진정한 관심 을 뜻하거나 또는 동의받은 유일 기준으로서의 기존 측정 기업을 새로운 측정 기업이 대체케 하려는 욕구까지도 뜻하는 것이냐 하면 그렇지는 않다. 새로운 측정 기업에 대한 표면적 지지 표시는 그보다는 사실, 기존 기업이 측정 기법이나 기술을 개선하거나 바꾸도록 추동하려는 노력이다. 전형적인 경우, 기존 사업자는 이런 위협에 대처하고, 그러면 광고주나 미디어 기업은 신참 기업에 대한 지급 보증을 멈춘다(Napoli, 2003: 27~28).

혁신의 도입은 신참자에게 어려울 수 있지만, 확고히 자리 잡은 기존 기업에도 도전적인 일일 수 있다. 계량기 측정의 대표적 개척자로서 닐슨은 데이터 수집의 새 길을 늘 고안하는 중이다. 그러나 논란의 소지가 없을 법한 개선을 이뤄내는 데서조차 대단한 저항에 직면할 수 있다. 이를 가장 잘 보여주는 예가 미국 지역 시장에 피플미터를 도입하려고 기울인 닐슨의 노력이다.

앞에서도 주목한 바와 같이, 1980년대 말부터 세계가 선호하는 텔레비전 수용자 측정 방법은 피플미터였다. 신용할 만한 수용자 조사연구자라면 누구나가 일기식보다는 피플미터식 조사가, 더구나 지금 같은 디지털 미디어 환경에서라면, 더 정확하다고 인정할 터이다. 그러나 닐슨이 지역 시장에서 일기·계량기 병행 방식을 피플미터로 대체하기를 원하자 닐슨의 고객 가운데 일부가 반대했다. 1987년에 유사한 변화가 전국적으로 일어났는데, 지역 방송국은 새 측정 체계가 케이블에 유리할지 모른다고 두려워했다. 광고주와 케이블 업계는 대개 지지하는 편이었던 반면, 지상파 방송국은 일반적으로 이 변화에 대해 불만스러워했다. 첫 시험대가 된 보스턴 지역 시장에서는 방송국이 새로운 서비스에 가입하는 것 자체를 시작부터 거부했다. 닐슨이 '지역 피플미터(LPM: local peoplemeter)'를 규모가 큰 다른 지역 시장에 도입해나감에 따라 지상파 업계의 저항도 커졌다.

지역 피플미터 기기는 소수자 집단의 시청자를 실제보다 적게 센다는 비난을 받았다. 이것이 사실이라면 이런 비난의 연장선에서, 소수자 지향의 프로그램 편성은 광고주의 지원을 잃게 되어 결국 사라지게 될 터였다. 이런 식의 논리를 편 공익 단체 가운데 목소리가 가장 크고 제일 돋보였던 것이 DCUO(Don't Count Us Out)인데, 이는 지역 피플미터 도입이 시작되면서 결성된 시민 단체의 연합체였다. 닐슨은 저항의 치열함에 놀랐다. 소수자 가구 범주에서 약간 더 높은 '흠률(fault rates)'을 기록하긴 했지만, 이는 비교적 사소하고 쉽게 고쳐지는 문제였다.

고치기가 덜 쉬웠던 문제는 닐슨의 공적 이미지 관리였다. 닐슨 자신의 법인 고객이 저 항의의 비밀스러운 배후였던 것이다. 폭스(Fox) 텔레비전 방송국의 소유주인 뉴스코퍼레이션(News Corporation)은 지역 피플미터가 소유 방송국들의 시청률을 낮출 것이라고 믿었다. 지역 피플미터의 도입을 늦추거나 멈추기 위해 뉴스코퍼레이션은 DCUO를 조직하여, 기자 회견을 지휘하고 선동적인 광고를 내보내고 전화 부대를 운영하는 데 거의 200만 달러를 썼다(Hernandez and Elliot, 2004). 소수자 이익에 대한 그럴듯해 보이는 위협은 당시 상원의원이던 힐러리 클린턴과 여러 전국적 인물 및 조직의 시선을 끌었고, 이는 미 의회의 청문회 개최를 촉발시키는 것으로까지 이어졌다. 법안도 제안되었지만 입법에까지는 결코 이르지 못했다.

닐슨은 24개가 넘는, 미국의 가장 큰 지역 시장들에서 지역 피플미터 체제를 가지고 있고 더 확대할 계획이다. 그러나 지역 피플미터 도입은 시청률 서비스의 기성 제공자 누구에게나 교훈을 주는 이야기로 기억되어야 할 것이다. 기성 제공자가 시청률 통화의 유일한 공급자라 하더라도, 특히 공동업계위원회와의 계약을 통해 운영되는 경우, 데이터 수집과 보고 방법에 새로운 변화를 줄 수 있는 능력에는 한계가 있다. 기성 제공자는 업계의 언제나 백일하에 있는 것은 아닌 경쟁적 이해와 정치적 의제가 복합적으로 얽힌 그물망 안에서 자신의 기능을 수행한다. 이런 점들은 수용자 측정 사업 운용에 대단한 영향을 끼칠 수 있다.

Balnaves, M., O'Regan, T. and Goldsmith, B. 2011. *Rating the audience: The business of media*. London: Bloomsbury.

Bermejo, F. 2007. *The internet audience: Constitution and measurement*. New York: Lang.

Berville, H. M. 1988. *Audience ratings: Radio, television, cable*, rev. ed. Hillsdale, NJ: Lawrence Erlbaum Associates.

Buzzard, K. S. 2012. *Tracking the audience: The ratings industry from analog to digital*. New York: Routledge.

Chappell, M. N. and Hooper, C. E. 1944. *Radio audience measurement*. New York: Stephen Daye.

Gunter, B. 2000. *Media research methods: Measuring audiences, reactions and impact*. London: Sage.

Kent, R(ed.). 1994. *Measuring media audiences*. London: Routledge.

Lumley, F. H. 1934. *Measurement in radio*. Columbus, OH: The Ohio State University Press.

Napoli, P. M. 2003. *Audience economics: Media institutions and the audience marketplace*. New York: Columbia University Press.

Napoli, P. M. 2011. *Audience evolution: New technologies and the transformation of media audiences*. New York: Columbia University Press.

Turrow, J. 2011. *The daily you: How the new advertising industry is defining your identity and your worth*. New Haven, CT: Yale University Press.

수용자 측정 방법

　　수용자 조사연구자는 다양한 방법을 사용해서 사람들의 미디어 이용을 연구한다. 앞서 우리는 이 가운데 많은 것을 언급했다. 이 장에서는 표집과 측정, 그리고 수용자 관련 추정치가 실제 산출되는 방식에 관한 이 분야 주요 사안 속으로 더 깊이 들어갈 것이다. 이 관심 사안들은 데이터의 품질에 직결된다. 방법에 따라 편파나 한계가 달라지는가? 시청률 데이터 사용자가 이용할 수 있는 추정치는 얼마나 정확한가? 요령 있는 시청률 소비자라면 데이터가 어떻게 만들어지는지 알고 있어야 마땅하다.

　　바로 앞 장에서 유의한 대로, 수용자 데이터를 수집하기 위한 기본 전략은 둘로 대별된다: 이용자 중심 접근과 서버 중심 접근. 어느 쪽이든 조사연구자는 대개 세 개의 주요 활동 가운데 하나를 다룬다. 첫째는 연구의 대상을 잡는 일이다. 역사적으로 이는 연구 목적에 맞게 모집단을 정의하고 표본을 추출하는 일을 포함해왔다. 두 번째는 구체적으로 측정하기를 원하는 것이 무엇인지와 이를 어떻게 측정할 것인지를 알아내는 일이다. 세 번째는 데이터를 수집하고 수집된 데이터를 고객이 원하는 산품으로 처리하는 일이다. 그래서 표집, 측정, 그리고 산품 생산이 데이터 수집의 저 기본 전략들을 관통하는 활동 셋이다.

이외에 또 되풀이할 만한 말이 수용자 측정의 어떤 방법도 완전하지는 못하다는 것이다. 조사연구자는 흔히 자신의 불완전함을 **오차 근원**(sources of error)이라는 개념으로 포착하고 분류한다. 이 맥락에서 '오차'는 특별한 의미를 갖는다. '오차'는 어떤 방법이 실제와는 다른 결과를 만드는 정도다. 오차가 생기는 근원은 때로, 여러분도 기대할 법한 바, 실책이다. 그러나 자주, 오차는 사용되는 방법에서 오는, 예측 가능한 결과이다. 있을 법한 오차 근원을 분별해낼 수 있다면 조사 산품의 질을 판단하는 데도 밝아지게 될 것이다.

수용자 측정에는 오차 근원이 크게 네 가지 있다. 각각은 조사연구 과정의 다른 지점에서 출현한다. 첫째는 **표집 오차**(sampling error)이다. 모든 일에 만전을 기해도 표본을 통해 모집단을 추정하는 한 불가피한 오차가 이것이다. 이론상으로, 서버 중심 방법은 표집 오차를 피할 수 있다. 실무상으로는 표집과 그 난관에 대한 이해가 서버 중심 데이터에 관해 생각하는 데 도움을 줄 수 있다. 두 번째 오차 근원은 **비응답 오차**(nonresponse error)이다. 이는 비응답자들이 데이터를 제공하는 이들과 다를 때 생긴다. 표집과 비응답에서 생기는 오차들은 표본의 질에 영향을 끼치는데, 이런 이유로 이들은 표집에 관한 다음 절에서 길게 다룬다. 세 번째는 **응답 오차**(response error)다. 데이터를 제공하는 이들의 응답에 잘못이나 편파가 있지는 않을까? 측정에 관한 절에서 보게 되는 바와 같이, 다른 측정 기법은 다른 종류의 응답 오차에 연결되어 있다. 마지막으로 **산출 오차**(production error)가 있다. 데이터는 수집하고 합하고 처리해야 하는데, 여기에는 흔히 수학적 조정 방법을 쓴다. 이런 과정에서 때로는 잘못이 벌어지고 때로는 수학적 조정이 왜곡을 일으키기도 한다.

1. 표집

만약 모집단의 모든 구성원을 일일이 조사해낸다면 센서스를 수행하는 것이다. 만일 여러분이 관심을 가진 모집단이 너무 크거나 여기 투입할 자원의 크기가 너무 제한적이라면 모집단의 부분집합을 조사 대상으로 설정할 수 있는데, 이를 **표본**(sample)이라고 하여 모집단을 추론하는 데 활용한다. 맞춤한 표본을 설계하고 구성하는 데 사용되는 방법은 20세기 초에 개발되었다. 1930년대에 라디오 수용자를 그려내는 것이 필요해졌을 때 표집이 사용되었고 지금도 대부분의 시청률 서비스 제공에 불가결한 도구다. 실로 표집은, 여론조사에서 시장조사에 이르는, 모든 종류의 서베이 조사에서 표준 운용 절차이다.

어떤 서베이 조사에서도 표본의 질은 모집단을 그려낼 때의 정확도에 엄청난 영향을 준다. 모든 표본은 두 부류, **확률 표본**(probability sample)과 **비확률 표본**(nonprobability sample)으로 나뉜다. 이 둘 사이의 차이는 연구자가 누군가를 조사 대상으로 뽑는 방법의 차이다. 확률 표본은 때로 **무작위 표본**(random sample)이라고도 불리는데 모집단의 모든 구성원이 표본에 뽑히는 데 있어 동등하거나 알려진 확률을 갖는 무작위 선택 과정을 거친다. 이 접근은 모집단에 대해 대표성이 없는 부분집합을 뽑게 될 확률을 최소화한다. 확률 표본은 구하자면 비용과 시간이 많이 들 수 있다. 그러나 비확률 표본보다는 확률 표본이 조사연구자의 더 큰 신뢰를 받는데, 전자는 조사 참여를 우연이나 편의에 따라 결정한다.

대부분의 시청률 회사는 확률 표집의 이점을 누리거나 최소한 거기에 가까이 가기 위해 애쓴다. 이들이 발간하는 기술적 문헌은 확률 표본의 언어가 가미돼 있다. 그래서 필요한 실무 어휘를 익히기 위해서는 확률 표집 원리에 친숙해져야한다. 다음 논의는, 독자의 양적 방법에 대한 사전 지식을 전제하지 않은 채, 저 표집의 원리에 친숙해지도록 돕는 것을 목표로 한다. 표집에 이미 친숙한 독자는 측정에 관한 절로 넘어가기를 바랄 수도 있겠다.

표집은 조사연구자가 밝혀내기를 원하는 모집단을 정의하는 것에서 시작한다. 이는 어떤 종류의 대상을 연구할지 결정할 것을 요구하는데, 조사연구자는 이것을 **분석 요소** 또는 **분석 단위**(elements or units of analysis)라고 한다. 시청률 조사에서 분석 단위는 대개 사람이나 가구다. 라디오의 이용은 개인적이기 때문에 라디오 시청률은 오랫동안 사람을 분석 단위로 채택해왔다. 지금도 텔레비전 가구에 대해 이야기하면서 이를 분석 단위로 취급하는데, 광고 시간을 사고파는 일이 인구통계적으로 분류된 집단(예컨대 '28~34세 여성'), 혹은 광고주의 관심을 끄는 개인 특성에 기반을 두고 분류된 집단을 기준으로 보통 이루어지고 있음에도 불구하고 그렇다.

조사연구자는 연구하고자 하는 모집단[또는 **전 대상**(universe)]의 정확한 정의를 가지고 있어야 한다. 이는 모집단 소속 여부, 따라서 연구 대상인지의 여부를 누구나 알 수 있게 해준다. 예컨대, 전국 텔레비전 시청률을 산출해보자고 시도하는 경우, 모집단의 정의는 하나 이상의 수상기를 가진 모든 미국 내 가구가 되는 것이 적절하겠다. 국내 지역 시장들은 문제의 소지가 더 큰데, 두 개 이상의 도시로부터 전파 신호를 받을 수도 있기 때문이다. 미국의 경우 닐슨은 지역 시장을 **지정 시장 영역**(DMA: Designated Market Areas)이라고 부르고 각 카운티를 단 하나의 시장에 반드시 배정함으로써 정의한다. 배정은 카운티 주민이 보는 텔레비전 방송국을 기준으로 한다.

일단 모집단이 정의되면 조사연구자는 모집단의 모든 요소를 빠짐없이 망라한 명부나 총목록을 구하려고 노력할 것이다. 이런 목록은 **표집틀**(sampling frame)이라고 불리는데, 여기에서 특정 요소가 표집을 위해 선택된다. 예컨대 암스테르담의 100만 텔레비전 가구에 대한 표집틀을 가지고 가구 하나를 무작위로 뽑는다면, 우리는 한 가구가 선택될 확률이 ― 다른 가구와 마찬가지로 — 100만 분의 1임을 알게 된다. 따라서 확률 표집의 기본 요구는 충족한 것이 될 터이다. 이제 해야 할 일은 원하는 크기의 표본을 얻을 때까지 이 과정을 되풀이하는 것이다.

방금 우리가 묘사한 절차는 **단순 무작위 표본**(simple random sample)을 산출한다. 개념적 우아함에도 불구하고 이런 표집 기법은 현실 세계가 이런 접근법이 가정하는 것만큼 협조적이지 않기 때문에 실제로는 드물게 사용된다. 전국의 모든 텔레비전 가구를 빠짐없이 망라하는 명부를 작성하는 일은 거의 불가능하다. 조사연구자는 보다 효율적이고 강력한 표집 설계를 사용한다. 다음은 시청률 회사들의 표집 기법 가운데 가장 널리 쓰이는 것들이다.

1) 표본 설계

(1) 체계적 무작위 표본

단순 무작위 표본을 약간 변형한 확률 표집 기법이 이른바 **체계적 무작위 표집**(systematic random sampling)이다. 단순 무작위 표집처럼 이 접근도 표집틀의 사용을 요구한다. 수용자 측정 기업은 그 같은 명부나 총목록을 유지하고 파는 것이 본업인 회사로부터 구매하는 것이 보통이다. 역사적으로 이런 틀들은 전화 가입 가구의 목록이었다. 전화번호부에 등재되지 않은 가구는 무작위로 산출된 번호를 사용함으로써 표본에 포함됐다. 오늘날의 가구 가운데는 — 특히 젊은 가구 혹은 저소득 가구는— 휴대 전화를 선호하여 일반 전화를 포기해버린 경우가 있다. 이 때문에 수용자 추정치가 왜곡될 수 있어 일부 회사는 전화번호보다는 주소로 된 표집틀을 사용하기 시작했다.

일단 적절한 표집틀이 있으면 체계적 무작위 표집은 단순해진다. 모집단 전체 목록이 있기 때문에 모집단 크기를 알게 된다. 또 원하는 표본 크기도 알고 있을 것이다. 모집단 전체 인구를 표본의 크기로 나누면 명부나 총목록을 훑어가면서 얼마나 자주 이름이나 번호를 뽑아야 하는지도 알게 된다. 예컨대 만 명의 모집단에서 천 명 규모의 표본을 원한다고 할 때, 목록 맨 처음에서 시작하여 10명 간격으로 명단을 추출하면 원하는 크기의 표본을 얻게 된다. 이 간격이 바로 **표집 간격**(sampling interval)이다. 체계적 무작위 표집을 제대로 하기 위해 충족해야 할 남은 조건은 ─ 중요한 조건인데 ─ 처음 시작하는 지점을 무작위로 뽑아야 한다는 것이다. 이렇게 하면, 모집단 구성원 개개인이 모두 같은 확률로 뽑히게 되어, 확률 표집의 요구를 마찬가지로 충족할 수 있게 된다.

(2) 다단계 군집 표집

다행히도 모든 확률 표본이 모집단의 모든 요소를 빠짐없이 망라한 총목록이나 명부를 요구하는 것은 아니다. 이런 요구에 따르는 문제를 피하는 표집 절차 하나가 **다단계 군집 표집**(multistage cluster sampling)이다. 군집 표집은 다음 두 과정을 되풀이한다: 요소를 나열하고, 뽑는다. 이 두 과정이 한 짝으로 하나의 단계를 이룬다. 체계적 무작위 표집은 단계가 하나다. 다단계 무작위 표집은, 이름이 시사하는 바와 같이, 여러 단계를 거친다.

시청률 회사는 전국 표본을 확정하기 위해 다단계 표집을 사용하기 마련이다. 나라 안의 모든 가구를 하나하나 나열한 목록을 만들어낸다는 것은 결국 따분하기 짝이 없는 일일 것이다. 그러나 각각의 가구가 그 안에 사는 보다 큰 지역을 나열하는 것은 가능할 법하다. 조사 회사는 미국의 모든 카운티를 나열하고 무선적으로 표집할 수 있다. 실제로 이것이 텔레비전 시청 가구의 전국 표본을 만드는 데 닐슨이 쓰는 방법의 대강이다. 다음 단계에서는 선택된 카운티의 하위 구역을 나열하고 무작위로 표집할 수 있다. 세 번째로 그다음으로 작은 시 구역을 나열하고 무작위로 표집할 수 있을 것이다. 마지막으로, 표집 대상에 포함될, 감당할 만한 수의 시 구역이 확정되면, 조사원이 구체적인 지시를 받고 현장에 배치되어 표본에 들 개별 가구를 찾아내려고 할 것이다.

각 단계마다 나열되어 표집되는 군집이 지리적인 영역이기 때문에 이런 유형의 표집은 때로 **다단계 영역 확률 표본**(multistage area probability sample)이라고도 불린다. 이런 표집 기법은 본성상 시간과 노력을 요하기는 하지만 다른 대안에 비교해보면 중요한 이점이 부각된다. 구체적으로, 모든 가구를 수록하는 표집틀이 요구되지 않고 현장 조사자가 전화가 없는 가구까지도 접촉할 수 있다.

그러나 다단계 표집은 편파적일 가능성이 단일 단계 표집보다 크다. 이는 다단계 표집의 각 단계마다 선택 과정에 일정 정도의 오차가 동반되기 때문이다 – 단계가 많을수록 오차 가능성도 높다. 예컨대, 방금 묘사한 카운티 표집을 하는데 미 북서부 지역을 과다하게 표집한 경우를 생각해보자. 이런 일은 순전히 우연하게 일어나서 다음 단계로 전가되는 문제가 될 수 있다. 이제 다음 단계에서 부유한 지역에서 비례를 벗어난 수의 카운티 하위 구역이 선택되어 편파가 복합적인 것이 되었다고 상정해보자. 이 역시 우연의 영역에 속하는 일이다. 무작위 선택의 원칙이 엄격히 준수된다고 하더라도 일정한 정도의 표집 오차는 스며든다. 이 문제는 나중에 이 장에서 오차 근원을 다룰 때 더 자세히 논의할 것이다.

(3) 층화 표집

층화 표집이라고 불리는, 표집 절차의 세 번째 유형을 이용하면 어떤 오차는 최소화할 수 있다. 이는 서베이 조사연구자가 이용할 수 있는 가장 강력한 표집 기법 가운데 하나다. **층화 표집**(Stratified Sampling)에서 조사연구자는 조사 대상이 되는 모집단을 상대적으로 균일한 부분집합들로 나눠 묶는데, 이들을 **층**(strata)이라고 한다. 모집단 구성원 모두의 성별이 표시된 표집틀을 가지고 있다고 하자. 사정이 이렇다면 남성과 여성 집단으로 나눠 묶은 뒤 각 층으로부터 적절한 수의 인구를 무작위로 표집할 수 있다. 그리고 이런 하위 표집을 합쳐 하나의 큰 집단으로 묶으면 남녀 성비를 정확하게 반영한 확률 표본을 얻게 된다. 층화가 없었다면 남녀 성비는 우연에 맡겨졌을 터이다. 따라서 이 기법으로 표본의 대표성을 개선한 셈이다. 이렇게 제고된 정확도는 성별과 연관된 구매 행위, 예컨대 스포츠 시청 또는 화장품이나 타이어 같은 제품의 구매 행위를 연구하는 데 중요할 수 있다.

명백히 층화 표집은 조사연구자가 표집틀의 구성 요소에 대한, 적실성 있는 어떤 정보(예컨대, 모집단 구성원 모두의 성별)를 가지고 있어야 가능하다. 단일 단계의 표집에서 이런 일이 때론 가능하지 않다. 흔히 다단계 표집의 경우에 시작 단계의 큰 군집에 대해 더 많이 알고 있는 경향이 있기 때문에 저런 정보가 풍부하다. 카운티에서 시작하는 표집 과정을 다시 한번 생각해 보자. 미국 카운티 모두를 열거할 수 있을 뿐 아니라 카운티가 있는 주나 지역, 인구의 규모 등등에 따라 나눠 묶을 수 있을 것이다. 이렇게 층화된 총목록에서 간격을 정해 체계적으로 표집하면 층화 변수에 관련된 오차를 최소화하게 될 것이다. 특정 인구통계적 특성을 가진 인구끼리 묶는 것과 같은, 또 다른 종류의 나눠 묶기는 표집의 그다음 단계에서 활용할 수 있다. 따라서 층화와 다단계 군집 표집을 결합하여 최종 표본의 대표성을 높일 수 있게 될 것이다. 바로 이것이 많은 시청률 정보 제공자가 실제 하고 있는 일이다.

(4) 횡단면 서베이

지금까지 논의한, 표집 설계의 이슈는 모두 표본 구성원을 정하는 방법에 대한 것이었다. 표본 설계의 또 다른 측면은 모집단이나 표본을 얼마나 오래 조사연구할 것이냐는 것이다. **횡단면 서베이**(cross-sectional survey)는 특정 시점에 이루어지는 것이다. 사실, 이런 조사는 모집단의 한 순간을 포착한다.

하나하나의 시청률 보고서 대부분은 '횡단면' 표식이 붙을 법하다. 이런 조사들은 방금 묘사한 표집 기법 가운데 어느 것도 사용할 수 있다. 이들이 가진 유사성은 모집단이 통시적으로 어떻게 변해왔는지는 빼고 현재 모습만을 말해준다는 것이다. 그러나 저런 변화에 대한 정보는 매우 중요할 수 있다. 예컨대 시청률 보고서의 자사 평균 시청률이 5라고 하자. 이것이 기쁜 소식일까 당황스러운 소식일까? 그 대답은 뜻하는 바가 시청자 증가인지 감소인지에 달렸는데, 횡단면 연구는 여기에 대해서는 말이 없다.

(5) 종단면 연구

종단면 연구(longitudinal studies)는 시간을 두고 일어난 변화에 대한 정보를 제공하고자 설계된다. 순간 포착이 아니라 영화에 더 가깝다. 시청률 조사연구에 널리 쓰이는 두 종류의 종단면 연구는 **추세 연구**(trend studies)와 **패널 연구**(panel studies)이다. 추세 연구는 모집단에 대해 일정한 시간을 두고 이루어진, 독립적인 각각의 표본에 근거한, 일련의 횡단면 서베이를 묶는 연구이다. 모집단의 정의는 연구 기간 동안 변하지 않지만 개인은 모집단을 드나들 수 있다. 시청률 조사연구의 맥락에서 추세 연구는 잇달아 나온 시장 보고서를 묶어 생각하는 것만으로도 생성될 수 있다. 예컨대 한 해 분의 시청률 보고서에 나타난 한 방송국의 실적을 추적하는 것도 하나의 추세 연구다. 이 기간 동안 사람들이 그 방송국이 자리한 시장을 드나들 수 있지만 해당 시장의 정의, 즉 거기 속한 카운티는 변하지 않는다. 사실, 대부분의 시장 보고서는 과거의 보고서에서 뽑은 추세 정보를 제공한다. 패널 연구는 하나의 모집단에서 하나의 표본을 뽑은 다음, 시간을 두고 그 표본을 대상으로 연구를 계속하는 것이다. 시청률 조사연구에서 가장 전형적인 패널 연구는 사람들의 집에 기계식 측정 장치를 설치하는 일을 포함한다. 이런 시청률 정보 수집 방법은, 이 장에서 나중에 묘사할 것인데, 한 가구를 수년간 표본에 묶어둘 수도 있다.

2) 표집 오차

표집 오차(sampling error)는 확률 표본을 이용하는 모든 서베이 조사에 공통되는 추상적 통계학 개념이다. 이것은 기본적으로 모집단 일부만 조사해서 그 진실을 추정하려고 하는 한 빗맞힐 확률이 있음을 인정하는 한 방편이다. 심지어는 크기가 크고 완벽하게 뽑힌 무작위 표본을 사용하더라도 모집단을 정확히 대표하는 데 실패할 수 있다. 이는 표집 과정에 내재적이다. 다행히, 무작위 표본을 이용한다면, 최소한, 조우할 공산이 큰 표집 오차의 크기에 대한 진술은 확률 법칙들을 사용해서 할 수 있다. 달리 말해, 확률 법칙들이, 정확한 결과에 도달하게 될 가능성의 크기를 진술해준다는 것이다.

표집 오차와 여기에 동반되는 용어들 일단을 설명하는 가장 좋은 방법은 가상 조사를 진행해보는 것이다. 어제 슈퍼볼 게임이 있었고 가구 몇 퍼센트가 게임을 시청했는지(즉, 게임 시청률)에 관한 추정을 원했다고 하자. 여기에 더해 미국 가정의 정확히 50퍼센트가 실제 시청했다고 가정하자. 물론 이 정보는 알지 못하는 것이 보통이겠으나 설명하려는 바를 잘 전달하자면 안다는 가정이 필요하다. 모집단의 실제 값은 〈그림 3-1〉의 상단에 표시되어 있다.

게임 시청률을 추정하기 위해 전국의 모든 텔레비전 가구의 명단에서 100가구를 무작위로 뽑기로 한다. 완전한 표집틀을 갖추고 있기(있을 법한 이야기는 아니지만 편의상!) 때문에 모든 가구는 뽑힐 확률이 똑같다. 다음으로, 뽑힌 텔레비전 가구에 전화를 걸어 게임을 시청했는지를 묻는다. 이들은 모두 전화를 보유하고 완벽하게 기억하고 진실하게 대답하기(다시, 편의상의 가정) 때문에 우리는 표집한 가구 안에서 실제 일어난 바를 정확히 기록했다고 가

그림 3-1 표집 분포의 예

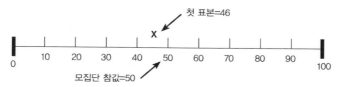

이 척도는 모집단 참값인 50을 포함하여 가능한 슈퍼볼 시청률을 모두 내포한다.
모집단에서 끌어낸 첫 무작위 표본의 시청률은 46인데, 'X'로 표시되었다.

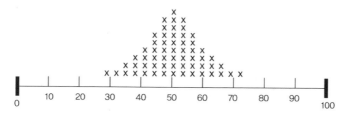

되풀이된 표집 결과들을 도표 위에 찍어 쌓는다면 모집단 참값을
중심으로 하는 종 모양의 분포를 낳을 것이다. 이를 표집 분포라 부른다.

정할 수 있다. 몇 가지 간단한 계산 끝에 인터뷰한 가정의 정확히 46%가 게임을 시청했음을 발견하게 된다. 이 결과 역시 〈그림 3-1〉의 상단에 표시되어 있다.

분명히, 문제가 생겼다. 얼마나 많은 가구가 게임을 봤는지에 대한 우리의 유일한 최선 추정치는 실제 참인 값보다 4% 낮다. 광고 매체 구매의 세계에서 시청률 4점은 큰돈을 뜻할 수 있다. 그럼에도, 편의상으로 가정한 바와 같은 유리한 환경에서 확률 표집 절차를 엄격히 준수해도 이 같은 차이가 생기는 일이 전적으로 가능하다는 것은 직관적으로 명백하다. 첫 시도에 표적을 맞추는 것이 오히려 신기한 일일 터이다. 시청률 4점 차는 뭔가 어그러졌음을 뜻하는 것이 아니라 단지 표집 오차일 뿐이다.

기왕 가상의 케이스를 다루는 호사를 누리는 마당이니 표집 과정을 되풀이한다고 가정하자. 이번에는 52%의 가구가 봤다고 대답했다. 나아지긴 했지만 오차가 없어진 것은 아닌 동시에 여전히 일어날 법한 일이기도 하다. 끝으로, 앞의 두 경우와 같은 방식으로 1000개의 표본을 뽑았다고 하자. 각 경우에 표본의 측정치를 도표 위에 찍어 쌓는다면 결과는 〈그림 3-1〉의 하단과 같은 모습이 될 것이다.

이 도형의 생김새는 드러내는 바가 많아 잠시라도 생각해볼 만하다. 이는 통계학자가 **표집 분포**(sampling distribution)라고 부르는 특별한 종류의 빈도 분포다. 우리의 경우, 그것은 표집 추정치가 모집단 참값인 50%를 결국 맞춘 경우가 50% 이외의 값을 추정한 경우보다 많다는 것을 뜻하는, 좌우 대칭이고 종 모양인 곡선을 그린다. 또한 대부분의 표본 추정치가 50% 가까이를 맴돌겠지만 크게 빗나간 경우도 상당수 있을 것임을 뜻하기도 한다. 기본적으로 이는 확률 표집을 사용하면 대부분의 경우, 실상이 추정치를 붙들어 참인 바에 상당히 가깝게 붙여줄 것임을 뜻한다. 또한 이는 하다 보면 조만간 엉뚱하게 빗나간 추정도 하게 마련임을 의미한다.

표집 분포에 대해 지적할 또 하나 중요한 점은 알려진 크기와 형태를 가진다는 점이다. 그 크기와 형태에 대해 가장 빈번하게 사용되는 척도가 **표준 오차**(SE: standard error)라고 불리는 것이다. 기본적으로 이는 시청률을 추측하면서 범하게 될 '잘못된 추정'의 평균이다. 초급 통계학에 친숙한 이들에게 이것은 기본적으로 표준 편차다. 이것을 개념적으로 잡자면 분포의 기저선을 따라 펼쳐진 단위라고 생각하면 제일 좋다. 〈그림 3-2〉는 시청률 데이터로 표준 오차를 계산하는 가장 단순한 공식을 보여준다.

표준 오차와 관련해 주목할 만한 — 미적분을 훨씬 더 깊이 파고 싶지 않다면 입증 없이 받아들여야 할 — 점은 그것을 낳은 표집 분포에 대해 놓아보면 표본의 일정 비율을 정확히 괄호 친다는 사실이다. 구체적으로는 ±1 표준 오차

그림 3-2 표준 오차와 표집 분포의 관계

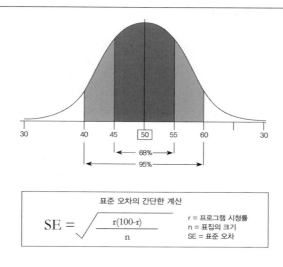

구간은 분포상의 표본 68%를 언제나 포괄하고, ±2 표준 오차(기술적으론 2가 아닌 1.96) 구간은 모든 표본의 95%를 포함한다. 우리의 예에서 표준 오차는 시청률 약 5점으로 계산되는데, 이는 가상의 표본 68%가 시청률 45%에서 55% 사이(50% ± 5%)의 결과치를 내놓을 것이라는 점을 의미한다. 표준 오차와 표집 분포 사이의 이런 관계는 〈그림 3-2〉에 그려져 있다.

이런 추론이 시청자 데이터 정확도를 설명하는 길을 열어준다는 사실이 아니었다면 이 가운데 어느 것에 대해서도 수학자를 제외한 모두가 무관심했을 것이다. 여러분은 첫 번째 표본에서 46%가 슈퍼볼을 시청했음을 발견했다는 것을 기억할 것이다. 통상의 경우라면 이 숫자가 모집단의 참값에 대한 유일한 최선 추정치가 될 터이다. 그럼에도 표집 오차의 가능성을 깨닫고 모집단의 참값이 추정치와 다를 가능성이 얼마나 되는지를 알고 싶어 할 수 있다. 이런 가능성에 대해, 추정치 46%를 이용하여 표준 오차를 계산하고,

〈그림 3-2〉의 그것과 마찬가지로 추정치 주위에 괄호를 둘러침으로써 진술할 수 있다. 모든 표본 측정치의 95%가 ±2 표준 오차 안으로 떨어지리라는 것을 알기 때문에 우리의 경우, 모든 표본 측정치의 95%가 ±10점 안으로 떨어질 것이라는 것도 알 수 있다. 여기서 나오는 결론적 진술문은 '슈퍼볼의 시청률은 46%이고, 95% 신뢰 수준에서 실제 시청률은 36에서 56 사이일 것임을 추정한다'는 식이 될 터이다.

이 진술에 있는 추정치 범위(즉, 36~56)를 **신뢰 구간**(confidence interval)이라 한다. 신뢰 구간은 대개 ±2 표준 오차에서 정해지고 따라서 모집단 참값을 품을 확률도 매우 높을 것이다. '이 조사 결과는 표준 오차가 ±3%'라는 식으로 서베이 결과를 한정하는 말을 듣는다면, 이는 신뢰 구간에 대한 정보를 제공받은 것이다. 마찬가지로 중요하지만 보다 드물게 듣는 것은 값의 범위에 대해 얼마나 깊은 신뢰를 두어야 할지에 대해서다. '95% 신뢰한다'는 말은 **신뢰 수준**(confidence level)을 표현한다. 95% 수준이라면 100번 중에 95번은 보고되는 값의 범위가 모집단 참값을 포함할 것이다. 물론 이는, 크게 빗나간 표본일 가능성이 상존하는 관계로, 나머지 5%의 경우에는 틀리리라는 것을 의미한다. 그러나 최소한 우리는 그럴 가능성을 진술할 수 있고 추정에 오류가 날 가능성이 희박하다는 점에서 안심할 수 있다.

이처럼 이색적인 개념이 실무적 중요성을 갖는데, 그것은 시청률의 정확도, 그 핵심에 닿아 있기 때문이다. 예컨대, 어떤 프로그램이 시청률 15에 신뢰 구간 ±10이라는 보고는 오류의 여지를 크게 남긴다. 표준 오차 ±1 정도의 상당히 작은 오류 여지도, 이들이 둘러싼 시청률 자체가 작다면(예컨대 3%) 중요할 수 있다. 이것이 시청률 제공 서비스가 일상적으로 절대 오차 수준보다는 **상대 표준 오차**(relative standard error), 즉 추정치의 백분율로 환산된 표준 오차를 보고하는 이유다. 여하튼 표집 오차를 용인할 수 있는 수준으로 줄이는 것이 매우 중요하다. 세 가지 요인이 그 크기를 좌우한다: 모집단의 복잡도, 표본 크기, 표본. 하나는 조사연구자의 통제 밖이고 둘은 아니다.

통제 불능의 표집 오차가 생기는 근원은 모집단 자체와 관련이 있다. 어떤 모집단은 다른 경우보다 더 복잡할 따름인 것이다. 어떤 조사연구자는 이런 복잡성을 모집단 내부의 **산포도**(variability) 혹은 **이질성**(heterogeneity)이라고 칭한다. 극단적 경우로 모집단의 개별 사례가 모두 동일하면[즉, 완벽한 동질 성(homogeneity)을 이루면] 한 사람만 뽑아도 될 것이다. 불행히도 미디어 수 용자는 동질적이지 않고, 설상가상으로 더욱이, 늘 더 이질적인 쪽으로 변해 왔다. 텔레비전이 몇 년 사이에 어떻게 변했는지 생각해보라. 전에 사람들은 서너 개의 네트워크 방송을 시청할 수 있을 뿐이었다. 오늘날 대부분의 가정 에는, DVR나 VOD는 말할 것도 없고, 케이블이나 위성이 들어가 있다. 이제 인터넷이 유튜브 같은 서비스와 함께 초래한 복잡성에 대해 생각해보라. 다 른 모든 것이 같다고 해도 이것만으로도 누가 무엇을 보는지 추정하는 일이 더 어려워진다.

조사연구자가 통제할 수 있는 두 요인은 표본 자체에 관련된다. 표본 크기 가 제일 명백하고 또 가장 중요하다. 보다 큰 표본은 표집 오차의 크기를 줄 인다. 표본의 크기가 100인 경우보다 1000인 경우의 결과를 더 깊이 신뢰할 수 있을 것이라는 점은 명백한 상식일 따름이다. 직관에 반하는 것은 표본의 크기와 오차가 선형적 비례 관계가 아니라는 점이다. 즉, 표본의 크기를 두 배로 늘린다고 해서 표집 오차가 반으로 줄어드는 것이 아니다. 표집 오차를 반으로 줄이기 위해서는 표본의 크기를 대신 네 배로 불려야 한다. 이는 〈그 림 3-2〉의 표준 오차 계산 공식을 돌아보면 확인할 수 있다 ─ 표집 오차를 5 에서 2.5로 줄이려면 표본의 크기는 100에서 400으로 늘려야 한다. 조사 대 상인 모집단의 크기는 오차 계산에 아무런 직접적 영향을 미치지 않는다는 점도 기억해두어야 할 것이다. 다른 모든 조건이 같다면 작은 모집단이나 큰 모집단이나 같은 크기의 표본을 요구한다.

표집 이론의 이런 측면은 단지 호기심의 대상에 그치는 것이 아니라 시청률 조사 사업의 수행과 경영에 묵직한 영향을 준다. 늘 시청률 데이터는 근거하는 표본의 크기를 늘려서 정확도를 개선할 수 있지만, 늘리는 것도 수확 체감의 한계에 아주 금방 부딪히게 마련이다. 이는 컨탬(CONTAM)이 수행한 연구에서 잘 증명되었는데, 컨탬은 1960년대의 미 의회 청문회에 대한 반응으로 결성된 업계 모임이다. 이 연구는 전국에서 5만이 넘는 가구로부터 시청 기록을 수집하고 크기별로 표본 100개를 뽑아 8개의 표본군을 만들었다. 첫 번째 표본군의 표본들은 25개 가구로 구성되었고 그다음 표본군의 표본 크기는 각각 50, 100, 250, 500, 1000, 1500, 2500가구였다. 연구 결과는 〈그림 3-3〉에 제시되어 있다.

　가장 작은 크기의 표본을 보면, 만화 영화 프로그램 〈고인돌 가족 플린스톤(Flintstones)〉의 수용자에 대한 표본 추정치가 실제 시청률 26을 기준으로 크게 들쭉날쭉하다. 이렇게 낮은 수준에서 표집 크기를 늘려감에 따라 표본 추정치의 일관성과 정확성이, 무리를 더 좁혀 짓는 데서 드러나듯, 극적으로 좋아졌다. 100가구에서 1000가구로 늘리자 표집 오차가 눈에 띄게 줄었는데, 단지 900가구만 추가하면 됐다. 반면 1000가구에서 2500가구로 늘리면서 대단찮은 개선을 이루기는 했으나, 1500가구나 추가해야 했다. 이런 관계는 합동형 조사 데이터의 공급자와 그 고객이 수용자 데이터의 비용과 정확도 사이에서 균형점을 발견해 타협해야 한다는 것을 의미한다.

　실무에서는 조사 제공자가 채택하는 표본 크기를 결정하는 몇 가지 요인이 있다. 이미 제시한 대로, 표집 오차를 일정 수준에 맞추기 위해 요구되는 표본의 크기는 보다 복잡한 모집단의 경우에 더 크다. 이것이 2장에서 묘사한 수용자 파편화 문제가 골칫거리로 다시 나타나는 경로다. 미디어 이용자의 주의가 점점 더 많은 종류의 미디어에 분산될수록, 또는 상대적으로 작은 수용자 집단(예컨대, 18~21세 남성)에 대해 측정치를 내고 싶어 하게 될수록,

그림 3-3 표본 크기가 표집 오차에 미치는 영향: 〈고인돌 가족 플린스톤〉

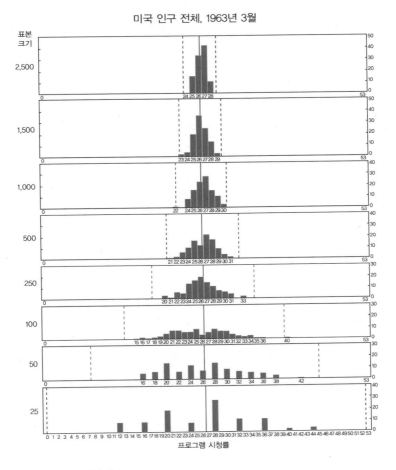

미국 인구 전체, 1963년 3월

- 실선: 모집단 참값.
- 점선: 이론에 따르면 1000개의 표본 가운데 2.6개가 그 바깥에 떨어져야 하는 지점(3σ).
- 쌓여서 막대그래프를 이룬 횡선: 표시된 시청률 추정치를 낳은 하나의 표본을 표현.

25에서 2500에 이르는 8가지 다른 크기의 일기 표본 각 100개에 근거한 표본 시청률 결과치들의 분포.

자료: 컨탬(CONTAM) 연구 1번.

이런 경향에 보조를 맞추는 데만도 더 큰 크기의 표본이 필요해진다. 가끔 이는 대규모의 전국적 모집단을 ― 비록 이론적으로는 더 큰 모집단이 더 큰 표본을 요구하는 것은 아니지만 ― 연구 대상으로 할 때 가능해진다. 더 큰 모집단은 대개 더 큰 규모의 광고비를 지출하기 때문에 그만한 투자가 정당화되고 가능해지는 것이다. 더 작은 시장에서는 ― 덜 복잡하라는 법도 없지만 ― 일어나기 어려운 일이다.

이외에 조사연구자가 표집 오차를 줄이기 위해 사용할 수 있는 유일하게 남은 방법은 **표본 설계**(sample design)를 개선하는 것이다. 이미 논의한 이유들로 인해서 층화 표본과 같은, 특정 부류의 확률 표본은 다른 부류에 비해 더 정확하다. 이 전략은 널리 쓰이지만 이것으로 거둘 수 있는 성과에도 한계는 있다. 이런 더 복잡한 표본 설계가 사용되는 경우에는 표준 오차의 계산도 〈그림 3-3〉이 제시하는 것보다는 약간 더 복잡해진다는 점에도 유의해야 한다. 계산의 이런 변경에 대해서는 차후에 더 논의할 것이다.

비응답 오차(nonresponse error)는 표집의 맥락에서 조우하게 되는 두 번째로 주요한 오차 근원이다. 이는 연구 대상이 되는 이들 모두가 협력하거나 응답하지는 않기 때문에 생긴다. 표집 오차에 대한 여태까지의 모든 논의는 표본에 포함시키기를 원하는 모든 이가 원하는 정보를 제공한다는 것을 가정했다. 단적으로, 현실에서는 일어나지 않는 일이다. 비응답자가 응답자에 비해 다른 그만큼 그것으로 결과를 만들어야 하는 표본이 편파적일 수 있다. 시청률 정보 제공자가 사용하는 절차들 가운데 많은 것이 비응답 오차를 바로잡으려는 시도의 다른 모습들이다.

비응답 오차의 크기는 시청률 보고서마다 다르다. 그것을 감지하는 제일 좋은 방법은 시청률 정보 제공자가 보고하는 응답률을 들여다보는 것이다. 모든 시청률 회사는 자신의 추정치 산출에 이용하기를 바라는 시청자나 시청 가구의 원표본을 정할 것이다. 이 이상적인 표본은 보통 **원초 지정 표본**

(initially designated sample)이라고 부른다. 하지만 이 표본 구성원 가운데 어떤 이들은 협력을 거부할 것이다. 또 다른 이들은 표본에 남는 데는 동의해도 이런저런 이유로 정보를 제공하지 못할 것이다. 달리 말해, 응답하지 않을 이가 많다는 것이다. 명백히, 응답하는 이들만이 데이터를 표로 정돈하여 계산하는 데 유용하다. 이 마지막 범주에 속하는 이들이 이른바 '[계산표] **산입 표본**(in-tab sample)'을 이룬다. **응답률**(response rate)은 단순히, 원초 지정 표본에 포함된 사람 가운데 시청률 회사에 유용한 정보를 실제로 건넨 사람의 백분율이다. 시청률 데이터를 수집하는 다양한 방법은 각기 다른 응답률을 낳는다. 예컨대, 최근 수년간 낮아지긴 했지만, 전화 서베이는 상대적으로 높은 응답률을 기록하는 경향이 있다. 일기를 배치하는 것과 같은 가장 널리 이용되는 측정 기법들이 20% 근처의 응답률을 낳곤 한다. 나아가 상이한 측정 방법들은 적용되는 사람의 부류에 따라 더 나은 결과를 낳기도 한다. 측정과 연계된 비응답 오차에 대해서는 다음 절에서 논의할 것이다.

비응답 오차가 시청률을 편파적으로 왜곡할 가능성을 가지고 있기 때문에 조사 회사는 그것을 최소화하거나 통제하기 위한 일반 전략 둘 가운데 하나는 사용한다. 첫째, 산입 표본의 대표성을 향상시키는 조치를 사실 수집 이전에 취할 수 있다. 둘째, 데이터가 수집된 이후에 표본 내에서 조정할 수도 있다. 흔히 둘 모두 사용된다. 어느 쪽이든 산입 표본의 대표성을 판단하고 얼마나 큰 조정이 필요한지를 재기 위해서는 모집단이 어떻게 생겼는지를 알아야 할 필요가 있다.

모집단 추정치는 그러므로 비응답 오차를 바로잡는 데 필수적이다. 모집단의 모습(즉, 연령별 인구나 성비 등)이 어떤지를 구하는 일은 정부에서 나온 센서스 — 그 데이터가 항상 최신의 상태를 유지하는 것은 아니지만 — 정보에서 시작하는 것이 보통이다. 시청률 회사는 흔히 다른 조사 회사로부터 해당 시점에 더 가까운 시점의 모집단 추정치를 구매한다. 가끔 케이블 보급률과 같은, 다른 회사가 측정하지 않는 모집단 특성의 추정치가 필요할 때가 있다. 이를 위해서 **실사**(enumeration) 내지 **확립**(establishment) 서베이라고 부르는, 모집단 추정치를 구하는 특별 조사연구가 필요할 수도 있다.

겨냥해야 할 표적을 알면 비응답 오차를 바로잡는 일이 가능해진다. 사실 수집 이전의 교정은 특별한 모집 기법과 완충 표본의 사용을 포함한다. 가장 바람직한 해결은 원초 지정 표본에 있는 이들 가운데 최대 다수가 협력하도록 하는 것이다. 이렇게 하기 위해서는 비응답의 이유를 이해하고 적절한 대응 수단을 동원해 공략해야 한다. 예컨대, 시청률 정보 제공자는 어떤 금전적 유인을 표본 구성원에게 제공할 것이다. 아마 응답자 부류에 따라 더 혹은 덜 효과적으로 작용하는 유인이 다를 것이다. 첫 접촉에 이어지는 후속 조치를 취하거나 면접자와 조사 내용물의 언어가 응답자가 주로 사용하는 언어와 일치하도록 확인하는 것도 응답률을 높일 것이다. 주요 시청률 회사는 이런 대안을 알고 있고, 경험을 토대로, 비응답 문제가 나타날 만한 길목도 알고 있다. 이들은 표본 내의, 예컨대 소수자 집단의 대표성을 개선하기 위해 특별한 모집 기법을 사용하기도 한다.

모집 방식 개선이 통하지 않으면 충분히 대표되지 못한 집단의 크기를 추가 표집으로 키울 수 있다. **완충 표본**(buffer sample)은 단지 무작위로 추출되어 예비로 저장된 추가 가구의 목록일 뿐이다. 표집이 진행되면서 어느 한 카운티의 응답이 기대에 미치지 못할 것이 뻔해지면 적절한 완충 표본이 그 지역에서 추출된 표본의 크기를 키우기 위해 동원될 수 있다. 현장 조사 인력은 **비협조 가구**(noncooperating household)에 부딪히는 경우에 유사한 절차를 사용할 수 있다. 이런 경우, 같은 구역의 두 번째 가구를 표집하라는 지시를 ─ 나아가 핵심적인 가구 특성을 비협조 가구와 공유한 가구를 두 번째 가구로 선택하라는 지시까지도 ─ 받았을 법하다.

데이터가 일단 수집되고 나면 비응답자를 보완할 다른 기법이 사용될 수 있다. **표본 가중치 부여**(sample weighting)는, 가끔 **표본 균형 잡기**(sample balan-cing)라고 하는데, 특정한 부류의 사람들이 한 응답이 시청률 추정치에 미치는 영향 정도를 표본 내의 수치 자체가 제시하는 것 이상으로 무겁게 하는 통계학적 절차다. 기본적으로 시청률 회사는 산입 표본과 모집단 추정치들(대개 지역별, 인종별, 연령별, 성별 구성비)을 비교하여 표본 안에 어떤 부류의 사람이 너무 많거나 충분치 않은지를 구한다. 예컨대 18~24세 남성이 모집단에서는 8%인데 산입 표본에서는 4%에 지나지 않는다고 하자. 이에 대한 처방 하나는 분석 대상으로 산입된 해당자 1인의 응답을 2인의 응답으로 거듭 계산하는 것이다. 역으로 표본에 너무 많이 들어와 있는 집단의 응답은 각각의 응답을 1인분 이하로 계산할 수 있다. 특정 집단에 주어야 할 적정 가중치를 결정하는 방법은 모집단에서 차지하는 비율을 산입 표본에서 차지하는 비율로 나누는 것이다(예컨대 8% ÷ 4% = 2).

수년간 닐슨은 미국의 전국 시청률을 추정하는 데 **비가중 표본**(unweighted sample)을 사용했다. 그러나 지역 시장에 전국 시장에서 쓰는 것과 같은 피플미터 측정 기법을 도입하고, 도입된 '지역 피플미터(LPM: local peoplemeter)'를 겹쳐 전국 표본의 규모를 크게 키울 수 있게 되자 표집 오차를 줄일 수 있게 되었다. 그러나 이를 위해서는 지역 데이터가 전국 추정치를 진창으로 밀어넣지 않도록 가중치를 부여해야만 했다.

완충 표본이나 표본 가중치 부여가 비응답 문제에 대한 완벽한 해결책이 아니라는 생각은 옳다. 이런 절차가 산입 표본을 모집단과 비슷해 보이도록 만들기는 하겠으나 비응답 오차를 없애지는 못한다. 완충 표본 내의 협조자나 그 응답에 가중치가 부여된 응답자가 여전히 비협조자와 체계적으로 다를 수 있다. 바로 이것이 일부에서 이런 기법의 사용에 의문을 제기하는 이유다. 문제는 이런 조정을 하지 않는 것 역시 결과를 왜곡할 수 있다는 것이다. 예컨대 18~24세 남성을 대상으로 하는 라디오 채널의 프로그래머라면 이들 남성이 산입 표본 대부분에서 과소 표집되는 경향이 있다는 사실에 대해 불만일 터이고 그 모든 결함에도 불구하고 방금 묘사된 바와 같은 종류의 가중치 부여를 반길 것이다. 오늘날, 업계 관행은 가중치를 부여하는 것이다. 여기에 대해서는 시청률 산출 과정을 다룰 때 더 논의하겠다.

비응답 오차의 존재와 이를 바로잡기 위해 쓰이는 통계 기법들의 존재는 시청률 정보 제공자가 실제 사용하는 표본이 완벽한 확률 표본은 아니라는 것을 의미한다. 이런 사실은 비교적 복잡한 표본 설계의 사용과 더불어 표준 오차의 계산이 우리가 앞에서 보인 것보다는 복잡하다는 것을 뜻한다. 대상이 가구건 개인이건, 특정 시점의 수용자 추정이건 몇 시점에 걸친 평균 수용자 추정이건, 세부를 생략하고 간단히 말하면, 오차는 표본의 가중치들에 의해 변경된다. 나아가 산입 표본의 실제 크기가 오차의 산출에 쓰이는 것이 아니다. 대신 시청률 정보 제공자들은 표준 오차를 계산할 목적으로 **유효 표본 크기**(effective sample size)라고 부르는 것을 추출한다. 여기에는 자신들의 표본이 단순 무작위 표본이 아니라는 사실이 고려에 포함되어 있다. 유효 표본 크기는 실제 표본의 크기에 대해 작거나, 크거나, 같을 수 있다. 표준 오차의 계산 방법이 어떻게 달라져도, 그러나, 이 수치의 사용과 해석은 앞에서 설명한 바와 같다.

3) 표본과 센서스

서버를 이용한 데이터 수집이 미디어 이용의 센서스를 제공한다고 흔히 선전된다. 즉, 모집단의 구성원 각자를 모두 측정한다는 약속이다. 지켜진다면 방금 몇 쪽에 걸쳐 묘사한 표집 문제 모두를 없애줄 것이다. 실로 서버는 사용하는 모든 이의 행동을 '볼' 수 있고 그래서 엄청난 인원에 대한 정보를 수집한다. 그러나 이것이 곧 필연적으로 센서스인 것은 아니다. 예컨대 구글은 지구상의 수백만이 검색하는 것을 볼 수 있다. 그려내고 싶은 대상 모집 단이 구글 사용자라면 여기서 나오는 데이터가 센서스다. 그러나 다른 검색 엔진도 사용되느니만큼, 월드와이드웹에서 검색하는 모든 이를 그려내는 것이 진정한 목표라면 구글은 단지 매우 큰 표본일 따름이다. 이 경우 해야 할 질문은 구글 이용자가 빙(Bing)이나 중국의 검색 엔진 바이두(Baidu)와 같은 다른 검색 서비스를 이용하는 사람들과 체계적으로 다른지이다. 다르다고 한다면 표집 문제와 그에 대한 처방의 문제는 다시 나타난다.

이는 디지털 셋톱박스(STB: set-top box)를 사용하여 텔레비전 수용자를 측정하려는 시도에서도 중요한 문제로 제기되어왔다. 대단히 많은 가구에서 케이블이나 위성이 텔레비전 시청의 통로가 되어 있다. 미국에선 대략 90%의 가정이 이 범주에 든다. 텔레비전 수상기에 공급되는 신호를 관리하는 것이 셋톱박스인데 디지털 입력 신호를 모아 프로그램이 나오도록 하는 역할을 한다. 만약 셋톱박스가 적절한 소프트웨어를 굴린다면 시청되는 채널의 정보를 연속적으로 잡아내 보고할 수 있다. 수백만 가정에서 뽑을 수 있을 이런 정보는 텔레비전 신호 제공자가 수집하고 모아서 수용자의 크기를 추정하는 데 사용될 수 있다.

셋톱박스 측정의 옹호자가 이를 텔레비전 수용자의 센서스라고 하는 경우가 가끔 있다. 아니다. 시청률 회사의 목표는 모든 텔레비전 가구의 시청 행태를 묘사하는 데 있음을 기억하자. 첫 번째 문제는 셋톱박스가 모든 가정에 다 있는 것이 아니라는 데 있다. 그리고 있는 가정과 없는 가정은 서로 다르다. 있는 집은 보다 부유하고 또 확실히 더 많은 시청 선택지를 가지고 있다. 나아가, 셋톱박스가 있는 집도 여기에 연결되지 않은 수상기가 있다. 거실의 주 수상기는 셋톱박스를 쓰지만, 예컨대, 주방이나 침실의 수상기는 지상파 (OTA: over-the-air) 신호를 그냥 쓸 수 있다. 달리 말해 셋톱박스가 모든 시청 행태를 다 잡아내는 것이 아니다. 여기에 더해, 데이터 수집이 가능할 케이블·위성 서비스 제공자가 정보 공유를 원하지 않을 수도 있다. 결론적으로, 셋톱박스 측정은 대개 매우 큰 표본에 기초하는데 이들 표본은 그려내길 원하는 모집단 전체와는 체계적으로 다르다는 것이다.

방금 한 이야기를 전제하면, 디지털 셋톱박스 데이터는 수용자가 파편화하면서 생긴 측정 문제에 대한 중요한 해결 방안을 제시한다. 셋톱박스가 그렇게 많은 가정에서 데이터를 뽑기 때문에 규모가 매우 작은 수용자 집단에 대한 기록이 가능하다. 그러나 총수용자를 기술하기 위해서는 이 데이터도 통상의 표집에서 비응답 문제에 대처하는 데 쓸 법한 바로 그 방식에 따라 조정돼야 한다. 예컨대 렌트랙(Rentrak)은 셋톱박스에서 끌어낸 수용자 추정치를 미국에서 파는 회사다. 이 회사는 다양한 플랫폼 또는 '층(strata)'(예컨대, 케이블, 위성, 전화 회사, 지상파)에서 데이터를 수집하지만 특정 범주에 속한 모든 가구의 데이터를 수집하는 경우는 거의 없다. 수집한 데이터에 다양한 가중치를 부여해서 총수용자 규모를 추정한다. 결론적으로, '센서스 비슷한(census-like)' 데이터의 사치를 누리는 경우라 할지라도 많은 경우, 대규모 표본처럼 취급하고 그에 따라 일을 진행해야 한다.

2. 측정

표집이 수용자 측정의 질에 중대하게 관련돼 있지만, 측정 방법 역시 그만큼 중요하다. 들여다보기를 원하는 대상을 구체적으로 특정하는 표본을 구성하는 일과 여기 속한 수용자가 텔레비전에서 본 바, 라디오에서 들은 바, 인터넷으로 접한 바를 기록하여 이들의 활동을 측정하는 것은 별개의 일이다. 수용자 측정 회사들이 사용하는 표집 절차는 모든 서베이 조사 활동에 공통된 것이지만, 이들의 측정 기법은 고도로 특화돼 있는 경우가 많다.

기술적으로, **측정**(measurement)은 어떤 규칙에 따라 대상에 수치를 부여하는 과정이라고 정의된다. 수용자 조사 회사가 측정하는 '대상'은, 이미 알아본 바와 같이 가구 역시 분석 단위가 될 수 있긴 해도, 사람이다. '수치'는 들여다보길 원하는 특성이나 행동을 단순하게 양화한다. 이런 종류의 양화는 관련 정보를 관리하고 표본의 다양한 속성을 요약하는 일을 용이하게 한다. 예컨대 간밤에 어떤 미식축구 게임을 본 이에게 '1'이라는 수치를 부여할 수 있다. 보지 않은 이들은 '0'을 부여할 수 있겠다. 보유한 데이터 가운데 '1'의 비율을 보고함으로써 그 게임의 시청률을 산출할 수 있을 것이다. 시청률 정보 제공자가 실제 사용하는 수치 부여 틀은 이것보다는 복잡하지만 본질적으로는 동일하다.

측정을 전문으로 하는 조사연구자는 자신이 사용하는 수치 부여 틀의 정확도에 큰 관심을 기울인다. 종국에는 누구라도 대상에 수치를 부여할 수 있다. 그러나 이런 수치에서 의미를 잡아내기란 그렇게 쉽지 않다. 조사연구자가 측정 기법의 정확도에 대해 그것들로 자신의 관심을 표현하는 2개의 개념이 신뢰도와 타당도다.

신뢰도(reliability)는 측정 절차가 반복될 때 일관된 결과가 산출되는 정도이다. 측정하려는 대상이 변하지 않았다면 정확한 측정 도구는 동일한 수치를 반복적으로 부여하는 결과를 내야 할 것이다. 실제 그러하다면 그 측정은 신뢰할 만하다고 한다. 그러나 측정 절차가 신뢰할 만하다고 해서 그것이 전적으로 정확하다는 것을 뜻하지는 않는다. 그것은 또한 타당해야 한다.

타당도(validity)는 어떤 척도가 양화의 대상이 되는 특성을 실제로 양화하는 정도이다. 예컨대 아무개의 프로그램 선호를 측정하고자 할 때 그가 가장 자주 보는 프로그램을 기록하는 것으로 측정을 시도할 수 있다. 이 접근은 결과적으로 매우 일관된 혹은 신뢰할 만한 패턴을 산출할 수 있을 것이다. 그러나 가장 자주 보는 프로그램이 좋아하는 프로그램이라는 추론이 필연적으로 성립하는 것은 아니다. 선호보다는 시간이 맞아 자주 보는 결과를 낳았을 수 있다. 그러므로 프로그램의 선택을 이용해서 선호를 측정하는 것은 신뢰할 수는 있어도 특별히 타당하지는 않을 수 있다.

1) 측정 대상

측정 기법을 평가할 때 우선적으로 제기해야 할 질문은 '측정의 대상이 무엇이냐?'다. 바로 이 점에 대한 혼란에서 수용자 측정에 대한 수많은 오해가 생겨난다. 얼핏 보기엔 그 답이 충분히 간단해 보인다. 첫 장에서 살펴본 바와 같이 역사적으로 시청률은 전자 미디어에 대한 노출을 측정해왔다. 그러나 이 정의마저도 이야기되지 못한 것들을 많이 남긴다. 여기에 대해 철저히 생각하려면 다음 두 가지 요인에 대해 더 깊이 생각해봐야 한다. ① '매체 내지 미디어'의 뜻이 무엇인가? ② 노출은 무엇으로 구성되는가?

미디어를 정의하는 쪽으로는 몇 가지 가능성이 있다. 예컨대, 수용자가 어떤 프로그램을 시청하거나 청취하는지에는 아예 무관심할 수도 있다. 효과론 연구자 일부는 사람들이 텔레비전을 전반적으로 얼마나 보는지에만 관심을 쏟는다. 한 미디어에 노출되는 시간량 정보도 유용하게 응용되는 경우가 있겠지만 광고주에게 썩 유용한 정보랄 수는 없다. 라디오 방송국 수용자는, 그리고 어느 정도는 케이블 네트워크 수용자도, 이런 방식으로 보고된다. 여기서의 미디어는 '너른 시간대나 15분 단위의 시간대에 걸친, 한 미디어 창구의 이용'보다 더 촘촘한 정의를 허용하지 않을 수 있다.

텔레비전 시청률에서 노출은 대개 특정 프로그램에 연계돼 있다. 그러나 여기서도 정의에 관한 문제가 제기될 수 있다. 한 프로그램의 시청자로 간주되기 위해서는 얼마나 오래 시청해야 하는가? 몇 분이면 족하다고 하면 그 프로그램 총수용자는 방영 시간 내 어떤 시점의 수용자보다 하여간 많을 것이다.

다음 절에서 논할 측정 기법 가운데는 이런 분 단위 결정을 하기에는 너무 둔한 것도 있지만, 다른 기법을 쓰는 접근에서는 이런 고려가 매우 중요하다.

광고주들은 물론 누가 자신의 광고를 보는지에 관심이 제일 크다. 그래서 이들에게 가장 적실한 방법으로 미디어를 정의하면 그것은 프로그램 본체가 아니라 광고물이랄 수 있다. 지난 장에서 C3 시청률이라고 하는 광고 시청률이 이제는 미국의 전국 텔레비전 광고 시장의 통화라는 점을 언급했다. 이 시청률은 특정 프로그램에 붙은 모든 광고의 대표 시청률인데, 방영 후 3일간의 녹화 시청까지를 더한다. 어떤 회사는 프로그램 광고의 평균 시청률뿐 아니라 특정 광고의 시청률까지 보고한다. 인터넷 광고주도 비슷한 관심과 우려를 가지고 있다. 어떤 웹사이트 노출 광고의 수용자를 측정하는 데 널리 쓰이는 한 가지 방식은 '제공된 임프레션(served impression)'을 세는 것이다. 이는 광고가 이용자에게 제공된 횟수를 세는 서버 중심 측정이다. 그러나 광고주들은 웹 이용자가 웹 페이지에 들어간 광고를 모두 다 보는 것은 아니라는 점을 안다. 어떤 광고는 이용자가 다른 페이지로 넘어가기 전에 뜨지 못하거나 이용자가 결코 보지 않는 위치에 배치돼 있기도 하다. 그래서 통상의 제공된 임프레션은 인터넷 광고의 수용자를 부풀리는 경향이 있다. 이 때문에 많은 광고주가 '가시권 임프레션(viewable impression)'이라 불리는 새로운 광고 시청률을 선호할 것이다.

때로 텔레비전 프로그램이나 광고와 같은 측정 대상이 다수의 플랫폼들을 가로질러 시청될 수도 있다. 그래서 이런 미디어 수용자를 그리자면 당면하게 되는 또 다른 어지러운 문제가 하나의 '연장 화면(extended screen)' 시청률을 산출하기 위해 이런 모든 플랫폼의 시청자를 합산해야 할 것이냐다. 이를 정확히 산출하려면 동일인을 텔레비전, 인터넷, 스마트폰, 태블릿 등등의 플랫폼을 가로질러 측정하는 것이 제일 바람직할 것이다. 이 방향으로 측정치 제공자 일부는 움직이고 있다. 이런 유의 합산 추정치를 관련 업계가 원하느냐는 또 다른 문제다.

두 번째로 제기한 질문은 노출로 뜻하는 바를 결정하는 일에 관련된다. 1930년의 바로 그 첫 라디오 서베이부터 노출 측정이 시청률 조사연구의 핵심 목표가 되어왔다. 밸네이브스와 동료들은 다음과 같이 말했다.

> (아치볼드 크로슬리는) 라디오 시청률 분석에서 '노출'을 ─ 누가, 얼마나 오래, 얼마나 규칙적으로 듣느냐를 ─ 측정하기로 결정했다 ……이것이 수용자 조사연구자가 라디오 프로그램 선호에 대한 데이터를 수집하지 않는다는 것을 의미하지는 않았다. 그러나 라디오 방송 시간이나 프로그램의 판매와 구매를 목적으로 할 때, 어떤 프로그램에 주파수를 맞추고 얼마나 오래 들었느냐는 사실을 보여주는 계측치는 매우 경쟁적인 환경에서 이루어지는 흥정에 필수적인 단순성을 가지고 있었다. 그래도 모두가, 사용되는 그 척도에 대해 동의해야 했다(Balnaves, O'Regan and Goldsmith, 2011: 22).

단순해 보일지 모르지만 정의하자면 몇 가지 가능성에 부딪히게 된다. 흔히 '노출'은 이용자가 특정한 방송국 또는 프로그램이나 웹사이트를 선택할 때 된 것으로 간주된다. 이 정의에서 '노출'은 컴퓨터나 라디오가 사용 중일 때 이용자가 방 혹은 차 안에 있었음을 의미한다. 이는 기껏해야 흐릿하게 정의된, 무엇인가를 보거나 들을 기회를 대표하는 것에 그친다. 수용자 구성원이 특정 방송국에 채널을 맞추었다는 것이 한번 판정되고 나면, 노출의 질에 대한 질문은 대답 없이 방치된다.

그러나 우리의 미디어 이용은 많은 부분이 다른 활동에 동반된다는 것이 기록으로 잘 나와 있다. 사람들은 텔레비전을 켜놓고 있으면서도 대화, 식사, 놀이, 설거지 등을 할 수 있다. 노트북이나 태블릿을 쳐다보면서 텔레비전을 켜놓는 것과 같은 '미디어 동시 이용'을 하는 경우가 늘고 있다. 어쨌거나 '수용자로 간주되는' 동안에도 미디어에 별다른 주목을 하지 않는 시간이 길다는 것은 명백하다. 이로 인해 어떤 조사연구자들은 노출을 선택의 문제로 정의하면 사람들의 진정한 미디어 노출을 크게 과장하게 된다고 주장한다. 물론 대안 하나는, 노출이 한 개인이 미디어에 주의를 기울이는 것이라고, 혹은 더 나아가 보거나 들은 것을 이해하는 것이라고 한정하는 정의일 터이다. 메시지나 아이콘에 '클릭'할 것을 요구하는 상호작용적 기술은 주의를 기울이고 있다는 증거라 할 만한 무엇을 내놓지만, 미디어 대부분의 경우에 개인의 인지 수준을 효율적이고도 타당한 방식으로 측정한다는 것은 극히 어려운 일이다.

정의에 관한 이런 질문은 그 데이터가 실제 무엇을 측정하는지와 어떻게 해석되어야 할지를 정하는 데 도움을 준다. 상이한 시청률 회사가 크게 상이한 미디어 노출 정의를 사용한다면, 그들의 비용 구조와 조사연구 결과물 역시 크게 상이할 법하다. 이런 이슈들의 중요성은 관련 업계에서도 놓치지 않았다. 1954년 광고연구재단(ARF: Advertising Research Foundation)은 이런 관심사 다수에 관한 권고 모음을 내놓았다. 재단은 확률 표본의 사용을 옹호한 데 더해 채널 선택 행위를 노출의 정의로 수용할 것을 권고했다. 이 정의 표준이 가장 널리 수용되었고 오늘날 사용되는 측정 기법 대부분의 개발을 실질적으로 지도해왔다.

시청률 조사연구를 비판하는 이들이 한동안 제기해온 또 다른 단점은 노출의 조작적 정의가 보다 심정적인 차원의 체험 질에 대해 아무 말도 하지 않는다는 것이다. 이를테면, 사람들은 자기가 보는 것을 좋아하는 것일까? 이들에게 그것은 계몽하여 일깨우는 것일까 아니면 몰입을 부르는 것일까? 이런 유형의 척도들은 — 수치를 결여하고 있기 때문이 아니라 감정이나 인지와 같은 '보다 부드러운' 변수를 양화하려는 것이라서 — 때로 **질적 시청률**(qualitative ratings)이라 불린다. 많은 유럽 국가는 강력한 비상업적 공공 방송 전통을 배경으로 이런 시청률을 산출해왔다. 미국에서는, 기존 데이터를 대체하기보다는 보충하는

선에서, 비정기적으로 산출돼왔다. 1980년대 초에 공공방송진흥법인(Corpora-
tion for Public Broadcasting)은, 아비트론(Arbitron)과의 협력을 통해, 이런 시스
템을 현장에서 실험했다. 또 다른 노력은 텔레비전수용자평가(Television Audi-
ence Assessment)라는 명칭의 독립적인 보스턴 지역 기반 회사에 의해 시작되
었는데, 이 회사는 질적 시청률 정보를 팔아보려고 시도했다. 이런 노력이 실
패한 것은 단순히, 기존 시청률 서비스에 병행하는 질적 시청률 제공에 드는
비용을 정당화할 만한 수요가 미국 내에 충분치 않았기 때문이다.

수용자 측정의 질적 차원에 대한 이런 무관심은 오늘날 변화를 겪고 있다.
두 가지 이유에서다. 첫째, 풍부하고 파편화된 미디어 환경에서는 미디어 이
용자가 나름의 필요와 충성심에 탐닉하는 것이 자유로운데, 이런 환경에서
수용자의 크기와 인구통계적 구성을 재는 단순한 척도들은 빈약해 보인다.
확실히, 수용자 규모가 작은 미디어 창구나 프로그램은 자신의 이용자가 매
력적인 구매 대상으로서 가진 이례적 수준의 몰입도를 광고주에게 증명하고
싶어 한다. 둘째, 페이스북이나 트위터와 같은 소셜미디어의 성장은 이제, 사
람들이 무엇을 이야기하고 친구들과 나누는지에 관한 데이터를 잡는 저비용
수단을 제안하고 있다. 닐슨과 같은 기존 측정 회사 일부와 그보다 작은 수
많은 창업 회사가 몰입도나 '버즈(buzz)'의 측정치를 산출하기 위해 이런 데
이터를 거두고 있다. 이들 측정치는 한때 노출 측정치만으로 이루어지던 매
체 구매를 보충하는 데 이미 사용되고 있다. 이런 새로운 자료원들이 결국
'통화 바스켓(basket of currencies)'을 산출하게 될지도 모른다(Napoli, 2011:
149). 그러나 이 새로운 계측이 실제 무엇을 측정해서 어떻게 사용되어야 할
지에 대한 업계 콘센서스를 형성하는 일은 그 가능성의 풍부함 때문에 또한
어려워진다(Napoli, 2012). 지금으로서는 노출 측정치들 또는 이들 데이터에
서 도출된 척도들이 수용자 분석의 주된 초점으로서 자리를 유지할 것이라
여겨진다.

2) 측정 기법

시청률 정보 제공자가 전자 미디어에 대한 사람들의 노출을 측정하는 데 사용하는 기법에는 몇 가지가 있고, 각각은 특정한 장단점이 있다. 이들 기법의 편파성은 이미 언급한 세 번째 종류의 오차를 불러일으킨다. 응답 오차는 측정 절차가 산출하는 응답에 들어 있는 부정확함을 포함한다. 여기서는 이런 부정확함을 예시하기 위해 수용자 측정에 대한 주요 접근법 각각을 일반적인 차원에서 다룬다. 세부에 지나치게 얽매이는 경우를 피하기 위해 개별 시청률 회사가 특정 측정 기제를 조작적으로 현실화하는 방법 사이의 차이는 무시해도 좋겠다. 더 자세한 정보를 원하는 독자는 각 회사의 방법론 서술을 보면 된다.

(1) 설문

질문하는 것은 수용자 데이터의 수집에, 혹은 헤아릴 수 없이 다양한 사회 현상 그 어느 것에 대한 데이터의 수집에도 사용되는 가장 오래된 방법 가운데 하나다. 설문 설계에 대한 다양한 서적이 있는 만큼 여기서는 그 장단점에 관한 자세한 언급은 하지 않겠다. 그러나 질문 기법이 수용자 측정에 어떻게 사용되어왔는지는 간단히 언급하려고 한다. 2장에서 살펴본 바와 같이 전화 조사는 시청률 산업의 초창기에 대들보 역할을 했다. 전화 인터뷰가 더이상 수용자 측정의 주축은 아니지만 상기 조사와 즉답 조사의 가능성과 한계를 이해하는 일은 중요하다.

전화 상기(telephone recall)는, 이름이 함축하는 대로, 응답자가 일정 기간 동안 보거나 들은 바를 상기할 것을 요구한다. 일반적으로 말해서 상기된 정보의 질에 영향을 끼치는 요인은 둘이다. 하나는 얼마나 오래 전의 일을 상기하도록 요구받느냐는 것이다. 분명히, 현재로부터 더 멀리 떨어져 있을수록 **기억 오차**(memory error)에 더 크게 좌우될 것이다. 두 번째는 묻는 대상이 되는 행위의 두드러짐 정도다. 중요하거나 정기적으로 일어나는 일은 사소하거나 띄엄띄엄 일어나는 일에 비해 더 잘 기억된다. 대부분의 라디오 청취자가 소수의 방송만 정기적으로 듣기 때문에 라디오는 다른 몇 미디어에 비해 전화 상기 기법을 이용한 측정에 더 적합하다.

그러나 다른 모든 데이터 수집 방법들과 마찬가지로 전화 상기도 특정한 한계가 있다. 첫째, 그 방법 자체가, 아무리 좋아져도, 응답자의 기억보다 더 좋은 결과를 낼 수는 없다. 설혹 어제 하루의 미디어 이용을 상기하는 것만이 기대된다고 해도 정확하게 할 수 있으리라는 보장이 없다. 예컨대 뉴스 프로그램 이용 경험은 과장되는 경향이 있다는 좋은 증거가 있다(Prior, 2009). 점점 더 많은 사람이 걸려온 전화를 선택적으로 받거나 휴대전화에 의존하게 되면서 전화 면접자와 이야기하는 것도 덜 하고 싶어 하게 됐을 수 있다. 마지막으로, 면접자도 사람이기 때문에 좋은 결과를 낼 수도 있지만 오차를 불러일으킬 수도 있다. 면접자가 보통은 훈련도 거치고 중앙에서 통제하는 전화 센터의 감시도 받지만, 결과를 왜곡하는 부적절한 언급이나 다른 실수를 할 수 있다.

전화 즉답(telephone coincidental)은 기억의 문제를 극복하는 길을 보여줄 수 있다. 이 전화 서베이는 전화 상기 기법과 매우 유사하지만, 전화가 연결된 순간에 보거나 듣고 있는 것이 무엇인지 말해줄 것을 응답자에게 요청한다는 점이 다르다. 즉시에 누가 어떤 미디어를 이용 중인지를 정확히 확인할 수 있기 때문에 기억 오차와 보고 피로에서 오는 오차가 제거된다. 이런 이유로 전화 즉답은 한동안 다른 측정 방법이 거기에 비해 평가되어야 할 '시금석'으로 간주되기도 했다.

이렇게 전화 즉답 조사의 미덕이 인정돼 있지만 주요 시청률 회사 어디도 전화 즉답 조사를 정기적으로 하진 않는다. 이 방법의 정기적 채용을 가로막는 문제가 둘 있다. 첫째, 즉답 설문은 개인의 미디어 이용 가운데 극히 일부만을 포착한다. 사실상, 정보의 질을 위해 양을 희생하는 것이다. 매시간, 하루하루, 주마다 수용자를 그리자면 결국 매시간 엄청난 수의 사람들에게 전화를 걸어야 할 것이다. 즉, 매우 값비싼 제안이 된다. 둘째, 모든 전화 설문과 마찬가지로 전화 연결이 되는 장소와 시간에는 실무상의 제한이 있다. 많은 라디오 청취는 자동차에서, 많은 텔레비전 시청은 심야에 이루어지는 데더해 많은 미디어 이용이 태블릿과 같은 휴대용 기기로 옮아가고 있다. 이런 이용 행태는 전통적 전화 즉답 기법으로는 잡아내기 어렵다.

전화 기술이 20세기 초에 새로운 데이터 수집 방법을 개시했듯이 21세기 초에는 인터넷이 설문 조사의 새로운 방법으로 통하는 문을 열었다. 몇몇 기업이 미디어 이용 정보를 수집하는 데 관행적으로 쓰는 방법이 웹 이용자에게 질문을 제시하는 것이다. 물론 여기서의 표본은 인터넷 접근이 가능한 이들에 한정된다. 사실 많은 경우 '자가' 표집이라고 간주될 수 있어서 더 큰 모집단으로 결과를 일반화하는 것은 주의 깊게 이루어져야 한다. 그래도 웹 기반 설문 조사는 설문 혁신을 가능케 했다. 예컨대 보충 자료나 더 확실한 설명이 필요한 응답자는 컴퓨터 화면 아래쪽으로 떨어지는 창이 주는 혜택을 누릴 수 있다. 대답에 따라 자동적으로 상이한 후속 질문이 이어지게 할 수도 있다(Walejko, 2010). 위키피디아 모형을 적용한 설문 구축과 같은 더욱 과격한 접근법도 개발되는 중이다(Salganik and Levy, 2012). 웹 기반 설문은 대규모 표본의 이익을 취할 수 있고 매우 신속한 응답 회수도 가능하다. 그러나 이런 기법이 잘 이해돼 있는 전통적 설문 설계 방법으로부터 일탈하게 되는 그만큼은 일종의 공사 중 상태라고 여기는 것이 가장 좋겠다.

그림 3-4 닐슨 텔레비전 일기의 페이지 예시

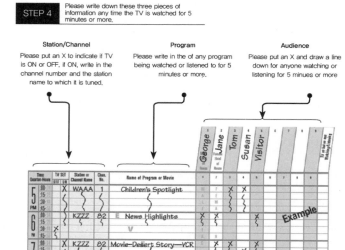

Please draw lines down to show how long the TV is on, the length of time the program is watched, and how long each person watches or listens.

Note: If the TV is on but no one is watching or listening, please put and X and draw a line in the audience column to the far right of the page.

VCR or DVD

• If watching a program while recording it on your VCR or digital video disc(DVD) recorder, please write it on the daily diary page as shown above and write VCRor DVDnextto the program name.

• If recording a program but not watching it, please see back of diary for further instructions.

Please turn the page to begin keeping the diary.

자료: 닐슨미디어리서치

그림 3-5 아비트론 일기의 페이지 예시

You count in the radio ratings!

No matter if you listen a lot, a little or not at all, you're important!

You're one of the few people picked in your area to have the chance to tell radio stations and other businesses what you listen to.

This is your radio diary. Please make sure you fill it out yourself.

Here's what we mean by "listening":

Listening is any time you can hear a radio-whether you choose the station or not. You may be listening to radio AM, FM, the Internet or satellite. Be sure to include all your listening.

Any time you hear radio from **Thursday, September 13, through Wednesday, September 19,** write it down-whether you're at home, n a car, at work or someplace else.

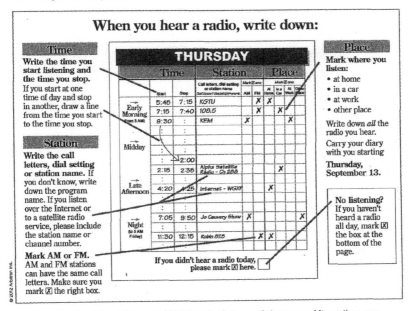

Questions? Call us toll-free at 1-800-638-7091. Visit our website: www.arbitronratings.com

자료: 아비트론

(2) 일기

1940년대에 도입된 이래 일기는 미디어 이용을 측정하는 데 널리 채용되었다. 오늘날에도 여전히 세계 각지의 많은 시장에서 라디오 및 텔레비전 수용자 측정의 대들보이다. 2장에서 언급한 바와 같이, 일기 데이터가 수집되는 몇 주는 '시청률 집중 조사 기간(sweeps)'이라 부른다. 미국 내 지역 텔레비전 시장의 수용자 추정치를 산출하기 위해 4주짜리 시청률 집중 조사 기간에 닐슨 한 곳만 해도 10만 명이 넘는 응답자로부터 일기를 수거한다.

일기는 기입자가, 통상 1주간, 자신의 미디어 이용을 그 안에 기록하는 작은 종이 책자다. 텔레비전 시청률을 산출하기 위해서 가정의 텔레비전 수상기 하나마다 하나의 일기를 유지한다. 일기의 정확한 생김새는 회사마다 다르다. 〈그림 3-4〉는 닐슨의 텔레비전 일기 가운데 지시 사항 페이지다. 시청일은 오전 5시에 시작되어 이후 15분 단위로 나뉜다(오전 4시 59분에 끝남). 주내 하루하루가 유사하게 나뉜다. 기입자는 수상기가 이용되는 각 15분 동안 시청 중인 가족 그리고/또는 방문자는 물론, 시청 중인 것이 무엇인지도 기록하게 되어 있다. 일기에는 또한 가구의 구성과 집에서 잡히는 채널에 대한 몇 가지 질문도 들어 있다. 이 방식의 주요 한계 하나는 시청 행위가 사람보다는 수상기에 연계되어 집 밖의 시청은 현저히 작게 반영된다는 점이다.

라디오 청취자도 역시 일기로 측정되지만, 이 경우의 일기들은 수신기보다는 사람을 따라다니게 돼 있다. 이런 연유로 각 개인은 집 밖에서 이루어지는 청취 행위를 기록할 수 있다. 〈그림 3-5〉는 아비트론의 라디오 일기에서 따온 지시 사항 페이지다. 오전 5시에 시작하되 저 텔레비전 일기의 엄격한 15분 간격보다는 널찍한 간격으로 나뉘어 있다. 라디오 일기는 개인 기록이기 때문에 기입자 외 타인의 청취 여부는 기록하지 않는다. 그러나 청취 장소는 기록된다. 그렇지만, 점점 더 많은 시장에서 **휴대 피플미터**(PPM: portable peoplemeter)가 라디오 청취 데이터를 수집하는 한 가지 방법으로서의 일기를 대체한다는 점에 유의하자.

일기 배포와 수거의 기법은 다양하지만 통상의 경우 다음과 같이 진행된다. 시청률 회사는 원초 지정 표본의 구성원에게 전화를 걸어 응답자 협력을 구하고 약간의 초기 정보를 수집한다. 집단 구역 거주자 같이 제외되는 사람이나 다른 언어로 된 일기를 요하는 경우와 같이 특별 취급을 받게 될 사람이 이 단계에서 드러난다. 협력을 약속한 가구에게는 후속으로 서신이 발송될 수 있다. 다음으로 일기가 전달되는데, 우송될 수도 있고 현장 조사 요원이 직접 건넬 수도 있다. 응답자는 협력을 요청받은 이들이긴 한데, 협력에 관심 없다고 한 이들에게도 우발적으로 배포되는 수가 있다. 매우 흔하게 소소한 금전적 유인이 호의의 표시로 제공되나, 이 유인도 응답률이 전통적으로 낮은 시장에서는 달라질 수 있다. 해당하는 주에 또 다른 서신이나 전화를 통해 기입자가 자신의 미디어 이용을 기록하도록 권장할 수 있다. 일기는 대개 봉인되어 우편으로 바로 발송되게 되어 있는데, 이것이 주말에 일기가 시청률 회사로 돌아오는 전형적인 경로다. 때로는 두 번째 금전 보상이 일기의 반납에 이어진다. 특별한 경우에는 가정에 전화를 걸어 일기 정보를 수집하기도 한다.

일기가 계속해서 인기를 끄는 것은 몇 가지 중요한 이점이 있기 때문이다. 이는 상대적으로 저렴한 데이터 수집 방법이다. 적절히 작성된 일기 안에 있는 정보의 풍부함을 생각할 때, 여기서 다룬 기법 가운데 이런 정도의 비용 대비 성과를 내는 것은 거의 없다. 가장 중요한 점은 수용자에 실제로 포함된 이가 누구인지 보고한다는 것이다. 사실 1980년대 피플미터 도입 때까지 일기는 좀 더 값비싼 계량기 측정 기법과 함께 전국 텔레비전 수용자의 인구통계적 구성을 구하는 데 사용되었다. 어떤 곳에서는 아직도 계량기와 일기의 조합이 사용되고 있다. 그리고 규모가 더 작은 많은 시장에서는 일기로만 하는 데이터 수집이, 더 작은 규모의 광고비가 걸린 만큼, 그 선택이 경제적으로 말이 되는 유일한 방법이다.

인기는 있지만 일기 사용에 수반되는 몇 가지 문제가 있다 – 응답 오차와 비응답 오차 양쪽에 걸린 문제들이다. 비응답 오차는 표집의 맥락에서 이미 다룬 바 있다. 하지만 일기는 문제의 소지가 특별히 심각하다. 20% 수준의 응답률이 다반사이고 이보다 더 저조한 시장도 있다. 더 큰 유인이나 더 정교한 모집으로 나아질 수 있겠지만, 이는 비용을 상승시킨다. 명백히 일기 기입자는 문맹이 아니어야겠지만, 업계가 수행한 방법론적 연구는 일기를 작성해서 반납한 이들이 문자 해독 능력 이외의 측면에서도 체계적으로 다르다는 점을 시사한다. 젊은이들, 특히 젊은 남성은 일기식 기법에 반응하는 정도가 덜하다. 또 몇몇 소수자 집단은 일기를 완성해서 반납할 확률이 낮다. 텔레비전 일기를 반납하는 이들은 비응답자에 비해 텔레비전 이용이 많은 시청자라는 약간의 증거도 있다.

일기 데이터에 전형적인 응답 오차도 몇 있다. 일기를 제대로 작성하는 일은 상당한 일거리다. 일기 기입자가 많은 경우 자신의 미디어 이용을 그때그때 적지 않는 대신에 하루나 한 주의 끝에 가서 상기해내려고 애쓴다는, 상당 분량의 일화성 증거들이 있다. 기입이 늦어지는 만큼 기억 오차가 날 확률도 높아진다. 유사하게, 일기 기입자는 첫 며칠을 끝 며칠보다 더 부지런히 기입하는 것으로 나타난다. **일기 피로**(diary fatigue)는 해당 주 끝 무렵의 시청 또는 청취 수준을 부자연스럽게 끌어내릴 수 있다. 어린이의 텔레비전 이용도 성인 일기 기입자가 없을 때면 보고되지 않은 채로 남기 쉽다. 심야의 미디어 이용, 리모컨으로 채널을 이리저리 돌려보는 것과 같은 짧은 미디어 이용, 침실 등에 있는 것과 같은 두 번째 수상기의 이용도 대개 덜 보고되는 편이다. 역으로, 인기 있는 프로그램이나 방송국의 청취·시청 경험은 과다하게 이야기되는 경향이 보다 심하다.

이들은 중요한, 악성이 아닌 양성이라 해도, 응답 오차의 근원이다. 시청

내지 청취 행위에 대한 보고를 고의로 왜곡하는 정도에 대한 증거는 보다 약하다. 대부분의 사람은 시청률 데이터가 무엇이고 편성 결정에 어떻게 영향을 줄 수 있는지에 대해서도 감을 가진 것으로 보인다. 일화성 증거는 여기서 또다시, 시청률 표본에 참여하는 것을, 실제 시청·청취 여부와 무관하게, 가치 있는 프로그램에 '투표'할 기회로 보는 사람이 있음을 시사한다. 일기 데이터가 다른 방법으로 수집된 데이터에 비해 이런 식으로 왜곡되기가 더 쉬운 반면, 고의적이고 체계적인 기만 사례는, 실제 있긴 해도, 그 범위가 한정적인 것 같다.

일기에 근거한 측정 기법에 수반되는 보다 심각한 문제는 최근 몇 년간 불거진 것이다. 앞에서 유의한 바와 같이 텔레비전 시청 환경은 점점 복잡해져 왔다. 케이블이나 위성 서비스에 가입한 가정은 수백 개의 채널에다 대부분 주문형 비디오와 함께하는 셋톱박스나 DVR를 이용할 수 있다. 여기에 리모컨은 거의 모든 가정에 있다. 이런 기술적 변화는 정확한 일기 기입이라는 과업을 어느 때보다 부담스럽게 만들었다. 몇 십 개의 채널을 뒤적여서 볼 만한 무엇을 발견한 시청자는 자신이 시청하는 네트워크가 어딘지 모르거나 보고하지 않을 수 있다. 보다 정확한 방법에 비해서 일기는 보다 긴 시간 동안 시청이 지속되었다고 보고하지만, 시청되는 채널이나 프로그램원은 보다 적게 잡아낸다. 그러므로 일기 기반 측정은 규모도 작고 인기도 덜한 케이블 미디어 창구를 희생시키는 대신 보다 크고 위상도 더 확고한 미디어 창구에 유리하게 작용하기 쉽다.

(3) 계량기

계량기는 전화 서베이를 제외하면 가장 오래 사용된 수용자 측정 기법이다. 최초의 계량기 장치는 닐슨의 오디미터로 1942년에 실용화되었다. 오늘날의 지구상에는 몇 종의 계량기가 사용되고 있는데, 그럴 여유가 있는 한 다른 측정 기법에 비해 선호되는 것이 일반적이다.

신식 **가구 계량기**(household meters)는 가구 내 모든 텔레비전 수상기에 부착된 작은 컴퓨터들에 다름 아니다. 이들은 몇 가지 기능을 수행하는데 그중 가장 중요한 것이 수상기 활동을 모니터하는 것이다. 계량기는 수상기가 언제 켜지고 어느 채널에 맞춰지는지 기록한다. 이 정보는 눈에 잘 띄지 않는 장소에 숨겨진 별도의 장치에 저장되는 것이 보통이다. 여기 저장된 정보는 전화선을 통해 중앙 컴퓨터에 내려받을 수 있다.

수년간 이것이 계량 활동의 범위였다. 그리고 그 자체가 일기식 측정에 비해 엄청나게 유리했다. 일기 기입에 내재하는 인위적 오차의 큰 부분이 제거됐다. 시청은 그때그때 기록되었다. 짧은 노출마저도 정확히 기록될 수 있었다. 표본 구성원들의 문자 해독력도 문제가 아니었다. 사실 이들은 측정과 무관하기에 어떤 피로 요인도 계량에 영향을 주지 못했다. 정보가 전자적으로 기록되었기 때문에 종이와 연필에 의한 일기보다 훨씬 더 신속하게 수집되고 처리될 수 있었다. **밤사이**(overnights)라고 불리는, 프로그램 수용자에 관한 보고가 다음 날로 배달될 수 있었다.

이런 종류의 계량에는 두 가지 중요한 단점이 있었다. 첫째는 비싸다는 것이었다. 이런 시스템을 운영하는 데 필요한 장비를 만들고 설치하여 유지하는 데는 많은 비용이 들었다. 둘째는 가구의 일반적 성격에서 추리할 수 있는 것을 빼고는 누가 보고 있는지에 대한 정보를 제공할 수 없다는 것이었다. 보는 사람이 없어도 수상기가 켜져 있을 수 있다는 사실은 가구 계량기가 결과적으로 전체 텔레비전 시청을 과장하리라는 것을 의미했다. 더욱 중요하게는 '사람 정보'를 제공하지 못했는데, 이 정보로 그렇게 되는 것이 수용자 구성이다. 이 때문에 대부분의 수용자 측정 회사는 수익이 그 지출을 정당화하는 경우에는 언제나 가구 계량기에 대해 피플미터를 선택해왔다.

이로 미루어 가구 계량기의 사용이 급속하게 과거의 유물로 변했을 것이라고 상상할 수도 있다. 그러나 표집에 관한 절에서 살펴본 바와 같이 티보 (TiVo) 같은 장치들을 예로 포함하는 셋톱박스(STBs)가 대단히 많은 가정에 보급돼 있고, 적절히 프로그램되기만 하면, 가구 계량기 기능을 할 수 있다. 원리상으로, 수상기가 켜진 때와 맞춰진 채널을 기록할 수 있다. 측정의 관점에서, 좋은 소식은 이런 기록이 수백만 가정에서 가능해졌다는 것이다. 나쁜 소식은, 전통적 가구 계량기와 마찬가지로, 셋톱박스도 몇 가지 한계가 있다는 점이다. 예컨대, 수상기가 켜져 있다는 것만을 잴 뿐, 누가 시청하는지는 잴 수 없다. 편성 순서에 관한 정보가 시청 행태 데이터에 사후적으로 덧붙여질 수는 있지만, 화면의 내용물이 무엇인지 결정할 길도 없다. 때로 '티브이 꺼짐(TV-Off)' 문제라고 불리는, 셋톱박스 특유의 한계도 있다. 자주 사람들은 셋톱박스는 끄지 않고 수상기만 끄는데, 이 경우의 셋톱박스는 시청 중인 것으로 – 사실과는 다르게 – 계속 보고하게 된다. 이 모든 문제들은 이렇게 저렇게 대처할 수 있는데, 이는 보고서 산출에 관한 절에서 다룰 것이다.

피플미터(peoplemeter)는 가구 내의 정확히 누가 수상기를 시청하고 있는지를 확실하게 측정하는 유일한 장치다. 1980년대에 미국과 다수의 유럽 지역에 도입되었고 이후 세계의 많은 지역에서 선호되는 텔레비전 수용자 측정 방식으로 채택돼왔다. 이 장치는 전통적 가구 계량기의 모든 기능을 하면서 그 밖에 보다 많은 것도 한다. 적용되는 기술과 사용 규칙은 측정 회사마다 다를 수 있지만 피플미터의 작동 방식은 본질적으로 다음과 같다. 표본 가구의 모든 구성원에게 계량 기기의 특정 누름 단추에 대응하는 번호가 부여된다. 누군가 시청을 시작할 때는 기기 위의 지정 단추를 누르게 돼 있다. 수상기가 있는 공간을 떠날 때 다시 누른다. 채널이 바뀔 때는 기기의 불빛이 원래의 시청자가 머물러 있음을 확인할 때까지 반짝일 수 있다. 대부분의 시스템에서는, 대략 리모컨 크기의, 손에 쥐는 장치로 수상기가 있는 공간 내의 다소 떨어진 장소에서도 단추를 누를 수 있도록 해준다.

오늘날 텔레비전 수상기는 다양한 미디어의 화면 출력 장치가 되어 있다. 정규적 편성 프로그램, 주문형 비디오, DVD, 비디오 게임, 그리고 점점 더 많이, 인터넷에서 온 콘텐츠를 보여준다. 흔히 최신 계량기는 편성 정보에 의존하기보다는 자신이 직접 콘텐츠를 인식해낸다. 예컨대 닐슨은 능동/수동 계량기 또는 'A/P 계량기'를 사용한다. 전자 미디어는 식별 신호 또는 '투명 문양(watermark)'을 빈번히 동반한다. 흔히 이는 음성 또는 화면 신호에 가만히 묻혀 있는 부호 조각이다. 이런 부호 조각이 있는 경우에 A/P 계량기는 이를 수동적으로 받아들여 프로그램을 식별할 것이다. 영상물에 이런 부호 조각이 없는 경우에 계량기는 영상물 신호의 작은 조각을 능동적으로 기록하여 디지털 도서관에서 일치하는 프로그램을 찾으려 할 것이다. 신식 피플미터는 이 식별 정보를 가구 구성원 각자(와 방문자)가 시청한 바의 분 단위 기록과 함께 전화나 무선 연결을 통해 보고한다.

피플미터는 이런 '기본' 기능 이상을 수행하도록 설계돼왔다. 〈그림 3-6〉은 세계 많은 나라에서 자신의 피플미터를 유지하는 스위스 회사, GfK텔레콘트롤(GfK Telecontrol)이 개발한 피플미터를 보여준다. 특히 이 모형에는 리모컨 장치와 화면 장치가 있다. 전자에는, 자신이 수상기 앞임을 사람들이 표시할 수 있게 해줄 통상의 단추도 달려 있지만, 오른쪽으로 단추 한 세트가 더 있다. 이들 단추는 자신이 보고 있는 것에 대한 평가를 화면 장치상의 프롬프트나 질문에 대한 반응을 통해 할 수 있게 해준다. 물론 이런 기능은 피플미터를 통상 그런 것보다 더 성가신 것으로 만들 수도 있다. 그러나 이는 노출 이외의 뭔가를 측정하는 데 피플미터 기술이 사용될 수 있다는 것을 명백하게 보여준다.

피플미터는 응답 오차에 시달릴 수 있다. 가장 두드러지게는 어린이의 시청을 축소해서 반영한다고 간주된다. 알려지기로, 어린이들은 그렇게 꼼꼼하게 피플미터 단추를 누르지 않는다. 어린이만 그런 것이 아니다. 가끔 어

그림 3-6 **텔레콘트롤 피플미터**

른마저도 단추를 누르지 않는다. 시청률 회사는 예컨대 수상기는 켜져 있는
데 아무도 보고 있다고 표시하지 않는 경우를 알 수 있다. 이런 가구는 회사
의 편집 규칙에 따라 표본에서 잠시 제외해야 할 수도 있다. 실제 이렇게 되
는 경우, 해당 가구는 **흠으로 탈락했다**(fault out)고 이야기되는데, 이는 사실상
산입 표본의 규모를 축소하는 것이다. 일반적으로 이런 문제들은 약간의 지
도로 시정될 수 있다. 그러나 단추 누름 피로는 문제일 수 있다. 닐슨이 가구
계량기를 같은 가정에 계속 두는 기간은 5년이 상례였지만, 이렇게 추가로
요구되는 노력을 감안하여 피플미터 가구는 2년마다 교체하고 있다.

　오랫동안 텔레비전 측정의 '성배'는 **수동식 피플미터**(passive peoplemeter)라
불리는 것이었다. 이 기기는 표본 참가자에게 아무런 노력도 요구하지 않을
것이다. 이 계량기는 성가시지 않게 어느 누가 수용자에 드는지를 어찌어찌
알아낼 터이다. 1980년대 후반, 닐슨은 수동식 피플미터 개발에 착수했다. 가
족 구성원을 식별하기 위해서는 얼굴 이미지 인식 시스템을 이용했다. 이 시
스템은 구현되긴 했지만 실제 배치된 적은 없다. 아마도 많은 이들의 입맛에,
사적 공간을 침범하는 것으로, 지나치다고 느껴졌기 때문이었을 것이다. 그
러나 일부 최신 텔레비전 수상기에는 많은 컴퓨터 화면과 꼭 닮은 방식으로

그림 3-7 아비트론의 PPM 360(왼쪽), 텔레콘트롤사의 미디어워치(오른쪽)

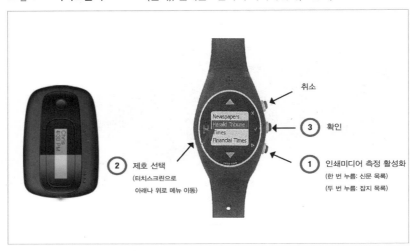

전향 카메라가 설치되어 있다. 이 장치는 시청자를 식별해 각자에게 적절한 프로그램을 제시하도록 한 것이다. 그러나 일부 업계 관측자는, 실제로 누가 프로그램이나 광고를 보는지 알아내고 표정을 읽어 이들이 어떻게 반응하는 지를 판정하는 데 사용될 수 있으리라는 주장을 내놓고 있다. 이런 만큼 수동식 피플미터는 다시 한번 무대에 등장할 수도 있다.

지금까지 우리가 묘사해온 계량기는 모두 ― 수동식이든 아니든 ― 특정 장소의 특정 수상기에 매인 것이었다. 이들은 그 자체로는 다른 장소나 다른 플랫폼에서 이용자가 뭘 하는지 알아낼 수 없다. 이 문제에 대처하기 위해 측정 회사들은 집 안에 묶여 있는 계량기의 몇몇 한계를 극복하는 휴대 피플미터(PPM: Portable Peoplemeter)를 개발해왔다. 아비트론은 가장 널리 배치된 PPM 시스템을 보유하고 있는데, 미국 50대 도시에서 라디오 시청률을 산출하는 데 사용된다. 아비트론의 PPM은 세계 몇 나라에서 사용권이 허가돼 있기도 하다.

PPM은 표집된 참여 자원자가 하루 종일 차거나 가지고 다니는 조그만 장치다. 아비트론의 PPM은 마치 무선호출기처럼 생겼다. 텔레콘트롤의 것은 손목시계처럼 생겼다. PPM은 방송국을 식별할, 사람은 들을 수 없는 부호를 잡아내려고 텔레비전이나 라디오 프로그램의 음성 신호 일부를 찾아 '듣는다'. 부호를 식별하게 되면 참여자는 수용자에 드는 것으로 간주된다. 밤에는 거치대에 올려진 PPM이 재충전되면서 거기 담긴 미디어 노출 기록이 전자적으로 수거된다. 〈그림 3-7〉의 왼쪽 그림은 아비트론의 PPM 360인데, 그 이름은 접근 가능한 모든 플랫폼에서 수용자를 측정한다는 전방위적 포괄성을 함축하고 있다.

PPM은 인쇄 미디어 노출을 측정하려는 노력에도 적응해왔다. 전략 하나는 계량기가 식별할 수 있는 RFID(무선 주파수 표지) 칩을 인쇄 미디어에 묻어두는 것이었다. 또 다른 접근법은 자신이 읽은 것을 간단하게 보고할 수 있도록 계량기를 설계하는 것이었다. 〈그림 3-7〉 오른쪽 그림은 이런 정보를 입력할 화면이 있는, 텔레콘트롤사의 미디어워치(Mediawatch)다.

PPM에 결부된 기능 가운데 많은 것은 전용 기기에 집어넣을 필요가 없다. 원리적으로는 스마트폰도 같은 기능을 하도록 프로그램될 수 있다. 스마트폰도 사람의 귀가 들을 수 없는 부호를 듣고 결과를 보고하도록 '지시될' 수 있다. 또 미디어 이용에 대해 질문하기 위해 다양한 시점에 이용자를 자극할 수 있다. 그리고 이용자는 대개 자신의 스마트폰을 늘 지니고 다닌다. 어떤 회사들은 스마트폰을 PPM으로 만드는 이런 매혹적인 가능성을 붙잡으려고 시도해왔으나, 실제 문제는 상당히 복잡하다. 먼저, 스마트폰 이용자는 자신의 기기를 이런 용도로 변경하고 싶지 않을 수 있다. 둘째, 스마트폰이 없는 이들을 측정할 수 없고, 또 측정을 위해선 이들에게 기기를 주어야 하는데 이는 그들의 관련 행태를 바꾸면서 비용을 증가시킬지 모른다. 셋째, 스마트폰은 다양한 운영 체제를 사용하므로 이 모든 체제에서 작동하는 프로그램을 개발하고 업데이트하는 일은 꽤 성가신 일일 수 있다. 그럼에도 스마트폰은 언젠가 끌어다 쓸 수 있을 자원으로 남아 있다.

광고 미디어로서의 인터넷의 성장과 함께 누가 어떤 사이트를 방문하고 어느 페이지를 보고 있는지를 추적하는 일이 중요해졌다. **컴퓨터 계량기**(computer meters)라 부르는 것이 컴스코어(comScore)나 닐슨 같은 기업 조직에서 온라인 컴퓨터 이용을 모니터하는 방편이다. 이는 여전히 측정에 대한 이용자 중심 접근이다. 응답자는 웹 활용과 기타의 인터넷 활동을 기록할 소프트웨어를 자신의 컴퓨터에 탑재할 것에 동의한다. 여기서 나온 데이터는 처리를 위해 중앙으로 전송된다. 이 데이터 수집 방법은 상대적으로 값이 싸기 때문에 회사들은 매우 큰 표본을 만들 수 있다. 이는 좋은 일인데, 수용자를 파편화할 가능성을 인터넷보다 많이 제시하는 미디어가 없기 때문이다. 이런 대규모 표본과 수집된 정보의, 클릭 수준으로 내려가는 자세함 사이에서 생성되는 정보량은 엄청난데, 이는 가입자를 대상으로 한 다양한 보고서에 압축된다.

이 방식의 단점 하나는, 자기 컴퓨터에서 소프트웨어가 구동되는 것을 허용하기를 이용자가 주저할 수 있다는 점이다. 모든 행동이 그처럼 정확하게 모니터되면 프라이버시가 중요한 관심사가 된다. 자신의 컴퓨터에 이 기술의 적용을 허용하는 이들은 설치를 원치 않는 이들과 다를 공산이 매우 크다. 설사 인구통계적 개요 측면에서는 다르지 않더라도 모니터 기술이 거기 있다는 것만으로 인터넷 이용상의 선택이 영향 받을 수 있다. 또 다른 문제는, 대단히 많은 인터넷 이용이 일터에서 이뤄진다는 것이다. 고용주가 회사 기기에서 이 소프트웨어가 구동되는 것을 허용하기를 주저한다면 일터나 대학 내 이용자의 진정한 무작위 표집은 곤란해질 수밖에 없다.

그럼에도, 인터넷이 유튜브나 훌루(Hulu) 같은 점점 더 많은 미디어의 플랫폼으로 기능하면서 측정 회사들은 인터넷 이용 정보를 잡아내고 이를 다른 형태의 미디어 소비, 특히 텔레비전 이용에 연계할 방도를 알아내라는 심한 압박을 받게 되었다. 닐슨은 이런 목적을 위해 전미 피플미터 표본 내의 가구에 설치되는, 컴퓨터를 모니터하는 소프트웨어를 도입했다. 그리하여 저런 미디어 플랫폼들을 오가는 개인을 추적할 수 있게 되었다. 이런 종류의 측정은 앞에서 언급한 '연장 화면(extended screen)' 시청률을 가능하게 한다.

(4) 서버

서버는 수용자를 측정하는 비교적 새로운 도구다. 서버는 수용자를 포착하고 양화하는 새 길을 제시해 인터넷과 여타 광대역 콘텐츠 배급 시스템에 동력을 공급한다. 어떤 서버는 콘텐츠나 서비스를 이용자에게 직접 내놓는다. 여기에는 가입 가구에 디지털 콘텐츠를 제공하는 케이블과 위성 시스템 대부분은 물론이고 유튜브(YouTube)나 뉴욕타임스닷컴(NYTimes.com)과 같은 웹 '발행인'이 포함된다. 우리는 앞에서 예컨대, 셋톱박스가 텔레비전 수용자의 규모와 구성을 묘사하는 데 어떻게 사용되는지 알아보았다. 어떤 서버는 사람들의 인터넷 접근을 관리하면서 히트와이즈(Hitwise) 같은 회사가 상이한 웹사이트의 방문자 수를 추정하는 데 인터넷 서비스 제공자가 보고하는 모든 트래픽을 합산할 수 있도록 해준다. 반면 또 다른 종류의 서버는 광고 네트워크에 의해 운용되는데 여타의 웹사이트에 광고를 내보내면서, 일종의 광고 시청률을 제공할 목적으로, 클릭이나 임프레션 횟수를 셀 수 있다.

서버 중심 데이터는 수용자 행태를 묘사하는 데만 한정될 필요가 없다. 이용자가 특정 웹사이트 안에서 돌아다니는 방식에 초점을 둔 분석도 가능하다. 사실 **웹 분석법**(web analytics)이라고 불리는, 이 주제만 다루는 연구 분야가 있다. 다른 무엇보다 이 분야 연구자는 **A/B 테스트하기**(A/B testing)라고 지칭되는 비간섭적 실험을 해나갈 위치에 있는데, 이 실험은 상이한 제안,

추천, 페이지 배열에 대한 이용자 반응을 떠보기 위해 콘텐츠를 조작할 수 있다(Christian, 2012). 예를 들어 구글은 검색 알고리듬을 정련하기 위한 노력의 일환으로 검색 결과를 어떻게 제시할 것인지를 늘 실험하고 있다. 반면에 다른 종류의 서버 중심 분석은 때를 딱 맞춰서 딱 들어맞는 이들에게 꼭 맞춤한 메시지를 겨냥하려는 시도이다. 이는 페이스북이나 아마존 혹은 구글 같은 거대 웹사이트에서 일어나는 일인데, 이들은 이용자 정보와 활동상을 추적하고 축적함으로써 판촉 담당자에게 제품 및 용역의 효과적인 판매 도구를 제공한다. 서버 중심 데이터의 이러한 이용 가운데 어느 한 가지도 책 한 권이 나오는 주제가 될 수 있고 실제로 자주 그러하다. 그러나 여기서는 측정 기법에 대한 토론을 마무리하기 위해 몇 가지 일반화를 해본다.

서버는 엄청난 양의 데이터를 수집한다. 이는 웹사이트에서 클릭하며, 때로는 가외의 정보까지 헌납하면서, 돌아다니는 수백만 이용자를 추적한 결과물이다. 서버는 이 모든 행동을 쉽게, 서버 운영자의 비용 부담은 거의 없이, 이용자는 아마 모르게 기록한다. 한 가지 결과는 가끔 '빅데이터(big data)'라고 불리는 현상의 출현이다. 한 연구는 다음과 같이 보고한다.

> 2011년 7월, 페이스북의 전 세계 이용자 7억 5000만 명은 매일 약 100테라바이트의 데이터를 이 소셜미디어 플랫폼에 올렸다. 이를 한 해로 치면, 미 의회 도서관 소장 인쇄물 전부의 **3600배 이상**(원저자 강조)에 해당하는 양이다(Winterberry, 2011: 3).

어떤 이에게는 건져지기만을 기다리는 정보의 보고처럼 비친다. 그러나 제대로 이해하자면 먼저 두 가지 친숙한 질문에 대한 대답이 분명해야 한다. 누가 연구 대상인가? 무엇을 측정하는 것인가?

서버가 파일(예: 웹페이지)을 하나 요청받을 때마다 이를 하나의 **히트**(hit)라고 한다. 1990년대에 사이트 이용을 묘사하는 데 사용된 주된 계측치의 하나였는데, 불행히도 해석이 어렵다. 히트 100개는 수용자 100명도, 100번 요청한 1명도 의미할 수 있다. 돌아온 방문자가 누구인지도 알기 어렵다. 1994년에 넷스케이프는 쿠키를 이용해 이 문제에 대처했는데, 쿠키는 각 방문자의 브라우저에 서버가 설치한 작은 텍스트 파일이다. 쿠키로 서버는 돌아온 방문자를 식별할 수 있었을 뿐 아니라 그들이 직전 방문에서 무엇을 했는지도 알아볼 수 있었다. 이 정보는 조사연구자가 연구하는 대상을 더 잘 파악할 수 있게 했다. 그러나 이용자 추적을 위한 쿠키 사용은 몇 가지 한계를 가지고 있는데, 이는 6장에서 다룰 것이다. 그래도 쿠키는 웹 사용을 추적하는 데 중요한 도구다. 그리고 이것이 조사연구자가 이용자를 식별하는 유일한 방법은 아니다.

서버는 대개 방문자의 아이피(IP: Internet Protocol) 주소에 주목하는데, 이 주소는 가끔 그의 물리적 위치를 드러낸다. 휴대 전화에서 앱을 사용하는 사람들은 하루 내내 그들의 꽤 정확한 위치 기록을 자주 남긴다. 조사연구자는 행태에 기초하여 방문자에 대해 추론하기 시작할 것이다. 뭘 보는 것일까? 이는 젊은이 혹은 늙은이, 부자 혹은 빈자, 그 어느 쪽에 특징적인 행위일까? 구글은 '의도의 데이터베이스(database of intentions)'를 모으는 것으로 기술돼 왔다(Batelle, 2005: 1). 검색은 한 사람의 구매 관심이나 구매 의도를 가리키는 것일 수 있다. 이는 방문자에 대해 많은 것을 이야기해준다. '유료 검색'이 구글에게 그토록 많이 남는 장사였던 한 가지 이유이기도 하다. 공짜 서비스나 특별 대우에 대한 대가로 이용자가 개인 정보를 누설토록 유혹하는 방법도 상존한다. 소셜미디어 사이트는 흔히 이용자에 대해 엄청나게 많이 알고 있다. 페이스북이 가진 가치의 핵심은 이용자 데이터에 있다. ≪뉴욕타임스≫는 다음과 같이 보도했다.

한 사람이 링크를 공유하거나, 노래를 듣거나, 페이스북 곳곳의 '좋아요' 단추를 누르거나, 관계의 지위를 '약혼'으로 바꾸거나 할 때마다, 한 조각의 데이터가 페이스북의 거대한 도서관에 덧붙여진다. 이런 정보를 이용해서 자신의 광고와 여기에 적합한 수용자를 짝짓고자 희망하는 광고주에게 이는 큰 유혹이다(Sengupta and Rusli, 2012).

서버 운영자는, 비록 프라이버시 정책과 충돌할 위험이 — 앞으로 다루게 될 토픽이다 — 있긴 해도 이용자에 대한 보다 완전한 명세를 구성하기 위해 다른 원천에서 온 데이터를 공유하거나 구매할 수도 있을 것이다. 어쨌거나, 이용자는 웹 이용이 익명적이라고 생각할지 모르지만 의식하는 것보다는 정체가 더 분명하게 드러나 있기 쉬워 조사연구자에게는 연구 대상에 대한 제법 분명한 그림을 제공한다.

두 번째로 대답할 질문은 측정 대상이 정확히 무엇이냐는 것이다. 서버는 대부분 행위를 기록한다. 여기에 포함되는 것이 사이트 방문, 페이지뷰, 소비시간, 클릭스루, 내려받기, 링크하기, 구매, 투표, '리트위트하기' 등등 — 목록은 계속된다. 이런 행위 중 많은 것이, 전통적 전자 매체에서 채널 맞추기가 노출로 풀이되는 것과 같은 완벽하지는 못한 방식으로, 노출로 해석될 수 있다(MRC, 2007을 보라). 사람들의 인터넷 노출에 대해 알려진 것 가운데 많은 것이 이런 측정치를 엮어낸 것이다. 단순한 노출 이상의 무엇을 추론하는 것도 가능할지 모른다. 시간을 두고 행위를 지켜보면 사람들의 충성심과 몰입 정도가 드러날 수도 있다는 것이다. 시청 소비 시간이나 반복 시청은 선호, 관여도, 또는 접착도의 지표로 해석돼왔다. 예컨대 렌트랙(Rentrack)은 셋톱박스를 이용해서 프로그램에 대한 '접착도 지표(stickness index)'를 구성하는데, 이는 시청된 특정 프로그램의 시청 분량 평균 백분율을 비슷한 길이의 모든 프로그램 평균으로 나눈 값이다.

선호를 드러내는 행위를 이용하는 것은 사회과학, 특히 경제학에서는 상식적 관행이다. 그러나 여기에 문제가 없는 것은 아니다. 예컨대 구매하는 것 모두를 다 좋아하는 것은 아니다. 아마존(Amazon)에서 책을 사긴 했지만 끔찍하다고 판단할 수도 있다. 그러나 아마존은 당신의 구매 행위에 대한 기록만을 가지고 있을 뿐이며, 아마존은 이를 선호의 신호로 간주해 '당신과 비슷한' 다른 사람들에게 같은 책을 추천하게 된다. 조사연구자에게는 불행한 일이지만, 행위가 선호를 늘 투명하게 반영하는 것은 아니다.

서버는 이용자한테서 보다 '질적인' 공표를 집어내기도 한다. 흔히 '좋아요(like)' 단추의 형태인 호오 내지 찬반 투표는 확실히 모종의 정감에 대한 측정이다. 흔히 트위터나 페이스북 같은 소셜미디어 사이트는 타인들에게 자신의 생각을 말해주는, 문자로 된 해설과 논평으로 가득하다. 현재 다수의 회사가 이런 데이터를 모아 양화하여 사람들 사이의 버즈에 대한 모종의 지표를 제공하고 있다. 어떤 회사는 텍스트를 자동으로 훑어 긍정적이거나 부정적인 언급의 빈도를 측정하는 일이 가능하다. 이런 종류의 분석은 몰입에 대한 새로운 통찰을 제시할 잠재적 가능성을 가지고 있다. 그러나 다시 한번, 주의하는 것이 좋다. 예컨대 어떤 화제에 대한 트위트 분량은 소수가 열광한 결과인가 아니면 널리 퍼진 현상을 뜻하는가? 조사연구자들은 지금도 정확히 무엇이 측정 대상인지를 알아내고 최선의 데이터 이용에 대한 합의에 도달하려고 애쓰는 중이다(Proulx and Shepatin, 2012).

서버는 해석상의 상기 질문들 너머 다른 한계가 있다. 대부분, 서버는 이용자가 다른 플랫폼에서 무엇을 하는지를 알아낼 길이 없다. 쿠키는 하나의 서버에서 다른 서버로 움직이는 일에 대해서는 뭔가를 드러낼 수 있겠지만 구체적으로 어떤 텔레비전, 라디오, 인쇄 미디어가 소비되는지는 ─ 최소한 모든 것이 인터넷으로 옮아가기 전에는 ─ 말해주지 못한다. 그러므로 서버 중심 측정은 흔히 '고립적인 더미 형태의' 정보를 생산할 수 있다. 언제 어디서 벌

표 3-1 주요 수용자 측정 방법의 장단점 요약

	장점	단점
전화 상기	· 상대적으로 빠른 회수 · 상대적으로 저렴 · 응답자와 인간적 접촉 · 문자 해독력 요하지 않음	· 기억 관련 문제 · 고의적 왜곡 · 통화 가능 시간대 제한 · 편파 표집(전화 없는 가정)
전화 즉답	· 상대적으로 빠른 회수 · 응답자와 인간적 접촉 · 문자 해독력 요하지 않음 · 기억에 관련된 문제 없음	· 통화 가능 시간대 제한 · 편파 표집(전화 없는 가정) · 비용, 일손이 많이 드는 데이터 수집
일기	· 상대적으로 저렴 · 인구통계적인 것을 포함, 매우 자세한 정보를 수집할 가능성 · 집 밖 미디어 이용도 측정 가능 · 응답자 편의대로 완료됨	· 데이터 수집과 처리 사이의 시간 간격 · 기억 관련 문제 · 인기가 높거나 기억이 쉬운 프로그램 쪽으로 편파 · 고의적 왜곡 · 문자 해독력 요함 · 복잡한 미디어 환경에서 더 높은 오류 가능성 · 응답률 낮음
가구 계량기 (셋톱 박스 포함)	· 빠른 회수 · 정확함(채널 관련 수상기 활동을 곧바로 기록) · 문자 해독력 요하지 않음 · 응답자의 노력을 요구하지 않음 · 매우 짧은 시간 단위의 분석이 가능한 계속적 측정 · 수년간의 동일 가구 연구가 가능 · 셋톱박스라면, 대규모 표본이 가능	· 시스템 제작, 구축, 유지에 많은 비용 · 가구 수준 데이터는 제한적인 인구통계적 정보만 제공 · 자료원이 다른 데이터와의 조정이 오차를 유발할 수 있음 · 셋톱박스라면, 티브이 꺼짐 현상을 메워야 함
피플 미터	· 빠른 회수 · 정확함(전자 부호(codes)로 실제 콘텐츠 노출을 기록] · 문자 해독력 요하지 않음 · 매우 짧은 시간 단위의 분석이 가능한 계속적 측정 · 인구통계 데이터 이용이 가능	· 시스템 제작, 구축, 유지에 많은 비용 · 응답자의 활발한 참여가 필요 · 단추 누르기의, 특히 어린이의 경우, 신뢰도 문제 · 가구 계량기보다 빠른 패널 교대가 필요 · 식별 부호를 방송 신호에 포함시키는 데 미디어의 협력이 필요할 수 있음

	장점	단점
휴대 피플 미터	• 빠른 회수 • 정확함(전자 부호로 실제 콘텐츠 노출을 기록) • 복수의 미디어 이용도 기록 가능 • 문자 해독력 요하지 않음 • 응답자 측에 요구되는 노력이 상대적으로 적음 • 집 밖 미디어 이용도 측정 가능 • 인구통계적 데이터 이용이 가능	• 제작 비용이 높음 • 집 안에 묶여 있는 계량기에 비해 높은 표본 교체율 • 응답자의 계량기 휴대 착용 실패 • 식별 부호를 방송 신호에 포함시키는 데 미디어의 협력이 필요할 수 있음
컴퓨터 계량기	• 빠른 회수 • 응답자의 컴퓨터를 이용하므로 상대적으로 저렴 • 인터넷 또는 웹 활동에 대한 지속적이고 정확한 기록 제공 • 인구통계 데이터 이용이 가능 • 매우 큰 표본이 가능	• 계량된다는 인식이 응답자 행태를 바꿀 수 있음 • 사업장 내 컴퓨터를 모니터하는 데 문제가 있을 수 있음
서버	• 빠른 회수 • 이용자 행동의 정확한 측정 • 성가시지 않음 • 데이터 수집이 용이함 • 센서스 수준의 응답자 수	• 응답자 특성에 대한 정보가 제한적일 수 있음 • 서버나 네트워크 밖의 행태를 알아보는 능력에 제한 • 법적, 윤리적 프라이버시 문제의 발생 가능성

어지는 미디어 이용이건 모두 잡아내는 데는 이용자 중심 접근 쪽이 더 쉽다. 서버는 프라이버시를 둘러싼 골치 아픈 법적, 윤리적, 그리고 사업상의 이슈도 제기한다. 대개 사람들은 명시적 긍정을 통해 측정에 '참여'하지는 않는다. 그래도 암암리에 엄청난 양의 정보가 수집되어 사용될 수 있다. 많은 회사가 이용자에게 모종의 보호를 제공하는 프라이버시 정책을 제시하지만, 궁극적 질문은 개인 정보를 누가 소유하고 관리할 것이냐다. 여기에 대한 대답은 나라마다 다르다. 미국은 이용자의 브라우저에서 켤 수 있는 '추적 금지

(do-not-track)' 버튼을 2012년부터 사용하기 시작했다(Angwin, 2012). 유럽 여러 나라는 이용자 프라이버시를 가장 강하게 보호해온 쪽이다. 잊혀질 권리를 옹호해온 이들도 있는데, 이 권리는 기업에게 바로 이런 이들의 데이터를 삭제해야 할 의무를 지우게 될 터이다. 서버가 현대의 삶에서 더욱 중요해짐에 따라 이런 프라이버시 이슈는 연루된 모든 이들의 경악을 지속적으로 촉발하는 근원이 될 공산이 크다.

전자 미디어 수용자 측정의 주된 방법은 〈표 3-1〉에 요약돼 있다. 명백히, 데이터 수집의 가능성을 모두 망라한 것은 아니다. 신식 기법이나 구식을 새롭게 정련한 기법은 늘 새로 도입되어 시험되는 중이다.

3. 산출

표집과 측정에서 일어나는 문제는 서베이 연구자에게 잘 알려져 있다. 이 영역에서는 시청률 데이터의 질을 판단할 확립된 기준이 존재한다. 그러나 표집과 측정만으로는 수용자 추정치가 만들어지지 않는다. 수집된 데이터는 다른 어느 원재료가 제품이 될 때와 마찬가지로 산출 과정을 거쳐야 한다. 여기서 무엇이 적절하고 그렇지 않은가의 기준을 꼬집어 포착하기는 어렵다. 그러나 산출 과정에 대해 언급하지 않고도 수용자 조사 방법에 대한 토의가 온전할 수는 없다. 모든 조사 회사는 데이터를 조금씩 다르게 처리하지만, 산출은 세 가지 활동을 포함한다. 첫째, 데이터를 편집해서 오류를 바로잡고 분석될 수 있는 형태로 만든다. 둘째, 알려진 결함이 시정되도록 흔히 데이터를 조정한다. 셋째, 다른 데서 가지고 온 정보와 합쳐 데이터를 보완한다.

1) 데이터 편집

수용자 측정 회사가 늘 처해 있는 곳이, 요약되어 쓸모 있는 제품으로 변해야 할 데이터의 홍수 속이다. 서버와 계량되는 패널은 테라바이트 단위의 정보를 생성할 수 있지만, 여기에는 식별되어 보정되어야 할 흠도 있게 마련이다. 처리를 위해 깨끗하고, 정확하고, 완전한 데이터를 준비하는 과정을 **편집**(editing)이라 한다. 품이 많이 들 수 있고 품질 관리의 노력에도 불구하고 **산출 오차**(production error)가 생길 수 있는 지점이기도 하다.

일기는 난잡한 자료원 가운데 하나다. 매년 수십만의 수기 일기가 수용자 측정 회사에 도착한다. 이들은 정확도, 논리적 비일관성, 누락 면에서 점검받아야 한다. 일기 편집은 몇 가지 활동을 포함한다. 먼저, 일기를 분석 대상으로 산입할 만한지 평가해야 한다. 응답자가 해당 주가 아닌 다른 주에 기입했다거나, 너무 늦게 답송했다거나, 지나치게 불완전하거나 모순투성이 정보를 제출했다면, 그 일기는 배제된다. 측정 회사는 흔히 일기의 모든 페이지를 디지털 이미지로 잡아내서 거기 담긴 정보를 자판 입력을 통해 기계가 읽을 수 있는 형태로 만든다. 그러면 컴퓨터는, 존재하지도 않는데 기재된 방송국이나 엉뚱한 채널에서 방송된 것으로 기록된 프로그램과 같은 논리적 모순들을 찾아 데이터를 거를 수 있게 된다. 엄격한 편집 절차는 대개 이런 불일치를 해소하는 방법을 기술하고 있다.

계량기에서 나온 데이터도 오차나 누락으로 인한 결함이 있을 수 있다. 이는 가끔 데이터의 **흠**(faults)이라고 지칭되기도 하는데 두 종류다. 첫째, 기기 결함이 있을 수 있다. 세계 어딘가는 정전이나 전원 서지로 계량기가 흠을 내기 쉬운 상태에 놓이게 된다. 2012년 10월 말, 허리케인 샌디는 미국 동부 해안에서 긴 정전을 초래했다. 여기서 초래된 혼란은 닐슨이 뉴욕 지역의 11월 시청률을 산출하지 않기로 결정할 만큼 심각했다. 문제의 '지정 시장 영역

(DMA: Designated Market Area)'은 너무나 커서 이 정전은 전국 시청률에까지 영향을 미쳤다.

흠이 유래하는 두 번째 근원은 응답자가 해야 할 바를 하지 못한 경우다. 예컨대 피플미터는 아무도 단추를 누르지 않았는데도 수상기가 사용된다고 기록할 수 있다. 어느 경우든 편집 규칙에 따라 위반 가구를, 최소한 이 문제가 바로 잡힐 때까지, 흠을 이유로 탈락시킬 수 있다. 흠률은 비응답 문제를 악화시키고 산입 표본을 축소하는 효과를 갖는다. 시청률 회사는 때로 비응답과 흠이 함께 내는 효과를 **표본 수행 지표**(SPI: sample performance indicator)라는 통계량으로 측정하기도 한다. SPI가 낮을수록 표본이 모집단을 대표하지 못한다는 걱정을 더 많이 해야 한다.

측정 회사가 데이터 수집 과정의 되도록 많은 부분을 자동화하려고 하지만 데이터를 입력하고 판단하는 과정에는 지금도 인력이 투입된다. 일기는 해독되고 컴퓨터용 기록으로 자판 입력되어야 한다. 심지어 디지털화된 미디어 이용 기록 유지와 데이터 관리에도 놀랄 만한 규모의 사람 손이 투입된다. 여기에 동반되는 것이 오류 가능성이다. 디지털 미디어 전문가 한 사람은 다음과 같이 유의했다.

첫째, 사람의 손길이 데이터 한 조각에 미칠 때마다 사람의 실수가 개입할 확률이 올라간다. 둘째, 손노동은 기계 노동보다 느리다. 즉, 단순 노동을 수행할 기계가 없는 경우에 할 수 있는 계산의 양은 수백, 수천 배 **적다**. 이 두 가지 요인이 합쳐지면, 양질의 계측치 수집에 유능한 경우에 비해 데이터는 빈약해지고 사고 나기는 쉬워지는 미디어 경영 문제에 당면하게 된다(Wise, 2011).

편집은 보다 주관적인 정의 관련 질문에도 걸릴 수 있다. 데이터 수집 기법이 행태를 더 자세히 잡아냄에 따라 프로그램 시청이나 웹사이트 이용과 같은 기본적인 것에 대해서도 서로 다른 정의가 가능해진다. 우리는 측정 대상에 대한 절에서 이 점을 넌지시 짚어본 바 있다. 예컨대, 어떤 채널을 1분 동안 시청한 이도 시청자로 쳐야 할까? 어떤 웹사이트를 5초 쳐다본 이도 방문자로 쳐야 할까? 유사하게, 콘텐츠를 시간 순서에 따라 보여주는 것이 아닌 다른 플랫폼에서 재방을 본 사람들도 프로그램 시청자로 쳐야 할까? 그렇다면 시청은 특정 시점까지 이루어진 것만 유효할 것인가? 때로 시청률 정보 제공자는 편집이 상대적으로 덜 된 데이터를 고객에게 주고 스스로 판정토록 하기도 한다. 그러나 범업계 추정치를 — 통화로서 작동할 수 있을 추정치를 — 산출하려면 무엇이 노출을 노출로 만드는지를 누군가는 정해야 한다. 전형적으로, 이런 질문에 대해 명확하게 옳거나 그른 대답은 없다. 영향을 받는 관련 업계에서 합의된 것으로 수용하는 정의만이 있을 뿐이다.

2) 데이터 조정

수용자 데이터에는 알려진 결함 또는 편파가 있을 수 있다. 여기에는 누락된 값과 대표한다고 돼 있는 모집단의 실제 구성에서 벗어난 '산입 표본 (in-tab samples)'이 포함될 수 있다. 측정 회사들은 이런 잠재적 문제에 대처하려는 노력의 일환으로 흔히 수리적 조정을 가한다. 여기서도 역시 산출 오차를 맞닥뜨릴 수 있다. 데이터 처리 오차가 가끔 발생하기는 하지만, 대개 이들 오차는 일기를 오독하는 것과 같은 실수는 아니다. 오히려 이런 조정은 문제를 바로잡고 보다 정확한 추정치를 만들자는 의도에서 활용된다. 그러나 이들은 본질적으로 훈련된 추정이고, 실제에서 벗어난 결과를 산출하는 만큼 기술적으로는 오차를 도입하는 셈이다.

예컨대 누군가 거의 완전하지만 한두 개의 변수를 누락한 일기를 보내왔다고 하자. 그것만 아니라면 사용할 만한 일기를 내버리기보다는 흔히 조사 회사들은 **귀속**(ascription)이라고 불리는 절차를 통해 '빈칸을 메운다'. 이런 절차들은 맞을 확률이 가장 높은 대답을 구하는 데 대개 컴퓨터 프로그램의 특화된 기능을 사용한다. 예컨대, 닐슨이 31세의 남성 가장에 대한 보고는 있지만 여성 가장의 나이는 기입되지 않은 일기를 받았다면 컴퓨터 알고리듬을 적용해 그녀의 나이가 남편의 나이보다 세 살 적은 28세라고 '추정'할 수 있다.

귀속 기법은 가구 계량기와 일기 데이터를 조화시키는 데도 사용된다. 아직 많은 시장에서 텔레비전 이용은 인적 정보를 수집하지 않는 가구 계량기에 의해 측정되고 있다. 이런 조건에서는 계량기가 채널 맞추기 행태에 대한 더욱 정확한 측정치를 제공하느니만큼 시청되고 있는 것이 무엇인지를 알려준다. 일기는 누가 보고 있는지를 알려준다. 문제는, 대개 계량기가 시청된 채널을 더 많이 식별하고 더 짧은 시간 동안 지속된 시청 행위도 잡아낸다는 데 있다. 즉, 계량기는 시청이 이뤄졌다고 하는데 일기에는 해당 기록이 없는 경우, '영칸(zero-cell)' 문제라고 불리는 현상이 생긴다는 것이다. 귀속 기법들은 이런 빈칸을 되도록 많이 채우는 데 사용될 수 있다. 이런 관행이 의심스러워 보일 수 있지만 귀속은 사실상 모든 서베이 작업에서 표준 절차의 하나이고 대개 체계적 방법론 연구에 기반을 두고 있다. 그러나 다시 한번, 이는 훈련된 추정이다.

궁극적으로, 조사연구의 제공자라면 수용자 규모와 구성에 대한 추정치를 공표해야만 한다. 이들은 대개 표본으로부터 이 추정치를 낸다. 비록 과정은 복잡하지만, 일기식 측정의 간단한 예로 그 기본 논리를 보여줄 수 있다. 인구 100만의 모집단에서 개인 1000명을 표집했다고 하자. 응답자 각자는 1000명을 대표할 것이다. 만일 표본 내 50명이 뉴스 프로그램을 시청했다면 이 프로그램의 실제 수용자는 5만 명이라고 추정할 수 있겠다. 본질적으로 이것이 시청률 정보 제공자가 하는 일이다. 제공자들은 산입 표본의 일기 하나가 대표하는 사람의 수를 결정해서 거기에 적절한 숫자를 부여한다. 사람이 분석 단위라면 그 숫자는 **일기당 개인 수**(PPDV: persons per diary value)라고 불린다. 가구가 분석 단위면 **일기당 가구 수**(HPDV: households per diary value)라는 딱지가 붙는다.

여기 예시된 논리는 완벽한 확률 표본의 경우에 대단히 잘 통하는데, 거기서는 모집단 구성원 모두가 비례적으로 대표된다. 그러나 이미 본 바와 같이, 실제는 결코 이와 같지 않다. 비응답은 어떤 부류의 사람들은 부풀려지는 반면 다른 부류의 사람들은 축소되어 대표된다는 것을 의미할 수 있다. 기억해 둘 것은 이 문제에 대해 가장 널리 쓰이는 해결이 어떤 표본 구성원의 응답에는 다른 이들의 응답에 부여하는 것보다 더 무거운 가중치를 부여하는 것이라는 점이다. 위의 예시에서 18~24세 남성이 산입 표본에서 축소 대표되었다고 가정하자. 표본의 4%를 차지하지만 모집단에서는 8%를 차지한다고 알려졌다고 하자. 이 집단에 속한 남성은 8%를 4%로 나눈 값 2.0을 가중치로 부여받게될 것이다. 그러므로 이 집단의 총수용자 규모를 추정할 때, 표본의 젊은 남성 각자는 가중치 부여 이전의 PPDV 1000 대신에 가중치 2.0을 곱한 PPDV 2000을 가져야 한다. 역으로, 과다하게 대표된 집단은 1000보다 적은 PPDV를 가져야겠다.

실제에서는 서로 다른 집단에 부여된 가중치가 방금 예시한 것만큼 극단적인 경우는 드물다. 즉, 1.0에 보다 더 가깝다. 나아가, 시청률 정보 제공자는 최종 결정을 내릴 때 연령과 성별 이외에도 상당수의 변수들을 고려하여 개별 응답자를 가중한다. 수리적 가중치로 데이터를 조정하면 오차를 도입할 수도 있지만, 묘사되고 있는 모집단의 알려진 양적 특징에 표본이 더 잘 맞아들어가게 하는 것은 매우 널리 이루어지는 일이다. 그러나 논란이 없는 것은 아니다. 2010년 닐슨은 자신의 피플미터 표본이 컴퓨터 및 광대역 통신망 접근을 확보한 가구를 부풀러 대표한다고 믿었다. 닐슨은 수용자 추정에서 더 가벼운 가중치를 주고 싶었지만, 네트워크 방송사 가운데는 이런 변화가 특정 프로그램을 다른 프로그램에 비해 유리하게 만들 것이라고 우려하는 곳이 있었다. 한 고객이 지적한 대로 "시청률의 사소한 감소도 시간이 지남에 따라 값비싼 것이 될 수 있다"(Mandese, 2010).

3) 데이터 보완

일기, 계량기, 서버가 수집하는 엄청난 양의 데이터에도 불구하고 이런 정보만으로는 수용자 추정치를 산출하는 데 충분하지 않을 수 있다. 조사연구의 완제품을 만들기 위해 다른 종류의 정보가 흔히 덧붙여진다. 역사적으로 시청률 회사들은 데이터에 프로그램 편성 정보를 덧붙여야 했다. 보다 가까운 근래에는 서버 중심 측정 방법이 성장함에 따라 직접 측정되지 않는 이용자 특성을 부여하는 다양한 기법이 사용돼왔다. 조사 회사들은 나아가, 복수의 플랫폼들을 가로지르는 데이터의 필요가 커짐에 따라 **데이터 융합**(data fusion)이라고 불리는 과정을 통해 서로 다른 데이터 세트를 합치고 있다.

비교적 최근까지 계량기 측정 시스템 대부분은 텔레비전 수상기에서 나오는 것이 무엇인지 알 길이 없었다. 적어도 계량기 일부와 대부분의 셋톱박스 기반 측정의 경우, 여전히 그러하다. 채널을 맞추는 행위를 특정 프로그램 시청으로 간주하기 위해서 측정 회사들은 모종의 다른 경로로 수집한 프로그램 편성 정보를 합쳐왔다. 시간 순서대로 프로그램이 배열되는 선형 편성과 그렇지 않은 비선형 편성, 양자를 통해 점점 더 많은 콘텐츠원을 이용하는 것이 가능해지자 이런 접근은 점차 버거워지고 오류나기도 쉬워졌다. 더구나 C3 같은 광고 시청률을 산출하는 시스템에서는 광고가 등장하는 정확한 순간을 알아야 한다. 다행히 최신 계량기들은 프로그램 콘텐츠를 거기 묻혀 있는 전자 부호나 다른 탐지 수단을 이용해 식별한다. 그렇다 해도, 본방과 광고의 방송 시점에 관한 보완 정보가 수용자 추정치를 산출하는 데 여전히 사용된다.

페이스북 같은, 서버 중심 정보의 일부 원천은 개별 이용자 특성에 대한 많은 정보를 가지고 있지만 대부분은 그렇지 않다. 이런 이용자 특성은 조사 연구 제품의 가치에 중요한 차이를 만들 수 있다. 그러므로 이용자 특징을 직접 측정하지 않는 회사는 이런 특성이 어떤 것일지를 추정하는 기법을 자주 사용하게 될 터이다. 우리는 이전에 셋톱박스는 누가 보는지를 측정하지 않는다는 사실에 유의한 바 있다. 그러나 셋톱박스 시스템은 수용자 구성을 다른 방식으로 추정할 수 있다. 예를 들어 데이터의 시스템 외부 공급자들은 우편 번호로 구분되는 지역의 가구 특성(크기, 소득, 가구주 직업 등등)에 대해 많은 것을 알고 있다. 이 정보를 셋톱박스 가구의 우편 번호 정보와 결합하면 수용자 구성에 대한 추정치를 만드는 것이 가능하다. 유사하게, 트위터 같은 소셜미디어의 버즈 현상을 기록하고 요약하는 회사들은, 자신의 소견을 밝히는 이들의 특성을 때때로 추정할 터이다. 예컨대 매사추세츠 주 케임브리지에 기반을 둔 '블루핀랩스(Bluefin Labs)'라는 회사는 각 개인의 성명 가운데 성을 뺀 이름과 트위트 이력으로 성별을 추론한다. 그래서 헨리라는 이름을 가진 어떤 이가 자신을 '아빠'라고 지칭하면 남성일 가능성이 높다는 것이다. 물론 모든 사례가 이렇게 딱 떨어지지는 않는다. 알고리듬으로 추정한 이용자 특성을 덧씌우는 시스템은 꽤 정확할 수 있지만 산출 과정에 오류를 도입할 수도 있다.

앞서 우리는 사람들이 점점 더, 다양한 플랫폼들을 가로질러 미디어를 소비한다는 점에 주목한 바 있다. 대부분의 광고주와 미디어 회사는 동일한 이용자를 텔레비전, 라디오, 인쇄, 모바일 기기들과 인터넷의 경계를 초월해 추적할 수 있기를 바라고 있다. 그러나 모든 형태의 미디어 이용, 제품 구매, 여타의 이용자 특성을 정확히 측정하는 진정한 **단일 자료원**(single source) 시스템은 비싸고 드물다. 대부분의 미디어 측정은 아직 특정 미디어 하나에 특화돼 있다. 이 제한을 비용 측면에서 효율적으로 극복하기 위해 조사 회사들은 **데이터 융합**(data fusion)이라 부르는 기법을 가끔 사용한다. 유럽에서는 1980년대 말부터 널리 사용되어왔고 지금은 미국에서도 흔히 볼 수 있다. 기본적으로 이는 둘 이상의 데이터 세트를 각 데이터베이스에 있는 서로 다른 응답자에게 공통인 '연계 변수'를 써서 통합하는 방법이다. 예컨대 닐슨의 피플미터 패널 데이터는 자사의 온라인 인터넷 측정 표본 및 미디어마크리서치사의 인쇄 미디어 이용 및 제품 구매에 관한 데이터와 융합된다. 성공적인 데이터 융합은 적합한 연계 변수를 찾는 데 달려 있는데, 이는 흔히 인구통계적 변수와 미디어 이용 변수의 조합이다. 융합은 단일 자료원 데이터 세트와 유사해 보이는 결과를 가져오는 통계학적으로 복잡한 과정이다. 그러나 그 옹호자조차 이상에는 미치지 못한다는 점을 인정한다. 닐슨의 데이터 융합에 대한 기본 지침서가 결론적으로 이야기하듯, "인간의 어떤 노력도 완전하지 않으며, 모든 조사연구는 오류와 편파의 가능성을 가진다. 데이터 융합은 도달 불가능의 영역이 아니라 가능성의 영역에서 작동하는 것이다"(Nielsen, 2009: 8).

같은 이야기가 이 장에서 검토해본 모든 조사 방법에도 적용될 수 있겠다. 어떤 기법이 다른 것에 비해 분명히 유리하긴 해도 완전한 것은 없다. 조사연구의 좋은 실천 사례들을 알아볼 수 있다면 수중에 있는 정보의 질을 판단하고 최선의 이용 방법을 가려내는 일도 더 잘 할 수 있게 될 것이다.

Babbie, E. 2009. *The practice of social research*, 12th ed. Belmont, CA: Wadsworth.

Beville, H. M. 1988. *Audience ratings: Radio, television, cable*, rev. ed. Hillsdale, NJ: Lawrence Erlbaum Associates.

Gunter, B. 2000. *Media research methods: Measuring audiences, reactions and impact.* London: Sage.

Iachobucci, D. and Churchill, G. A. 2009. *Marketing research: Methodological foundations*, 10th ed. Belmont, CA: SouthWestern College Pub.

Kaushik, A. 2010. *Web analytics 2.0: The art on online accountability & science of customer centricity.* Indianapolis, IN: Wiley.

Sissors, J. Z. and Baron, R. B. 2010. *Advertising media planning*, 7th ed. New York: McGraw-Hill.

Russell, M. A. 2011. *Mining the social web: Analyzing data from Facebook, Twitter, LinkedIn, and other social media sites.* Sebastapol, CA: O'Reilly.

Turrow, J. 2011. *The daily you: How the new advertising industry is defining your identity and your worth.* New Haven, CT: Yale University Press.

Wimmer, R. and Dominick, J. 2010. *Mass media research: An introduction*, 9th ed. Belmont, CA: Wadsworth.

2부

수용자 분석 기법

수용자 행태의 이해

수용자 측정은 다양한 형태로 이루어지고 적용 분야도 폭이 넓고 다채롭다. 측정 데이터의 풍부함은 조금은 압도적일 수 있다. 어떻게 이 모든 정보를 엮어 수용자에 대한 질문에 대답하게 되는 것일까? 예컨대, 미디어 선택에 영향을 주는 요인은 무엇일까? 어떤 것은 인기가 있는데 다른 것은 그렇지 않은 까닭은 뭘까? 수용자의 충성심을 유도하는 변인은 무엇일까? 미디어 이용의 비상하거나 중요한 면은 무엇이고 통상적인 측면은 무엇일까? 이 장에서 우리는 이런 질문을 다루는 틀을 제시한다. 강조점은 일반화할 수 있는 개념과 이론에 있다. 우리의 목표는 수용자 행태를 형성하고 결정짓는 힘을 독자가 이해할 수 있도록 돕는 것이다. 수용자 분석법이 가질 수 있는 최선의 형태들은 바로 이런 이해에 근거한 것이다.

장은 네 절로 나뉜다. 첫째, 분석가가 전형적으로 평가하려는 바에 대해, 즉 미디어 노출에 대해 보다 자세히 살펴볼 것이다. 우리는 수용자 행태의 주된 측정치, 노출을 범주화하여 다룬다. 둘째, 사람들의 미디어 선택을 설명하는 가장 흔한 이론들을 검토할 것이다. 이들은 수용자가 하고 있는 바를 설명하기 위해 사람들의 선호에 크게 기대고 있다. 셋째, 수용자 형성을 이해하는 데 결정적인 상당수의 다른 요인을 소개할 것이다. 마지막으로, 이 모든 고려를 반영하면서 미디어 노출을 이해하는 보다 완전한 방법을 제안하는 수용자 행태 모형 하나를 제시할 것이다. 이것이 수용자 정보의 해석 문제를 푸는 열쇠다.

1. 미디어 노출

이런 분석적 이해의 연습을 시작하는 가장 좋은 방법은 수용자 측정의 주초점을 상기하는 것이다. 조사연구 기업이 수집한 정보는 규모가 거대하고 보고 방식도 다양하지만 개념적으로는 오히려 간명하다. 핵심에 가면 대부분의 데이터베이스는 사람들의 미디어 노출에 대한 기록일 뿐이다. 즉, 전형적으로, 사람들의 미디어 선택(예컨대, 채널이나 프로그램의 선택, 페이지 요청 등등)에서 끌어낸 기록이다. 3장에서 살펴본 바와 같이, 계량기와 서버는 이런 선택 행태의 연속적인 흐름은 수집하지만 다른 것은 대개 하지 않는다. 수집된 데이터는 노출의 효과에 대해 이야기하는 것이 별로 없다. 사람들의 선택 동기나 몰입의 수준 — 소셜미디어가 이들 공백을 메우기 시작하긴 했지만 — 역시 보통 설명하지 않는다. 그렇다면 분석가는 전형적으로, 미디어 소비의 개인적 패턴에 대한 통시적 데이터의 산더미를 갖게 되는데, 여기에는 연령이나 성별 등과 같은, 각 개인의 특성에 관한 대단찮은 분량의 정보가 동반된다.

경험 많은 분석가는 또한 데이터의 유래를 불문하고 오차가 있게 마련이라는 점도 알고 있다. 그러나 데이터의 오차에 대한 인식이 있는, 경험 많은 조사연구자라도 자신의 일상적 과업에서는 숫자를 있는 그대로 취하는 경향이 있다. 대부분의 경우 이것이 우리의 접근법이기도 하다. 심각한 방법론적 문제나 편파 때문에 데이터 해석에 제한을 두는 것이 좋겠다는 생각을 하는 경우는 유의해두겠지만, 그렇지 않은 경우, 우리는 수용자 시청률을 노출의 타당한 측정치로 취급한다.

앞에서 우리는 미디어 수용자 행태를 요약하는 몇 가지 방법과 조우한 바있다. 이 가운데 몇은 시청률 정보 제공자가 늘 보고하는 바이고 다른 몇은 시청률 데이터 사용자가 일상적으로 계산하는 것이다. 모든 수용자 계측치가운데 가장 기본적인 것이 시청률이다. 이 용어는 업계의 논란거리가 되기도 하고 다양한 형태의 수용자 데이터를 편의적으로 지칭하는 약어로도 쓰인다. 기술적으로는 시청률이란 어떤 채널이나 방송국을 시청·청취하는 인구의 백분율이다. 흔히, 다른 두 개의 측정치, 점유율과 '시청 중 가구(HUT: households using television)'가 시청률에 동반된다. 〈그림 4-1〉은 이런 계측치들이 어떻게 계산되는지를 예시한다. 여기 10가구로 구성된 가상 세계에서 두 가구는 채널 A를 셋은 채널 B를 보고 있다. 그래서 이들 채널의 시청률은 각각 20과 30이다. 그러나 어느 시점에서도 모든 가정이 동시에 텔레비전을 시청하고 있지는 않다. 수상기를 이용 중인 가정의 수는 '시청 중 가구(HUT)'의 수준이 표현한다. 우리의 예에서 그것은 50% 혹은 그냥 50이다. 점유율은 실제로 시청하고 있는 이들만을 분모로 하는 백분율이다. 우리의 예에서 A는 점유율이 40이고 B는 60이다. 시청 중 가구의 수준은 언제나 인구의 100% 미만이기 때문에 한 채널의 점유율은 언제나 시청률을 상회한다. 실무상으로는 갖가지 시청률이 있는데, 이들은 남성과 여성, 젊은이와 나이 있는이와 같은 서로 다른 인구 집단이나 프로그램, 광고, 웹사이트 등등과 같은서로 다른 미디어 대상을 기술한다. 우리는 다음 장에서 이들을 자세히 묘사

그림 4-1 간단한 시청률·점유율 계산

계산 방법

| 시청률 = | 채널을 맞춘 가구 / 텔레비전 가구 총수 | 채널 A 시청률 = 2/10 = 20* 채널 B 시청률 = 3/10 = 30* |

| 시청 중 가구(HUT) 시청률 = | 시청 중 가구 / 텔레비전 가구 총수 | 시청 중 가구 = 5/10 = 50* (HUT) 시청률 |

| 점유율 = | 채널을 맞춘 가구 / 시청 중 가구 | 채널 A 점유율 = 2/5 = 40* 채널 B 점유율 = 3/5 = 60* |

(* 모든 시청률과 점유율은 백분율이므로 백분율 표식은 있는 것으로 양해)

할 것이다.

여기서는 수용자 계측치 유형을 크게 두 개로 나누는 것이 유용하다. 우리
는 각각을 **총량 측정치**(gross measures), **누적 측정치**(cumulative measures)라 부
른다. 이 구분은 특정 개인의 행태를 시간을 두고 추적하느냐의 여부에 달려
있다. 수용자 계측치가 이런 통시적 추적과 상관이 없는 경우는 총량 측정치
다. 상관이 있으면 누적 측정치다. 데이터의 이 시간적 속성은 이 책 마지막
까지 계속되는 근본적 구분을 정의한다.

1) 수용자 총량 측정치

노출의 총량 측정치는 단일 시점에서 산정된, 수용자 규모와 구성에 대한 추정치를 포함한다. 방금 묘사한 시청률과 점유율이 그 예이다. 다른 예로는 제공된 임프레션, 유튜브 시청, 영화표 판매를 들 수 있다. 이 모든 예 가운데 어느 곳에서도 '반복 고객'의 수에 대해 분명한 감은 잡을 수 없다. 사실 이들은 어떤 미디어 산품이나 창구의 인기도를 말해주는, 해당 인구를 순간 포착한 사진이다.

전자 미디어는 이런 사진을 대단히 급한 간격으로 찍을 수 있다. 시청률 정보 제공자는 얼마나 많은 사람이 평균적인 15분 동안 어떤 특정 방송을 청취했는지 또는 평균적인 1분 동안 어떤 특정 프로그램을 시청했는지를 추정한다. 총수용자 규모의 추정치 및 시청 중 가구나 시청 중 개인(PUT: person using television)의 수에 대한 추정치도 역시 이 범주에 속한다. 노출의 총량 측정치는 다른 총량치 측정에서 파생한 2차적 계산도 포함한다. '시청률 총점(GRP: gross rating point)'이 이런 계산 값이다. GRP는 단지 개별 시청률의 편성 시간대 합계다. 유사하게, '시청률 점당 비용(CPP: cost per ratings point)'과 '1000명당 비용'인 CPM(cost per thousand) 같은 단순한 비용 계산 결과치도 총량 측정치로 간주될 수 있다. 이 측정치들은 5장에서 철저히 다룬다.

총량 측정치는 가장 흔한 수용자 요약이고, 합동형 조사 보고서에 있는 대부분의 숫자는 이 유형이다. 따라서 수용자 측정치 가운데 가장 잘 알려져 있고 가장 널리 쓰인다. 유용하긴 하지만, 그러나 개별 시청자가 시간을 두고 어떤 행태를 보이는지에 대한 정보를 잡아내지는 못한다. 이런 종류의 행태는 누적 측정치에서 표현된다.

2) 수용자 누적 측정치

수용자 측정치의 두 번째 군집에서 가장 친숙한 예는 한 방송국의 누적 수용자 또는 **큠**(cume)이다. 시청률 회사가 한 방송국의 주간 누적 수용자를 보

표 4-1 미디어 노출의 흔한 측정치

총량치	누적치
평균 시청률	쿰 시청률
시장 점유율	도달률
임프레션	개별 방문자
뷰	빈도
총매출	수용자 중복

고하려면 각 개인의 주간 미디어 이용을 정리해야 하고 적어도 한 번은 그 방송국을 이용한 수용자 집단을 요약해야 한다. 유사한 수용자 요약으로는 도달률, 비중복 수용자, 웹사이트 개별 방문자가 있다. 광고주에게 친숙한 밀접하게 연관된 누적치에는 빈도 혹은 '한 개인이 상당한 기간 동안 특정 광고 메시지를 얼마나 자주 보았는지'가 있다. 비슷하게, 프로그램 수용자 중복에 대한 연구는 개인의 미디어 이용을 시간을 두고 추적하는 데 달려 있다. 누적 측정치에 대해서는 6장에서 더 많이 읽게 될 것이다.

합동형 조사연구 제공자는 누적 측정치를 총량 측정치보다 드물게 보고한다 ─ 쿰 시청률과 개별 방문자는 예외다. 그러나 수용자 중복에 대한 맞춤형 조사연구들은 다양한 적용 분야에서 유용할 수 있다. 예컨대 수용자 흐름을 공부하는 프로그래머나 어떤 매체계획 하나의 도달률과 빈도를 추적하는 광고주는 특정 수용자 집단이 시간을 두고 어떤 행태를 보이는지에 관심을 가진다. 〈표 4-1〉은 가장 흔히 볼 수 있는, 미디어 노출의 총량치와 누적치를 나열하고 있다.

3) 총량치와 누적치의 비교

총량치와 누적치의 차이에 대해 명확한 그림을 얻고 이런 데이터가 제공하는 분석적 가능성을 맛보려면 〈그림 4-2〉를 유심히 보라. 〈그림 4-1〉과 마찬가지로 이것도 가구를 분석 단위로, 텔레비전 채널을 관심 미디어 대상으로 한다. 그러나 개념적으로 보면, 상이한 시점에서 웹사이트를 방문하거나 광고를 시청하는 개인들에 대해서도 적용될 수 있다. 그림의 왼쪽 상부는 단순화된 시청률 데이터베이스를 재현한다. 이 데이터는 가상의 10가구 표본에서 온다. 이들 가구는 맨 왼쪽 줄을 따라 내려오면서 1에서 10까지의 숫자가 매겨져 있다. 각 가구의 미디어 이용은 그림 상단을 가로지르는, 첫 번째 시간대에서 열 번째 시간대에 이르는 10개의 시점에서 측정된다. 총량치와 누적치, 두 유형의 측정치 모두가 이런 데이터베이스마다 생성될 수 있다.

물론 실무상의 시청률 표본은 수백 또는 수천의 분석 단위를 포괄하므로 훨씬 크겠다. 측정 시점의 수도 훨씬 더 많겠다. 예컨대 표준적 텔레비전 일기는 7일 한 주 내 하루하루를 80개의 15분 단위로 쪼갠다. 이는 각 개인이 지금 우리가 예시하는 바와 같은 10개의 시점이 아니라 7(일)을 80으로 곱해 얻는 560개의 시점에서 측정된다는 것을 뜻한다. 이제 수년을 두고 시청의 매순간을 추적하는 피플미터 데이터에서 이런 시점을 얼마나 많이 식별할 수 있을지 상상해보라!

〈그림 4-2〉에서 우리는 방송국이 셋인 시장을 가정했고, 따라서 각 가구는 각 시점에서 넷 중 하나를 하고 있을 것이다: 채널 A, B, C 가운데 하나를 시청하거나 아예 시청하지 않거나. 이런 행태 각각은 개별 방송국에 대응하는 문자로 표시되거나 까맣게 칠한 상자로 표시돼 있다.

가장 흔하게 보고되는 노출 총량치는 데이터베이스 바로 아래 상자에 나타나 있다. 데이터의 세로줄 각각은 〈그림 4-1〉과 비슷하고 같은 식으로 취

그림 4-2 시청률 데이터의 총량치와 누적치 비교

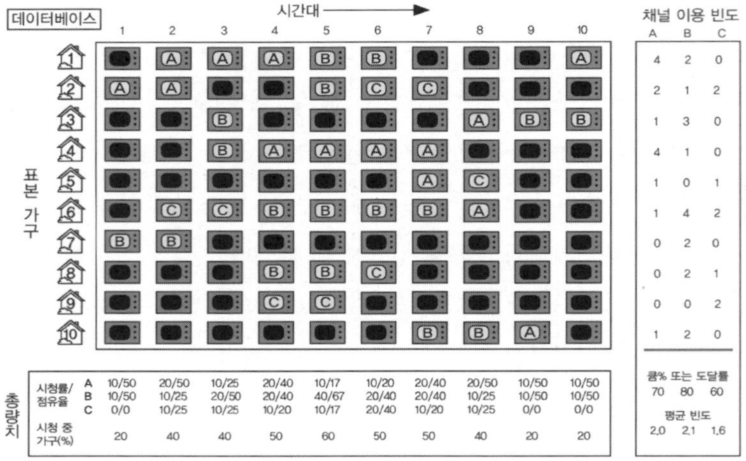

데이터베이스 / 시간대 (1~10) / 표본 가구 (1~10)

채널 이용 빈도 (누적치)

표본 가구	A	B	C
1	4	2	0
2	2	1	2
3	1	3	0
4	4	1	0
5	1	0	1
6	1	4	2
7	0	2	0
8	0	2	1
9	0	0	2
10	1	2	0

큠 % 또는 도달률: 70 80 60
평균 빈도: 2.0 2.1 1.6

총량치 — 시청률/점유율

	1	2	3	4	5	6	7	8	9	10
A	10/50	20/50	10/25	20/40	10/17	10/20	20/40	20/50	10/50	10/50
B	10/50	10/25	20/50	20/40	40/67	20/40	20/40	10/25	10/50	10/50
C	0/0	10/25	10/25	10/20	10/17	20/40	10/20	10/25	0/0	0/0
시청 중 가구(%)	20	40	40	50	60	50	50	40	20	20

급된다. 그래서 채널 A는 제4의 시간대에서 시청률이 20, 점유율이 40이다. 해당 세로줄의 하단을 읽기만 하면 된다. 큠 계산과는 달리 해당 시점 이전과 이후에 어떤 일이 일어나건 간에 시청률 계산과는 상관이 없다.

그림의 오른쪽 상자에는 흔한 누적치가 있다. 이를 계산하려면 먼저 각 가구의 시청 행태를 시간을 두고 조사해야 한다. 이는 데이터베이스를 이루는 가로줄 각각을 따라 움직인다는 것을 의미한다. 예컨대 첫 번째 가구는 채널 A를 4번, 채널 B를 2번 시청했지만, 채널 C는 본 적이 없다. 각 채널의 누적 시청을 나타내는 세로줄을 따라 내려가 보면 그 도달률 혹은 큠을 결정할 수 있다. 각 채널의 누적 수용자는 10개 시간대에서 적어도 한 번은 그 채널을 시청한 텔레비전 가구의, 표본 전체에 대한 백분율로 표현된다. 그러므로 첫 번째 가구는 채널 A와 B의 큐에는 포함되지만 C의 큐에는 포함되지 않는다. 나아가 어떤 채널의 세로줄에 있는 숫자의 산술평균을 계산하면 그 채널을 시청한 이들의 평균 시청 빈도를 구할 수 있다. 본질적으로 이는 광고 방영 시간이 정해주는 해당 시점들에서 도달률과 빈도를 계산할 때 광고주가 하는 일이다.

프로그램 수용자 중복 연구도 이 데이터베이스에서 수행될 수 있다. 예컨대, 방송국 A가 프로그램 하나의 수용자를 다음 프로그램에서 얼마나 잘 유지하는지 알고 싶을 수 있다. 이런 의문에 대해, 방송국 A를 특정 시점에 시청한 사람들 가운데 얼마가 그다음에 방영되는 프로그램을 계속해서 시청하는지 알아봄으로써 답을 구할 수 있다. 이런 문제라면 어떤 프로그램의 시청자 집단이라도 짝지어 비교할 수 있을 것이고 그것으로 반복 시청, 수용자 충성도 등등을 평가하게 될 터이다. 그러나 각각의 경우에 개별 가구를 적어도 두 개의 시점을 가로질러 추적해야 할 것이다. 그러면 노출의 누적적 분석을 하는 셈이 될 터이다.

시청률 분석가는 대답하고자 하는 질문의 종류에 따라 총량치, 누적치, 또는 노출을 정의하는 이 두 가지 방법으로부터 도출된 수치를 해석하곤 한다. 앞으로 보게 될 바와 같이, 이런 방식으로 조직될 수 있는 다수의 분석 기법이 있다. 사실 이런 기법들은 새로운 미디어 기술이 발전하더라도 자신의 유용함을 유지할 공산이 크다. 인터넷, 위성, 전통적 지상파 가운데 그 어느 쪽을 통해 수용자에 도달하더라도 총량치와 누적치의 개념은 프로그래머와 광고주에게 중요한 정보를 건넨다. 그러나 이런 분석 기법을 최대한 활용하자면 수용자를 순간순간 형성하는 요인들에 대해 보다 잘 이해해야 한다.

2. 흔히 보는 미디어 선택 이론

수용자 분석가가 자주 묻는 질문 하나는 '사람들은 왜 특정 미디어 콘텐츠를 선택하는가?'다. 가장 흔한 대답은 '좋아하니까'. 이런 유의 추리는 업계 실무, 커뮤니케이션 정책, 학술적 선택 이론에서 전형을 이룬다. 사람들의 선호가 그들의 선택을 설명하고 따라서 수용자 행태도 설명한다는 식이다. 이 절은 인기가 가장 높은 미디어 선택 이론 가운데 넷을 검토한다: 업계 실무자가 쓰는 실무 이론, 프로그램 선택에 관한 경제학 이론, 선별적 노출 이론, 이용과 충족 연구. 모두가 선호라는 아이디어에, 배타적으로가 아니라면, 매우 크게 의존한다. 이들은 우리가 제시할 이론적 틀을 이해하기 쉽게 만들 배경을 제공한다.

1) 프로그램 선택의 실무 이론

실무 이론은 미디어 업계 전문가가 실무에서 활용하는 원리와 가정이다. 이런 '경험칙'은 체계적 탐구에 종속되었던 적이 있었을 수도 없었을 수도 있다. 다음 절들에서 검토하는 보다 학구적인 선택 이론에 대해 정합적일 수도 그렇지 않을 수도 있다. 그러나 우리가 주의를 기울일 만하다는 것은 확실하다. 프로그래머와 매체계획자는 이런 실무 이론의 근거를 수용자들에 대한, 그리고 이들이 미디어 환경에 어떻게 반응하는지에 대한 평소의 감에 두고 있다.

미디어 콘텐츠 제작자는 수용자의 다음 선택을 앞질러 보려 하므로 문화 흐름 전반에 깊은 주의를 기울인다. 흔히 관심의 초점은 사람들이 좋아할 콘텐츠 유형이다. 우리는 모두 프로그램 '유형'과 친숙하다. 텔레비전에서 우리는 경찰 드라마, 시트콤, 뉴스, 스포츠, 리얼리티 프로그램을 화제로 삼는다.

우리는 라디오에 관해 '인기 유행가', '컨트리', '랩', '뉴스/토크', '특정 연대의 음악' 같은 방송 포맷을 이야기한다. 이들은 친숙한 업계 범주지만 프로그램 유형은 이들과는 다른 다양한 방법으로도 얼마든지 정의할 수 있다. 예컨대 콘텐츠는 오락 대 정보, 성인 대 어린이 등등의 방식으로 분류될 수 있다. 미국에서 '뉴스와 정보'를 보수 대 진보로 갈라 묶는 것이 점점 더 흔해지고 있고, 이들은 각기 '붉은' 미디어와 '푸른' 미디어라 불린다.

사람들이 하나의 콘텐츠 유형에 대해 일관된 선호를 가질 것이라는 가정이 널리 수용돼 있다. 우리는 미디어 업계 현장에서 이런 사고 방식의 일화적 증거들과 만난다. 인기 있는 영화는 같은 종류의 텔레비전 연속물로도 제작된다. 히트 친 텔레비전 프로그램은 다음 몇 년간 모방되는데, 이런 모방물은 모두 같은 영상물 유형을 좋아하는 수용자가 실제로 존재한다는 가정에 기반을 둔 것이다. 한 권위자의 표현대로 텔레비전에서 과도함만큼 성공하는 것이 없다. 마케팅 연구자들은 사람들의 호오를 양극화하는 것으로 여겨지는 콘텐츠 특성들을 식별하기 위한 더 본격적인 연구를 수행해왔다. 이들이 일반적으로 발견한 것은 시청자가 정의하는 분류 유형에 업계의 상식적 범주보다 가까운 것이 없다는 것이다. 즉, 예컨대, 시트콤 하나를 좋아하는 사람은 실제로 다른 시트콤도 좋아하는 경향이 있고, 다른 프로그램 유형들에서도 같은 경향이 발견된다는 것이다. 유사한 선호 유형이 랩 음악, 컨트리앤드웨스턴, 오페라, 그리고 대부분의 여타 음악 유형에서도 공통적으로 발견된다(MacFarland, 1997).

미디어 선호의 흥미로운 측면 하나가 이런 유형의 연구에서 드러났다. 사람들이 싫어하는 바가 좋아하는 바에 비해 더 명백하게 프로그램 유형에 연관되어 있다는 것이다. 달리 말해, 우리가 좋아하는 것은 뒤죽박죽인지 모르나, 우리가 싫어하는 것은 범주적으로 보다 빨리 쉽게 분류된다는 것이다. 이 점에 대해 자신도 그런지는 제일 좋아하는 텔레비전 프로그램 다섯과 제일 덜 좋아하는 텔레비전 프로그램 다섯을 써보는 것으로 시험할 수 있다. 어떤 이들은 프로그램 유형 이외의 형식으로 자신이 싫어하는 것을 표현하는 것이 어렵다. 프로그램 선택은 좋아하는 것 찾기뿐 아니라 싫어하는 것 피하기로도 귀결되는 것 같다.

프로그램 유형 선호의 또 다른 중요한 특징은 콘텐츠의 특정 유형과 수용자의 인구통계적 특성 사이에 흔히 존재하는 연관이다. 예컨대 텔레비전에서 뉴스와 정보는 나이 든 시청자를 끌어모은다는 것이 지당한 말씀으로 확립돼 있다. 비슷하게, 남성은 여성보다 스포츠를 더 보고, 어린이는 만화영화에 끌리며, 시청자는 자신이 속한 인종이나 민족에 속하는 인물을 내세운 프로그램에 흔히 끌린다. 사실 다문화의 맥락에서 미디어 선택은 흔히 '문화적으로 매우 가까운' 콘텐츠에 이끌려 이루어지는데, 그중 가장 강력한 차원이 언어다(Ksiazek and Webster, 2008). 이런 짝짓기들 가운데 그 어느 것도 선호와 인구통계적 변수 사이의 빈틈없는 연결을 시사하자는 의도가 있는 것은 아니다. 이들은 경향에 불과하다. 그러나 실무자는 이들 존재에 대한 인식을 확실히 해야 한다.

사람들의 미디어 내용물 선택을 결정하는 데 선호가 중요하기는 하지만 프로그래머는 여타의 요인 다수가 관련 그림 속으로 들어온다는 것을 충분히 잘 알고 있다. 8장에서 우리는 프로그래머가 수용자 흐름을 어떻게 분석하는지, 그리고 어떻게 경영하려고 시도하는지를 묘사할 것이다. 라디오와 텔레비전 프로그램은 주의 깊게 작성된 편성표 속에 배치된다. 어떤 프로그램이 인기 프로그램 바로 다음에 편성되면 수용자를 쌓는 데 중대한 이점을 누리게 된다. 유입 효과의 활용이나 블록 편성과 같은 편성 전략은 모두 이런 생각에 기대고 있다.

또한 중요한 것이 수용자가 미디어, 특히 선형 미디어를 이용할 가능성이 높은 때가 언제인지를 고려하는 것이다. 총수용자 규모는 해당 시점에서 볼 수 있는 프로그램에 무엇이 있느냐는 것 이외의 요인들에 의해 결정된다는 생각은 프로그래머의 전통적 경험지와 적어도 몇몇 본격 수용자 행태 이론이 공유하는 것이다. 고 폴 클라인(Paul Klein)은 1971년 당시 NBC의 연구원이었는데 텔레비전 수용자를 묘사하는, 농 섞인 표현을 제시했다. 시청 중 가구 수준의 놀라운 예측 가능성에 놀란 그는 사람들이 무엇을 볼지 미리 생각하지 않고 습관적으로 수상기를 켠다는 소신을 내보였다. 수상기가 켜진 후에, 그 후에, 볼 수 있는 것들 가운데 단순히 **가장 덜 거슬리는 프로그램**(LOP: the least objectionable program)을 택한다는 것이다.

사실 이는 수용자 행태의 과정이 흔히, ① 미디어를 이용하겠다는 결정이 ② 특정 콘텐츠의 선택에 선행하는, 두 단계에 걸친 과정이라는 것을 시사한다. 비록 **수동적 수용자**(passive audience)가 불필요한 가치 판단이 개재한 용어로 비치기는 하지만, 가끔 그 증거로 취급되는 것이 방송되고 있는 프로그램에 상관없이 수상기를 켜는 경향이다. 여기에 대한 개념적 대안인 완벽하게 **능동적 수용자**(active audience)는 보기에 비현실적이다. 이렇게 능동적인 수용자는 좋아하는 프로그램이 방송될 때마다 수상기를 켜고 그렇지 않을 때는 끌 것이다. 그러나 우리는 일, 잠 등등과 같은 규칙적 일상이 언제 수상기를 켤지를 실질적으로 제약한다는 것을 안다. 우리는 또한 그렇게 진한 흥미를 느끼지 못하는 프로그램이 나와도 많은 사람이 수신기를 끄지 않고 보거나 듣는다는 것도 안다.

물론 이는 수용자 행태의 대략적 일반화이다. 콘텐츠로 미디어 기기를 켜도록 설득해낼 가능성을 배제하자는 것이 아니다. 확실히, 슈퍼볼, 왕실 결혼식이나 극적인 뉴스 같은 큰 이벤트는 그것이 아니라면 미디어 앞에 있지 않았을 사람들을 그 앞으로 끌어당긴다. 때로는 집중적 홍보와 광고가 잠재적 시청자의 주의를 끌어 잊지 않고 채널을 맞추도록 할 수 있다. 또한 능동성의 수준이 미디어마다 다르기 십상이다. 인쇄와 인터넷은 미디어 소비자 쪽에 심지어는 더 많은 노력을 요구함에도 본성상으로 더욱 몰입적일 수 있다. 더구나 능동성의 수준이 시간을 두고 변할 수 있다. 동일 인물이 어떤 때는 선택이 까다롭다가도 그다음 순간에는 '카우치포테이토(couch potato: 긴 시간 편히 앉거나 드러누워 텔레비전을 보는 사람)'로 변할 수 있다. 그래도 전반적으로는 2단계 과정이, 습관의 역할을 포함하여, 수용자 행태를 보다 잘 설명하는 것으로 보인다.

2) 프로그램 선택의 경제학 모형

경제학 이론은 프로그램 선택을 설명하기 위한 본격 모형을 제시한다. 보다 추상적이긴 하지만 방금 검토한 실무 이론에 묻혀 있는 요소 다수를 공유한다. 피터 스타이너(Peter Steiner)가 이 분야를 개척한 업적을 인정받고 있다 (Steiner, 1952). 그와 그의 업적을 발전시킨 이들(예컨대 Owen and Wildman, 1992)은 개인의 프로그램 선택이 보다 전통적인 소비재의 선택과 유사하다는 접근을 택한다. 그래서 제품 경쟁에 대한 더 오래된 이론이 프로그램 선택의 경제학 이론을 위한 모형이 됐다.

이런 이론은 수용자에 대해 두 가지 중요한 가정을 한다. 첫째, 이들은 수용자 선호로 정의될 수 있는 프로그램 유형이 있다고 주장한다. 이는 한 유형의 프로그램 하나를 좋아하는 사람은 같은 유형의 다른 프로그램 모두를 좋아하리라는 것을 뜻한다. 역으로 한 프로그램을 싫어하는 사람은 같은 유형의 다른 프로그램 모두를 싫어할 것이다. 일반적으로 경제학 모형은 이런 프로그램 유형을 추상적이면서 정의되지 않은 채로 남겨둔다. 그러나 이미 본 바와 같이, 흔한 프로그램 유형이라면 사람들에게 그에 관한 체계적 호불호가 있다고 믿을 만한 이유가 있다.

둘째, 이 모형은 재원이 광고라면 프로그램은 수용자 개인에게 무료 상품이라고 가정한다. 이론가들은 수용자의 시간적 기회비용과 광고된 제품의 잠재적 가격 인상, 양자를 모두 명시적으로 무시한다. 프로그램이 마치 공짜 제품 같다고 가정하는 것은, 말해지지 않는 것이 보통이지만, 중요한 함의를 가진다. 프로그램에 가격이 없다면 선호만이 수용자 선택을 설명할 요인으로 남는다는 것이 보기에 논리적이다. 선호가 선택의 원인이라는 이 가정은 확실히 여타의 경제학 이론들과 합치하고 사회과학적 이론들과도 대략 맞는다.

프로그램 선택의 경제학적 모형은 앞에서 논의한 능동적이냐 수동적이냐는 물음을 해결하는 방식에서 갈라진다. 스타이너는 선호하는 프로그램 유형의 현전이 수용자 규모를 결정하는 완전히 능동적인 수용자를 가정했다(Steiner, 1952). 이 모형에 따르면 좋아하는 프로그램 유형이 방송되지 않을 때는 수상기도 꺼진다. 그러나 후속 모형은 엄격한 편이던 이 가정을 완화하고 2차, 3차의 선택을 허용하는, 클라인이 제안한 바와 아주 유사한 2단계 과정을 수용했다.

이런 가정이 자리를 잡으면 채널별 수용자 분포를 예측하는 일이 가능하다. 예컨대 어떤 특정 프로그램 편성을 선호하는 상대적으로 큰 규모의 수용자 집단이 있다 하면, 복수의 경쟁 채널이 동일한 종류의 편성을 제시함으로써 그 수용자 집단을 나눠 가질 것이다. 이런 일은 동일한 선호를 갖는 수용자 집단이 잘게 쪼개질 대로 쪼개짐으로써 그다음 경쟁자가 다른 종류의 프로그램을 대응편성하는 것이 합리적인 선택이 될 때까지 계속될 것이다. 따라서 경쟁자가 소수로 존재하는 경우에는 모든 채널이 비슷한 프로그램을 내보내는 경향을 띠게 된다. 이 이론체에 따르면 경쟁자의 수가 늘어날수록 미디어 콘텐츠는 더욱 차별화된다. 이는 한 논평자가 '긴 꼬리' 분포로 묘사한 바를 형성하는데, 인기 있는 편성이 한 극단에 있고 수없이 많은 틈새가 다른 극단을 따라 펼쳐진다(Anderson, 2008). 이렇게 펼쳐진 모든 것이 선택지로 이용 가능해지면서 우리가 앞에서 묘사한 바 있는 '수용자 파편화(audience fragmentation)'의 무대가 서는 것이다.

3) 선별적 노출 이론

선별적 노출 이론은 미디어 콘텐츠 이용을 설명할 또 다른 길을 제시한다. 이 이론은 사회심리학자들이 발전시켰는데, 이들은 다른 데도 관심이 있었지만 수용자 개인에게 미치는 미디어의 영향을 이해하는 데 관심이 있었다. 가장 이른 형태의 선별적 노출 이론은 사람들이 바꾸기 싫어하는 특정 태도, 믿음 혹은 확신을 가지고 있다고 가정했다. 이렇게 깔린 성향이 자신의 믿음과 통하는 미디어를 찾도록, 또 그것에 도전하는 콘텐츠는 피하도록 유도한다는 것이다. 간단히 말해, 사람들은 '자신이 원하는 것을 보려고' 또 '자신이 원하는 것을 들으려고' 할 것이다.

이런 상식적인 생각이 인지부조화와 같은 본격적인 심리학 이론의 도입과 검증이 이루어지면서 1950년대와 1960년대에 신뢰를 얻었다. 초기 연구들은 사람들이 기존에 유지해온 믿음 체계나 인지적 내용을 지지하는 미디어물을 선택한다는 점을 지적하는 것 같았다. 그래서 뉴스와 정보에 대한 선별적 노출이 개인의 프로그램 선택을 이해하는 데 중요한 원리로 나타났다. 뉴스의 선별적 노출에 관한 연구가 일시 쇠퇴하는 동안에는 이념적 경사를 가진 몇몇 창구도 포함하는 뉴스·오락 미디어 창구의 텔레비전·인터넷상 범람이 이 분야의 새로운 연구를 촉진해왔다(예컨대 Prior, 2007; Stroud, 2011).

선별적 노출에 대한 연구는 뉴스와 정보의 테두리를 넘어간바, 이런 연구에서 인과 기제는 부조화 감축이라기보다는 즐거움의 추구다. 예컨대, 오락 프로그램 선택은 선택하는 이들의 기분과 감정에 따라 변한다는 것을 보여준 실험 연구들이 있다. 흥분하거나 지나치게 자극받은 사람들은 긴장을 이완시키는 프로그램 메뉴를 선택하는 경향이 강한 반면, 지루해진 사람들은 자극적 콘텐츠를 선택할 가능성이 높다. 다양한 감정적 상태는 모두, 보다 차가운 인지적 상태에 더해서, 프로그램 선택에 영향을 주는 것 같다. 선별적 노출 연구의 이런 변주들은 '기분 관리 이론(mood management theory)'이라는 일반적 제목 아래에서 수행되기도 한다(Hartmann, 2011; Zillmann, 2000).

4) 이용과 충족 이론

충족 이론은 수용자 행태에 대한 선별적 선택 이론과, 좀 더 포괄적이긴 하지만, 밀접하게 연관된 시각을 제공한다. 흔히 '이용과 충족(uses and gratifications)'이라고 불리는 이 연구도 역시 사회심리학자들의 작품이다. 이 접근은, 부분적으로는 미디어 효과 연구에 두드러지게 집착하는 것에 대한 반동으로, 1970년대 초에 나타났다. 충족주의자들은 '미디어가 사람들에게 미치는 영향'뿐 아니라 '사람들이 미디어로 무엇을 하는지'를 물어야 마땅하다고 주장했다. 캐츠, 블럼러, 구레비치가 이 접근의 연구 의제를 명문화했다(Katz, Blumler and Gurevitch, 1974). 이들에 따르면 충족주의자의 관심사는 다음과 같다.

① 사회적이고 심리적인 기원에서 유래하는 ② 욕구가 생성하는 ③기대가 ④ 매스 미디어나 다른 원천에 대해 형성되어 ⑤ 미디어 노출의 차별적 유형 (혹은 다른 활동에의 몰입)을 통해 ⑥ 욕구 충족과 더불어 ⑦ 아마도 대부분 의도되지 않은 것일 다른 결과에 이르게 되는 과정이 관심사다(Katz, Blumler and Gurevitch, 1974: 20).

1970년대 초부터 충족 연구와 이론은 상당한 관심을 모았다. 이 이론의 시각에서 보면 미디어 이용 패턴은, 상이한 미디어나 프로그램 콘텐츠가 자신의 욕구를 얼마나 잘 충족할 것이냐에 대한 각 개인의 기대에 의해 결정된다. 이런 욕구들은 기분에 엮인 것들처럼 일시적일 수도 있고 비교적 상시적일 수도 있다. 어쨌든, 목적으로 추구된 충족이 미디어와 그 콘텐츠에 대한 선호로 꽤나 직접적으로 번역될 것 같긴 하다.

그러므로 충족 이론은 프로그램 선택의 경제학적 모형 및 선별적 노출 이론과 많은 것을 공유한다. 이 이론들은 모두 개인의 선호를, 어떤 경로로 나타났건 간에, 설명의 중심 기제로 삼는다. 미디어 선택을 설명하려는 이 접근에는 커다란 직관적 호소력이 있다. 하드록 음악 수용자는 왜 젊은 남성이기 쉬운가? 이들이 좋아하는 종류의 음악이기 때문에. 나이가 들수록 더 많은 뉴스 정보 프로그램을 소비하는 이유는? 이 유형의 콘텐츠에 대한 선호가 연장자에게 있기 때문에. 그렇다면 수용자 행태를 어떻게 설명할 수 있을까? 이를 위해 해야 할 일은 사람들의 선호를 이해하는 것이 전부다.

불행히도, 선호가 미디어 노출을 결정하는 힘은 많은 이가 가정하는 것만큼 절대적이지 않다. 수용자 행태를 설명하는 이론이 선호에만 의존하는 것은 '달걀들을 바구니 하나에' 모두 몰아 담는 것과 같다. 이런 이론은 우리가 앞에서 '미시 수준' 분석이라고 부른 것을 지향한다. 그러나 수용자 행태는 '거시 수준' 현상이다. 많은 수의 미디어 이용자가 하는 일을 설명하기 위해선 수용자와 미디어 환경, 양쪽의 구조적 특성들을 고려할 필요가 있다. 이런 거시 수준 요인이 빠지면, 우리가 볼 수 있는 그림은 반쪽짜리에 그친다.

3. 수용자 행태에 대한 종합적 이해의 도모

미디어 노출은 수용자와 미디어 사이의 접속부에서 일어난다. 이 절에서 우리는 방정식 양쪽을 고려한다: **수용자 요인**(audience factors)과 **미디어 요인**(media factors). 각각은 노출 패턴에 상당한 영향을 미친다. 우리는 저 각각의 범주를 구조적 요인과 개인적 요인으로 한층 더 나누었다. 비록 이 둘을 구분하는 것이 때로 어렵기는 하지만 이들은 상이한 분석 수준을 반영한다. 이 구분은 미디어 노출에 대한 연구와 이론에서의 전통적 구분과도 일치한다. **구조적 결정 인자**(structural determinants)로 우리가 의미하는 것은 한 인구 집단의 구성원이 공유하거나 그 집단을 특징짓는 요인이다. 이들 거시 수준 변인은 대개 시장, 미디어 전달 체계, 또는 대중을 묘사한다. 많은 마케팅 연구와 관련 산업 연구가, 프로그램 편성 또는 하이퍼링크 같은 구조적 결정 인자가 수용자를 형성해내는 데서 담당하는 역할을 강조한다. **개인적 결정 인자**(individual determinants)는 개인이나 가구를 묘사한다. 이는 개인별로 달라지는 미시 수준 변인이다. 우리가 막 검토한 것과 같은 많은 사회심리학 연구가 개인 선호의 역할을 강조한다. 이 원인들은 함께 묶였을 때 수용자 행태를 형성하는 힘을 식별하는 데 보다 완전한 틀을 제시한다.

1) 수용자 요인

(1) 수용자의 구조적 특성

미디어 노출을 형성하는, 수용자의 첫 번째 구조적 특성은 **잠재 수용자**(potential audience)의 규모와 위치다. 때때로 잠재 수용자는 어떤 방송국 신호의 도달 범위 안에 사는 사람의 수처럼 정하기가 쉽다. 그러나 잡아내기가 어려울 수도 있다. 예컨대, 인터넷 게시물은 기술적으로야 전 세계 수용자가 모두 이용할 수 있지만, 실제로는 많은 사이트가 딱 부러지게 지역적인 성격 및 추종자를 가진다. 명백히, 어떤 미디어 형태도 관련 시장 내 인구 규모보다 더 큰 수용자를 가질 수는 없다. 인구는 실질적으로 여하한 프로그램 제공자의 잠재 시청자에 대해서도 상한을 설정한다. 잠재 시청자가 클수록 미디어 조직이 '파이 조각' 하나를 획득하기 위해 투자할 용의도 커진다.

흔히 시청률 정보 제공자는 큰 나라들을 지역적 시장 구역들로 나눈다. 미국에는 닐슨이 '지정 시장 영역(DMAs: Designated Market Areas; 부록 A를 참고)'이라고 부르는, 200개가 넘는 텔레비전 시장이 있다. 중국에는 31개의 지역 시장이 있다. 명백히, 시장 하나 안에 있는 방송국 잠재 시청자가 다른 시장의 잠재 시청자보다 엄청나게 더 클 수가 있다. 물론 이 점이 큰 시장의 방송국이 더 큰 규모의 수용자를 가질 것을 보장하지는 않는데, 그것은 특히, 큰 시장일수록 더 많은 수의 미디어 창구를 품는 경향이 있어서다. 그럼에도 큰 시장이 더 큰 규모의 수용자와 그에 따른 더 큰 수입을 위한 조건은 형성해준다.

그러나 잠재 수용자는 단지 어떤 미디어의 도달 범위 안에 사는 사람의 수 자체에만 한정되는 문제가 아니다. 인구의 구성 역시 노출의 장기 패턴에 영향을 줄 수 있다. 잠재 수용자의 인구통계적 구성이 변함에 따라 미디어 노출 패턴도 변할 것이라고 보는 것이 합리적이다. 예컨대 센서스 데이터는 직업별 종사자 구성비의 변화, 인구의 연령 변화, 무엇보다도 특히 인구 전반에 걸친 교육 수준의 변화를 드러낼 수 있다. 직업, 연령, 교육 수준은 흔히 특정 유형에 속하는 프로그램의 선택과 연계된다. 멀리 보는 미디어 운영자라면 미래를 도모할 때 인구 변동들을 고려할 터인데, 이들은 대부분 예측 가능성이 대단히 높다.

미국 내 스페인어 프로그램 편성의 성장은 최소한 부분적으로는, 새롭게 떠오른 잠재 수용자 때문이라고 간주할 수 있다. 예컨대 1970년 중남미계 인구는 미국 인구의 4.5%를 차지했다. 1990년까지 이 숫자는 배가 되었다. 어떤 추정치에 따르면 2025년까지 다시 배로 늘어날 것이고 몇몇 미국 시장에서는 더욱 높은 집중도를 보일 것이라고 한다. 급속한 성장률은 미국 내 아시아계 인구의 특징이기도 하다. 이런 인종적 또는 언어적 인구 변화는 광고주와 미디어에 새로운 시장을 가져다주면서 새롭고 특출한 미디어 이용 패턴을 흔히 동반한다.

수용자의 두 번째 구조적 속성이자 선형 미디어 노출의 가장 강력한 결정인자 중 하나가 미디어 이용을 가능케 할 **수용자 여유**(audience availability)다. 잠재 시청자가 수용자 규모에 대해 절대적인 물리적 한계를 설정하는 데 비해 우리의 규칙적 일상은 어느 시점에서건 라디오나 텔레비전을 이용할 만한 사람들의 규모에 대해 실천적 한계를 설정한다. 어떤 미디어의 이용자 규모가 프로그램 편성과는 거의 아무런 관계가 없고 누가 시청·청취 가능하냐와 거의 전적인 관련이 있다는 것은 널리 퍼져 있는 믿음이다. 대부분의 실무자들은 인구 규모 자체를 대할 때와 마찬가지로 시청·청취가 가능한 수용자의 규모 역시 주어진 것으로 취급한다. 심지어 주문형 비디오의 시청이나 웹사이트 방문과 같은 비선형 미디어 이용까지도 일상생활의 주기에 의해 강력하게 영향받는다(Taneja et al., 2012). 일반적으로 사람들은 시간이 있고 그렇게 하고 싶어질 때 미디어 플랫폼을 이용한다는 것이다. 이는 어느 시점에서건 누가 플랫폼을 이용할 수 있느냐를 한정하고 따라서 그 시점의 해당 플랫폼 수용자의 총규모에 대해 상한을 설정한다.

다른 형태의 대중 행동과 비슷하게, 미디어 이용이 가능한 수용자 규모는 꽤나 예측 가능하다. 패턴 세 가지는 명백하다: 계절별, 요일별, 하루 중 시간대별 패턴. 미디어 이용의 계절적 패턴은 라디오보다 텔레비전에서 명백하다. 텔레비전 이용은 겨울에 가장 많고 여름에 가장 적다. 이런 변화는 시청자가 낮이 긴 여름에 수상기한테서 자신을 떼놓는 야외 활동을 좋기 때문에 일어나는 것으로 보인다. 이런 계절적 변화는 시청 중 가구(HUT)의 수준이 여름에는 낮고 겨울에는 높다는 것을 의미한다. 그러나 가구 단위 데이터는 인구통계적 집단 사이의 중요한 차이를 가릴 수 있다. 예컨대 학교가 끝나면

그림 4-3 미디어 이용 시간

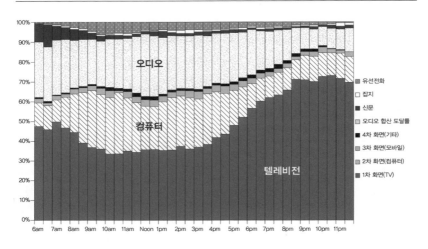

자료: CRE(2008)의 자료 재구성.

어린이와 십대의 낮 시청이 급격히 증가한다. 같은 종류의 방학 기간 현상이 영화관 관람의 계절적 차이를 설명하는 것으로 나타난다.

수용자 규모는 요일에 따라서도 달라진다. 미국에서 프라임타임 수용자는 주중 야간과 일요일에 상대적으로 더 많고 금요일과 토요일에 상대적으로 적다. 그러나 자정 같은 심야 시간대 수용자는 금요일과 토요일에 다른 요일에 비해 많다. 이는 역시 주말에 많아지는, 사람들의 사교 활동을 반영하는 것으로 보인다.

그러나 수용자 여유의 가장 극적인 변화는 시간대별로 이루어진다. 일상 생활 패턴이 가장 명백한 것이 바로 여기다. 〈그림 4-3〉은 미국인들이 자신의 시간을 어떻게 미디어 플랫폼별로 배분하는지를 30분 단위로 보여준다. 이 데이터는 연구탁월성위원회(CRE: Council for Research Excellence)가 후원한 특별 연구에서 수집된 것이다. 여기에서 조사연구자들은 닐슨 패널에 참

그림 4-4 미디어 이용 장소

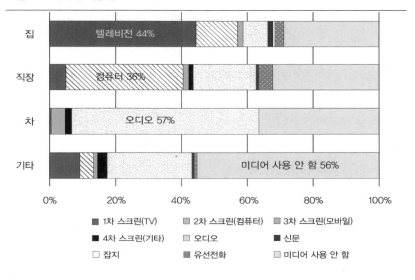

자료: CRE(2008)의 자료 재구성.

가한 경험이 있는 이들을 하루 내내 쫓아다니며 이들의 행동과 미디어 이용을 기록했다. 조사연구자들은 DVR 이용을 포함한 텔레비전 시청에 '1차 화면'이란 딱지를 붙였다. 인터넷과 소프트웨어를 포함하는 컴퓨터 이용은 '2차 화면'이라는 딱지가 붙었다. 문자, 통화, 인터넷을 하기 위한 모바일 기기 사용은 '3차 화면'이라고 간주되었다. 그리고 극장에서의 영화 관람과 같은 여타의 화면 이용은 무엇이건 '4차 화면'이라고 했다. 텔레비전, 라디오, 그리고 이보다는 덜하지만 신문이 이른 시간에 선택되는 미디어다. 컴퓨터는 일과 시간에 보다 긴 시간을 점유한다. 하루 대부분의 시간대에서, 라디오 청취를 포함, 오디오 이용이 일터에서 귀가할 때까지 꾸준하게 지속된다. 오후 5시 부근에서 텔레비전 이용이 늘어나기 시작해서 저녁 시간 동안 지배적 미디어가 된다. 미국에서나 세계 다른 곳 어디에서나 시청 중 가구의 수준이 가장 높은 때가 바로 이 시간이다.

미디어 이용은 이용자의 위치에 따라서도 달라진다. 〈그림 4-4〉는 같은 CRE 데이터를 미디어 이용 장소에 따라 조직한 것이다. 결과는 거의 틀림없이 여러분이 예상했을 법한 것과 같다. 집에 머무는 동안은 텔레비전이 가장 지배적인 미디어고 컴퓨터가 그다음이다. 일터에서는 컴퓨터가 가장 두드러지고 어떤 형태이건 오디오가 그다음이다. 차 안에서는 오디오가 ─ 라디오일 가능성이 제일 높은데 ─ 선호되는 플랫폼이다. 그리고 이들 장소, 또는 여타의 장소 어디건 간에 미디어를 전혀 이용하지 않는 시간이 꽤 있다. 이 모든 미디어 이용 패턴이 어떤 개인이 어느 시점에서건 만나게 될 가능성이 큰 프로그램 혹은 미디어 창구가 무엇일지를 한정한다.

이제까지는 노출을 설명하려는 우리의 접근에서 사람들의 콘텐츠 선호나 서로 다른 종류의 프로그램이 갖는 매력에 대한 이야기는 거의 없었다. 그러나 많은 수용자 행태를 2단계 과정으로 특징지을 수 있다는 것을 기억하라. 사람들이 상이한 미디어 플랫폼을 언제 이용하는지는 자신들의 습관과 일상적 리듬이 명백히 좌우한다. 그러나 특정 미디어에 일단 몰입하면 여타의 몇몇 요인과 더불어 필요와 욕구, 그리고 호오가 그들이 노출되는 대상을 결정하는 데 더욱 중요한 역할을 하게 된다. 이들이 수용자 행태의 미시 수준 결정 인자이다.

(2) 수용자의 개인적 특징

미디어 노출의 가장 중요한, 미시 수준의 결정 인자는, 대략 말해, 사람들의 선호다. 프로그래머의 수용자 구축 기량의 많은 부분이 사람들이 좋아할, 또는 좋아하지 않을 것을 판별하는 능력에서 온다. 바로 이전 절에서 살펴본 바와 같이, 수용자 행태를 설명하기 위한 이 전략은 교수들에게도 인기가 있다. 선호와 선택 간의 관계에 대한 대부분의 연구와 이론은 개인에 초점을 두고 한 사람의 선호가 미디어 선택에서 자유롭게 행사될 수 있다고 가정한다. 프로그램 선택의 경제학 모형, 선별적 노출 이론, 충족 이론은 모두 이 가정에 의존한다. 이 가정은 개인이 홀로 있을 때 제한된 선택지를 어떻게 고르는지 평가하는, 실험실 환경에서 이루어진 연구를 기반으로 자주 정당화된다. 불행히도, 현실 세계에서는 한 개인의 미디어 선호와 그가 실제로 선택하는 것 사이의 말끔한 관계에 적어도 두 가지 사항이 끼어든다. 첫째는 미디어, 특히 텔레비전을 이용할 때 집단으로 하는 경향이 있다는 것이다. 둘째는 대단히 많은 선택지 가운데 어느 것이 최선인지 아는 일이다.

집단 시청(group viewing)은 개인적 선호와 선택 사이의 관계를 매개한다. 심지어 대부분의 가구가 복수의 수상기를 보유한 오늘날에도, 특히 프라임 타임에는 여전히 집단적으로 시청한다(CRE, 2008). 없다시피 드문, 집단 시청의 동학에 대한 연구는 경쟁하는 선호 사이의 협상이 꽤 흔하다는 것을 시사한다. 가족 구성원 각자가 행사하는 영향력은 하루 중 시간대에 따라 강도가 달라지는 것 같다. 예컨대, 프로그래머는 어린이들이 학교에서 귀가한 오후 늦은 시간에 텔레비전 수상기를 차지하고 있는 것이 흔히 바로 이들이라는 점을 고려한다. 그렇다면 텔레비전 프로그램 시청은 누가 시청할 여유가 있고 그가 좋아하는 프로그램이 무엇인지뿐 아니라 프로그램 선택을 실질적으로 누가 하느냐에 따른 귀결이다. 사람들은 자신이 첫 번째로 선호하는 프로그램을 보는 때도 있고 다수에 밀리는 때도 있다. 그러나 밀릴 때라도 시청 집단에 남는 일이 흔하다. 어린 아이가 있는 부모 누구에게라도 아이가 태어난 이래로 만화를 더 많이 시청하게 됐는지 물어보라. 어린이들에게는 저녁 뉴스를 원하는 것보다 많이 보는지 물어보라. 실제로 미디어 노출 가운데 일부는 자신의 선호가 그와 다름에도 불구하고 일어난다. 집단 시청은, 혹은 같은 맥락에서 음악의 집단 청취나 영화의 집단 관람도, 선호와 선택 사이의 연관을 제약할 수 있다. 읽기나 인터넷하기와 같은 보다 개별적인 미디어 이용

표 4-2 노출에 영향을 끼치는 수용자 요인

구조적			개인적	
잠재 수용자	지역 대 전국 대 세계	선호	프로그램 유형 선호	
	인구통계적 추세		취향	
	인종 또는 언어 기준 인구 집단		추구된 충족	
여유 수용자	계절별 변화	선호 제약	집단적 대 개별적 미디어 이용	
	요일별 변화		선택지 인식	
	시간대별 변화		사회 연결망	

형태는 이 두 요인 사이의 보다 깔끔한 연관을 제시할 법하다.

선호와 선택 사이의 연관을 복잡하게 만드는 요인으로 점점 더 중요해지는 것이 **인식**(awareness)이다. 인식으로 우리가 의미하는 바는 자신에게 이용 가능한 미디어 콘텐츠나 서비스에 대한 완전한 앎이다. 수용자 행태에 대한 이론 구성 대부분이 사람들의 선호가 자신의 선택지에 대한 완벽한 인식을 반영한다고 가정한다. 이는 통상의 경제학적 이론을 뒷받침하는 합리적 선택 모형과 매우 조화롭다. 비록 이 가정이 매우 단순한 미디어 환경에서는 통할 수 있을지라도 대부분의 수용자 개인이 당면한 풍성한 미디어 환경에서는 문제투성이가 된다.

사람들이 선택지에 대해 알 만한 모든 것을 알고 있을 것이라고 단순하게 기대할 수 없다. 이를 노벨상 수상자 허버트 사이먼은 '한계 지어진 합리성(bounded rationality)'이라고 지칭했다(Simon, 1997). 합리적 미디어 선택을 한계 짓는 것이 둘 있다. 첫째, 선택할 것이 너무나 많을 따름이다. 수백 개의 텔레비전 채널과 수백만 개의 웹사이트에 보통 클릭 한 번이면 접근할 수 있다. 사람들은 자신의 현명한 선택을 돕기 위해 안내 책자나 검색 엔진을 사용할 수 있고 또 사용하지만 이들은 시간적으로 소모적이면서 완전한 정보도 제공 못한다. 둘째, 미디어는 전형적으로 '경험재'인데, 그 뜻은 경험하기 전까지는 미디어가 내놓으려고 보유한 바가 무엇인지 진정으로는 알지 못한다는 것이다. 심지어는 친숙한 예술가나 텔레비전 프로그램을 선택한다 해도 맛보기 전에는 새로 내놓은 것이 즐길 만할지 알 수 없으리라는 것이다. 그래서 사람들은 어느 시점에서도 어느 미디어가 자신의 선호를 가장 잘 만족시킬지 결코 완전하게 인식할 수 없다. 사람들은 할 수 있는 최선, 사이먼이 '기준 충족(satisficing)'이라고 부른 그 무엇을 할 뿐이다.

미디어 이용자는 한계 지어진 합리성의 문제를 완화하느라 안내 책자를 이용하는 것에 더해 다른 이들의 추천에도 의존한다. 커뮤니케이션 연구자는 오랫동안 대인 관계에서 오는 영향이 사람들의 선택에 영향을 준다는 것을 알고 있었다(Katz and Lazarsfeld, 1955). 그러나 근래에 이르기까지 이런 영향의 흐름은 친구와 친족으로 이루어진 상대적으로 협소한 사회 연결망 내부로 국한됐다. 오늘날, 소셜미디어는 이런 연결망을 크게 확장해놓았다. 페이스북과 트위터는 어떤 미디어가 주목할 만한지에 대한 의견을 모으고 집적하는 데 이용할 플랫폼을 제공한다. 디그(digg) 같은 사회적 뉴스 사이트는 어떤 기사를 읽어야 할지에 대한 의견을 이용자 집단에 묻는다. 추천 과정은 '추천자 체계(recommender systems)'로 흔히 자동화돼 있는데, 이는 다음 절에서 다룰 주제이다. 그럼에도.한마디 하자면, 사회 연결망은 우리의 미디어 선택을 점점 더 깊숙이 조형한다.

수용자 선호가 수용자 행태를 결정하는 데 수행하는 역할은, 그렇다면, 많은 이가 가정하는 것보다 더 복잡하다. 예컨대, 작은 수용자 집단은 사람들이 해당 프로그램을 좋아하지 않는다는 것을 의미할 수도 있지만, 그것이 방송될 때 보거나 들어줄 사람이 없었다는 것을 뜻할 수도 있다. 수용자가 몇 번밖에 보지 않은 웹사이트나 유튜브 클립은 매력이 없다는 것을 뜻할 수도, 그 존재를 사람들이 모른다는 것일 수도 있다. 미디어 이용의 어떤 해석도 〈표 4-2〉에 요약된 모든 요인을 고려해야 마땅하다. 그러나 수용자 요인은 그림의 절반에 불과하다. 미디어 자체가 노출 패턴에 영향을 미친다.

2) 미디어 요인

수용자 요인과 마찬가지로 미디어 요인도 본성상, 구조적인 것으로 간주되거나 개인적인 것으로 간주될 수 있다. 미디어의 구조적 속성들은 수용자의 구조적 특성들을 보충한다. 이들 속성은 시장의 여건과 미디어 콘텐츠 및 서비스가 조직되는 방식을 포함한다. 개인 수준의 미디어 요인은 가구별로 다른 미디어 환경의 차이들을 정의한다.

(1) 미디어의 구조적 특성

전자 미디어의 첫 번째 구조적 특성은 **통달 범위**(coverage)인데, 이는 특정 미디어 채널 또는 나온 프로그램을 사람들이 수신할 수 있는 물리적 한계다. 세계의 많은 지역에서 방송 신호는 보통 이용이 가능하다. 선진국의 가구 대부분은 이제 케이블이나 위성 서비스를 누린다. 고속 인터넷도 흔한 것이 되고 있다. 그러나 보편적으로 이용 가능한 플랫폼은 매우 드물고, 이런저런 기기들의 보급률은 시간을 두고 변한다. 〈표 4-3〉은 1970년 이래 미국 텔레비전 시스템의 발전상을 요약한 것이다. 이 기간 내내 텔레비전은 거의 모든 가정에서 붙박이였지만 케이블은 달랐다. 사실 10%의 가정은 여전히 지상파만 수신한다. 그러나 보다시피, 새로운 기술은 빠르게 성장할 수 있다. 이것이 미디어 환경 구조를 바꾼다. 상이한 미디어 플랫폼의 통달 범위가 넓어지거

표 4-3 텔레비전 기술의 미국 가구 보급률 (1970년~2012년)

지표: 텔레비전 가구%	1970	1975	1980	1985	1990	1995	2000	2005	2006	2007	2008	2009	2010	2011	2012
TV가구	96	97	98	98	98	98	98	98	98	98	98	98	98	99	97
지상파만	-	-	-	-	-	-	-	-	-	-	12	11	9	10	10
유선 케이블	7	12	20	43	56	63	68	67	66	64	61	61	62	61	61
케이블+ADS	-	-	-	-	-	-	76	85	86	86	87	88	90	90	90
케이블+ADS(유료)	-	-	-	-	29	28	32	42	41	45	45	46	52	50	52
총ADS	-	-	-	26	-	-	-	19	21	23	27	28	29	30	31
디지털 케이블	-	-	-	-	-	-	-	-	-	28	31	38	46	49	51
DBS	-	-	-	-	-	-	-	-	-	-	26	27	29	30	30
DVR	-	-	-	-	-	-	-	-	-	-	19	24	34	38	41
HD수신가능	-	-	-	-	-	-	-	-	-	-	14	18	43	59	67
HD가능	-	-	-	-	-	-	-	-	-	-	17	23	46	60	67
HD화면출력 가능	-	-	-	-	-	-	-	-	-	-	25	32	54	64	70
복수 수상기	35	43	50	57	65	71	76	79	81	82	82	82	83	83	85
DVD	-	-	-	-	-	-	-	-	76	84	87	88	88	86	85
비디오게임	-	-	-	-	-	-	-	-	39	41	39	38	41	43	44
VCR	-	-	-	14	66	79	85	90	89	85	79	72	65	60	57
PC접근	-	-	-	-	-	-	-	-	-	-	-	80	81	83	85
인터넷접근 PC 소유	-	-	-	-	-	-	-	-	-	-	-	73	75	76	78

주 * ADS: 대안적 전달 체계, 유료: 유료 부가 채널, DBS: 위성 방송, DVR: 디지털 녹화기, HD: 에이치디, DVD: 디브이디, VCR: 비디오카세트리코더, PC: 개인용 컴퓨터
자료: Nielsen(2011c).

나 좁아짐에 따라 수용자를 쌓아올릴 길이 열리거나 닫힌다. 인구 규모와 유사하게 통달 범위도 가능한 수용자 부류를 한정한다.

전국 미디어가 '무료' 콘텐츠를 모두에게 제공할 수 있을 때에도 지역 미디어 창구가 특정 프로그램의 재송신을 거부하여 통달 범위에 영향을 줄 수 있다. 미국에서, '네트워크 방송사가 소유하고 직영하는 텔레비전 방송국(O & Os: owned and operated)' 소수를 예외로 하면, 네트워크 가맹사는 자신의 고유한 이해에 따라 행동하는 독립적 사업체다. 이는 가맹사가 재송신 이외의 편성 전략이 더 많은 이윤을 낳을 것이라고 믿는 경우, 네트워크 프로그램을 모두 다 내보내거나 '통과시키지' 않을 수도 있다는 것을 의미한다. 시리즈 전체를 빠뜨릴 수도 일회분 방송을 대체해버릴 수도 있다. **네트워크 통과**(network clearance)상의 이런 차이는 전 국민에게 도달하지 못하는 네트워크 방송 프로그램도 있다는 것을 의미한다.

비슷한 현상이 케이블 네트워크, 합동형 판매 프로그램, 웹에도 존재한다. 케이블 시스템은 일부 케이블 네트워크들을 배타적 층위(tier)로 조직하거나 아예 틀지 않는다. 합동형 판매 프로그램은 구매가 이루어지지 않는 시장도 있기 때문에 통달 범위 면에서 지상파 네트워크 방송사 프로그램과 맞먹는 경우가 거의 없다. 웹사이트가 이론상으로는 인터넷 접근이 가능한 누구에게나 가닿을 수 있지만 콘텐츠 소유주가, 케이블 텔레비전에 가입해 있는 이들과 같은 특정 이용자 집단으로 배포를 제한할 수도 있다. 사이트가 무료 콘텐츠를 어쨌든 제공하면 적극적으로 차단하기도 한다. 기업들은 직장 컴퓨터에 이런 조치를 자주 취한다. 중국은 원하지 않는 콘텐츠를 걸러내는 '거대 방화벽(Great Fire Wall)'을 보유한 것으로 유명하다. 다시 한번 이는 가능한 총수용자 규모에 상한을 두는 일이다.

어떤 특정한 미디어 내에서도 몇몇 다른 구조적 요인이 작동해서 수용자 행태에 영향을 미친다. 첫 번째 고려 사항은 수용자가 대면하는 선택지의 수

그 자체다. 이 수는 대부분의 미디어 양식에서 몇 년 사이 극적으로 증가한 상태다. 1950년대 평균적인 미국 텔레비전 가구는 4개 정도의 채널을 수신할 수 있었다. 케이블과 위성 텔레비전으로 오늘날에는 보통 100개가 넘는 채널을 받는 것이 보통이다. 인터넷은 말할 것도 없고 DVR와 주문형 비디오와 같은 비선형 미디어까지 포함하면 선택지는 거의 무한해 보인다. 앞에서 우리는 이것이 수용자 파편화에 어떻게 기여하는지 살펴본 바 있지만, 늘어난 선택이 모두가 고르게 수용자를 나눠 갖는다는 것을 의미하지는 않는다.

우리는 〈그림 2-2〉에서 격화된 경쟁이 지상파 네트워크 방송사 수용자에 타격을 입혔다는 것을 알게 됐지만, 시청자가 지상파 네트워크를 덜 봐서 남게 된 시간을 어떻게 쓰는지는 알아보지 않았다. 시청자에게 풍요로운 선택지가 있음에도 불구하고 어떤 프로그램과 미디어 창구는 비교적 양호하게 인기를 유지하는 반면, 대부분은 소규모 수용자로 꾸려나가야 한다. 수용자 크기의 이런 차이는 **긴 꼬리**(long tail) 분포라고 불리는 것에서도 볼 수 있다. 〈그림 4-5〉는 미국 텔레비전 네트워크의 긴 꼬리 분포이다. 미디어 창구를 인기가 가장 많은 것에서 가장 적은 것까지 수평 축에 배열했다. 수직 축은 각 네트워크 수용자의 규모를 나타내는데, 특히 월별 큠 또는 도달률을 나타낸다. 옅은 색깔의 막대는 지상파 네트워크 방송사들이다. 이들의 수용자는 예전만은 못하지만 여전히 케이블 업계의 상대보다는 훨씬 많은 시청자를 가지고 있다. 이는, 부분적으로, 더 나은 통달 범위 때문일 수 있다.

인터넷은 이용자에게 이보다도 훨씬 더 많은 선택지를 제시한다. 〈그림 4-6〉은 구글, 야후, 페이스북 같은 선두 인터넷 '브랜드' 138개의 월별 도달률을 보여주는 긴 꼬리 분포이다. 이것 역시 텔레비전의 경우와 기본적으로 같은 형태를 가지고 있지만 그보다 더 심하게 집중되어 있다. 즉, 비교적 소수의 웹사이트가 인터넷을 지배하는 반면, 나머지의 수용자는 빠르게 잦아든다.

그림 4-5 미국 텔레비전 네트워크의 긴 꼬리 분포

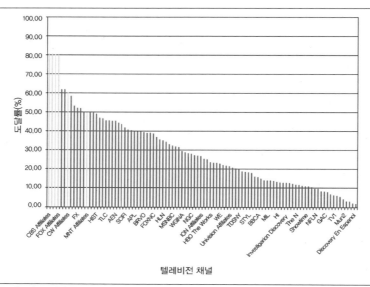

자료: 웹스터 · 크시아젝(Webster and Ksiazek, 2012).

긴 꼬리 분포는, '지수 법칙(power law)' 또는 '80/20' 분포라고도 하는데, 미디어 소비에서 통상적이다. 영화, 음악, 잡지, 어느 쪽을 봐도 비교적 소수의 판매 선두 주자가 대부분의 수용자를 차지한다는 명제가 참임을 알 수 있다. 사실, 인터넷 같이 더 많은 선택지가 있는 미디어는 '승자 독식'의 결과를 낳을 가능성이 흔히 더 크다. 왜 이런 일이 벌어지는지는 수수께끼다. 베스트셀러의 질이 더 높아서 인기도 더 높은 것일 수 있다. 미디어에 대해 이야기하고 싶은 욕망이 사람들로 하여금 눈에 띄는 소수의 메뉴로 '몰려가게' 하는 것일 수도 있다. 소셜미디어와 추천 체계가 거기로 몰려가게 돕는 것 같다. 풍부한 선택지가 수용자 행태에 영향을 미치는 것은 분명하지만 정확히 얼마나 많은 사람이 이 풍부함을 이용하는지는 단순한 문제가 아니다(Anderson, 2006; Webster and Ksiazek, 2012).

그림 4-6 인터넷 브랜드의 긴 꼬리 분포

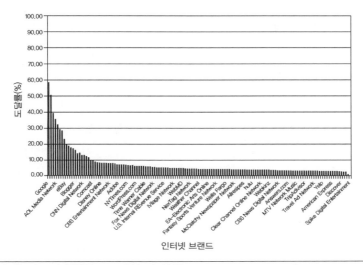

자료: 웹스터 · 크시아젝(Webster and Ksiazek, 2012).

그러나 미디어의 구조적 복잡함은 이용 가능한 채널이나 미디어 창구의 수를 넘어간다. 상이한 형태의 미디어는 자신만의 내적 구조를 가진다. 라디오나 텔레비전 같은 선형 미디어는 사람들에게 일련의 강요된 선택을 제시한다. 볼 만한 프로그램 둘이 서로 대응해서 편성, 방송되는 바람에 시청자가 그중 하나를 선택해야 하는 상황이 능히 있을 수 있다. 상이한 시간대에 편성되었더라면 시청자는 둘 다 볼 수 있었을 것이다. 따라서 **프로그램 편성 순서**(program scheduling)는, 한 채널 독자적으로도 다른 채널과의 대조를 통해서도, 수용자의 규모, 구성, 흐름을 형성하는 데 중요한 요인이 되어왔다.

8장의 논의대로 프로그래머는 수용자에 관한 자신의 지식을 사람들이 경쟁자의 프로그램보다는 자신의 것을 보도록 하는 데 쓴다. 실로 상속 효과, 채널 충성, 반복 시청과 같은, 수용자 중복의 잘 정리된 패턴이 있고, 이들 모두는 구조적 요인에서 비롯된 것으로 보인다(Goodhardt, Ehrenberg and Collins, 1987; Webster and Phalen, 1997). 이런 패턴들은 DVR 같은 비선형 미디어의 보급이 늘어나고 있음에도 불구하고, 관련 연구가 이루어진 적이 있는 모든 나라에서 지속되고 있음이 확인된다(Jardine, 2012; Sharp, Beal and Collins, 2009; Yuan, 2010).

　인터넷에도 구조적 특성이 내재되어 있다. 많은 웹사이트에는 웹의 다른 페이지로 방문자를 안내하는 하이퍼링크가 있다. 이들 링크는 어떤 것은 상대적으로 눈에 더 잘 띄게, 또 접근하기 더 쉽게 만들어 사람들의 방문을 촉진한다. 트래픽을 좌우하는 하이퍼링크의 힘은 구글 같은 검색 엔진의 설계에 포함되어 있는데, 이들 엔진의 추천 순위는 사이트의 인바운드 링크 수와 그 중요도에 따라 매겨진다(Battelle, 2005; Turrow and Tsui, 2008). 검색 엔진은 한계 지어진 합리성의 세계에서 선택하는 일을 돕는 많은 추천자 체계의 하나다. 어떤 것은 제일 많이 본 비디오나 뉴스를 보고하기 위해 머릿수를 센 수치를 쓴다. '소셜TV가이드(social TV guides)' 같은 다른 유는 "바로 당신 같은 분들"이 선택한 바를 추천하는 알고리듬을 쓴다. 이런 시스템은 아무리 유용해도 특유의 편파가 있다. 예컨대, 대부분이 개개인에 맞춤한 결과를 강조해 사람들이 같은 것을 더 많이 소비하도록 장려한다. 거의 모두가 범주 내에서 가장 인기 있는 선택지들로 이용자를 이끈다(Webster, 2010). 이들은 이렇게 해서 공중의 관심을 어떤 것으로는 끌어당기고 다른 것에서는 멀어지게 한다. 이들은 수용자 행태를, 점점 더 깊숙이, 조형하는 또 다른 구조다.

　그러나 이런 요인들로도 미디어 환경이 서로 다른 정도에 대한 설명이 다 된 것이 아니다. 그림을 완성시키는 미시 수준의 미디어 요인이 몇 더 있다.

(2) 개인의 미디어 환경

네트워크 통달 범위, 프로그램 편성 순서, 검색 엔진의 산출과 같은 요인은 일반적으로 수용자 개인의 통제 범위 밖에 있다. 그러나 미디어 환경의 어떤 측면은 개인의 통제 범위 안에 있다. 사실 이 말이 오늘날보다 더 참인 때도 없었다. 새로운 기술과 프로그램 편성 대안이 시장에 진입하면서 각자가 목적하는 바에 맞춰 나름의 미디어 환경을 조형할 수 있는 여지는 더 커졌다. 이런 개인적 결정은 미디어 노출에 확실히 영향을 줄 수 있고 앞에서 검토한 미시 수준의 수용자 요인에도 밀접히 연관돼 있다.

첫 번째로 고려하게 되는 것 가운데 하나가 수용자 개인의 **보유 기기** (technologies owned) 종류다. 라디오와 텔레비전 수신기는 거의 모든 미국 가정에 수십 년간 있었지만, 점점 더 많은 사람이 집 안 여기저기에 복수의 수신 기기를 두는 추세다. 수신 기기의 기술 역시 세월을 두고 변했다. 최신 텔레비전은 대형 화면, 고해상도 화면을 가지고 있을 뿐 아니라 인터넷 접근도 내장한다. 날이면 날마다 소비자를 유혹하는 새로운 전자 장난감이, 최신 태블릿이건 스마트폰이건, 등장하는 듯하다. 전 세계 56개국 온라인 응답자를 대상으로 한 2011년의 한 서베이는 얼마나 많은 이가 더욱 새로운 미디어 플랫폼 몇 종을 보유하고 있거나 구매할 의향이 있는지를 알려준다. 예를 들면 12%의 응답자만 태블릿을 가지고 있다고 했으나 그 밖의 19%가 하나를 살 계획이라고 답했다. 비슷하게, 36%가 스마트폰을 가지고 있었고 그 밖의 21%가 하나를 구할 의향이 있었다(Nielsen, 2011b). 개인들은 쓸모가 — 이웃에게 인상을 남기는 것일 따름일지라도 — 있다고 믿기에 이런 기기들을 구입할 터이다. 그러나 이런 플랫폼 어느 하나도 그 소유가 사람들의 미디어 이용 방식을 바꿀 수 있고, 이런 변화가 모여 전반적인 수용자 행태에 영향을 미칠 수 있다.

가입(subscriptions)은 각 개인이나 가구가 내리는 또 다른 결정이다. 사람들은 신문이나 잡지 같은 인쇄 미디어에 구독자로 가입해왔다. 이제는 다양한 온라인 출판 및 관련 서비스는 물론이고 인터넷 서비스 제공자(ISPs:

표 4-4 노출에 영향을 미치는 미디어 요인

구조적		개인적	
통달 범위	가구 보급률	**보유 기기**	라디오 및 TV 수신기
	신호 도달 범위		DVD 및 DVR
	네트워크 프로그램 통과		컴퓨터/스마트폰
콘텐츠 선택지	선택 가짓수	**가입**	케이블/위성
	프로그램 편성 순서		인터넷 서비스
	하이퍼링크		프리미엄 서비스
추천자 체계	검색 엔진	**레퍼토리**	채널 레퍼토리
	소셜미디어		북마크

Internet service providers), 케이블이나 위성 시스템, HBO나 넷플릭스(Netflix) 같은 프리미엄 서비스에 가입한다. 이들은 명백히 노출의 차별화된 유형을 가능하게 한다.

개인은 자신의 미디어 환경을 구조화하는 독특한 버릇들도 가지고 있다. 대부분의 미디어 이용자는 엄청난 수의 선택에 대처해야 한다. 수많은 채널에 직면한 텔레비전 시청자가 **채널 레퍼토리**(channel repertoire)를 개발한다는 사실이 알려진 지는 꽤 됐다(Heeter and Greenberg, 1988). 채널 레퍼토리는 가용 채널 가운데 시청자가 활발히 이용하는 채널로 된 작은 부분집합이다. 예컨대 100개의 채널을 수신하는 이들은 일반적으로 평소 15개 정도를 이용한다. 이런 이용 유형은 세계적으로도 흔하다(Yuan and Webster, 2006). 유사하게, 웹에서 엄청난 선택에 직면한 사람들은 '북마크(bookmarks)'에 의존한다. 미디어 이용이 이제는 복수의 플랫폼들을 가로질러 이루어지면서 수용자 분석가들은 북마크 비슷한 '미디어 레퍼토리'를 식별하기 시작했다(예컨대 van Rees and van Eijck, 2003). 이런 레퍼토리는 대부분의 채널과 웹사이트에 대한 노출을, 심지어는 클릭 한 번의 거리에 있는 경우라도, 효과적으로 배제할 수 있다. 더구나, 이용자가 자신의 선호를 미리 설정하는 것을 허용하거나 그의 이용 습관을 '배우고' 지탱하는 기기들이 레퍼토리를 한층 심하게 고착시킬 수 있을 것이다. 결산해보면 일상에서 미디어 이용자 개개인은 놀랍도록 제한적인 메뉴에서 선택한다는 것이 된다. 이들 메뉴는 각 개인에게 맞춰져 있고 더 광범한 선택에 효과적인 장애로 작용할 수 있다. 〈표 4-4〉는 이제까지 논의한 미디어 요인을 요약한 것이다.

4. 수용자 행태의 통합적 모형

수용자 행태는 많은 것에서 영향을 받는다. 이전 절에서 이들 대부분을 정의하고 논했지만 그 퍼즐 조각들을 맞추지는 않았다. 수용자 행태에 대한, 응집력 있는 설명틀 내지 모형틀을 만드는 계제인 만큼 여기서는 한 걸음 물러서서 나온 이야기를 되새기는 것이 유용하다. 좋은 설명 모형은 바른 질문을 하는 것을 돕고 또 그럼으로써 데이터 분석을 이끈다.

수용자 조사연구 집단은 사람들의 전자 미디어 이용을 이해하는 데 상당한 시간과 노력을 쏟아왔다. 광고대행사와 미디어 자신이 수용자 형성에 대한 실용주의적 연구를 해왔고, 경제학자는 프로그램 선택에 대한 보다 추상적 이론을 개발해왔으며, 사회심리학자는 미디어 이용의 근원을 드러내고자 끝없이 이어질 것 같아 보이는 실험과 서베이를 수행해왔다. 이들 분야 그리고 많은 다른 분야의 진전에도 불구하고, 각 집단이 다른 집단과 끊어져 고립된 채로 작업하는 바람직하지 못한 경향이 지속돼왔다. 이론가와 실무자 사이의 협업이나 심지어 학제 간 연구마저 너무나도 드물다.

지나치게 단순화하는 위험을 무릅쓰자면, 수용자 이해에 대한 잘 구분되는 접근 두 개가 확인될 수 있다. 첫 번째 접근은 개인적 요인의 중요성을 강조한다. 이런 관점은 심리학, 언론학, 어느 정도는 마케팅과 경제학 연구에서 전형적이다. 이 접근은 또한 엄청난 직관적 호소력이 있고 수용자에 관한 대부분의 상식적 설명을 규정지을 터이다. 수용자는 결국 단순히, 개인을 모아 놓은 것이다. 확실히, 개인 수준의 행태를 이해할 수 있다면 집단 행태의 보다 큰 패턴을 설명할 수 있는 능력도 따라올 것이다. 개인 수준에서 수용자 행태를 개념화할 때 우리는 개인을 구별 짓는 것들에 생각을 집중해서 설명을 모색하는 경향이 있다. 행태를 설명하는 방편으로 무엇보다도 선호를 부각해왔다. 그렇지만 여기에 초점을 두면 보다 집합적인 수준의 분석을 결정화하는 패턴을 알아보지 못하고 자주 놓치게 된다. 예컨대, 어느 한 사람의 시청자가 상속 효과를 만들어낼 것 같지는 않은데도, 매일 밤 이런 수용자 흐름을 관찰하곤 한다. 긴 꼬리 분포를 만들자고 사람들이 담합할 것 같지는 않은데도, 이들의 행동은 매우 규칙적으로 그 같은 분포를 만든다.

두 번째 시각은 대중 행동의 핵심 결정 인자로 구조적 요인을 강조한다. 이 접근은 사회학, 사회 연결망 분석, 적어도 어떤 형태의 마케팅과 광고 연구에서 보다 흔하다. 수용자 행태를 이해하려고 꾀할 때 개인적 필요와 욕구의 역할을 절하하고 시장 정보, 통달 영역, 편성 순서, 하이퍼링크와 같은 것에 집중한다. 이 영역의 연구가 집합적 데이터의 통계적 설명에서는 크게 성공적일 수 있지만, 공허하게 들리는 경우가 잦다. 즉 그것은 자주, 인간적으로 의미하는 바가 뭐냐는 - 우리 자신에 대해 이야기해주는 것이 뭐냐는 - 질문을 하고 싶게 만든다는 것이다. 여기에 대한 설명이 대개는 가능하지만, 이런 설명이 늘 명백한 것은 아니다.

어느 쪽도 옳거나 그르지 않다는 것을 아는 것이 중요하다. 수용자를 보

그림 4-7 **수용자 행태의 한 모형**

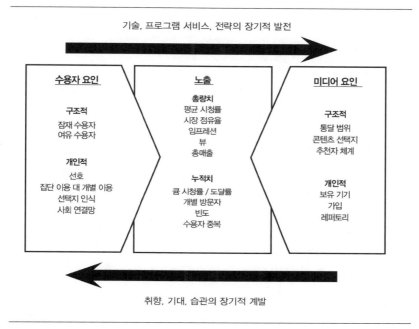

는 서로 다른 시각이 있을 뿐이다. 전자는 미디어 이용자 개인에 초점을 두고 수용자를 안으로부터 이해하려고 한다. 후자는 구조에 초점을 두고 바깥으로부터 파고든다. 교수들은 가끔 이들 접근이 '행위 주체(agency)'나 '구조(structure)' 가운데 어느 하나를 강조한다고 말한다. 그리고 "하나 없이 다른 하나도 없다"고 하는 ― 학계에서 '이중성(duality)'이라고 부르는 그 무엇을 주장하는 ― 학파가 있다(Giddens, 1984; Webster, 2011). 즉, 사람들이 자신의 욕구를 행동으로 실현하기 위해서는 구조를 필요로 하고, 또 그런 행동을 통해 그런 구조를 재생산하고 변화시킨다는 것이다. 행위 주체와 구조는 '서로를 구성'한다는 것인데, 이는 수용자에 대해 생각할 때도 생산적인 방법이다. 프로그램 편성 순서를 구조적 요인의 하나라 하지만, 그러나 프로그래머도 편성을 시청자의 행동에 끊임없이 맞춰 조절한다. 신호 통달 범위가 하나의 구조지만, 이것은 개개인의 기기 구매와 서비스 가입에 의존한다. 비슷하게, 검색 엔진과 같은 추천자 체계는 구조적이지만, 이것도 개개인의 행동을 모아서 추천을 만든다. 이런 나열은 끝이 없다. 수용자 행태의 가장 종합적인 모형은 행위 주체와 구조의 역할, 그리고 그 사이의 긴장을 인정한다(예컨대 Cooper and Tang, 2009; Webster, 2011; Wonneberger, Schoenbach and van Meurs, 2009; Yuan and Ksiazek, 2011).

〈그림 4-7〉에 제시한 모형은 수용자 연구에서 흔히 정의하는 대로의 수용자 행태에 대한 우리의 생각을 조직하는 것을 돕자는 의도에서 나온 것이다. 연관 관계들을 폭넓게 제안하고는 있지만, 그 자체만 놓고 볼 때 검증할 가설을 제시하지는 않는다. 확실히 수리적 모형이 되기에는 모자란다(6장에서 몇몇 수리적 모형을 토의하는 데 〈그림 4-7〉이 디딤돌로 쓰이기는 한다). 이 모형은 단기적 수용자 행태에 초점을 둔다. 그것이 고려하는 단기간에 우리가 보는 구조가 변할 가능성은 상대적으로 매우 작다.

우리가 설명하고자 하는 바, 모형의 중심 요소는 미디어 노출이다. 1장에서 논한 바와 같이 수용자 분석가의 관심은 거시 수준의 행태에 있다. 이 장 서두에서는 거시 수준의 행태가 총량치와 누적치의 범주로 분류될 수 있음을 보았다. 노출의 원인으로는 두 가지 광폭 범주가 제시되었다: 수용자 요인과 미디어 요인. 두 요인을 담은 상자의 모양은 영향이 미치는 방향을 표시한다. 예컨대, 이 모형은 수용자 요인이 시청률에 영향을 주는 것이지 받는 것은 아니라고 제안한다. 각 상자 내부의 요인 사이에도 인과 관계가 있다. 예컨대, 수용자 선호는 아마도 수용자 여유의 패턴에 영향을 주고, 케이블 가입은 케이블 네트워크의 통달 범위를 결정짓는 데 기여할 것이다. 이런 모든 상호 연관을 제안하는 화살표는 모형을 간명하게 하느라 생략하는 쪽을 택했다.

이 모형을 사용하자면 분석을 희망하는 수용자 행태의 종류가 무엇인지를 정해야 한다. 특정 시점에서의 수용자 크기와 같은 총량치에 관심이 있는가, 아니면 수용자 집단 구성원이 시간을 두고 하는 행위의 양태와 같은 누적치에 관심이 있는 것인가? 우리는 수용자 행태를 평가, 설명, 예측하는 과정의 출발점으로 구조적 결정 요인의 고려를 권한다. 구조적 설명에서 출발하는 것이 좋겠다고 하는 데는 세 가지 이유가 있다. 첫째, 분석의 대상인 노출 측정치와 비슷하게 거시 수준의 분석을 지향한다. 둘째, 알아내기가 쉽다. 편성 순서, 네트워크 통달 범위, 총수용자에 관한 정보는 흔히 시청률 조사 보고서 자체에 들어 있다. 수용자의 인식이나 이용자 선호의 강도와 같은 개인적 요인은 잡아내기가 좀 더 어렵다. 셋째, 구조적 설명은 경험상 대부분의 수용자 데이터와 잘 맞아들어 간다. 그러나 이런 시도가 만족스러운 설명을 제시하지 못하면 모형의 양쪽에 있는 개인 수준 요인들을 차근차근 검토하기 시작해야 할 것이다.

모형을 더 잘 이해하기 위해 예를 들어 차근차근 설명해보겠다. 이는 어려운 수용자 연구 문제에 대해 간편한 답을 주자는 것이 아니라 분석가로서 관련 요인을 빠짐없이 두루 생각하도록 안내하는 데 목적이 있다는 점을 유념했으면 한다. 예로 지역 텔레비전의 뉴스 프로그램 시청률을 생각해보자. 방송국에 따라 시청률이 달라지는 이유가 무엇인가? 미래에는 어떤 요인이 한 방송국의 수용자 규모를 결정하게 될 것인가? 지역 방송국 경영진과 프로그래머는 물론이고 광고주도 이런 종류의 분석에 관심이 있을 것이다. 여러분 자신이 한 방송국에 고용되어 그 방송국이 처한 상황을 평가하기를 원한다고 상상해보자.

시청률은 물론 수용자 규모의 총량치다. 특히 지역 뉴스 시청률은 방송국 수익에 중요한 영향을 미친다. 한 방송국 뉴스 수용자의 규모를 설명하자면 먼저 구조적 요인을 생각하는 것이 마땅하다. 수용자 규모가 절대 수치로 표현되어야 한다면 해당 시장의 인구가 규정하는 잠재 수용자 규모를 알 필요가 있겠다. 동시에 그 방송국 통달 범위의 성격을 고려해보기를 원할 것이다. 초단파(VHF) 방송국인가 극초단파(UHF) 방송국인가? 후자라면 대개, 이미 불리한 위치에 처한 것이다. 방송국 신호 관련 요인이나 지역 내 지리적 요인으로 잠재 시청자 전부에게 다가가는 능력에 제한이 있는 것은 아닌가? 다음으로는 뉴스가 방송되는 시간의 수용자 규모를 알고 싶어 할 것이다. 물론 점유율 데이터의 분석은 이 점을 지나칠 수도 있지만 ─ 시청률에 관심이 있는 만큼 ─ 여유 수용자 규모가 클수록 높은 시청률을 기록할 가능성도 커진다. 지역 뉴스를 시청할 가능성이 보다 큰 수용자 하위 집단들에 특별히 주의할 수도 있겠는데, 경험이 알려주는 바에 따르면 이들 집단의 구성원은 아마도 나이가 비교적 많은 성인일 것이다. 다음으로는 편성 순서에 관련된 다양한 요인을 고려하게 될 것이다.

여러분의 첫 번째 편성 관련 고려는 경쟁을 평가하는 일에 관한 것일 터이다. 경쟁자 수가 정확히 얼만가? 그 수가 증가함에 따라 여러분의 시청률도 저하되기 쉽다. 타 방송국들은 통달 범위의 측면에서 해당 시장을 커버하는 데 특별한 이점을 누리고 있는가? 주요 경쟁 상대들이 여러분의 뉴스 프로그램에 대응해서 편성할 공산이 큰 프로그램은 무엇인가? 단지 뉴스 프로그램만 상대하게 될 것인가, 아니면 대응편성된 다른 뭔가일 것인가? 여러분의 방송국이 독립 방송국을 마주한 네트워크 가맹사라면 후자의 경우가 될 가능성이 훨씬 크다. 뉴스가 방영되는 시간에 시청할 여유가 있는 수용자 집단 안에 뉴스를 볼 확률이 낮은 집단, 예컨대 어린이와 젊은 성인이 많이 포함되어 있다면 여러분의 방송국 시청률은 타격을 입을 수 있다. 뉴스 앞뒤로 편성할 프로그램도 고려하라. 시청률이 높은 유입 프로그램은, 특히 뉴스를 시청하는 수용자 집단의 시선을 끈다면, 시청률에 도움이 된다. 여러분의 방송국이 네트워크 가맹사라면 네트워크 뉴스 프로그램의 역량을 주의 깊게 살펴보라. 관련 연구는 지역 뉴스와 네트워크 뉴스 시청률 사이에 매우 강력한 연관이 있다는 것을 증명해왔다.

이런 구조적 요인들로 지역 뉴스 시청률의 변화 대부분을 설명할 수 있는 경우가 그렇지 못한 경우보다 잦다. 이 가운데 일부, 유입 프로그램 편성과 같은 것들은 개별 방송국이 통제할 수 있다. 경쟁 상대의 수와 같은 다른 요인은 통제 범위 밖에 있다. 그러나 시청률 1점도 방송국의 수익성에 실질적 차이를 가져올 수 있기 때문에 개인적 요인들에 대한 고려는, 특히 방송국이 조절할 수 있는 것일 경우, 필수일 수 있다.

그중 고려의 대상이 될 가능성이 가장 큰 것에 시청자의 선호와 인식이 있다. 시청자에 대한 호소력에 차이가 나는 출연자나 프로그램 형식이 있는가? 방송국 상담역이 ― 뉴스 박사라고 불린다 ― 관련 결정을 내리는 데 고액을 매년 청구한다. 소셜미디어를 모니터하는 것이 사람들의 선호와 몰입 수준을 평가하는 보다 값싼 방법일 수 있다. 그러나 기억할 것은 이들 모니터 대상자가 시청자 전체를 대표하지는 않는 스스로 나선 논평자라는 점이다. 시청률이 연속적으로 측정되지 않는 시장에서는 흔히 시청률 집중 조사 기간에 맞춰 특집 보도를 편성하곤 한다. 그러나 끌어들일 시청자의 특집 관련 인식이 없다면 시선을 사로잡는 탐사 보도라도 프로그램 시청률을 높일 것 같지 않다. 그래서 방송국은 특집 편성과 동시에 판촉과 광고에 비상한 노력을 기울여야 한다. 이 대목에서 소셜미디어는 다시 한번 프로그램 인지도를 높이거나 공중의 관련 대화를 쌓아갈 새로운 기회를 열고 있는데, 그 과정을 꾸려나가는 것이 때로 어려울 수 있긴 하다. 시장 내의 모든 방송국이 아마 같은 일을 하고 있을 것이다. 그래서 수용자 선호에 맞추는 것이 원리로는 중요하지만 실제 시청률상으로는 큰 차이가 없을 수 있다. 그렇다고 하더라도, 작은 우위가 프로그램 수익성에는 중대할 수 있다.

인터넷 수용자 행태에 대한 분석도 ― 노출을 대개 개별 방문자, 페이지뷰 또는 임프레션으로 정의하는 것 이외에는 — 텔레비전의 경우와 같은 경로를 따른다. 예컨대, 한 웹사이트에서 다른 웹사이트로의 트래픽 흐름에 대한 설명을 원한다고 하자. 이는 수용자 충성심에 관한 뭔가를 드러낼지 모른다. 여기서 우리가 관심을 두는 행태는 그 유가 누적치에 관한 것이고, 아마도 웹사이트 간 수용자 중복에 관한 연구가 여기에서 할 수 있는 최선의 선택일 것이다. 다시 한번 구조적 요인에 대한 고려에서 출발하라. 만일 우리가 전 지구적 수용자 흐름에 — 종국적으로 이것은 월드 와이드(전 지구적) 웹이므로 — 관심이 있다면 아마 웹사이트에서 사용되는 언어에 주목하고 싶어질 것이다. 충성심도 언어와 종족적이고 민족적인 정체성을 중심으로 돌아갈 가능성이 크다. 고려해야 할 미디어 구조 가운데는 사이트 사이의 연결이 가진 성질도 있겠다. 하이퍼링크로 묶인 사이트들은 트래픽을 공유할 가능성이 더 높다. 여러분은 또 어떤 사이트를 상대적으로 더 돋보이게 만드는 데 이용자 정보 체제가 하는 역할을 평가하고 싶을 것이다. 구조적 요인 몇이면 사이트 사이의 수용자 중복을 설명하는 것이 가능할 수 있다. 아니라면, 뉴스, 스포츠, 연예오락, 쇼핑 등등의, 사이트 종류에 대한 정보를 더하는 것이 콘텐츠에 대한 이용자 선호의 범위를 더 잘 반영하면서 어떤 사이트들이 서로 뭉치는 것으로 보이는 이유를 설명하는 데도 유용할 수 있다.

마무리로 미디어 노출의 장기적 본성에 대해 간략히 언급하는 것이 좋겠다. 수용자 행태의 성격을 보기 좋게 그린 화살표와 상자로 규정짓는 일의 한 가지 위험은 사태를 실제보다 단순하게 보이도록 만든다는 것이다. 예컨대, 우리의 모형은 노출을 다른 요인의 원인이 아니라 결과로 정의했다. 그러나 시간을 두고 보면 시청률이 미디어 구조에 실질적 영향을 미칠 수 있다(예컨대, Anand and Peterson, 2000; Napoli 2011). 유사하게, 이미 제시한 바와 같이, 우리의 모형은 수용자 요인과 미디어 요인이 서로 무관한 정도가 높다고 암시한다. 단기적으로는 말이 되는 가정 같아 보이지만, 장기적으로 보면 수용자 행태에 대한 왜곡된 상을 조장할 수 있다.

이런 이슈를 적어도 인정은 하느라, 우리는 수용자 요인과 미디어 요인 사이의 장기적 관계 일부를 적시했다. 예컨대 잠재 수용자의 성장과 수용자 여유의 패턴이 명백히 미디어 사업과 편성 전략의 개발에 영향을 미친다. 거꾸로, 미디어의 구조와 콘텐츠가 의심할 바 없이 수용자 쪽의 특정한 취향, 기대, 습관을 키운다. 이들은 중요한 관계지만 우리가 목적하는 바에서는 비켜나 있다. 이런 한계를 염두에 두면서 우리는 저 모형이 수용자 데이터를 평가하고 나머지 장에서 논의되는 분석적 기법들을 활용하는 데 유용한 틀이 되기를 바란다.

Anderson, C. 2006. *The long tail: Why the future of business is selling less of more.* New York: Hyperion.

Barwise, P. and Ehrenberg, A. 1988. *Television and its audience.* London: Sage.

Hartmann, T(ed.). 2009. *Media choice: A theoretical and empirical overview.* New York: Routledge.

McFarland, D. T. 1997. *Future radio programming strategies: Cultivating listenership in the digital age.* Mahwah, NJ: Lawrence Erlbaum Associates.

McPhee, W. N. 1963. *Formal theories of mass behavior.* New York: The Free Press.

McQuail, D. 1997. *Audience Analysis.* Thousand Oaks, CA: Sage.

Owen, B. M. and Wildman, S. S. 1992. *Video economics.* Cambridge, MA: Harvard University Press.

Praiser, E. 2011. *The filter bubble: What the Internet is hiding from you.* New York: Penguin Press.

Prior, M. 2007. *Post-broadcast democracy: How media choice increases inequality in political involvement and polarize elections.* Cambridge, UK: Cambridge University Press.

Rosengren, K. E., Webnner, L. A. and Palmgreen, P(eds.). 1985. *Media gratifications research: Current perspectives.* Beverly Hills, CA: Sage.

Stroud, N. J. 2011. *Niche news: The politics of news choice.* Oxford, UK: Oxford University Press.

van Rees, Kees, and Koen van Eijck. 2003. "Media Repertoires of Selective Audiences: The Impact of Status, Gender, and Age on Media Use." *Poetics* Vol. 31, No. 5~6, pp. 465~490.

Webster, J. G. and Phalen, P. F. 1997. *The mass audience: Rediscovering the dominant model.* Mahwah, NJ: Erlbaum.

Zillmann, D. and Bryant, J(eds.). 1985. *Selective exposure to communication.* Hillsdale, NJ: Lawrence Erlbaum Associates.

Zillmann, D. and Vorderer, P. 2000. *Media entertainment: The psychology of its appeal.* Mahwah, NJ: Lawrence Erlbaum Associates.

총량 측정치 분석

1장에서 살펴본 대로 전자 미디어를 다루는 많은 이들에게 '수용자 조사연구'는 단지 '시청률 조사연구'를 의미한다. 업계 종사자 모두가 같은 견해를 갖고 있는 것은 아니겠지만, 업계를 이렇게까지 압도하는 형태의 수용자 측정은 없다는 것이 사실이다. 그래서 다음 두 장의 초점은 시청률 정보에 대한 분석과 해석에 두었다.

일단 수용자 데이터가 수집, 편집, 보고되면 그 의미를 해석하는 것은 분석가에게 달려 있다. 다행히도, 이런 종류의 수용자 데이터를 분석하는 일을 맡을 때마다 처음부터 새로 시작할 필요는 없다. 미디어 업계와 학계의 조사연구자들은 다수의 유용한 분석 전략을 개발해놓았다. 이런 기법을 익히는 것에는 두 가지 중요한 이점이 있다. 첫째, 시험을 거쳤고 장단점이 잘 알려져 있다는 것이다. 둘째, 분석 기법의 표준화는 많은 이점이 있다. 이런저런 종류의 비교는 시청률 분석에서 중요한 역할을 한다. 예컨대 수용자 도달 비용을 각자 달리 계산한다면 의미 있는 비교는 어렵거나 불가능할 것이고 따라서 분석의 효용을 제한하게 될 터이다. 도달 비용의 분석은 상이한 플랫폼들을 가로질러 매체 비용을 비교하고 싶어 하는 프로그래머와 광고주의 주요 관심사가 돼 있다. 표준화는 수용자에 대해, 그리고 수용자가 전자 미디어의 운용에서 하는 역할에 대해 체계적 지식을 쌓는 데 도움을 줄 수 있다. 만일 하나의 연구가 그다음 연구에 직접적인 관련을 가진다면 연구의 진전상, 그리고/또는 진전 불가능한 지점을 보다 쉽게 알아볼 수 있게 된다.

4장에서는 **총량 측정**(gross measurements)과 **누적 측정**(cumulative measurements)을 정의했다. 이 구별에 따라 우리는 분석 기법을 두 장, 총량 측정을 다루는 장과 누적 측정을 다루는 장으로 나누어 묶었다. 우리는 이 구분이 늘 분명한 것은 아니라는 점을 인정한다. 한 종류의 분석은 흔히 다른 종류의 분석과 엮이고, 이 둘 사이에는 엄격한 수리적 관계도 있을 수 있다. 그러나 이렇게 나눠 묶는 것이 독자들을 어리둥절하게 만들 정도로 다양한 갖은 데이터 운용 기법을 요연하게 다루는 데 도움을 줄 수 있다.

각 장에서 우리는 가장 간단한 분석 기법에서 가장 복잡한 기법으로 나아간다. 이렇게 진행하는 동안 우리의 언어는 불행히도 점차 난삽해질 것이지만, 기술적 전문 용어는 최소화하도록 노력할 것이다. 분석 기법 다수의 이해는 간단한 산술에 대한 이해만 있으면 된다. 그러나 일부는 다변량 통계의 사용을 포함한다.

1. 방송 기반 계측치

우리는 방송에서 흔히 사용되는 계측치를 검토하는 것으로 시작한다. 다수의 이런 측정 척도는 라디오 초창기로 돌아간다. 총량 측정치는 일정 시점에 순간적으로 포착된 수용자 상이라고 생각해볼 수 있다. 이 범주에 속하는 측정치로는 측정치 자체(예로 시청률과 점유율)와 이런 측정치의 연산치(예로 시청률 총점), 또 부가 데이터를 이용한, 측정치의 분석치[예로 수용자 1%에 도달하는 데 드는 비용의 계산, 즉 '점당 비용(CPP: cost per point)']가 있다. 이 범주에서 배제되는 것이 시간을 두고 개별 수용자를 추적하는 일을 요하는 수용자 측정치들이다.

이 책에서 **시청률**(ratings)이나 **점유율**(share) 같은 용어를 죽 자주 썼다. 이들 용어의 기본 정의는 4장에 나와 있지만, 분석가가 알아 마땅한 수많은 뉘앙스가 거기서는 무시됐었다. 사실, 이들 측정치는 그 자체로 1차적인 데이터 분석치의 일종이라는 점을 인식하는 것이 중요하다. 시청률, 점유율, 총수용자 추정치는 모두 데이터베이스에 적용된 수학적 연산의 결과이다.

추정 수용자(projected audiences)는 가장 기본적인 수용자 총량 측정치다. 이 맥락에서 추정은 모집단에서 벌어지는 바를 표본으로부터 추정함을 뜻한다. 미래의 수용자에 대한 추측과 혼동하지 말아야 한다. 얼마나 많은 이가 시청·청취했는가라는 질문에 답하려는, 수용자 절대 규모의 추정치다. 수용자 추정은 특정 프로그램이나 특정 방송국, 또는 특정 시점에 특정 미디어를 이용하는 모든 이를 대상으로 할 수 있다. 추정은 가구별로, 개인별로, 또는 18~49세 남성 뉴스 시청자와 같은 다양한 수용자 부분집합을 대상으로 할 수 있다. 시청률 보고서 숫자의 대부분은, 대상이 프로그램 콘텐츠이거나 광고 콘텐츠이건 간에, 단순히 수용자 절대 규모에 대한 추정치다.

추정은 표본에서 출발한다. 가장 간명한 추정의 방법은 프로그램, 방송국, 미디어를 이용하는 표본 구성원의 비율을 판정하고 인구 규모로 곱하는 것이다. 예컨대 프로그램 갑을 시청한 가구가 얼마나 되는지를 알고 싶다고 한다면, 표본을 살펴 20%가 갑을 시청했음을 특기하고 이를 텔레비전을 보유한 시장 내 가구 수의 추정치, 말하자면 10만 가구로 곱하는 것이다. 프로그램 갑을 시청한 '텔레비전 가구(TVHH)' 수의 추정치는 따라서 2만이 될 것이다. 물론 그 비율이 시청률이다. 따라서 추정 수용자는 다음 식에 의해 도출된다.

$$시청률(\%) \times 인구 = 추정 수용자$$

이것이 수년간 닐슨이 계량기 표본에 적용한 접근법이었다. 산입 표본은, 더 이상의 조정 없이, 모집단을 적절히 대표한다고 간주됐다. 오늘날은 표본 규모를 키우느라 지역 피플미터 패널을 전국 표본에 접어 넣으면서 응답자에게 가중치를 준다 — 수용자 측정에서 수년간 표준 운영 절차가 돼온 방법론적 교정이다. 이미 살펴본 바와 같이, 저조하게 대표된 집단은 다른 집단에 비해 무거운 가중치를 주는 것이 통례이고, 표본에 가중치를 주는 데 사용되는 구체적 변인이나 이런 가중치가 결합되는 방식은 시장마다 다르다. 최종 결과는 가중치를 준 가구나 개인의 응답을 합해 수용자 규모를 추정하는 것이 된다. 위에서 묘사한 간단한 절차와는 달리 여기서는 시청률 이전에 추정 시청자가 결정되어야 한다. 사실, 표본 가중치 부여 내지 표본 균형 잡기가 이루어지는 경우에는 수용자 추정치가 시청률 계산에 사용되는 것이지 그 역이 아니다.

수용자 추정은 광고의 맥락에서 사용되어 수용자 총량이나 **총임프레션**(gross impressions)이라 불리는 숫자를 산출하는 데 가끔 합산된다. 이는 상이한 시점의 프로그램 수용자 혹은 방송국 수용자를 모두 더한 값이다. 이들 시점은 광고 메시지의 편성 시간에 의해 정해지는 것이 보통이다. 〈표 5-1〉은 18~49세 여성 시청자 집단에 대해 4회 방영된 광고 메시지의 총임프레션이 어떻게 결정될지를 보여주는 간단한 예이다.

총임프레션은 백분율 점수가 아니라 정수로 표현된다는 점만 빼면 시청률

표 5-1 총임프레션의 계산

광고 시청 가능 시간	18~49세 여성 수용자
월요일 오전 10시	2500
수요일 오전 11시	2000
목요일 오후 4시	3500
금요일 오후 9시	1500
합계(총임프레션)	9500

총점, GRP와 꼭 같다. 이들은 특정 메시지나 캠페인에 대한 수용자 총노출의 대략적 추정치를 제공한다. 이들은 노출 빈도나 수용자 중복을 고려하지 않는다. 따라서 총임프레션 1만은 1만 명이 메시지를 1번씩 봤다는 뜻도 1000명의 사람이 10번씩 봤다는 뜻도 될 수 있다.

시청률은 수용자 총량 측정치 가운데 가장 친숙한 것이다. 추정 수용자와는 달리, 정수가 아니라 총인구의 백분율로 수용자 규모를 표현한다. 따라서 가장 간단한 시청률 계산은 방송국 수용자 혹은 프로그램 수용자를 잠재 총수용자로 나누는 것이다. 실무에서 '%'는 전제되므로, 20%의 수용자를 가진 프로그램은 시청률이 20점이라고 이야기된다.

시청률의 기저가 되는 잠재 수용자는 변할 수 있다. 네트워크 방송사의 가구 시청률은 모든 미국 텔레비전 가구를 분모로 한다. 그러나 시청률은 가구 아닌 일반 사람도, 다양한 특정 범주의 사람도 기저로 할 수도 있다. 지역 시장 보고서에는 지정 시장 영역(DMA)과 대도시(Metro)와 같은 상이한 시장 지역에서 올린 방송국 시청률도 들어 있다. 전국 케이블과 위성 네트워크 중에는 시청률의 기저를 모든 텔레비전 가구나 심지어는 케이블 가구 전체로도 하지 않고 어떤 한 네트워크 방송을 수신할 수 있는 가정만으로 한정하는 곳이 있다. 이렇게 하는 데는 근거가 없지 않지만, 이런 변칙은 데이터 해석에 영향을 끼칠 수 있다. 따라서 시청률 분석가는 시청률의 기저인 잠재 수용자

표 5-2 **시청률 계산**[*]

기본 시청률	R(%) =	$\dfrac{\text{프로그램이나 방송국을 시청하는 텔레비전 가구}}{\text{텔레비전 가구 총수}}$
4분시 시청률	QH =	$\dfrac{\text{15분에 5분 이상 시청한 가구}}{\text{텔레비전 가구 총수}}$
평균 4분시 시청률	AQH =	$\dfrac{\text{4분시 시청률 합계}}{\text{4분시 수}}$
평균 수용자 시청률[**]	AA =	$\dfrac{\text{텔레비전 가구가 프로그램 콘텐츠 시청에 소비한 분의 총수}}{\text{프로그램 분 길이} \times \text{텔레비전 가구 총수 또는 인구 총수}}$
C3 시청률	C3 =	$\dfrac{\text{방영 3일 내에 가구나 개인이 한 프로그램 내 광고의 시청에 소비한 분의 총수}}{\text{광고 분 길이} \times \text{텔레비전 가구 총수 혹은 인구 총수}}$
HUT 시청률	HR =	$\dfrac{\text{추정 HUT 수준}}{\text{텔레비전 가구 총수}}$
시청률 총점	GRP =	$R_1 + R_2 + R_3 + R_4 + R_5 \ldots + R_n$

주* 시청률을 계산하는 정확한 방법은 표본 구성원의 응답이 가중치를 차별적으로 부여받았느냐에 좌우된다. 그렇게 부여받은 경우, 프로그램 수용자가 추정된 다음에 추정 인구 총수에 의해 나눠진다. 표본 구성원에 대한 가중치 부여가 없거나 균등한 가중치를 부여받은 경우에는 표본 내 비율이 그대로 시청률을 결정하고 그에 따르는 수용자 추정치들도 결정한다.

** 이 계산에서 텔레비전 가구가 프로그램 시청에 소비한 분(minutes)의 수는 모든 텔레비전 가구를 통틀어 합산된다. 이를, 프로그램 분 길이에 텔레비전 가구 총수를 곱해서 구하는 시청 가능했을 분의 총수로 나눈다. AA는 또한 프로그램 내의 특정 4분시에 대해 보고될 수 있는데, 이 경우 분모는 '15분 × 텔레비전 가구 총수'다.

가 누군지 알고 있어야 한다.

시청률에 더해 어떤 시점에서 미디어를 이용하는 이들의 총수를 요약하는 것이 흔히 유용하다. 가구가 분석 단위일 때 이 요약은 **시청 중 가구**(households using television)라고 하거나 짧게는 **HUT 수준**(HUT level)이라고 한다. 이는 해당 시장의 텔레비전 가구 총수의 백분율로 표현되는 것이 보통이다. 시청률과 마찬가지로 절대 수치로 표현하는 것도 가능하다. 개인이 세는 단위가 되는 경우의 해당 용어는 **시청 중 개인**(television using person) 또는 PUT다. 라디오의 경우, 해당 용어는 **청취 중 개인**(PUR: person using radio)이다.

몇 가지 다른 종류의 시청률 계산이 있다. 이들을 정의하는 등식은 〈표

5-2)에 요약되어 있다(실제 계산은 훨씬 더 복잡하다). 표에 들어가는 자구를 간단히 하자고, 텔레비전 가구(TVHH)를 분석 단위로 삼아 모든 것을 텔레비전 중심으로 묘사했다. 라디오 시청률과 개인을 분석 단위로 하는 텔레비전 시청률은 약간 다른 용어(예컨대, HUT 대신 PUT)를 사용하리라는 점을 제외하고는 동일할 것이다.

〈표 5-2〉에 요약된 것에는 또한 시청률 총점(GRPs)과 'HUT 시청률' 계산이 있다. 이들은 각각 총임프레션 및 HUT와 유사하다. 이들은 수용자 규모의 추정치와 본질적으로 같은 정보를 내포하지만 정수 대신 백분율로 표현된다. 이들은 대응하는 숫자들과 동일한 해석적 한계를 가진다. HUT나 PUT를 백분율로 보고하는 것은 이들이 일종의 시청률이라는 점을 의미한다. 이 책에서는 혼동을 피하기 위해 백분율로서의 시청률임을 표시할 것이다. 그러나 실무에서는 이들 백분율은 그냥 HUT나 PUT로, '시청률(rating)'이라는 단어가 붙지 않은 채로 불린다.

점유율은 세 번째 주요 총량 측정치로, 일정 시점에서 미디어를 이용 중인 사람들의 백분율로써 수용자 규모를 표현한다. 텔레비전 가구 가운데 수용자 점유율을 구하는 기본 공식은 다음과 같다.

$$\frac{\text{방송국 또는 프로그램에 채널을 맞춘 텔레비전 가구 수}}{\text{HUT 수준}} = \text{점유율}$$

개인 점유율의 계산도 이와 같되 분자에는 가구 대신 개인, 분모에는 HUT 수준 대신 PUT 수준이 들어간다는 점만 다르다. 어느 경우에나, 주어진 프로그램이나 방송국의 시청률과 점유율 계산에서 분자는 다 같다. 차이는 분모에 있다. 4장에서 살펴본 바와 같이 HUT 수준이나 PUT 수준은 늘 잠재 총수용자보다 적기 때문에 프로그램의 점유율은 그 시청률보다 늘 크게 마련이다.

시청률과 마찬가지로 수용자 점유율도 총수용자의 다양한 부분집합에 대해 계산될 수 있다. 그러나 점유율은 시청률과 달리 수용자를 사고파는 데는 효용이 좀 제한적이다. 점유율은 경쟁자에 대비한 수행 평가의 척도이지만 수용자의 실제 크기에 대한 정보는 표시해주지 않는데, 이 크기야말로 광고주가 가장 흔히 알고 싶어 하는 것이다. 점유율이 수용자 총원에 대해 알려줄 수 있는 유일한 경우는 연관된 HUT 수준에 다음과 같이 결부될 때다.

프로그램 점유율 × HUT = 프로그램 추정 수용자

또는

프로그램 점유율 × HUT 시청률 = 프로그램 시청률

수용자 점유율은 프로그램 길이보다 더 긴 시간에 대해서도 계산될 수 있다. 예컨대 지역 시청률 보고서에서 수용자 점유율은 전 시간대가 대상이다. 장기 평균 점유율을 계산할 때 제일 선호되는 방법은 같은 시간대 내 평균 4분시(AQH) 시청률로부터 평균 4분시(AQH) 점유율을 끌어내는 것이다. 다음 등식은 텔레비전 데이터로 이런 시간대 점유율을 어떻게 계산할 수 있을지를 요약한다.

$$\frac{\text{평균 4분시 시청률}}{\text{평균 4분시 HUT 시청률}} = \text{평균 4분시 점유율}$$

평균 4분시 시청률과는 달리 평균 4분시 점유율은 방송국의 4분시 수용자 점유율을 모두 합친 다음 4분시 수로 나누어 계산하면 안 된다. 이는 수용자 점유율 각각의 분모가 상이하기 때문인데, 이런 방식의 계산은 각각에 동등한 가중치를 주어 평균을 왜곡할 것이다.

수용자 크기를 이런 식으로 정의하는 것은 몇몇 재미있는 문제를 제기하는데, 그 대부분이 가구가 분석 단위일 때 생긴다. 한 가구에서 서로 다른 수상기로 2개의 프로그램을 본다고 하자. 이 가정은 어느 프로그램을 보는 것으로 해야 할까? 시청률 업계의 표준 관행은 2개의 방송국 모두에게 점수를 주는 것이다. 달리 말해, 이 가정은 두 방송국의 가구 시청률 및 점유율을 계산할 때 각각 한 번씩 모두 두 번 센다. 그러나 HUT 수준 계산에서는 단 한 번만 센다. 이것이 의미하는 바는 모든 프로그램 시청률을 합산한 결과가 HUT 시청률을 초과할 수 있다는 것이고, 점유율의 총합이 100을 넘길 수 있다는 것이다. 이는 텔레비전 초창기에는 사소한 문제였는데 대부분의 가정에 수상기가 한 대밖에 없었기 때문이다. 예컨대 미국에서 전체 텔레비전 가구의 85%에 가까운 가구가 복수의 텔레비전 수상기를 보유하고 있으며, 닐슨은 전국 평균이 가구당 3대라고 추정한다.

가구 대부분이 2인 이상으로 구성되기 때문에 가구 시청률은 개인 시청률보다 높은 경향이 있다. 예컨대 4인 가구 100가구로 구성된 시장을 상정해보자. 각 가구 1인은 방송국 을을 시청한다고 하자. 이는 을 방송국이 가구 시청률 100과 개인 시청률 25를 기록하게 될 것임을 뜻한다. '가족 프로그램'과 같이 집단으로 보는 시청자를 더 잘 끄는 프로그램이 있는 반면에 보다 고독한 개별 시청을 수확하는 프로그램도 있다. 따라서 가구 시청률과 개인 시청률 사이의 어긋남에 주의해야 하는데, 둘 사이의 차이가 상당할 수 있기 때문이다.

사람이 분석 단위일 때도 수용자 규모의 어긋남은 생길 수 있다. 대부분의 시청률 제공 서비스에서 프로그램 시청자 또는 4분시 시청자로 간주되자면 최소 5분간 머물러야 한다. 이는 한 개인이 하나의 4분시 구간(15분) 내에서 2개의 프로그램 수용자가 된다거나 이보다 긴 구간에서는 상당수의 프로그램에 수용자로 나타나게 될 가능성이 상당함을 뜻한다. 이는 한 가구에서 다수의 수상기를 사용하는 데서 생기는 것과 유사한 문제를 야기한다. 먼 옛날, 개인 시청률이 일기식으로만 조사될 수 있었고 채널을 바꾸려면 자리에서 일어서야 했던 때엔 이것이 별 문제가 아니었다. 오늘날, 피플미터가 리모컨을 가진 인구를 추적하고 채널 선택지가 엄청나게 많은 상황에선 시청자 1인이 하나 이상의 프로그램에서 시청자로 나타나게 될 가능성이 상당히 커졌다.

이 정도로는 충분히 복잡하지 않다는 듯이 기술은 이제 시청 행위 자체를 의문에 빠뜨리고 있다. 닐슨은 프로그램을 VCR로 녹화하는 이들도 프로그램 수용자에 포함시키고 단지 그 기여분을 부기해왔다. 실제, 녹화하는 것은 시청하는 것이었다. 물론 녹화된 프로그램 상당수가 시청되지 않았지만 그 양이 너무나 제한적이어서 아무도 특별히 관심을 두지 않았다. 그러나 DVR(디지털 녹화기)의 도입과 함께 시청의 정의가 문제되기 시작했다. DVR 이용자는 한 프로그램 내에서 거의 생으로 시간차 시청을 하거나 나중에 볼 목적으로 콘텐츠를 쌓아둘 수 있다. 닐슨은 시청자가 단지 몇 초 지체한 경우까지도 포함시켜 모든 시간차 시청을 분리할 것이다. 7일 이내에 실제로 재생된 녹화분은 해당 시청자 계산에 도로 더해져서 '재생 가산(live plus)' 시청률이 산출될 수 있다. 합동형 프로그램 판매자는 수년간 복수의 방영에서 쌓아올린 시청률을 사용해왔지만, 이런 종류의 체제는 네트워크 방송사에게는 상대적으로 낯선 것이다. 이는 '밤사이(overnights)'의 경우는 물론이고 시청률, HUT, 점유율과 같은 근본 개념에 대한 이해까지 바꿀 가능성을 품고 있다.

전형적인 시청률 '책자(books: 대부분의 정보가 이제는 디지털식이지만 아직 사용되는 용어)'가 보고하는 데이터를 늘이는 가장 흔한 방법은 해당 수용자에 도달하는 비용에 관한 정보를 도입하는 것이다. 비용 계산은 미디어 수용자를 사고팔아야 하는 이들에게 중요한 도구다. 널리 사용되는 계산 방법은 둘인데, 둘 다 수용자 총량 측정치의 변형에 근거한다.

'1000명당 비용(CPM: cost per thousand)'은 명칭에서 보는 바와 같이 표적 수용자 가운데 1000명에 도달하는 데 드는 비용을 말해준다. 이것은 상이한 수용자와 요금 체계를 가진 방송국이나 네트워크 방송사를 비교하는 기준이다. CPM 계산의 표준 공식은 다음과 같다.

$$\frac{\text{광고 시간 가격(\$)} \times 1000}{\text{추정 표적 수용자}} = \text{CPM}$$

추정 표적 수용자는 정수로 표시된다. 그것은 단순히 해당 광고에 노출된 가구 수일 수도 18~49세 남성, 일하는 여성, 12~17세 청소년 등등의 수용자 수일 수도 있다. CPM은 광고주에게 가장 적합한 어떤 수용자 집단에 대해서도, 시청률 데이터로 그 집단에 대한 추정이 가능한 한, 계산될 수 있다. 때로, 여러 번 방영된 광고는 방영분 전체에 대해 다음과 같이 평균 CPM을 계산하는 것이 보다 편리하다.

$$\frac{\text{전체 방영분 가격(\$)} \times 1000}{\text{표적 총임프레션}} = \text{평균 CPM}$$

CPM은 광고 미디어의 가격 대비 효과를 측정하는 데 가장 널리 쓰이는 척도다. 이는 동일 미디어 내에서 상대적인 가격을 잴 목적으로도 계산될 수 있고 상이한 미디어의 비교 계산에도 이용될 수 있다. 예컨대 인쇄 미디어에서는 흑백면의 비용이나 신문의 행 요금이 부수나 구독자의 수로 나뉜다. 일반적으로 동일 미디어 내 비교가 미디어 간 비교보다 해석이 수월하다. 표적 수용자가 같은 방식으로 정의되는 한, CPM은 어느 광고 시간의 비용 대비 효과가 더 좋은지를 잘 드러내는 지표다. 이에 비해 30초짜리 광고의 잡지 광고 상응물이 무엇인지에 대한 합의는 희미하다.

전자 미디어에는 점당 가격(CPP: cost per point)이라고 불리는 특유의 비용 계산 형태가 있다. CPM처럼 비용 대비 효과를 비교하는 기준인데 차이는 측정 단위가 수용자 1000명이 아니라 시청률 점수라는 점이다. CPP는 다음과 같이 계산된다.

$$\frac{\text{광고 시간 가격(\$)}}{\text{수용자 시청률}} = \text{CPP 표적}$$

광고가 여러 번 방영되면서 개별 광고의 효율보다 평균 CPP가 더 많이 알고 싶을 때는 다른 방법을 써서 CPP를 계산한다. 때때로 '시청률 총점 1점당 비용(CPGRP: cost per gross ratings point)'이라고 불리는데 다음과 같이 계산된다.

$$\frac{\text{전체 방영분 가격(\$)}}{\text{시청률 총점}} = \text{CPGRP}$$

이제는 알게 된 대로, 시청률에는 종류가 여럿이다. 네트워크 텔레비전에서는 C3 시청률이 광고를 트는 순간의 수용자 규모를 보다 정확히 표현하기 때문에 광고 시간 구매의 비용과 효과를 계산하는 데 사용된다. 지역 시장의 일기식 데이터에 기반을 둔 시청률에 대해서는 4분시 시청률이 사용된다. 텔레비전 시장 보고서들은 스테이션브레이크 시청률도 그 전후 4분시 시청률을 평균해 추산한다. 이런 계산 절차는 광고가 실제로 방영되는 순간에 가장 가까운 시간에 대한 추정치를 구매자에게 제공한다.

CPP 척도는 방송 광고를 전문으로 하는 이들의 일상어를 이루는 한 부분이다. 방송국 렙과 그 상대방인 매체구매자는 CPP에 기초해 협상한다. 이 비용 대비 효과 척도는 GRP에 직접 연관된다는 부가적 이점도 가지고 있는데, GRP는 광고 캠페인의 규모를 정의하는 데 흔히 사용된다. 그러나 CPP의 성질에는 그 사용과 해석에 영향을 주는 두 가지 제한점이 있다.

첫째, 단적으로 이들은 CPM보다 덜 정확하다. 시청률 점수는 소수점 한 자리 수 이상으로 자세하게 표시되어 돌아다니지 않는다. 그래서 반올림이 불가피하다. 네트워크 수용자를 이런 식으로 반올림하면 수용자 집단에서 수만 명을 더하거나 뺄 수 있어서 비용 계산의 정확도를 불필요하게 떨어뜨리게 된다. 둘째, 시청률은 상이한 잠재 시청자 집단에 기저를 두고 있다. 뉴욕의 CPP는 시청률 점당 수용자가 더 많기 때문에 루이스빌의 CPP보다 더 클 것이라는 기대를 하곤 한다. 그러나 얼마나 더 많을까? CPM은 1000가구 내지 1000명이라는 동일한 기저 위에서 계산되기 때문에 시장 간 비교에 쓰일 수 있다. 심지어 동일 시장 내에서도 CPP를 써서 문제가 발생할 수 있다. 신호의 통달 범위가 시장 일부에 국한되는 라디오 방송국은 특히 CPP 구매 기준에 대해 주의해야 한다. 예컨대, 한 방송국은 대도시 지역 내 수용자를 가지고 광고를 팔지만 다른 방송국은 그 지역 바깥의 시청자를 같은 규모로 갖는 사태가 얼마든지 가능하다. CPP가 대도시 지역 시청률을 기저로 한다면, 후자는 불공정하고도 불필요한 불리를 감당해야 하는 처지가 될 수 있다.

2. 웹 기반 계측치

더욱 많은 미디어가 웹과 기타 디지털 네트워크를 전달 통로로 삼는 만큼 방송 기반 계측치에 대한 바로 전의 검토가 좀 고풍스러워 보일 수도 있다. 웹은 결국, 새로운 형태의 미디어 이용을 가능케 하는 광활하고 상호작용적인, 비선형의 미디어이다. 새로운 이용 행태는 계량기 달린 컴퓨터들의 거대한 패널이나 서버를 이용해서, 라디오 초창기라면 상상이 불가능했을 정도의 '해상도'로, 측정된다. 그러나 여러모로 방송은 웹이 따를 수밖에 없는 선례들을 확립해놓았다. 이렇게 된 데는 두 가지 상호 연관된 이유가 있다.

첫째, 웹은 제 성공의 희생자다. 분석가가 너무나 많은 방법으로 그 구조를 분석하는 너무나 많은 양의 데이터가 있어서 업계는 계측치로 넘친다. 그 결과가 '상호작용광고국(IAB: Interactive Advertising Bureau)'이 "상호 경쟁하는 모순적 측정 시스템들의 커다란 불협화음"이라고 명명한 바다(IAB, 2011). 선택 가능한 계측치 후보가 대단히 많을 뿐 아니라 상당히 보편적인 측정치마저도 상이한 방식으로 정의되고 계산된다. 이런 일은 부분적으로, 이용자 중심 패널과 서버가 계측치 생산에 영향을 미치는 약간씩 상이한 종류의 정보를 기록하기 때문이다. 그러나 서버 중심 데이터 쪽 한쪽만 해도 제각각의 방식으로 처리된다. 웹 분석법은 대개 서버 데이터에 접근하는 컴퓨터화된 도구를 사용해서 적용된다. 불행히도 이 분야 전문가 아비나시 카우식이 지적한 바와 같이 "이 숫자들을 보고하는 특유의 만족스러운 방식이 도구별로 있는 것 같고, 도구들도 그 숫자들을 상이하게 계산하는 경향이 있다"(Kaushik, 2010: 37). 너무나 많은 계측치가 있지만 표준화는 너무나 미흡하다. 그 결과는 숫자들이 의미하는 바에 대한 혼란과 그 가운데 무엇을 쓸지에 대한 의견 불일치일 수 있다.

둘째, 수용자 측정은 늘 제도적 맥락 안에서 벌어진다는 사실을 기억하라. 주요 행위자로는 미디어— 이들은 수용자를 끌어들여 팔아넘기려고 한다 — 자신이 있고 수용자에게 도달하려고 노력하는 광고주가 있다. 이 체제는 거래 성사에 사용되는 통화로 기능할 수 있는 간명하면서 보편적으로 이해되는 계측치가 있을 때 가장 잘 작동한다. 방송 기반 계측치가 해온 일이 이것이다. 이들 계측치는 세계적으로 광고비 수십 억 달러의 배분을 지도한다. 이들은 적실성이 가장 높은 종류의 행태 정보(수용자 규모, 구성, 충성도)를 요약한다.

따라서 매체계획자는 이들을 써서 일하는 데 익숙해져 있다. 다른 미디어가 새로 떠오름에 따라 방송 기반 계측치는, 불완전하다 해도, 언제나 쓸 수 있게 준비된, 신입에게도 연장 적용이 가능한 본을 제시한다. 광고주가 플랫폼 사이의 자원 배분 문제에 직면하면서 미디어 사이의 '등가' 비교가 점차 중요해진다. 이런 종류의 표준화를 촉진하는 것이 상호작용광고국을 추동한 중요한 동기였는데, 이 기구는 "플랫폼들을 가로지르는 측정과 미디어 평가를 촉진하는 디지털 계측치와 광고 통화를 개발"할 것을 희망했다(IAB, 2010). 이런 추세가 웹 계측치의 표준화로 귀결될 듯하고, 추측컨대, 이는 기존의 방송 기반 계측치에 직접 연관된 측정치에 유리한 형태가 될 법하다. 다음으로 우리는 가장 널리 쓰이는 웹 기반 계측치만을 검토한다.

히트(hits)는 웹사이트의 인기를 나타내는 가장 먼저 개발된 측정치 축에 든다. 웹 서버에서 파일이 요청될 때마다 생긴다. 문제는 단 하나의 웹페이지에 수많은 파일이 들어 있을 수 있는데, 그중 하나에 대한 요청이 하나의 히트로 간주된다는 점이다. 이 때문에 현재 대부분의 분석가는 히트를 대체로 무의미한 것으로 간주한다. 사실 히트를 "어떻게 멍청이들이 성공을 추적하나(How Idiots Track Success)"를 의미하는 약어로 풀어 놓는 사람도 많다.

보다 유용한 총량 측정치가 **페이지뷰**(page views)다. 대부분의 웹사이트는 이용자가 특정 페이지를 방문하도록 허용한다. 한 페이지의 인기를 판정하는 흔한 방법 하나는 그것을 본 횟수를 세는 것이다. 간명한 유사 용어가 **뷰**(views)다. 유튜브는 비디오 각각의 시청 횟수를 보고한다. 어느 경우에도 횟수가 소수의 사람이 반복해서 본 결과인지 다수가 한 번 본 결과인지 알 수 없다. 그럼에도 뷰는 일종의 통화로 기능할 수 있다. 그래서 유튜브는 뷰 횟수 측정이 정확하다는 것을 증명하는 데 상당한 노력을 기울이고 있다.

이렇게 셀 수 있는 행동에는 여러 가지가 있다. **클릭**(clicks)은 이용자가 한 페이지에서 다른 페이지로 잇는 링크를 따를 때 발생한다. 광고주는 흔히 하나의 광고가 발생시키는 클릭 수를 세려고 한다. 이용자가 선호를 표시하는, 일종의 투표 기제 다수는 사람들이 여러 번 투표할 수 있게 해준다. 트위트 (tweets)를 세는 것에 근거한 몰입도 측정 척도도 마찬가지다. 이 모든 경우에 무엇인가의 총량 측정치는 있지만 얼마나 많은 사람 때문에 생긴 것인지는 전혀 알 수 없다.

방문(visits)은 인기를 가늠하는 또 다른 방법이다. 웹 이용자는 그 속에서 많은 페이지를 보는 웹사이트에서 세션을 갖는다. 각 세션은 하나의 방문으로 간주된다. 페이지 보기를 멈추거나 일정 시간, 예컨대 30분 이내에 아무런 행동을 취하지 않으면 그 방문은 종료된 것이다. 나중에 돌아오는 경우는 또 다른 방문으로 간주된다. 방문 횟수는 웹사이트 하나의 트래픽 측정치로 쓸 수가 있지만 얼마나 많은 방문자가 있었는지는 말해주지 않는다. '개별 방문자(unique visitors)' 수는 다음 장에서 논의할 누적 측정치이다.

임프레션(impressions)은 널리 사용되는 웹 계측치이다. 오늘날의 웹에서 광고 서버는 흔히 다수의 웹사이트에 노출 광고를 내보낸다. 이들은 광고주에게로 이어주는 배너(banner: 현수막) 광고나 어떤 그림 요소로 나타날 수 있다. 사람들이 이런 광고를 늘 클릭하는 것은 아니지만 봤을 수가 있다. 임프레션 제공 횟수를 헤아리고 보고하는 것은 흔한데, 제공된 임프레션은 광고를 볼 수 있는 기회라고 간주될 수 있다. 3장에서 살펴본 바와 같이, 많은 광고주가 임프레션 제공 횟수를 세는 것을 탐탁해 하지 않는데, 그것은 이용자가 볼 수 있는 페이지 내에 해당 광고가 늘 배치되는 것이 아니기 때문이다. 그래서 임프레션 횟수 세기를 '가시권 임프레션(viewable impressions)'만으로 제한하려는 움직임이 업계에 있다.

임프레션은, 가시권에 있건 없건, 방송 기반 계측에서 사용되는 총임프레션과 꼭 한가지다. 이들은 개별 광고 캠페인의 총적재량 측정치를, 도달률과 빈도에 대해서는 실제 아무 말도 하지 않으면서, 제공한다. 그리고 자신의 방송 쪽 상응물과 꼭 한가지로 임프레션당 비용이라 불리는 잡종 척도를 만들어내기 위해 비용 정보와 일상적으로 결합한다. 이렇게 결합된 측정치들은 일반적으로 CPM의 형태로 보고된다. 즉, 이들은 1000개의 임프레션을 얻는 데 드는 비용을 말해준다. CPM을 미디어 플랫폼들을 가로질러 사용하면 상이한 광고 운반체의 비용 대비 효과를 판단할 수 있게 된다.

3. 비교

총량 측정치를 비교하는 것은 사실 시청률 분석의 가장 흔한 형태이다. 할 수 있는 비교의 가짓수는 끝이 없다. 그중에는 한 방송국의 다른 방송국에 대한 우위, 상이한 광고 미디어의 상대적 비용 대비 효과, 다른 포맷에 대응하는 어떤 프로그램 포맷의 성공을 보여줄 법한 것도 있다. 이 장에서 늘어놓을 수 있는 것보다는 확실히 많다. 그러나 우리는 광고 시간과 프로그램을 사고파는 데, 혹은 단순히 전자 미디어와 그 수용자를 더 잘 이해할 수 있게 되는 데 도움이 될 만한 비교의 생생한 예는 제공할 수 있다.

비교의 한 영역은 여유 수용자의 크기와 구성을 다룬다. 4장에서 우리는 여유 수용자의 성질이 방송국 혹은 프로그램의 수용자를 규정짓는 강력한 요인이라는 점을 알게 됐다. 그러므로 분석가는 상이한 시점에서 시청하거나 청취하는 이들이 누군지를 더 자세히 살피는 것으로 분석을 시작하고 싶어 할 수 있다. 확실히 이런 종류의 분석은 어떤 프로그램을 편성할지 결정해야 할 때 상이한 수용자 부류의 듦과 남을 인지하고 있어야 하는 프로그래머의 관심을 끌 수 있겠다. 또 특정 종류의 수용자가 미디어를 가장 많이 접하는 시간이 언제인지 알고 싶어 하는 광고주나 매체구매자에게도 값질 수 있다. 제일 간명한 비교 방법은 하루 중의 상이한 시점별로 다양한 부류의

그림 5-1 가설상의 수용자 여유와 라디오 및 텔레비전의 전형적 이용 패턴

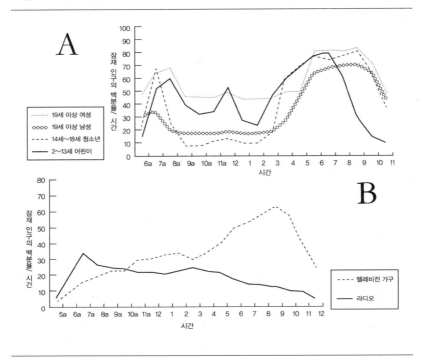

수용자 크기를 그래프로 그려보는 것이다.

　앞에서 살펴본 바와 같이, 방송 수용자의 크기에 영향을 주는 가장 중요한 단일 요인은 사람들이 방송을 접할 만한 여유를 갖는 때가 언제냐다. 계절은 물론이고 노동 시간, 학교생활, 통근, 식사 시간이 사람들이 여유를 갖고 매스 미디어를 이용하는 데 흥미를 느끼게 될 만한 때가 언제가 되느냐에 가장 강력한 영향을 주는 요인이다. 이런 여유에 대한 자세한 정보를 제공하는 정기적 서베이 조사는 없지만 좀 오래된 몇몇 연구를 재구성하여 남성, 여성, 십대, 어린이의 하루 중 여유 시간에 대한 대략적 그림을 그려볼 수는 있다 (〈그림 5-1A〉).

공휴일, 특별한 행사, 그리고 중대 뉴스의 보도가 여유의 이런 패턴을 바꿀 수 있다는 것이 확실하지만, 대체로 이들 패턴은 꽤 직접적으로 〈그림 5-1B〉의 미디어 이용 패턴으로 번역된다. 단일 프로그램이나 큰 사건이 HUT의 상승에 영향을 미쳤던 경우는 상대적으로 드물다. 이런 경우로 가장 유명한 것이 케네디 대통령의 암살, 달 착륙, O. J. 심슨 재판의 판결, 9·11, 첫 흑인 미국 대통령인 버락 오바마의 취임식 등이다.

그래도 예외가 거의 없이, 특정 시점에 얼마나 많은 사람이 미디어를 이용할지를 가장 잘 알려주는 것은 총수용자 규모에 대한 현존하는 보고이다. 이미 청취·시청하고 있는 이가 아닌 이들 가운데서 수용자를 찾으려는 새로운 프로그램이나 네트워크는 성공할 법하지 않다. 새로운 프로그램, 포맷, 프로그램 서비스는 대부분 현존하는 잠재적 수용자, 여유 수용자를 잘게 쪼개 취하는 것이지 새로운 시청자가 수상기를 켜서 보도록 하는 것이 아니다. 가장 명백한 증거는 케이블과 위성 방송 쪽 경쟁자가 많아짐에 따라 줄어드는 전국 지상파 네트워크의 점유율이다.

그래서 다양한 수용자 부류가 시장 내 미디어를 이용하는 때가 언제인지 그 윤곽을 잡아내는 것이 수용자 분석가에게 매우 유용한 출발점이다. 라디오 시장 보고서들에는 방송국별 수용자 추정치는 물론이고, 청취 중 개인(PUR)들의 규모 정보가 붙는 시간대별 수용자 추정치에 관한 장절이 포함되어 있다. 텔레비전 보고서들은 대개 15분이나 30분 간격으로 수용자를 추정한다.

물론 광고주는 특정 방송국이나 네트워크 방송사의 방송 시간 구매를 확약해야 한다. 그렇게 하기 위해 자신의 표적 수용자에 도달하는 가장 효과적인 방법을 정해야 한다. 비교적 단순한 이 요구가 시청률 비교의 홍수를 촉발할 수 있다. 시간 구매자의 입장에서 보면 이 비교는 비용 대비 효과가 높은 방식으로 특정 수용자 부류에 도달하려는 광고주의 필요에 호응해야 한다. 또한 판매자의 입장에서는 자신의 수용자가 가장 돋보이도록 하는 비교가 바람직하다. 이런 두 가지 목표가 상호 배제적이지는 않지만 수용자 분석가로 하여금 상이한 방법으로 시청률 데이터를 바라보도록 만들 수 있다.

가장 단순한 형태의 시청률 분석은 크기를 기준으로 하는, 방송국 또는 프로그램 수용자의 비교이다. 이는 프로그램, 방송국 또는 네트워크 방송사의 평균 시청률 순위를 정하는, 사실상의 승자 공표 행위로 구할 수 있다. 업계 전문지를 한번 훑어보기만 해도 어떤 기준에서건 1등이 된다는 것이 얼마나 중요한지 감지하게 된다. 물론 모두가 1등이 될 수는 없다. 나아가 수위 방송국의 시간을 사는 것이 광고 예산의 가장 효율적인 집행 방법은 아닐 수 있다. 수용자 크기의 비교를 흔히 제한하는, 수용자 구성에 관한 고려 사항이 있다.

수용자 구성의, 경우에 맞는 정의는 대개 광고주가 결정한다. 광고주가 18~24세 여성을 으뜸 수용자로 여긴다면 총수용자 규모를 기준으로 하기보다는 이 집단의 시청률을 기준으로 프로그램 순위를 매기는 것이 합리적일 것이다. 이렇게 하면 프로그램 순위가 달라지는 것은 거의 틀림없고 심지어는 1등조차 달라질 가능성이 있다. 흔히 특정한 인구통계적 집단에 특화된 라디오 방송국들의, 수용자 부분집합 내의 순위는 복수의 방송국으로 하여금 자신이 1등 방송국이라는 주장을 할 수 있게 한다.

이 시점에서 조사연구자가 꽤 민감해 하는, 시청률 분석의 문제 하나를 강조해야겠다. 수용자 부분집합들의 분석 또는 비교는 그 근거가 되는 실제 표본 규모를 축소한다는 점이다. 일단 발행되어 데스크톱 컴퓨터에 내려받으면 발행된 시청률 숫자가 권위 있어 보이기 때문에 비전문적인 이용자는 이 점을 쉽게 무시하거나 잊을 수가 있다. 그러나 시청률 추정치는 표집 오차에 좌우되고 표본 크기가 작아짐에 따라 표집 오차는 커진다는 사실을 유념해야 한다. 이는, 예컨대 18~24세 남성 시청자 가운데 1등한 것과 2등한 것의 차이는 실재하는 것이기보다는 우연의 작용 때문일 수 있다는 말이다. 이 경우 조사연구자는 그 차이가 통계적으로 유의하지 않다고 할 것이다. 같은 현상이 업계 인사들이 **튐**(bounce)이라고 부르는 것을 낳는데, 이는 방송국의 시청률이 그 수용자의 크기에 실제로 생긴 변화로 인해서가 아니라 표집 오차로 인해서 하나의 시청률 보고서와 그다음 보고서 사이에서 들쭉날쭉하는 정도로 정의된다. 분석가는 작은 차이들, 특히 소규모 표본에 근거한 작은 차이에 마음을 뺏겨서는 안 된다.

이렇게 주의를 환기한 다음이니 단순한 수용자 크기만이 아닌 다른 통계량을 사용하여 이루어지는 비교에 대해서도 지적해야 하겠다. 시청률 데이터는 수용자 구성을 강조하는 쪽으로 조정될 수 있고, 그에 따라 순위가 매겨질 수 있다. 그러면 크게 상이한 순위들이 나올 수 있다. 이런 조정에 흔히 사용되는 방법에는 두 가지가 있다.

지수화는 동종 점수들을 비교하는 흔한 방법이다. 단순히 지수는 어떤 기준이나 기저 값에 대해 시청률이나 CPM같은 개별 점수를 표현하는 수이다. 지수를 만드는 기본 공식은 다음과 같다.

$$\frac{\text{점수} \times 100}{\text{기저 값}} = \text{지수}$$

대개 기저 값은 분석가에게 변수들이 어떻게 바뀌는지를 알려주기 위해 한 시점에 고정된다. 예컨대 현재 CPM은 지난해 CPM 수준에 대해 지수화된다. 기저 값은 다른 방식들로도 정해져왔다. 시청률이 18~24세 여성 사이에서는 높지만 전반적으로는 낮은 프로그램을 가정해보자. 지수는 전반적인 시청률을 기저 값으로 하여 만들어질 수 있다. 그리고 이렇게 만든 지수는 비교를 통해 저 프로그램의 표적 수용자 시청률을 돋보이게 할 터이다. CPM

지수는 시장 전반의 평균 CPM에 대해 개별 시장 CPM을 비교함으로써도 만들어진다(Poltrack, 1983을 보라).

이제까지는 표적 수용자를 오직 연령과 성, 두 인구통계적 변수로만 정의해왔다. 둘은 광고주의 수용자 목표를 특정하는 데 가장 널리 쓰이는 분류 변수이다. 물론 광고주의 표적을 가장 걸맞게 표시하는 요인은 아닐 수 있다. 수입, 구매 습관, 라이프스타일, 수많은 다른 변수가 광고 시간을 사는 누군가에게는 결정적으로 중요할 수 있다. 이들 분류 기준에 의해 정의된 표적 수용자는 효과적인 판촉 도구가 된다. 불행히도 이런 종류의 특화된 정보는 시청률 책자에는 보고되지 않는다.

1장에서 논의한 대로, 시청률 서비스 제공자는 맞춤형 시청률 보고서를 생산할 수 있는 능력이 있다. 개인용 컴퓨터와 데이터베이스에 대한 인터넷 액세스의 광범한 이용이 이런 종류의 맞춤형 특화를 점점 더 흔하게 만들어왔다. 그리하여 합동형 시청률 보고서에 보고되지 않는 방식으로 수용자를 묘사하는 것이 이제는 가능하다.

예컨대, 시청률 서비스 제공자는 표본 구성원이 사는 지역의 우편 번호를 추적, 관리한다. 이 정보는 한 개인이 사는 지역을 알면 그 사람에 대해 많은 것을 알 수 있기 때문에 값지다. 가계 소득, 직업, 출신 민족, 교육 수준, 라이프스타일 등등에 대한 추론이 가능하다. 표본의 크기가 충분한 한 이런 추론의 정확도는 대개 납득할 만한 것이다. 몇몇 회사는 지리 정보를 인구통계적·심리통계적 특성 정보와 결합한 조사를 내놓는다. 닐슨은 이런 분석에서의 시장 선도자, 클라리타스(Claritas)를 인수했고 지금은 닐슨프리즘(Nielsen-PRIZM)이라 불리는 자사 제품을 내놓고 있다. 이들 정보의 이용은 수용자가 사실상 무한히 다양한 방법에 의해 정의되고 비교될 수 있음을 의미한다.

물론 이런 수용자 비교만으로 광고주가 광고 시간을 구매하도록 반드시 확신시키지는 못할 것이다. 판매되는 제품이라면 어느 것이나 마찬가지로,

표 5-3 **네트워크 30초 구매와 지역 방송 30초 구매의 1000명당 비용(2011~2012)**

단위: 달러	가구	성인	성별		성인(연령)		
			남성	여성	18~34	18~49	25~54
지상파 네트워크							
이른 오전	12.55	10.74	27.26	17.45	49.17	24.12	20.75
낮 시간	6.80	6.19	—	8.47	18.13	11.93	12.84
이른 뉴스	11.50	8.40	19.59	15.38	48.65	22.29	20.77
프라임타임	26.93	19.48	40.98	29.98	56.19	34.34	35.60
늦은 주변	21.06	16.42	38.94	33.76	43.24	26.21	30.27
합동형 판매 프로그램							
낮 시간	5.35	4.88	—	6.89	16.96	9.58	10.85
이른 저녁	12.73	10.05	22.29	15.17	33.47	17.82	17.15
프라임액세스	19.96	16.63	38.37	28.51	79.84	34.41	35.02
늦은 주변	12.92	11.05	24.01	20.50	34.77	17.01	18.20
케이블 네트워크							
낮 시간	3.66	3.50	8.09	5.90	11.86	7.55	7.12
이른/늦은 주변	8.63	8.21	18.67	13.72	24.10	13.45	14.77
프라임타임	13.26	10.61	24.24	19.80	39.39	22.77	19.26
지역 방송(100개 지역 시장)*							
낮 시간	6.60	6.22	—	8.29	22.78	12.47	12.14
이른 주변	7.83	6.89	16.97	11.03	26.21	14.36	13.73
심야	11.41	8.56	18.56	15.04	27.17	14.17	14.10

주* 여기에는 사전 구매가 없기 때문에 아래의 추정치는 네트워크 텔레비전의 산포 시장 CPM과 더 유사하다.
자료: 전국 데이터는 미디어다이내믹스사(Media Dynamics, Inc.) 제공의 National TV ACES. 지역 방송 판매 데이터는 미디어다이내믹스사의 추정치.

아무리 유용하고 포장이 근사해도, 비용의 문제에 봉착한다. 이런 맥락에서 CPM 비교, CPP 비교가 중요하다. 이런 비교는 하나의 프로그램, 방송국, 또는 시간대의 구매가 가진 효율성을 각각의 다른 대안에 대해 조명하도록 설계될 수 있다. 〈표 5-3〉은 텔레비전 네트워크 구매와 지역 방송 구매의 CPM을 몇몇 시간대들을 가로질러 비교한다. 특기할 것은, 낮 시간에는 1000가구에 접근하는 것이 상대적으로 값싸지만 프라임타임에서는 몇 배 비싸진다. 케이블 네트워크의 CPM 수준은 일반적으로 더 낮다.

프로그래머들은 시청률과 점유율 비교도 사용한다. 예컨대 이들이 수용자를 나누고 비교하는 데 우편 번호를 어떻게 활용할지 생각해보라. 라디오 방송국은 방송을 들을 법한 청취자가 가장 집중적으로 몰려 있는 지역의 시청률이 높은지 판정하기 위해 해당 시장 내의, 우편 번호로 구분되는 지역들의 시청률을 비교할 수 있다. 자신의 포맷을 좋아할 법한 인구가 분포된 지역에 강한 신호를 쏘고 있음에도 청취자가 적다면 특별한 판촉을 할 필요가 있겠다. 이런 분석을 이용하는 방송국 하나는 시청률 실적이 저조한 지역에 옥외 광고판을 설치하고 같은 지역에서 현장 생중계 방송을 연속으로 진행했다.

라디오 프로그래머들은 특별한 **인구통계적 지도**(demographic map) 위에 해당 시장 내의 방송국 각각의 수용자를 표시하는 것이 유용하다는 것도 발견할 법하다. 이는 2차원 격자를 만들어 할 수 있는데, 예컨대, 수직축은 각 방송국 수용자 가운데 남성의 비율을 표현하고 수평축은 수용자의 연령 중앙값을 표현하도록 할 수 있다. 이 값들을 알고 나면 각 방송국의 위치가 정해진다. 방송국 수용자는 개별 방송국보다는 포맷을 표시하도록 동일 포맷 내 평균의 계산에 산입될 수도 있다. 지역 라디오 시장 보고서들은, 비록 예비적인 계산이 필요하긴 해도, 이런 값을 정하는 데 필요한 정보를 담고 있다.

가장 어려운 계산은 각 방송국 수용자의 연령 중앙값을 구하는 것이다. 산술평균과 아주 비슷하게 중앙값은 기술 통계량이다. 기술적으로 이것은 케

표 5-4 방송국 수용자의 연령 중앙값과 성비 계산

연령 집단	남성(100명)	여성(100명)	집단 빈도(100명)	누적 빈도(100명)
12~17	?	?	23	23
18~24	29	50	79	102
25~34	63	41	104	206
35~44	43	60	103	309
45~54	35	27	62	371
55~64	20	17	37	408
65+	8	16	24	432
총12+	?	?	432	
총18+	198	211	409	
남녀 백분율	48%	52%		

주: 라디오 시장 보고서는 12~17세 청취자의 성별을 보고하지 않기 때문에 남녀 구분은 18세 이상의 청취자만
으로 구해야 한다. 이 표의 경우 18세 이상 수용자는 409(백) 명이다.

이스 절반은 그보다 높고 절반은 그보다 낮은 지점이다. 예컨대 한 방송국
수용자의 50%는 36세보다 젊고 50%는 나이가 더 많다면, 36세가 연령 중앙
값이다.

　한 방송국 수용자의 연령 중앙값을 구하려면 시청률 서비스 제공자가 보
고하는 연령 범주별 수용자 규모를 알아야 한다. 〈표 5-4〉는 한 방송국의 단
일 시간대에 대한 남녀 청취자의 추정 규모는 물론이고 연령 범주별 수용자
규모에 대한 데이터를 담고 있다. 이 방송국은, 그에 따르면, 평균 4분시 청취
자가 4만 3200명이다. 라디오 시청률 책자는 백 명 단위로 수용자를 보고하기
때문에 표에는 432로 기록하는 것이 보다 편리하다. 65세 이상 청취자의 수는
12세 이상의 총청취자와 모든 다른 범주의 합 사이의 차이로부터 추리돼야 한다
(즉, $432 - 408 = 24$).

　문제의 중앙값은 이제 다음과 같은 방식으로 정할 수 있다. 첫째, 누적 빈
도를 구하라. 이는 표의 맨 오른쪽 줄에 나와 있다. 둘째, 총수용자의 크기를

그림 5-2 라디오 방송국의 인구통계적 지도

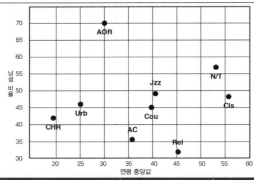

장르	연령 중앙값	남성 비율
인기 유행가(CHR)	19	42
어번(Urb: Urban)	25	46
앨범록(AOR)	30	70
어덜트 컨템퍼러리(AC)	36	36
컨트리/모던컨트리(Cou)	39	45
뉴에이지/연성재즈(Jzz)	41	49
종교(Rel)	45	32
뉴스 전문/토크(N/T)	53	57
클래식(Cls)	56	48

반으로 나눠라. 우리의 경우 이 값은 432 ÷ 2 = 216(백)이다. 셋째, 누적 분포를 보고 216(백) 번째 케이스가 속한 연령 범주를 찾아라. 우리는 206(백) 명이 34.5세 이하이고 다음으로 많은 나이의 연령 집단에 103(백) 명이 있다는 것을 안다. 그러므로 216(백) 번째 케이스는 34.5세와 44.5세 사이에 속해야 한다. 넷째, 216(백) 번째 케이스를 이 연령 집단 안에 끼워 맞춰 그 자리를 매겨라. 이를 위해 이 연령 집단 내 103(백) 명의 연령이 균등하게 분포한다고 가정하라. 중앙값을 구하기 위해 우리는 10(백) 케이스들을 더 지나쳐야 한다. 달리 말해 10년이 펼쳐진 구간에서 10/103만큼 더 가야 한다. 이는 (10 ÷ 103) × 10년= 0.97년이 된다. 이를 이 범주 하한값에 더하면 마침내 중앙

값이 나오는데, 34.5 + 0.97 = 35.47세이다.

이 절차는 실제보다 부담스럽게 들린다. 일단 요령을 파악하면 보다 쉽게 할 수 있다. 이것은 단지 방송국 수용자의 크고 복잡한 연령 정보를 하나의 숫자로 환원하는 방법이다. 비슷하게, 수용자의 성별 정보도 각 범주의 남녀 구분을 이용해 하나의 숫자로 환원할 수 있다. 주어진 예에서는 48%의 수용자가 남성이다. 구해진 두 숫자는 좌표가 되어 2차원 격자 위의 한 점을 특정하게 해준다. 〈그림 5-2〉는 상이한 포맷을 가진 방송국이 라디오 방송국의 인구통계적 지도 위에서 어떻게 나타날지 보여준다.

〈그림 5-2〉는 포맷과 각 포맷에 결부된 수용자의 꽤 전형적인 배열이다. 보다시피 포맷들은 그 각각이 당기는 청취자 유형을 기준으로 폭넓은 변화를 보인다. 앨범록 방송국과 인기 유행가 방송국은 공히 젊은 청취자를 갖는 경향이 있지만, 젊은 남성과 젊은 여성에 대해 각각 다르게 호소하는 것이 보통이다. 클래식 방송국은 나이 든 청취자를 끄는 경향이 있다. 합동형 음악 판매자는, 매우 특정한 인구 집단에 호소하도록 설계된 라디오 포맷을 흔히 내세우는데, 수용자 구성을 기준으로 두드러지는 차이들은 청취자 범주가 달라짐에 따라 어떻게 다른 방송국이 1등이 될 수 있는지를 설명해준다.

이런 종류의 인구통계적 지도는 프로그래머에 의해 다양한 방법으로 이용될 수 있다. 예컨대, 제대로 대접받지 못하는 인구 집단을 부각시켜 시장 내 '구멍'을 찾는 데 도움을 줄 수 있다. 또 시장 내 방송국들의 배열과 이들이 같은 유형의 청취자를 놓고 경쟁하는지의 여부를 살펴보는 다른 길도 제시할 수 있다. 프로그래머는 다양한 시간대들을 대상으로 이런 지도를 여럿 그려봄으로써 수용자 구성의 변화를 구할 수 있다.

그러나 지도 해석에 대해 몇 가지 주의 사항을 잊지 말아야 한다. 첫째, 관련 잠재 수용자의 규모에 대해서는 아무것도 말해주지 않는다. 시장 내의 구멍은 특정 유형의 인구가 상대적으로 적기 때문에 존재하는 것일 수 있다.

예컨대, 어떤 시장의 인구는 나이가 많고 또 어떤 시장의 인구는 그렇지 않다. 유사하게, 이 지도는 해당 방송국의 실제 수용자 크기에 대한 정보는 없고 오직 그 구성에 관한 정보만을 알려준다. 둘째, 분석가는 상이한 청취자 유형이 광고주가 누구냐에 따라 더 값질 수 있고 따라서 보다 바람직한 수용자 집단을 이룰 수 있음을 유념해야 한다. 이는 인구통계적 구성 때문, 또는 많은 이가 자신이 좋아하는 방송국만 청취한다는 사실 때문이라 할 수 있겠다. 셋째, 둘 이상의 방송국이 지도상의 동일 지점을 차지한다고 해서 이것만으로 수용자도 공유할 것이라고 할 수는 없다. 컨트리 음악 방송국과 공공 라디오 방송국은 지도에서는 흔히 바로 옆이겠지만 수용자는 거의 공유하지 않는 것이 보통이다. 청취자가 방송국 사이를 왔다 갔다 하는 것은 시청률 책자의, 수용자 중복에 관한 장절을 통해 더 정확히 들여다볼 수 있다. 우리는 이와 같은 누적 측정치들에 대해서는 나중에 다룰 것이다. 마지막으로, 연령과 성별만이 방송국 선호에 연관되는 요인이 아니라는 것을 유념하라. 저 지도는 출신 민족이나 교육이 차원으로 포함되면 아주 달라 보일 수 있다. 이와 꼭 같은 종류의 지도는 교육이나 소득 같은 인구통계적 변인을 구할 수 있을 때도 그릴 수 있다.

연령 중앙값은 텔레비전 프로그램원을 차별화하는 데도 유용하게 쓸 수 있다. 〈표 5-5〉는 수용자의 연령 중앙값을 기준으로 비교된 지상파·케이블 네트워크들을 보여준다. 좀 더 젊은 수용자에게 인기 있는 방송, CW를 제외하면 지상파 네트워크의 연령 중앙값은 높아지고 있다. 케이블 네트워크는 훨씬 더 폭넓은 연령 중앙값 분포를 보여준다. MTV는 중앙값이 23세인데 USA네트워크는 52세이다. 예상했겠지만, 뉴스 네트워크는 스펙트럼의 한 극단을 차지한다. 폭스뉴스(Fox News)의 프라임타임 수용자는 연령 중앙값이 61.2세, CNN의 경우는 65세가 넘는다.

네트워크의 연령 중앙값은 개별 프로그램 사이의 상당한 차이를 가릴 수

표 5-5 2011~2012 네트워크 수용자의 연령 중앙값

CBS	56	A&E	46
ABC	52	WE	46
NBC	49	Food	46
Fox	46	DISC	43
CW	37	TLC	43
USA	52	Bravo	42
라이프타임	50	TNS	39
AMC	50	FX	38
히스토리	49	E!	34
TNT	49	ABC Family	27
Syfy	47	MTV	23

자료: 존 콘솔리(John Consoli)의 *Broadcasting & Cable* 2012년 8월 28일 자 관련 기사.

있고, 그래서 프로그램 유형의 평균을 보는 것이 또한 유용하다. 미디어다이내믹스(Media Dynamics, 2012: 211)에 따르면, 프라임타임 만화시트콤의 수용자는 연령 중앙값이 31.4세로 네트워크 전체 평균보다 훨씬 젊다. 비슷하게, 심야 시간대 코미디·버라이어티 프로그램의 연령 중앙값과 케이블 스포츠 채널의 연령 중앙값은 비교적 낮은 41.9세이다. 스펙트럼 반대편 극단에는 이른 저녁 뉴스와 합동형 판매 게임쇼가 있는데, 모두 나이가 꽤 많은 쪽으로 치우쳐 있다(연령 중앙값 각각 60.8세, 61.1세).

시청률 비교는 몇몇 시점에 걸쳐 장기적으로도 이루어진다. 사실, 대부분의 지역 시장 시청률 보고서는 시청률 추세라는 제목 아래 지난 시청률 집중 조사 기간의 데이터를 포함할 것이다. 수용자 추세를 들여다볼 이유는 얼마든지 있을 수 있다. 라디오 프로그래머는, 아마도 〈그림 5-2〉와 같은 일련의 지도를 그려보면서, 포맷 변경이 자기 방송국의 수용자 구성을 어떻게 바꾸었는지 알고 싶어 할 수 있다. 금융 분석가는 특정 미디어 자산의 시청률 역

사를 검토하길 원할 수 있다. 정책 담당자나 경제학자는 신구 미디어의 경쟁적 지위를 평가하기 위해 미디어 간 수용자 전환의 패턴을 연구하길 원할 수 있다.

신식 계량 기기는 또한 수용자의 '미시종단면(microlongitudinal)' 조사연구라고 불릴 만한 것을 할 수 있게 해준다. 분석가는 수 주 혹은 수개월에 걸쳐 총량 측정치를 비교하는 대신 초 단위로 수용자 행위를 평가할 수 있다. 티보사(TiVo Inc.)가 파는 것과 같은 디지털 녹화기(DVR)나 셋톱박스(STBs)는 ─ 화면이 켜진 텔레비전 수상기 일단을 순간순간 포착해냄으로써 ─ 가구 계량기의 기능적 상응물이 될 수 있겠다.

〈그림 5-3〉은 티보를 장착한 가구가 46회 슈퍼볼을 어떻게 시청했는지를 집합적이고 익명적인 방식으로 알려준다. 수평축은 방송 시간이고 수직축은 수용자 **지수**(index)를 표시하는데, 지수는 게임이 진행된 시간 전체의 평균 수용자와 일정 시점의 시청을 비교한 것이다. 지수가 1.0인 30초 구간은 그동안의 수용자 규모가 평균 수용자 규모와 같았다는 뜻이다. 한 구간의 지수가 1.0보다 크면 수용자가 평균보다 많았다는 것이고, 그보다 작으면 평균보다 적었다는 뜻이다. 유의할 점은 왼쪽 수직축과 오른쪽 수직축의 지수 값이 다르게 매겨진다는 것이다 ─ 왼쪽은 실시간 시청을 오른쪽은 시간차 시청을 나타낸다.

이 그래프는 슈퍼볼 방송의 다양한 부분에 대한 수용자 관심을 가늠하는 데 쓸 수 있다. 예컨대, 실시간 수용자는 게임이 진행되는 내내 꾸준히 증가했으나 광고 방송과 하프타임쇼(halftime show) 일부분에서 조금 줄었다. 방송 후 3일 이내의 시간차를 두고 시청한 이들은 하프타임 쇼의 종장에 가장 큰 관심을 보였다. 이들은 재미없는 광고는 재핑하고(zapping) ─ 건너뛰고 ─ 좋아하는 광고만 시청했다. 이들 DVR 수용자는 훨씬 더 변화무쌍한 시청 패턴을 보인다.

그림 5-3 미식축구 결승전 실시간 수용자 크기

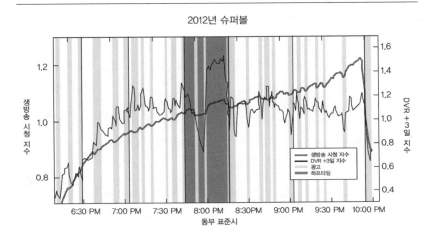

2012년 슈퍼볼

자료: 티보사(TiVo Inc.).

프로그램 수용자에 대한 이런 미시종단면 조사연구는, 대중문화에 대한 해설 각주를 내놓는다는 것 이외에, 광고주와 프로그래머 모두에게 값진 것일 수 있다. 광고주는 자신의 광고가 시청자를 사로잡는 힘을 평가할 수 있다. 혹은 역으로, DVR 이용자가 광고를 아예 건너뛰는 비율을 잴 수 있다. 같은 정보를 프로그래머는 '프로그램 분석기'를 쓸 때와 같은 방식으로 들여다볼 수 있다. 즉, 프로그램에서 사람들이 건너뛰기를 원하거나 되풀이해서 보고 싶어 하는 부분을 밝히는 데 쓸 수 있다.

이젠 확실히 알겠지만, 수용자의 크기와 구성에 관한 추정치들을 굴리고 비교하는 데는 수많은 방법이 있다. 사실, 주요 시청률 제공자가 컴퓨터로 보는 전자 시청률 책자를 만들기 때문에, 시청률 데이터를 분류하고 순위를 매기는 데 걸리는 시간은 크게 줄일 수 있다. 아비트론과 닐슨 모두 자사 데이터를 다양한 방법으로 굴려볼 수 있는 소프트웨어 묶음을 판매한다. 시청률 데이터를 막대 그래프, 원형 차트 등등으로 변환하는 소프트웨어를 만드는 덜 알려진 판매자들도 있다.

이런 발전 대부분은 시청률 분석에 희소식이지만, 비교 통계량을 산출하고 소비하는 데 몇 가지 주의해야 할 것이 있다. 즉, 이런 프로그램의 계산 능력이나 화려한 그래픽에 현혹되어 실제 다루는 사안이 무엇인지 망각하는 일이 없도록 하라. 수용자 총량 측정치는 전부, 표본이 제공하는 정보에 기반을 둔 추정치라는 사실을 기억하라. 다음 요점을 유념하라.

- 시청률을 만들거나 수용자 추정을 하기 위해 사용되는 표본의 크기에 주의하라. 좁게 정의된 표적 수용자에 집중함으로써 초래하는 결과 하나는 추정치가 근거로 삼는 사람들의 실제 숫자가 상당히 작아진다는 것이다. 이는 그 추정치를 둘러싼 표집 오차를 키울 것이다. 피플미터 전국 표본은 작은 부분집합들로 수용자를 세분해도 좋을 만큼 클지 모른다. 보다 작은, 지역 시장의 표본이 전국적인 경우와 대등한 정확도를 가진 표적 추정치를 제공할 수 있다는 이야기는 따라 나오지 않는다.

- 지수화나 표적 효율성을 계산하는 기법은 백분율의 백분율을 취하게 만들고, 이는 숫자의 원래 값을 흐릿하게 만드는 경향이 있다. 예컨대 시청률 점수 1.4를 0.7에 비기면 지수 200이 나오는데 14점을 7점에 비길 때 나오는 지수와 같다. 그러나 상대 표준 오차는 시청률이 낮은 경우에 훨씬 더 커진다. 이는 같은 값이라도 첫 번째 지수(1.4/0.7)는 자신을 구성하는 부분들에 약간의 변화만 있어도 확 바뀔 수 있기 때문에 그에 대한 신뢰를 낮춰 잡아야 한다는 뜻이다. 이런 데이터 환원을 하면 두 번째 지수(14/7)의 신뢰도가 더 높다는 사실을 금방 알아볼 수 없다.

- 단순함을 유지하라. 숫자를 다양한 방식으로 굴릴 수 있는 능력이 있다고 해서 그렇게 하는 것이 반드시 좋은 생각인 것은 아니다. 두 가지 이유로 그렇다. 첫째, 분석이 복잡하게 꼬일수록 데이터에 실제 무슨 작용을 가했는지를 잊어버릴 가능성도 높아진다. 달리 말해 개념상의 혹은 계산상의 오류를 저지를 가능성이 높아진다. 둘째, 분석에 실수가 없더라도 복잡하게 굴린 숫자일수록 조사연구의 소비자에게 설명하는 일이 더 어려워진다. 스스로는 그 별난 지수가 어떻게 만들어졌는지 이해할지 모르지만, 이것이 매체구매자가 그에 관한 설명을 들을 여유와 성향을 갖고 있으리라는 것을 뜻하지는 않는다.

4. 예측과 설명

양적 연구와 이론 쪽에서 교육받은 사람 대부분은 예측과 설명의 개념에 친숙하다. 사실, 사회과학적 이론을 개발하는 주된 이유는 우리 주위의 사회적 세계에서 관찰한 사건을 설명, 그리고/또는 예측하는 데 있다. 시청률 조사연구의 맥락에서는 수용자 크기와 구성에 대한 총량 측정치를 설명하고 예측하는 것을 돕기 위해 4장에서 탐색한 수용자 행태에 대한 이론을 이용할 수 있다. 예측과 설명은 사회이론가에게 확실히 흥미로운 일이지만 상아탑 내부의 일로 그치지 않는다. 실로, 수용자 시청률을 예측하는 것은 업계 시청률 사용자의 주된 업무 활동 하나다.

모든 시청률 데이터가 역사적임을 기억하는 것이 중요하다. 그것은 이미 일어난 일을 묘사한다. 기억하는 것이 이처럼 중요한 또 하나가 수용자를 사고파는 일이 늘 미래의 사건을 예견하면서 일어난다는 것이다. 지난주의 어느 프로그램이 가장 많은 수용자를 끌었는지 아는 것도 쓸모가 확실한 일이지만, 광고비 배분을 실제 좌우하는 것은 다음 주나 다음 시즌에 누가 가장 많은 수용자를 가질지에 대한 기대다. 그래서 광고 시간 판매와 광고에 관여하는 시청률 분석가는 시청률을 예측하려고 노력하는 데 자신의 시간 중 상당한 부분을 할애한다.

업계 용어로 시청률을 예측하는 일은 구매 전 분석(pre-buy analysis: 프로그램 취득을 평가할 때 재무계획 담당자와 프로그래머가 하는 분석과 혼동하지 말 것)이라고 불린다. 광고 시간의 구매자와 판매자는 각각 특정 미디어 편성 순서가 모아줄 수용자를 추정해야 한다. 예측의 표준적인 방법은 2단계 과정이다.

첫 단계에서 분석가는 방송 광고가 방영될 시점의, HUT 또는 PUT 수준에 반영되는 총수용자 크기를 추정한다. 이는 대강의 수용자 여유를 이해하는 문제이다. 4장의 논의 중에 총수용자 크기가 예측 가능성이 매우 높다는 것이 있었음을 기억할 것이다. 그것은 하루 내 시간대에 따라, 요일에 따라, 그리고 1년을 놓고 보면 주마다 달라진다. 눈 폭풍이나 연속적 폭염 같은 기상 이변에도, 이런 일을 미리 아는 것이 확실히 어렵기는 하지만, 영향을 받을 수 있다.

미래 특정 시점의 총수용자 수준을 예측하는 가장 간단한 방법은 1년 전과 똑같을 것이라고 보는 것이다. 이렇게 하면, 매 시간, 하루하루, 시즌별로 일어나는 변화가 반영된다. 좀 더 복잡한 절차는 몇 달 혹은 몇 년을 두고 HUT/PUT를 들여다보는 것이다. 이렇게 해서 분석가는 HUT 수준에 대한 자신의 예측 판단에 영향을 줄 만한, 수용자 규모의 장기 추세를―혹은 일탈을―잡아낼 수 있다. 예컨대 주어진 한 시간, 하루, 한 달의 HUT 수준 5년 평균을 들여다보는 것이 지난해만 ― 비정상적인 해일 수도 있는데 ― 들여다보는 것보다는 보다 안정적인 HUT 미래 추정치를 산출할 것이다. 사실, 측정되지 않은 몇 달간의 수용자 규모를 구하기 위해서는 문제의 한 달 이전과 이후의 시청률 집중 조사 기간 데이터를 평균함으로써 그 사이에 끼워 맞출 HUT 수준을 산정해야 한다.

둘째 단계에서 분석가는 해당 방송국이나 프로그램이 거둘 수용자 점유율을 추정해야 한다. 여기서 가장 단순한 접근법은 지난번 측정 기간에 기록한 것과 같을 것이라고 가정하는 것이다. 물론 수용자 점유분에 영향을 줄 수 있는 몇 가지 요인들이 있고 분석가는 이들을 고려해야 한다. 편성의 변화는 수용자 점유율에 극적인 효과를 낼 수 있다. 라디오에서, 맞수 방송국들은 포맷을 바꾸어 시장 내 수용자 몇몇 부류에 대한 호소력을 확대할 수도 축소할 수도 있다. 텔레비전에서, 상호 경쟁하는 방송국은 과거보다 더 효과적으로 대응 편성을 할 수 있다. 좀 덜 극적이지만 장기 추세도 작용할지 모른다. 참일 수 있는 이야기로, 케이블 보급이, 가까운 미래에도 지속될 법한 점진적 수용자 점유율 하락을 초래해왔다. HUT 수준의 추정에서와 마찬가지로 측정 기간 몇을 가로질러 점유율을 비교하는 것이 달리는 보이지 않을 미묘한 변화를 드러낼 수도 있다.

일단 총수용자 수준과 특정 수용자 점유율이 추정되면 시청률의 추정은 간단하다. 예상되는 HUT 수준을 수용자 추정 점유율로 곱하면 예측 시청률이 나온다. 이 계산 절차는 다음과 같이 요약된다.

$$추정\ HUT \times 추정\ 점유율(\%) = 예상\ 시청률$$

사실 이는 폴 클라인(Paul Klein)의 "가장 덜 거슬리는 프로그램(the least objectionable program)" 이론에 표현된 통념을 간단히 정식화한 것이다. 즉, 노출은 볼 여유를 가진 수용자가 먼저 있고 난 다음에 어느 방송국이나 프로그램을 볼지가 결정되는 2단계 과정으로 생각하는 것이 제일 좋다는 것이다. 수용자의 인구통계적 부분집합 하나(예컨대, 18~49세 남성에 대해)에 대해 시청률을 예측하는 절차 역시, 적절한 PUT 수준을 추정하고 그 부분집합에서의 프로그램 예상 점유율을 구한다는 점을 제외하면, 똑같다. 어느 경우든, 시청률 회사들이, 혹은 이런 구매 전 분석을 수행하는 독자적 판매자들이 출시한 컴퓨터 프로그램이 수중에 이른다.

이런 공식과 컴퓨터 프로그램이 유용하긴 하지만, 유념할 것은 시청률 예측은 엄밀한 과학이 아니라는 점이다. 그것은 경험, 직관, 그리고 수용자 크기에 영향을 주는 요인들에 대한 이해를 요한다. 불행히도, 우리는 이들 가운데 마지막 범주에 관한 조력만을 제안할 수 있을 뿐이다. 우리의 충고는 4장의 수용자 행태 모형을 고려하라는 것이겠다. 수용자 크기에 영향을 줄 법한 구조 수준 요인과 개인 수준 요인을 모두 하나하나 체계적으로 짚어본 다음, 자신의 경험을 통한 검증을 시작하라는 것이다. 가끔 이런 검증은 꼭 효과적일 것 같은 변형을 모형에 가하도록 이끌 것이다.

DVR와 C3 시청률 도입은 수용자 예측의 산술을 변화시켰다. 이제 구매자와 판매자는 본 프로그램 시청자와 광고 시청자의 차이뿐 아니라 녹화된 프로그램을 3일 안에 틀 것인지도 고려해야 한다. 인기 드라마 같은 일부 프로그램은 시간차 시청 비율이 높은데, 이는 C3 시청률을 높인다. 생중계 같은 다른 프로그램은 시간이 가도 시청자 수가 크게 늘지 않는다.

시청률 예측이 제일 어려워지고 그에 걸린 것도 많아지는 경우 가운데 하나가 네트워크 텔레비전의 선불 시장(upfront market)이다. 주요 광고대행사들과 네트워크의 판매 담당 이사들은 가을 편성 라인업이 어떤 성과를 거둘지에 대한 예상을 해봐야 한다. 이 일이 아주 미묘한 이유는 새로운 프로그램은 거기 기댈 경력 기록이 없기 때문이다. 적어도 주요 대행사 하나는, 경험을 통해, 총체적 HUT 수준이 아니라 네트워크 방송사만의 HUT 수준을 예측의 기저로 삼는다면 시청률을 더 정확히 예측할 수 있다는 것을 알아냈다. 달리 말해, 네트워크들의 총시청자 수를 추정하는 것이 예측 과정의 첫 단계가 돼야 한다. 왜 이것이 더 나은 예측을 낳는지, 온전히는 명백하지가 않다.

표 5-6 **구매 후 분석에 사용되는 시청률 집중 조사 기간 데이터**

2월 데이터	1~3월
5월 데이터	4~6월
7월 데이터	7~9월
11월 데이터	10~12월

주*: 이 구매 후 분석 시간표는 해당 시장이 1년에 4회 측정된다는 것을 전제한다.
1, 3, 10월 데이터가 추가되면 각각 1, 3~4월, 9~10월의 구매 후 분석에 이용된다.

다양한 시청자 부류에 대한 점유율 추정치와 예상 시청률로 무장한 채 구매자와 판매자는 계약을 협상한다. 판매자는 자신의 시청률 전망에 대해 낙관적인 반면 구매자는 보수적이기 쉽다. 사실 각자가 협상 테이블에 가지고 온 시청률 추정치는 협상 진지 구축의 필요가 그 기조를 물들이고 있을 것이다. 결국 합의는 이뤄진다. 대부분의 광고 시간 구매는 복수의 편성 시점들을 포함하기 때문에 미디어가 광고주에게 모아줄 수용자의 총수는 대개 GRP로 표현된다.

일련의 방송 광고가 방영되고 나면 구매자와 판매자는 성과를 알고 싶어 한다. 프로그래머와 재무관리자가 프로그램 구매를 평가하듯이, 광고 시간 판매자와 구매자는 **구매 후 분석**(post-buy analysis)을 통해 시청률 예측치를 평가한다. 연속적으로 측정되는 시장에서는 하나의 광고가 방영되면 곧바로 프로그램 시청률 실적을 정확히 알 수 있다. 그러나 대부분의 지역 시장에서는 특정한 달에만 조사가 이루어진다. 따라서 시청률 실적에 대한 정밀한 데이터는 구할 수 없을지 모른다. 〈표 5-6〉은 달에 따라 달라지는, 구매 후 분석에 사용되어온 시청률 집중 조사 기간을 짚는다. 요는 평가를 위해 쓸 수 있는 데이터 중 제일 좋은 것을 쓰는 것이다.

광고 시간 편성과 실제 시청률을 양손에 쥐고 편성 요금이 '재산정'된다. 예컨대, 원계약은 GRP 200을 예상했으나 실제 모아준 수용자는 GRP 210일

수 있다. 이 경우 매체구매자는 예상보다 성과가 좋은 것이다. 물론, 반대의
경우로 수용자 적자가 났을 수도 있다. 선불 거래에서 네트워크는 광고의 추
가 방영을 통해 적자를 보전해왔다. 그러나 더 흔한 경우는 매체구매자의 악
운을 탓하고 마는 것이다.

시청률 예측이 얼마나 정확한지, 혹은 정확해야만 하는지, 흔히들 묻는다.
업계의 표준 관행은 실제 수용자 규모가 예측치의 10%보다 더 크게 벗어나
지 않으면 괜찮은 것으로 치는 것이다. 이런 불일치를 초래하는 오류에는 세
가지 원인이 있다: 예측 오류, 전략적 오류, 표집 오차. **예측 오류**(forecasting
errors)는 대개 바로 떠오르는 것이다. 여기에는 판단과 예측의 잘못이 포함
된다. 예컨대, 분석가가 HUT 수준의 추세를 제대로 재지 못했을 수도, 어떤
편성 전략의 성공을 내다보지 못했을 수도 있다. **전략적 오류**(strategic errors)
는 계약 협상 과정 중에 의도적으로 도입된 오류다. 예컨대 조사연구자는 특
정 프로그램이 시청률 5를 모아줄 것이라고 굳게 믿는 반면에 판매 담당은
근거만 제시한다면 6에 팔 수 있다고 믿을 수 있다. 이익이 좀 더 큰 거래에
합의하느라 추정치를 고의로 왜곡하는 것이다.

표집 오차(sampling error)도 시청률 추정치들의 정확도에 영향을 줄 수 있
다. 이는 또 이들 숫자가 표본에서 얻은 정보에 기초한 추정치일 뿐이라는
점을 다시 한번 마땅히 환기시켜 준다. 3장에서 본 바와 같이 어떤 시청률도
일정 정도의 표집 오차에 엮인다. 시청률의 근거가 되는 표본이 클수록 그
오차는 작다. 덧붙여, 소소한 시청률을 둘러싼 오차는 시청률 자체의 크기에
비해 상당히 큰 경향이 있다. 같은 논리가 GRP로 표현되는 광고 시간 편성에
도 적용될 수 있다. 1980년대 중반 아비트론은 GRP 추정치의 오차에 대해
폭넓은 연구를 수행했다(Jaffe, 1985). 주요 결론은 다음과 같다.

• 보다 큰 유효 표본 크기(ESS: effective sample size)에 기초한 GRP는 표준

오차가 더 작다. 보다 큰 수용자 집단(예컨대 18세 이상 남성)에 근거한 GRP 는 보다 작은 수용자 집단(예컨대 18~34세 남성)에 기반을 둔 것보다 안정적 이다. 이는 큰 표본을 갖기 쉬운 큰 시장이 작은 시장보다 일반적으로 오 차가 작다는 뜻도 된다.

- 편성표상 프로그램 쌍의 상관도가 높을수록 표준 오차도 크다. 달리 말해, 편성 시점 사이의 수용자 중복 정도가 높을수록 오차의 가능성도 높다는 것 이다. 이는 중복이 활발하면 동일인이 각 프로그램 시청률에 산입되는 경향 이 생겨서 GRP 산출의 기초가 되는 표본의 범위를 축소시키기 때문이다.

- 편성 전체의 GRP 수준이 같다면, 상대적으로 적은 수의 시점에서 높은 시 청률을 기록하는 편성 쪽이 낮은 수준의 시청률을 많은 시점에서 기록하 는 경우보다 오차에 덜 취약하다.

- 다른 조건이 같다면, GRP가 높은 편성일수록 절대 표준 오차의 크기는 커 지지만 상대 표준 오차의 크기는 작아진다.

지금에 더 가까운 시기에 이루어진 닐슨의 연구도 비슷한 결론에 도달했 다(Nielsen, 2005). 실무적으로 이는 시장 내에서 상대적으로 큰 수용자 집단 과 상대적으로 높은 시청률을 가진 프로그램 또는 방송국에 기반을 둔 GRP 라면 구매 후 분석 결과가 10% 범위 내라는 업계 기준에 맞을 확률이 더 높 다는 뜻이다. 예측 오류나 전략적 오류가 없다고 해도, GRP가 소규모 수용자 집단의 낮은 시청률에서 나온 것이라면 구매 전 예측과 구매 후 분석이 일치 할 공산은 작아진다. 격화된 경쟁이 라디오와 텔레비전 수용자를 잘게 쪼개 고 광고주가 점점 더 세밀하게 쪼갠 시장을 표적으로 삼으려고 함에 따라 이런 표집 오차 문제는 더 많은 구매 후 분석 결과를 10% 범위 바깥으로 밀어낼 것이다. 추정 수용자를 사고파는 것에 대한 사려 깊은 논의는 나폴리의 책을 보라(Napoli, 2003).

지금까지 우리가 묘사한 시청률 예측 방법은 꽤 간명하고, 통계적 계산이라는 측면에서 요구하는 바가 상대적으로 적고, 직관과 전문가 판단에 깊이 의존한다. 그러나 프로그램 시청률을 수학적 등식으로 모형화하려는 노력이 경주된 경우도 몇 있다. 어느 쪽 접근이든 수용자 행태에 대한 기본 이론은 대동소이하다. 그러나 시청률을 모형화하려는 시도에서 많은 전문가 판단이, 실증적으로 구해지고 양화된 관계로 대체된다.

젠시·셰이먼(Gensch and Shaman, 1980), 바넷·창·핑크·리처즈(Barnett, Chang, Fink and Richards, 1991)가 어느 시점에서건 네트워크 텔레비전 시청자의 수를 정확히 추정하는 다양한 모형을 개발했다. 이들의 발견은 우리의 이전 논의와 일치하는데, 총수용자 규모는 이용 가능한 프로그램 콘텐츠가 좌우하는 것이 아니라 하루 내 시간대와 계절적 요인의 함수라는 것이다. 일단 여유 수용자의 크기가 예측되면, 각 프로그램의 수용자 점유율을 구하는, 추정 과정의 두 번째 단계는 독립적으로 모형화되었다. 이는 업계의 표준적인 예측 방법과 유사하다. 텔레비전 시청률 예측의 첨단 기법에 대한 탁월한 검토는 다나허·대거·스미스의 논문을 보라(Danaher, Dagger and Smith, 2011).

일부 저자는 유인 효과, 대응 편성, 개별 프로그램의 시청률 경력, 프로그램 유형, 심지어 출연진의 인구통계적 특징까지 고려하면서 시청자의 선택에 대한 통합적 모형을 개발해왔다(예컨대 Cooper, 1993; Danaher and Mawhinney, 2001; Shachar and Emerson, 2000; Rust, Kamakura and Alpert, 1992; Weber, 2003; Webster and Phalen, 1997). 이런 일반적 예측 모형에 더해 보다 특화된 연구도 수행되어왔다. 연구자들은 수용자 총량 측정치들의 상관관계에 대한 탐구를 다음과 같은 목적으로 사용해왔다: 상이한 편성 전략을 평가하는 데(예컨대 Lin, 1995; McDowell and Dick, 2003; Tiedge and Ksobiech, 1986, 1987), 네트워크 프로그램의 폐지 기준을 구하는 데(예컨대 Adams, 1993; Atkin and Litman, 1986), 미디어 소유 구조가 시청률 성과에 미치는 영향을 평가하는 데(Parkman, 1982), 텔레비전 프로그램 콘텐츠의 진화에서 시청률이 하는 역할을 검토하는 데(McDonald and Schechter, 1988). 이런 분석들은, 우리의 판단으로는, 풍부한 후속 연구가 나올 영역을 대표한다. 이들 분석은 역사적이고 방법론적인 통찰에 매우 유용하다.

Balnaves, M., O'Regan, T. and Goldsmith, B. 2011. *Rating the audience: The business of media.* New York: Bloomsbury Publishing Plc.

Buzzard, K. 2012. *Tracking the audience: The ratings industry from analog to digital.* New York: Routledge.

Danaher, P. J., Dagger, T. S. and Smith, M. S. 2011. Forecasting television ratings. *International Journal of Forecasting,* 27(4), 1215~1240. doi:10.1016/j.ijforecast. 2010.08.002

Katz, H. E. 2010. *The media handbook: A complete guide to advertising media selection, planning, research and buying,* 4th ed. New York: Routledge.

Kaushik, A. 2010. *Web analytics 2.0: The art on online accountability & science of customer centricity.* Indianapolis, IN: Wiley.

Media Dynamics. 2012. *TV dimensions.* Nutley, NJ: Author.

Napoli, P. M. 2003. *Audience economics: Media institutions and the audience marketplace.* New York: Columbia University Press.

Rust, R. T. 1986. *Advertising media models: A practical guide.* Lexington, MA: Lexington Books.

Sissors, J. Z. and Baron, R. B. 2010. *Advertising media planning,* 7th ed. New York: McGraw-Hill.

Webster, J. G. and Phalen, P. F. 1997. *The mass audience: Rediscovering the dominant model.* Mahwah, NJ: Lawrence Erlbaum Associates.

누적 측정치 분석

누적 측정치는 수용자 분석에 일상적으로 사용된다. 이 측정치는 시간을 두고 미디어 이용자 개인을 따라가는 데 의존하기 때문에 총량 측정치와 구분된다. 역사적으로, 총량 측정치는 한 주나 한 달간의 이용을 요약하곤 했다. 그러나 계량 기기와 서버 중심 측정의 이용 증가로 웹상의 세션처럼 짧은 기간도 들여다보게 되었다. 이같이 기간이 짧아지고 누적 측정치 숫자도 늘어나서, 특정 측정치가 기술적으로 총량적인지 누적적인지 파악하는 것이 어려울 수 있다. 대개는, 반복 고객에 대한 앎을 반영하거나 평균적인 이용자의 성격에 대해 알려준다면 누적 측정치일 공산이 크다.

궁극적으로, 이런 기술적 구분은 대상 측정치가 수용자 행태에 대해 드러내는 것보다는 덜 중요하다. 총량 측정치가 프로그램이나 미디어 창구의 인기도를 재는 선호되는 척도이지만, 누적 측정치는 수용자의 충성심과 광고 캠페인에 노출되는 정도에 대해 더 많은 것을 드러낸다. 이들은 몰입을 측정하는 몇몇 척도의 기초를 이루기도 한다. 때때로 분석가는 총량 측정치와 누적 측정치를 결합해서 잡종 측정치를 산출하기도 한다.

이 장에서 우리는 보다 전통적인 방송 환경에서 사용되는 표준 누적 측정치에 어떤 것이 있는지 확인한다. 그다음으로 웹에서 태어난, 더 새로운 세대의 측정치를 살펴본다. 우리는 도달률과 빈도의 개념을 검토하는데, 이들은 광고주에게 대단히 중요하다. 그리고 수용자 중복 개념에 더욱 깊이 들어가는데, 분석의 많은 유형이 이것을 벽돌 삼아 쌓은 것이다. 직전 장과 마찬가지로, 우리는 이런 측정치들이 어떻게 유용하게 비교되는지 예를 들고 누적 분석이 수용자 행태의 패턴을 설명하는 데 어떻게 이용되는지를 보이는 것으로 장을 마감한다.

1. 방송 기반 계측치

다시 한번 우리는 방송 기반 계측치들에서 시작한다. 이들은 사람들의, 라디오와 텔레비전 형식 대부분의 이용을 요약하는 데 사용된다. 다음 절에서 검토할 웹 기반 계측을 포함하는 비선형 미디어 측정의 확립된 선례이기도 하다. 가능한 누적 분석의 종류는 궁극적으로, 데이터의 수집 방법과 수집된 데이터가 어떤 정보를 품고 있느냐에 달려 있다. 대부분의 방송 기반 측정치는 애초 표본 구성원 중의 응답자 혹은 일기 작성자로부터 도출된 것이었다. 피플미터와 서버의 도입은 이용자를 순간순간, 그리고 더 긴 기간 동안 추적하는 것을 가능하게 만들었다.

어떤 누적 측정치는 시청률 보고서나 집적된 데이터를 다루기 위해 분석가가 사용하는 스프레드시트에 일상적으로 나타난다. 다른 것은 더 특화된, 흔한 요약 통계치를 결합하면 산출될 수 있는 수치이다. 많은 다른 형태의 누적 분석은 보다 본원적인, 응답자 개인 수준의 데이터 세트를 활용할 수 있을 때 가능해진다.

큠(cume)은 가장 흔한 수용자 누적 측정치다. 어떤 기간 — 대개는 어떤 '시간대'(예컨대 프라임타임), 날, 혹은 주, 심지어는 어떤 달에 — 적어도 한 번은 특정 방송국을 선택한 적이 있는 상이한 사람 혹은 가구 전체의 수이다. 큠이란 용어는 흔히 '도달 범위 내지 도달률(reach)', '비중복 수용자(unduplicated audience)'와 구별 없이 사용된다. 큠이 가능한 총수용자의 백분율로 표현되면 **큠 시청률**(cume rating)이라 불린다. 실제의 사람 수로 표현되면 **큠 개인**(cume persons)이라고 불린다. 이들 수용자 요약은 5장에서 논의한 시청률 및 추정 수용자와 유사하다.

보통의 시청률이나 수용자 추정치와 비슷하게, 기본적인 정의들의 변주가 흔하다. 큠은 인구통계적으로도 지리적으로도 정의되는 상이한 수용자 부분 집합에 대해 일상적으로 보고된다. 예컨대 아비트론은 상이한 연령 범주에 속하는 남성과 여성 각각에 대해 방송국의 대도시 큠 시청률을 보고한다. 큠 개인도 시장 내의 상이한 지리적 영역에 한정해서 추정될 수 있다. 수용자 부분집합이 어떻게 정의되건 간에 큠 수치는 한 방송국의 비중복 수용자 전체를 표현한다. 수용자 집단 내 각 개인이나 가구는 큠을 헤아릴 때 한 번만 센다. 이들이 귀 기울인 동안이 8분이냐 8시간이냐는 중요치 않다.

시청률 정보 제공자는 다양한 수용자 부분집합 각각의 큠을 알려줄 뿐 아니라 상이한 시간대의 방송국 큠도 알려준다. 미국에서 라디오 시청률 보고서는 오전 운전 시간(월~금 오전 6~10시), 오후 운전 시간(월~금 오후 3~7시), 그리고 다른 표준적 시간대들에 대해 개별 방송국의 큠 수용자를 추정한다. 큠 수용자는 한 방송국의 운전 시간대 수용자에 대해서도 산출될 수 있다(즉, 그 방송을 오전 운전 시간대나 오후 운전 시간대에 청취한 사람들의 수가 몇인가). 큠이 일기식 데이터에 기초한 경우라면 대상 기간이 한 주를 넘지 않는다.

원리상으로는 기기가 계속 작동하는 한 아무리 긴 기간 동안(예컨대 수년간) 에라도, 가구 계량기는 가구 큠을, 피플미터는 개인 큠을 산출할 수 있다. 실제로는 한 달 이상 큠 수용자를 추적하는 일이 드물다. 4주짜리 큠은 계량기 기반 데이터와 함께 보고되고 한 주 한 번 방송되는 텔레비전 프로그램에 대해 특별히 유용하다.

라디오에서는 다른 두 개의 변형 큠이 보고된다. 첫째는 **배타적 큠**(exclusive cume)이라고 부른다. 이는 특정 시간대에 하나의 방송국만 청취한 이들의 규모 추정치다. 다른 모든 조건이 같다면, 이런저런 방송국을 두루 청취하는 수용자보다 규모가 있는 배타적 수용자가 팔기 더 쉬울 것이다. 아비트론은 **큠 중복**(cume duplication)도 보고한다. 이는 배타적 수용자의 반대다. 시청률 정보 제공자는 한 시장의 모든 방송국 쌍에 대해 양쪽의 큠 수용자 집단에 동시에 속한 청취자의 규모를 추정한다. 그러므로 어느 방송국이 수용자를 상호 공유하는 경향이 있는지 알 수 있다.

다양한 큠 추정치는 후속 단계의 계산에 사용되어, 때로는 수용자 총량 측정치와 결합하여, 수용자 활동을 바라보는 상이한 방식을 주조한다. 그중 가장 흔한 것 하나가 **청취 소비 시간**(TSL: time spent listening) 척도다. 구하는 공식은 다음과 같다.

$$\frac{\text{시간대의 평균 4분시 수용자} \times \text{시간대 내 4분시 수}}{\text{시간대의 큠 개인}} = \text{TSL}$$

첫 단계는 특정 시간대 내에서 특정 수용자 부류에 대해 한 방송국의 평균 4분시 수용자를 구하는 것이다. 그것은 100명 단위로 보고되는 추정 수용자가 될 것이다. 이를 그 시간대 내의 4분시 수로 곱한다. 한 주의 오전 또는 오후 운전 시간대라면 그것은 80개의 4분시가 될 것이다. 월요일에서 일요일까

표 6-1 방송국별 청취 소비 시간(TSL) 추정치 계산

방송국	평균 4분시 청취자	평균 4분시 × 504개 4분시 =	큠 개인	총4분시÷큠 = 주간 TSL	주간 TSL÷28 (7일×4개 시간당 4분시) = 1일당 TSL 시수
갑	500	25만 2000	3500	72.0	2.57
을	1500	75만 6000	2만	37.8	1.35
병	6500	327만 6000	4만	81.9	2.93
정	1000	50만 4000	1만 2000	42.0	1.5

*: 이 표본의 TSL 계산은 월~일 오전 6시에서 자정까지의 추정 수용자에 근거한 것임. 이 기간 내에는 504개의 4분시가 있음.

지 오전 6시에서 자정에 이르는 가장 긴 시간대라면 504개 4분시다. 이 곱셈 결과는 사람들이 그 방송국 청취에 쓴 4분시의 합계를 알려준다. 이를 실제 그 방송국을 청취한 사람의 수(즉, 큠 개인)로 나누면 큠에 속한 개개인이 그 방송국을 청취하는 데 쓴 시간의 평균 길이를 얻게 된다. 여기서 청취 소비 시간은 주당 4분시로 표현되는데, 해석의 편의를 위해 하루당 시간으로 바꾸기는 쉽다. 〈표 6-1〉은 이런 계산을 몇몇 방송국을 비교하기 위해 어떻게 할 수 있는지를 보여준다.

알아차리겠지만, 청취자가 주파수를 맞춰 청취에 쓴 시간의 평균은 방송국마다 다르다. 다른 모든 조건이 같다면 TSL 추정치가 큰 것이 작은 경우보다 좋다. 물론, 높은 TSL이 소수의 중청취자에 근거할 수 있고, 반면에 TSL이 낮은 방송국이 매우 많은 수용자를 가질 수 있다. 예컨대 〈표 6-1〉의 방송국 갑과 을을 비교해보라. 광고주가 재원을 뒷받침하는 방송업계에서 궁극적으로는 수용자 총량 규모가 중요하다. 그럼에도 TSL 비교는 집합적 수준의 수용자 데이터를 전형적 청취자를 묘사하는 수치로 전환하는 데 도움을 주어, 데이터를 이해하기 쉽게 만든다. 대개 TSL은 라디오 방송국을 위해 계산되지만, 이와 유사한 **시청 소비 시간**(time spent viewing) 추정치도 텔레비전 시청률 보고서의 시간대 요약 부분에 나오는 평균 4분시 시청률 및 큠 추정치에 같은 과정을 적용해 도출할 수 있겠다.

　수용자 데이터베이스에 직접 접근할 수 있으면 어떤 개인이 텔레비전을 보거나 특정 방송국 방송을 듣는 데 쓴 4분시의 수를 그냥 셀 수 있다. 나아가, 데이터가 일기가 아니라 계량기에 기초한 것이면 실제 시청 소비 시간 혹은 청취 소비 시간을 분 단위로 셀 수 있다. 시청률 정보의 덩치 큰 소비자 다수가 데이터에 직접 접근하는 대가를 지불하기 때문에, 특히 텔레비전 수용자 연구에서, 새로운 종류의 **누적 점유율**(cumulative share) 계산이 점차 흔해지고 있다. 여기에서 분석가가 하는 일은 본질적으로, 어떤 주어진 수용자가 일정 시간을 두고 특정 프로그램원을 시청하는 데 쓴 시간을 분 단위로 세고 이를 같은 기간 동안 텔레비전 시청에 쓴 시간으로 나누는 것이다. 상기하건대, 앞의 〈그림 2-2〉는 3대 지상파 네트워크 방송사의 프라임타임 수용자 점유율이 수년간 저하되어왔음을 묘사했다. 그 그림도 지난 18개 텔레비전 시즌 각각의 누적 점유율을 연속적으로 그린 것이다. 유사한 점유율 수치가 개인에 대해 계산되는 것을 그려보는 것도 가능한데, 각 개인이 한 채널을 보는 데 쓴 분 단위 시간을 구해서 이를 그의 텔레비전 시청 소비 시간 합계로 나누면 될 것이다. 다음 등식은 누적 점유율 계산의 기본적인 방식을 보여준다. 분석 단위로, 프로그램원(예컨대 채널, 방송국, 프로그램 등)의 경우와 마찬가지로, 분석가가 택하는 아무것(예컨대 가구, 18세 이상의 성인 등)이나 가능하다는 것을 유념하라.

$$\frac{\text{채널 시청 소비 시간}}{\text{텔레비전 시청 소비 시간}} = \text{누적 점유율}$$

　큠과 총량 측정치의 또 다른 결합은 수용자 교체율이라 불리는 요약 수치를 낳는다. 수용자 교체율의 공식은 다음과 같다.

$$\frac{\text{특정 시간대의 큠 개인 수}}{\text{특정 시간대 평균 4분시 개인의 수}} = \text{수용자 교체율}$$

수용자 교체율 추정치는 상이한 청취자가 얼마나 빨리 한 방송국의 수용자로 거쳐 가는지에 대해 분석가가 감을 잡게 해준다. 수용자 교체 비율이 1이면 4분시가 지나고 또 지나도 동일인이 수용자로 남아 있음을 의미하는 것이다. 비록 이런 종류의 예종적 충성이 '실세계'에서는 일어나지 않지만, 상대적으로 낮은 교체 비율은 상대적으로 높은 수준의 방송국 충성도를 가리킨다. 청취자가 방송국을 들고 나는 것은 늘 일어나는 일이기 때문에, 교체율은 나가는 이들을 메우기 위해 끌어들여야 하는 새로운 청취자의 수로도 간주될 수 있다. 그러나, TSL 추정치가 그랬던 것처럼 수용자 교체율도 수용자 크기에 대해서는 어떤 것도 확실하게 말해주지 않는다. 수용자 교체율의 비교에서도 낮은 큠과 낮은 평균 4분시 수용자를 가진 방송국이 많은 수용자를 끄는 방송국과 똑같이 보일 수 있다. 라디오 방송국 충성도를 재는 데 공개된 데이터를 이용하는 다른 창조적인 방법에 대한 논의는 딕과 맥다월(Dick and McDowell, 2004)의 것을 보라.

라디오 시청률 책자에 나오는 큠 추정치를 굴리는 꽤나 흔한 다른 방법이 소위 **재생률**(recycling)을 계산하는 것이다. 이 데이터 처리는 오전 운전 시간대와 오후 운전 시간대라는 두 시간대의 조합에 대해서도 각각에 대해서도 큠이 보고된다는 사실을 이용한 것이다. 그래서, '오전 운전 시간대에 어떤 방송국을 청취한 이들 가운데 얼마나 많은 이가 오후 운전 시간대에도 청취했나?'라는 질문에 대답하는 것이 가능하다. 이런 종류의 정보는 프로그래머가 프로그램을 편성하거나 홍보할 때 도움이 될 수 있다. 재생 수용자를 추정하는 것은 두 단계를 거친다.

첫째, 두 시간대 모두에서 청취한 이들의 수를 구해야 한다. 예컨대 한 방송국의 큠 수용자가 오전 운전 시간대에 5000명이라고 하자. 나아가 오후 운전 시간대에도 5000명이라고 보고되었다고 하자. 동일한 5000명이 양쪽에 들어 있다면 결합 큠도 5000명이 될 것이다(동일인은 딱 한 번만 센다는 것을 기억하라). 만일 이들이 완전히 상이한 이들이라면 결합 큠은 1만 명이 될 것이고, 이는 두 시간대 모두에서 청취한 이가 전혀 없다는 것을 뜻할 터이다. 만일 결합 큠이 이 양극단 사이 어딘가, 이를테면 8000에 떨어진다면 오전과 오후, 양쪽 모두에서 청취한 이의 수는 2000이 될 것이다. 이는 개별 시간대의 큠을 합산한 결과에서 결합 큠을 빼서 구한다(즉, 오전 큠 + 오후 큠 – 오전 오후 결합 큠 = 양쪽 모두에서 청취한 수용자의 수).

둘째, 양쪽 시간대 모두에서 청취한 이의 수를 오전 시간대 큠이나 오후 시간대 큠의 사람 수로 나눈다. 다음 공식이 이 간단한 연산을 정의한다.

$$\frac{\text{양쪽 시간대의 큠 개인}}{\text{한쪽 시간대의 큠 개인}} = \text{수용자 재생율}$$

본질적으로 이는 양쪽 시간대 모두에서 청취한 이의 수를 오전 혹은 오후 시간대 수용자에 대한 백분율로 나타낸 것이다. 앞 단락의 가상의 숫자를 이용하면 우리는 40%의 오전 수용자가 오후 운전 시간대에서 재생되었음을 알 수 있다(즉, 2000/5000 = 40%).

거의 모든 라디오 방송국이 사람들이 잠에서 깨어나는 아침에 가장 많은 수용자를 얻는데, 그래서 프로그래머는 이 숫자를 하루 내 다른 시점의 청취자 수와 비교하길 좋아한다. 예컨대, 같은 수용자가 주말에도 들어오는지 비교하는 것도 도움이 될 수 있다. 텔레비전과 라디오 모두, 방송국 홍보 부서는 언제 가장 많은 사람이 방송국이 내보내는 다른 프로그램과 특집 방송의 편성 알림에 귀를 기울이는지에 대한 자세한 데이터를 이용할 수 있다. 방송국은 이렇게 해서 청취자를 다른 시간대에서 재생시키길 기대한다 ─ 이는 방송국에 보다 큰 평균 4분시 시청률을 축조해준다.

2. 웹 기반 계측치

1) 개별 방문자, 방문, 페이지뷰

웹 계측치 가운데 가장 널리 쓰이는 것 하나가 **개별 방문자**(unique visitor)이다. 이는 일정 기간, 흔히 한 달을 두고 특정 웹사이트에 방문한 적이 있는 서로 다른 사람들의 수를 센 것이다. 이는 새로운 이용자인지 기존 이용자인지 가려내기 위해 이용자를 일정 기간 추적해야 하기 때문에 누적 측정치이다. 개별 방문자 계측치는 방송에서 사용되는 큠 측정치와 똑 닮았다. 둘 다 중복되지 않는 수용자의 수를 센다. 큠의 경우와 마찬가지로 개별 방문자도 상이한 수용자 부분집합(예컨대, 남성, 여성 등등)에 대해서나 상이한 길이의 기간들에 대해 계산될 수 있다. 많은 웹 분석 도구가 1일 개별 방문자, 주간 개별 방문자 등등을 조사연구자가 알아볼 수 있게 해준다.

개별 방문자 측정이 응답자의 정체가 알려진 이용자 중심 패널에 근거한 것이라면 계산은 간단명료해진다. 다른 한편, 측정치가 서버 중심 데이터라면 개별 방문자를 계산하는 일이 보다 어려워진다. 3장에서 설명한 바와 같이 서버는 대개 쿠키를 사용해서 돌아오는 방문자를 알아보지만, 쿠키는 수용자 행태를 추적하는 방법으로서는 몇 가지 한계가 있다. 예컨대 컴퓨터 한 대를 여러 사람이 쓸 수도 있다. 반대로 한 개인이 웹에 접근하기 위해 상이

그림 6-1 센서스 기반 접근에서의 수용자 측정치 정의의 위계

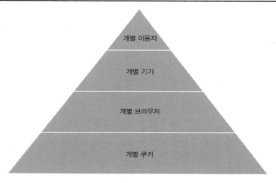

- **개별 쿠키**는 측정 기간 내에 인터넷 콘텐츠나 광고를 방문했음을 나타내는 중복되지 않는 쿠키들이다.
- **개별 브라우저**는 쿠키 삭제를 감안하고 센 개별 쿠키의 수에서 산출된다.
- **개별 기기**는 개별 컴퓨터에서의 복수 브라우저 사용을 감안하고 센 개별 브라우저의 수에서 산출된다.
- **개별 이용자**는 측정 기간 내에 인터넷 콘텐츠나 광고를 방문한 적이 있는 중복되지 않는 이용자들을 나타낸다. 이 측정치를 구하기 위해 요구되는 계산은 컴퓨터나 다른 기계화된 기기가 아닌 개인들에게 직접 귀속시킬 수 있는 요소를 포함해야 하기 때문에 센서스 기반 측정 조직이 보고하기가 가장 어려운 측정치이다.

한 플랫폼의 상이한 브라우저를 사용할 수도 있다(예컨대, 일터에서는 데스크톱, 집에서는 랩톱, 바쁠 때는 스마트폰). 어느 경우건 쿠키 하나가 한 사람의 이용자와 동일시될 수 없다. 나아가, 많은 사람이 쿠키를 거부하거나 규칙적으로 지운다. 한 추정치에 따르면 지우는 비율이 30%와 43% 사이를 오간다(Nielsen, 2011a). 검색 엔진이 웹을 뒤지느라 사용하는, 로봇이나 스파이더와 같은 비인간 행위자가 그림을 더욱 복잡하게 만든다. 그 영향을 받는 업계가 이들 이슈와 가능한 해결책을 연구하고 있다(예컨대 IAB, 2009; MRC, 2007).

상호작용광고국(IAB)은 이런 어려움을 〈그림 6-1〉에서 보는, "센서스 기반 접근에서의 수용자 측정치 정의의 위계(Hierarchy of Audience Measurement Definitions in Census-Based Approaches)"라고 부른 것에서 강조했다. 위계의

각 수준 사이를 움직이는 것은 과다 계상 또는 과소 계상을 바로잡기 위한 수학적 보정을 요구한다. 문제는 이를 하는 방법이 여럿이라는 것이다. 이 가운데 오차가 없는 것은 없다. 그리고 서버 중심 측정치의 제공자 각자는 추정치 산출을 위해 상이한 알고리듬을 채용한다. 이런 세부 사항을 지적하는 목적은 사소한 것들로 독자를 고문하는 데 있는 것이 아니라 서버 중심 측정이 생각처럼 그렇게 간단하지 않다는 것을 보여주려는 데 있다. 흔히 말하는 것처럼 악마는 디테일에 있다.

일정 시간 내의 방문자 각자는 1회 또는 그 이상의 방문 횟수를 기록할 수 있다. 이미 유의한 바와 같이 한 사이트의 방문 횟수 자체가 인기 있는 또 다른 계측치이나, 반복 고객을 염두에 두지 않기 때문에 총량 측정치의 일종이다. 그러므로 방문(visit)은 언제나 개별 방문자 수와 같거나 더 많다. 하나의 방문 혹은 '세션(session)' 동안 이용자는 하나 혹은 그 이상의 페이지를 보고 각 페이지에서 상이한 길이의 시간을 쓸 것이다. 이런 행태는 다른 측정치 둘의 기초다: 페이지뷰(page view)와 소비 시간. 예컨대 특정 페이지가 페이지뷰 1000을 기록했을 수 있다. 이 총량 측정치는 1000명의 서로 다른 인물이 만든 결과인지 아니면 동일인이 1000번의 클릭으로 만든 결과인지 말해 주지 않는다. 그러나 페이지뷰와 소비 시간은 특정 방문자에게 연계될 수 있고, 이런 연계는 전형적인 이용자를 묘사하는 평균값을 낳는다.

평균 페이지뷰(average page view)는 다양한 방법으로 보고되고 계산된다. 이는 방문당 평균 페이지뷰일 수도 있는데, 이 경우에는 총량 측정치인 페이지뷰를 역시 총량 측정치인 방문 횟수로 나누면 된다. 이는 방문자당 평균 페이지뷰일 수도 있는데, 이 경우는 다음과 같이 계산될 수 있다.

$$\frac{\text{페이지뷰}}{\text{개별 방문자 수}} = \text{방문자당 평균 페이지뷰}$$

이와는 달리, 각 이용자마다 본 페이지 수를 세는 것도 가능한데, 이는 응답자 개인 수준의 점수를 산출하게 된다. 이런 식의 작업은, 분석 프로그램이 허용한다면, 평균값을 산출하면서 동시에 분포 전체를 알게 되는 이점이 있다. 이 경우, 방문자가 페이지 이용 측면에서 거의 같은지 아니면 매우 다른지를 분별할 수 있다.

2) 시청·청취 소비 시간

소비 시간을 보고하려면 계량기와 서버는 각각의 방문에서 각각의 사이트나 페이지를 본 시간을 일일이 분초 단위로 기록해야 한다. 이들 세션은 이용자가 웹사이트의 어떤 페이지 하나를 요청하면서 시작된다. 세션은 이용자가 활동적인 한 지속된다. 물론 때로는 탭을 열어놓고 다른 일을 하는 경우가 있다. 그래서 대부분의 시스템은 30분 동안 아무런 활동이 없는 경우 세션을 종료한다. 이후에 다시 돌아오면, 이는 별도의 방문으로 기록된다. 보통의 방문 내에서 이용자는 하나의 페이지에서 다음 페이지로 클릭해 가고, 새로운 페이지 요청은 이전 페이지 보기가 종료된 시간을 표시한다.

이 활동을 계량기로 측정하는 것은 간단한데, 계량용 소프트웨어를 이런 목적에 맞게 설계할 수 있기 때문이다. 그러나 다시 한번 서버가 문제를 제기한다. 이용자가 페이지를 요청하는 때는 서버가 알 수 있다. 서버는 이용자가 다른 페이지를 요청하는 때를 기준으로 이전에 요청한 페이지에 쓴 시간을 알 수 있다. 그러나 서버 대부분은 이용자가 본 마지막 페이지를 실제로 언제 떠났는지는 알 도리가 없다. 그래서 마지막 페이지에서 쓴 시간은 수수께끼다. 이는 중요한데, 왜냐면 이용자들의 이용 종점은 그들이 실제 원하는 바를 드러낼 수도 있기 때문이다. 다시 한번, 이용 지속 시간을 '대략 추정하기' 위해 다양한 규칙 또는 알고리듬이 사용된다.

페이지뷰와 마찬가지로 **평균 소비 시간**(average time spent) 계측치도 다양한 방법으로 보고될 수 있다. 이는 방문당, 방문자당, 사이트당, 페이지당 등등의 소비 시간일 수 있다. 흔히 이들 계측치는 평균값으로 제시된다. 페이지뷰의 경우에 그랬던 것과 마찬가지로, 분석가는 응답자 개인 수준의 점수를 볼 때 소비 시간을 둘러싼 그 어떤 현상이건 보다 잘 이해할 수 있다. 즉, 분석가는 어떤 점수 기준으로든 기준당 소비 시간을 이용자 각각에 대해 산출할 수 있다. 이것으로 평균값뿐 아니라 사람들 사이의 차이도 볼 수 있다. 어떤 한 사이트에서 사람들 대부분은 순간을 보낼 뿐이지만 소수는 몇 시간을 바치는 것인지 모른다. 이런 충성파가 누군지, 또 이들이 무엇을 하는지 알게 되는 것이 사이트 운영에 대한 중요한 통찰로 연결될 수 있다.

3) 변환율

많은 웹 발행인과 마케팅 담당자가 늘 염두에 두는 계측치가 변환율(conversion rate)이다. 변환율은 상품 주문이나 내려받기와 같은, 하길 바라는 어떤 행동을 실제로 취한 방문자의 수를 백분율로 표시한 것이다. 아비나시 카우식(Kaushik, 2010)은 개별 방문자의 백분율로 표시하는 것이 가장 적절하다고 주장한다. 이 경우 계산은 다음과 같이 이루어진다.

$$\frac{\text{행동 혹은 결과}}{\text{개별 방문자}} = \text{변환율}$$

4) 이용자 충성과 몰입

누적 측정치는 이용자 몰입도를 평가하는 데 흔히 사용된다. 큠은 시간을 두고 이용자를 추적한 기록이기 때문에 이용자의 충성심과 그가 대하는 무언가에 기울이는 전심을 들여다보는 창을 제공한다. 사실 엄청난 양의 큠 측정치들이 몰입 측정치로 해석될 수 있다. 여기에는 방문 빈도와 함께 페이지뷰 및 소비 시간에 대한 통상의 계측치가 포함되는데, 이들 수치는 모두 응답자 개인 수준의 분포에서 분석되는 것이 최선이다. 이 모두는 노출 측정치에 기반을 둔다는 점도 특기할 만하다. 이 때문에 분석가는 이들이 몰입의 종류보다는 수준을 제시하는 데 더 뛰어나다는 점에 주의한다. 달리 말해, 무엇인가에 몰입하고 있다고 여겨지는 사람들이 그 무엇을 아주 좋아할 수도, 아주 싫어할 수도, 또는 단지 매우 이상하고 기이하다고 여길 수도 있다는 것이다 — 노출 데이터만으로는 어느 쪽이 맞는지 판정할 수 없다.

이것이 페이스북과 트위터와 같은 소셜미디어 사이트에서 걷어 들인 데이터가 미디어 업계의 주목을 끄는 한 가지 이유다. 이들 플랫폼은 사람들이 다음과 같은 일을 할 수 있게 해준다: 해석 내지 논평, 좋아하거나 싫어한다는 표현, 연결망 내 타인과의 공유. 이들 행동 모두는 수용자 계측치로 환원될 수 있고 또 그렇게 된다. 페이스북은 세계적으로 10억 명에 가까운 이용자가 있는데 '페이지 인사이트(Page Insights)'라는 서비스를 페이지 주인에게 제공한다. 팬 페이지를 가진 마케팅 담당자 각자에게 페이스북은 스스로를 팬이라고 선언한 팬의 수, 팬의 친구 수, '참여 이용자(engaged users)' 수(사진보기와 같은 노출 측정치를 포함)와 '이에 대해 이야기하기(talking about this)'의 수('좋아요'의 수를 포함)를 알려준다. 〈그림 6-2〉는 이들 데이터의 세목과 보고되는 방식을 예시한다.

5) 웹 측정치에 대한 관찰 몇 가지

이들이나 다른 어떤 계측치에 대해서도 가장 중요한 것은 수용자에 대해,

그림 6-2 **페이스북의 몰입 척도: '참여 이용자'와 '이에 대해 이야기하기'**

참여 이용자

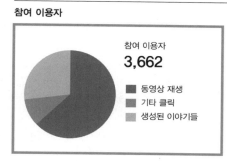

참여 이용자
3,662

■ 동영상 재생
■ 기타 클릭
■ 생성된 이야기들

동영상 재생 동영상의 재생 단추가 클릭된 횟수
사진 보기 사진을 온전한 크기로 본 횟수
링크 클릭 게시물에 포함된 링크가 클릭된 횟수
기타 클릭 다른 계측치에 들어가지 않는 게시물 내 클릭의 횟수, 댓글 속 이름, '좋아요', 시간 표시 등을 클릭한 횟수를 포함시킬 수 있음.
생성된 이야기 당신의 게시물에서 비롯된 이야기의 수. 이야기에는 공감, 댓글, 공유나 당신이 한 질문에 대한 답변, 이벤트 참여 예약이 포함됨.

이에 대해 이야기하기

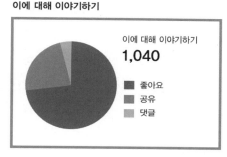

이에 대해 이야기하기
1,040

■ 좋아요
■ 공유
■ 댓글

좋아요 게시물의 '좋아요' 횟수
공유 당신의 게시물이 공유된 횟수
댓글 당신의 게시물에 대한 댓글 횟수
이벤트 참여 예약 당신의 이벤트에 대해 사람들이 반응한 횟수
대답됨 당신의 질문이 대답된 횟수

자료: 페이스북(Facebook, 2001), Facebook Page Insights: Product Guide for Page Owners.

따라서 최선의 관련 사업 방략에 대해 그것이 알려주는 바이다. 이 모든 계측치가 알려주는 바가 무엇이냐는 바로 그것이 논쟁거리인데, 특히 웹 분석법의 세계에서 그렇다. 이들 측정치가 상이한 종류의 행태들을 파악하고 성공의 상이한 척도들을 구성할 수 있다는 것은 분명하다. 예컨대 검색 엔진은 많은 개별 방문자 혹은 이용자가 오기를 희망하는 동시에 페이지뷰나 소비 시간의 측정치는 비교적 낮을 것이라 기대할지 모른다. 결국, 진실로 좋은 검색 엔진은 원하는 것을 발견하도록 도와준 뒤 제 갈 길을 가도록 놓아준다. 다른 한편, 인맥 형성 사이트는 이용자를 오래 붙들어두기를 원할 것

이고 페이지뷰, 소비 시간, 또는 몰입을 재는 다른 척도들로 성공을 재려고
할 것이다.

3. 도달률과 빈도

누적 측정치를 표현하는 좀 다른 방법이 도달률과 빈도에 대해 이야기하
는 것이다. 이들 개념은 광고주와 매체계획자에 의해 널리 쓰인다. 이들의
일차적 관심 하나는 얼마나 많은 사람이 광고 캠페인을 보았으며 얼마나 자
주 보았는지다.

도달 범위 내지 **도달률**(reach)은 누적 수용자를―즉, 얼마나 많은 서로 겹치지
않는 사람들이 문제의 광고 메시지에 노출되었는지를―표현하는 또 다른 방법일
뿐이고, 그 맥락은 방송국의 큠을 알고 싶어 하는 방송 종사자나 사이트의
개별 수용자를 알고 싶어 하는 웹 발행인의 처지와 비슷하다. 그러나 광고주
는 광고 캠페인의 도달률을 알고 싶어 하는데, 이는 다수의 방송국이나 웹사
이트들을 가로질러 노출 횟수를 센다는 것을 의미한다. 상이한 미디어를 가로
질러 도달 범위를 측정하는 것(예컨대, 텔레비전과 웹을 가리지 않는 도달률 합산)
은 어려운 일이었지만, 닐슨의 '크로스플랫폼 (광고)캠페인 시청률(cross-plat-
form campaign ratings)' 같은 새로운 서비스는 바로 이 일을 하자고 설계된 것
이다. 큠의 경우와 마찬가지로 도달 범위는 어떤 메시지에 노출된 사람이나
가구의 실제 수로 표현되거나 어떤 인구의 백분율로 표현될 수 있다.

비록 도달 범위 내지 도달률이 적어도 한 번은 광고를 보거나 들어본 수용
자 구성원의 총수를 표현하지만, 이는 한 개인이 그 메시지에 노출된 횟수에
대해서는 아무것도 말해주지 않는다. **빈도**(frequency)는 한 개인이 얼마나 자
주 노출되었는지를 표현하고 대개는 도달 범위 내 수용자의 평균 노출 횟수

로 보고된다. 예컨대, 매체계획자는 광고 캠페인이 80%의 인구에 도달했는데 빈도는 2.5였다고 말할 수 있다.

도달률과 빈도는 모두 수용자 누적 측정치인데, 시청률 총점(GRP)과 엄격한 수리적 관계를 가진다. 그 관계는 다음과 같다.

$$도달률 \times 빈도 = GRP$$

그러므로 도달률 80%와 빈도 2.5를 기록한 캠페인은 시청률 총점 200을 기록하게 된다. 특정 광고 편성의 GRP 정보가 도달률과 빈도에 대한 정확한 정보를 동반하지는 않는다. 이는 도달률과 빈도의 다양한 조합이 시청률 점수의 동일한 총합으로 귀결될 수 있기 때문이다. 그럼에도 세 항은 관련되어 있고 GRP에 기초해서 도달률과 빈도에 대한 어떤 추론은 해볼 수 있다. 덧붙여, 분석가는 GRP를 도달률과 빈도 추정치로 번역하는 알고리듬을 사용한다. 이런 계산은 하루 내 시간대와 프로그램 유형을 고려하는데, 도달률과 빈도의 균형에 영향을 줄 만한 변수도 물론 망라해서 고려한다.

〈그림 6-3〉은 이 관계의 통상적인 성격을 그리고 있다. 왼쪽 기둥은 광고 편성의 도달률을 보여준다. 수평축을 따라 빈도와 GRP 값이 표현된다. 일반적으로 말해, 낮은 GRP를 갖는 광고 편성은 비교적 높은 도달률과 낮은 빈도로 묶인다. 이는 곡선의 왼쪽에 있는 상당히 가파른 경사에서 볼 수 있다. 편성의 GRP가 높아짐에 따라 도달률의 증가는 느려지는 반면 노출 빈도는 증가하기 시작한다.

도달률에 대한 GRP의 공헌이 감소하는 것은 개개인이 소비하는 미디어 양에 차이가 있기 때문이다. 텔레비전을 많이 보는 사람은 몇 번의 광고만으로도 빨리 도달하게 된다. 그러므로 미디어 광고 편성의 도달률은 초기에 매우 빠르게 증가한다. 그러나 텔레비전을 잘 안 보는 이들에게 도달하기는 훨

그림 6-3 도달률과 빈도: 증가하는 GRP의 함수

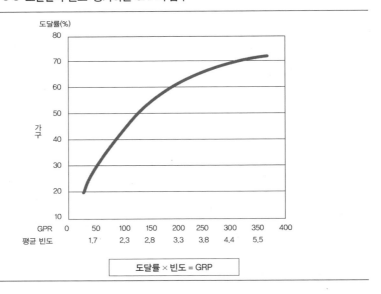

도달률 × 빈도 = GRP

씬 더 어렵다. 사실, 100%의 수용자에게 도달하기란 거의 불가능하다. 대신에, 더 많은 GRP를 광고 캠페인에 투입하면(즉, 광고를 더 많이 방영하면) 이는 단지, 텔레비전을 비교적 많이 보는 시청자의 노출 빈도를 높인다. 이것이 평균 빈도를 증가시키는 것이다. 도달률과 빈도의 이런 패턴은 모든 유형의 미디어에서 상당히 정확하게 예측될 수 있는데, 여기에는 인터넷이 포함된다. 도달률과 빈도를 추정하는 데 사용되는 다양한 수리적 모형에 대한 검토는 청·레켄비·이킨의 논문을 보라(Cheong, Leckenby and Eakin, 2011).

선행 토의가 제시한 바와 같이 노출의 평균 빈도 보고는 많은 개인차를 숨긴다. 평균 빈도 2.5는 어떤 시청자는 15번 본 광고를 어떤 시청자는 한 번만 보았음을 뜻할 수도 있다. 유용한 것은 이 평균값이 근거한 실제 분포를 고려하는 것이다. 이들 분포는 대개 균형을 상실하거나 왜도가 높다. 가구 대다수는 산술평균보다 훨씬 적은 횟수로 광고 메시지에 노출됐을 수 있고, 상대적으로 소수의 '텔레비전 많이 보는' 가구에서 매우 자주 광고 메시지를 봤을 수 있다. 이런 분포가 시야에 들어온 상태에서 광고주는 자주 묻는다. 광고가 효과를 거두려면 몇 번이나 보여주거나 들려주어야 할까? 노출 한 번이면 의도한 효과를 거두는 데, 아니 단지 눈에 띄기라도 하는 데 충분할까? 역으로, 반복 노출이 낭비가 되거나 심지어는 역효과를 내게 되는 지점은 어딜까? 불행히도 이들 질문에 대한 간단한 대답은 없다. 수년간 업계의 어림은 최소한 세 번은 노출되어야 효과가 있다는 것이었다. 보다 가까운 근래의 연구와 이론은, 특히 소비자가 살 준비가 되어 있는 경우에는, 한 번의 노출도 의도한 효과를 촉발하는 데 충분하다는 것이다. 이것이 유료 검색 광고가 광고주에게 특히 매력적인 이유 하나다. 효과를 내는 데 필요한 최소한의 노출 횟수는 — 구체적인 수치가 몇 번이건 간에 — **유효 빈도**(effective frequency)라 한다.

구매 준비가 된 소비자를 적시에 건드리는, 단 한 번의 노출로도 광고 효과를 낼 수 있다면 매체계획자의 관심은 도달률의 확대에 쏠리게 된다. '근시안 이론(recency theory)'이라고도 하는 이 아이디어는 — 수용자 파편화에 대한 걱정, 매체별로 다른 광고 비용과 함께 — 광고주들로 하여금 도달률을 최적화할 새로운 방도들의 개척에 힘쓰게 만들었다. 해결 방도는 **최적화기**(optimizers)의 형태로 나타났다. 이는 합동형 조사연구 판매자의 수용자 개인 수준 데이터와 다양한 광고 기회의 가격 추청치를 취해서 도달률을 가장 저렴하게 제고하는 방법을 알아내는 컴퓨터 프로그램이다. 도달률 성취를 위해 최적화기는 예컨대, 값비싼 프라임타임 광고를 단순히 사버리는 대신에 소규모의 덜 비싼 수용자 집단을 여럿 꿰맞춰 같은 성과를 거둘 방법을 발견해낼 수도 있다. 오늘날 최적화기는, 구동하는 비용이 높은 것이 추세인데, 대부분의 큰 광고주와 미디어 서비스 회사가 광고 편성을 계획하는 데 활용한다.

4. 비교

수용자 총량 측정치의 경우와 마찬가지로, 누적 측정치도 비교하는 것이 흔한 실무 관행이다. 결국, 비교가 수치를 해석하는 데 유용한 맥락을 제공할 수 있다. 그러나 누적 측정치의 경우에는 상상할 수 있는 모든 방법으로 지수화된 상상할 수 있는 모든 수용자 부분집합의 비교를 추동하는 힘이 부족하다. 실제적인 문제로, 총량 측정치가 누적 측정치보다 수용자를 사고파는 데 더 널리 사용되고, 그래서 후자에게는 아무리 알아보기 어려워도 어떻든 존재하는 비교 우위를 증명하라는 압력이 덜하다. 비록 미디어를 사고 계획하는 데 확실히 유용한 도달률, 빈도, 개별 방문자 같은 큠 추정치가 있긴 해도 누적 측정치로 하는 비교 작업의 많은 부분은 수용자 행위에 대한 다소 더 깊은 이해를 위해 이루어진다.

텔레비전 방송국의 도달률과 시청 소비 시간에 주목해서 이루어진 흥미로운 분석이 있다. 바와이즈와 에렌버그는 텔레비전 방송국이 작으면서도 충성스런 수용자를 갖는 경우가 드물다고 주장했다(Barwise and Ehrenberg, 1988). 대신, 수용자 규모가 작은 방송국은 소수의 수용자가 드물게만 시청한다는 것이 거의 매번 참이라는 것이다. 방송국으로서는 시청자가 적어서 어려운 데다가 충성도가 낮아서도 또는 부정기적으로 시청해서도 어렵기 때문에, 여기에는 때때로 **소 반복 위험**(double jeopardy)의 효과라는 딱지가 붙는다. 이들은 소 반복 위험 효과를 증명하기 위해 미국과 영국, 양국의 텔레비전 시청률 데이터에 근거한 그래프를 만들었다. 같은 종류의, 보다 가까운 근래의 연구가 미국, 영국, 호주에서 이루어진 바 있다. 이들 모두가 〈그림 6-4〉에 그려져 있다.

수평축은 텔레비전 채널의 주간 도달률인데 총수용자의 백분율로 표현되어 있다. 수직축은 각 채널의 수용자가 한 주에 시청한 시간의 평균이다. 보다시피, 여러 나라에서 여러 연대에 보고된 것임에도 각 곡선의 기울기는 놀

그림 6-4 도달률과 시청 소비 시간 평균의 다국 간 비교(대상: 성인)

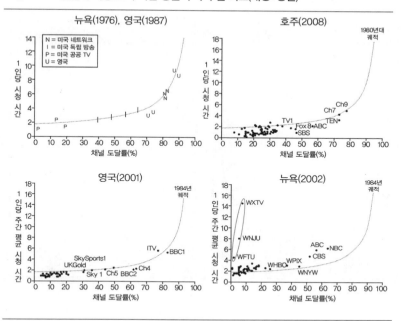

자료: 샤프·빌·콜린스(Sharp, Beal and Collins, 2009)

랄 만큼 유사하다. 곡선은 처음에는 비교적 평평하다가 채널의 도달률이 늘어남에 따라 급격히 솟는다. 대체로 이는 낮은 도달률이 짧은 시청 소비 시간에 엮여 있음을 의미하는 것이다.

많은 사람이 소 반복 위험 효과가 직관에 반한다고 느낀다. 니치 미디어는 결국, '최소 공배수 편성(lowest common denominator)'을 제공하기보다는, 충성스러운 수용자들이 원하는 바로 그것을 제공함으로써 그들의 충성에 호응하는 것이라고 규정되는 것이 보통이다(Anderson, 2006). 그러나 영화나 음반 같은 미디어조차 소 반복 위험 효과를 증명한다(Elberse, 2008). 텔레비전에는 두 개의 특기할 만한 예외가 있다. 첫째, 소수 민족의 언어로 방송되는 채널은 규모는 작지만 충성스런 수용자를 갖는다. 바와이즈와 에렌버그의 원연

그림 6-5 비디오 종점의 누적 측정치 비교

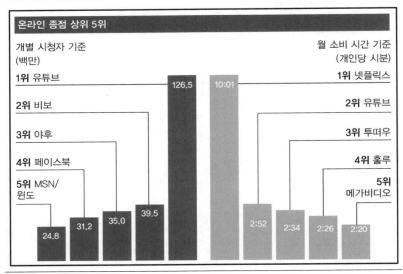

온라인 종점 상위 5위

개별 시청자 기준 (백만)	월 소비 시간 기준 (개인당 시분)
1위 유튜브	1위 넷플릭스
2위 비보	2위 유튜브
3위 야후	3위 투떠우
4위 페이스북	4위 훌루
5위 MSN/윈도	5위 메가비디오

126.5 10:01

24.8 31.2 35.0 39.5

2:52 2:34 2:26 2:20

자료: 닐슨(Nielsen, 2011b).

구도 이 예외에 주목했고(Barwise and Ehrenberg, 1988), 〈그림 6-4〉의 오른쪽 하단 그래프의 동그라미 쳐진 극단치에서 그 증거를 볼 수 있다. 둘째, 추가 요금을 내는 영화 채널과 프리미엄 채널은 일반적으로 상당히 긴 시간을 시청하는 보다 작은 수용자 집단을 갖는다(Webster, 2005). 많은 사람이 텔레비전 시청에 추가 요금을 내고 싶어 하지 않지만, 요금을 내는 사람은 본전을 찾고 싶어 한다.

웹이 내놓은 더 새로운 비디오 배달 플랫폼은 수용자 행태를 이해하는 새로운 기회를 제공한다. 〈그림 6-5〉는 두 개의 누적 측정치를 이용한, 온라인 비디오 종점의 비교를 제시한다. 왼쪽은 비디오를 보는 '개별 시청자(unique viewers)'로 쟀을 때 가장 인기 있는 종점이다. 이는 방금 검토한 '개별 방문자'와 비슷하다. 여기서는 유튜브가 수위, 그것도 크게 차이 나는 수위임을 볼 수 있다. 오른쪽은 시청 소비 시간의 월평균으로 순위를 매긴 비디오 종점이다. 여기서 왼쪽과 비슷한 크기의 차이로 수위를 차지한 플랫폼은 넷플릭스이다. 이는 소 반복 위험의 프리미엄 채널 예외와 유사해 보인다. 유튜브와 많은 다른 온라인 서비스는 현재 상대적으로 짧은 비디오 클립에 특화되어 있다. 넷플릭스는 가입자에게 과금을 하는데 장편 영화와 텔레비전 프로그램을 제공한다. 물론 이는 변할 수 있고, 분석가는 누적 측정치 비교를 통해 이런 변화가 시청 행태에도 영향을 미치는지를 알아볼 수 있어야 마땅하다.

5. 수용자 중복

누적 수용자 행태를 이해하는 가장 단순하면서 강력한 방법 하나는 **수용자 중복**(audience duplication)을 분석하는 것이다. 기본적으로 수용자 중복 분석은 하나의 프로그램이나 미디어 창구에 노출된 사람들 가운데 얼마나 많은 이가 다른 프로그램, 미디어 창구에 노출됐는가를 묻는다. 이 질문을 하는 방법은 많다. 하나의 프로그램을 본 사람들 가운데 얼마나 많은 이가 다른 프로그램을 보았나? 하나의 웹사이트를 방문한 사람들 가운데 얼마나 많은 이가 다른 웹사이트를 방문했나? 이런 비교 각각에서 우리는 중복 수용자의 규모를 측정하고 싶은 것이다. 이런 규모 측정은 다음과 같은 매우 실효적인 질문에 대답하는 데 도움이 된다: 우리 프로그램을 본 사람은 우리 웹사이트도 갈까? 그리고 많은 상이한 창구 쌍 사이의 수용자 중복을 살필 때, 수용자 행태의 보다 큰 패턴이 드러나는 것을 자주 볼 수 있게 된다. 우리는 수용자 중복 연구가 수용자 집단에 대해 드러내는 바를 행태에 대한 설명과 예측을 주제로 한, 이 장의 마지막 절에서 서술할 것이다. 이 절에서는 기초에 집중하는 것으로 시작한다.

표 6-2 **프로그램 수용자에 대한 교차 분석**

(a)		SC1 시청		
		예	아니오	합계
SC2 시청	예	5	15	20
	아니오	15	65	80
	합계	20	80	100

(b)		SC1 시청		
		예	아니오	합계
SC2 시청	예	O (관찰) =5	O (관찰) =15	20
		E (기대) =4	E (기대) =16	
	아니오	O (관찰) =15	O (관찰) =65	80
		E (기대) =16	E (기대) =64	
	합계	20	80	100

불행히도 수용자 중복에 관한 대부분의 질문은 시청률 보고서에 통상 등
장하는 수치를 보아서는 대답할 수 없다. 하나의 텔레비전 프로그램이 직전
프로그램과 같은 시청률을 기록했다고 해서 동일한 시청자가 두 프로그램을
모두 보았다는 보장은 하지 못한다. 그러나 분석가가 시청률의 산출 근거인
응답자 개인 수준 데이터에 접근할 수 있다면 다양한 분석적 가능성이 열린
다. 오늘날 이것이 흔히 가능하다. 닐슨과 다른 텔레비전 시청률 회사들은
분석가의, 수용자 중복에 관한 데이터의 신청을 받아주는 온라인 도구를 제
공한다. 비슷하게, 컴스코어(comScore)와 같은 인터넷 측정 회사들은 수용자
중복과 **공급처/소실처**(source/loss: 사이트 방문자가 어디에서 오는지와 어디로 가
는지를 말해준다)에 대해 알려주는 온라인 도구를 가지고 있다. 이 모든 것이
교차 분석이라는 간명한 통계 기법에서 시작한다.

교차 분석(cross-tabulation)은 조사 방법에 대한 대부분의 책에서 자세히 묘
사되고 통계 소프트웨어 세트들에 공통되는 절차이다. 이는 가끔 교차표라

고도 불리는데 분석가가 두 개의 변수 사이의 관계를 볼 수 있게 해준다. 예를 들어 잡지 구독에 대한 서베이를 한다고 하면, 독자의 인구통계적 특성과 구독 사이의 관계(예컨대, 여성은 남성보다 ≪코스모폴리탄≫을 볼 확률이 높을지 낮을지)에 대해 알아보기를 원할 수가 있다. 잡지 구독에 관한 질문에 각 개인이 한 답을 이들의 성별 정보와 짝지으면 이들 변수의 교차 분석이 나온다.

교차 분석이 수용자 중복 연구에 사용되면 분석가는 하나의 미디어 이용 변수를 다른 미디어 이용 변수와 짝짓는다. 예컨대, 100명의 표본에 대해 일기식 데이터를 가지고 있다고 하자. 그렇다면 우리는 다음과 같은 질문에 답할 수 있는 위치에 있다: 하나의 시트콤(SC1)을 시청한 사람들 가운데 얼마나 많은 이가 두 번째 시트콤(SC2)을 시청했을까? 이들은 두 개의 행위 변수로, 수많은 다른 행위 변수들과 함께 데이터 속에 들어 있다. 이 둘에 대한 교차 분석은 〈표 6-2〉와 같은 표를 만들 것이다.

〈표 6-2a〉 하단의 수치는 20명이 ─ '예'라고 적어 ─ SC1을 본 반면에 나머지 80명은 보지 않았음을 뜻한다. 이 두 개의 응답 범주에 있는 수치는 합치면 항상 표본 전체의 크기가 돼야 한다. 표의 맨 오른쪽은 SC2에 대해 상응하는 상황을 알려주는 수치다. 또다시 20명이 봤다고, 80명은 안 봤다고 보고한 것으로 가정한다. 표의 끄트머리 내지 한계를 따라 배열된 모든 숫자는 **한계치**(marginals)라고 지칭된다. 지적해야 할 것은 하나의 프로그램을 보는 사람의 수가 표본 전체의 백분율로 보고되는 경우, 한계치가 프로그램 시청률에 상응한다는 점(SC1과 SC2는 모두 개인 시청률이 20)이다.

수용자 중복을 들여다봄으로써 우리는 동일인 20명이 SC1, SC2를 둘 다 본 것인지를 정할 수 있다. 교차 분석은 표의 가운데 4칸에서 그 답을 드러낸다. 왼쪽 위 칸은 둘 모두를 본 사람의 수를 나타낸다. 표본의 100명 가운데 5명만이 둘 다 보았다. 이것이 **중복 수용자**(duplicated audience)라고 지칭되는 바다.

역으로 65명은 어느 것도 보지 않았다. 한 칸의 수치만 알아도 모든 수치를 구할 수 있는 것은 가로 세로 합계가 해당 한계치와 같아야 하기 때문이다.

중복 수용자의 크기를 구하면 다음 문제는 해석이다. 관찰한 바가 높은 수준의 중복인가, 혹은 낮은 수준의 중복인가? 이 결과는 우연히 일어난 것인가, 아니면 문제의 두 프로그램 사이에는 강한 연관이 있는가? 손 안의 데이터를 평가하기 위해서는 어떤 기대에 비추어 결과를 판정해야 할 필요가 있다. 이 기대치는 본성상 통계적이거나 이론적·직관적이다.

이런 종류의 교차 분석에 대한 통계적 기대치는 구하기 쉽다. 이는 두 프로그램 수용자 사이에 아무런 관련이 없을 때 관측될 중복의 수준이다. 달리 말해, 20명이 SC1을 보고 20명이 SC2를 보았기 때문에 몇몇은 단지 우연으로 둘 모두를 보았을 것이라고 기대하게 된다. 통계학자는 중복의 이 확률 수준을 **기대 빈도**(expected frequency)라고 부른다. 표의 각 칸에 들어갈 기대 빈도(E)는 가로줄의 한계치(R)와 세로줄의 한계치(C)를 곱한 것을 표본 전체의 크기(N)로 나눔으로써 구한다. 기대 빈도를 구하는 공식은 다음과 같다.

$$R \times C/N = E$$

그래서 예컨대, 왼쪽 위 칸의 기대 빈도는 $20 \times 20/100 = 4$이다. 〈표 6-2b〉는 시트콤 수용자의 관찰 빈도(O)와 기대 빈도(E)를 보여준다. 이 빈도 둘을 비교해서 우리는 중복 수용자의 관측치가 확률 법칙이라면 예측할 값보다 좀 더 크다는 것(즉, 5 > 4)을 알 수 있다. 대부분의 통계 소프트웨어 세트(예컨대 SPSS)는 관찰 빈도와 기대 빈도 사이의 차이가 '통계적으로 유의한지'를 알려주는, **카이제곱검증**(chi-squared)과 같은 통계적 테스트를 해줄 것이다.

한 시점에서 다른 시점으로 얼마간 겹치는 것이 수용자다. 예컨대, 한 시점에서 50%의 수용자가 텔레비전을 시청하고 같은 날이지만 나중에 50%가 시청했다고 하면 양 시점 모두에서 시청한 시청자도 일정 비율 있을 것이다. 이제는 백분율로 이야기한다는 것만 다를 뿐, 얼마나 겹칠지에 대한 기대치는 표의 예로 이야기한 꼭 그대로 결정된다. 만약 양 시점의 수용자 사이에 아무 연관 관계가 없으면 순전히 확률에 의해 50 × 50/100 = 25%가 양 시점에서 중복시청했을 수용자 비율이 될 것이다. 우리는 확률적 우연을 초과하는 수준의 총수용자 겹침 또는 중복을 일상적으로 목격한다.

여기가 두 번째 종류의 기대치가 역할을 하는 지점이다. 경험 많은 분석가는 부딪히게 될 수용자 중복 수준에 대해 어떤 이론적 혹은 직관적 기대치를 가질 만큼 수용자 행태에 대해 잘 안다. 시트콤 둘을 다시 생각해보자. 다른 주요 네트워크들이 보다 긴 프로그램을 방영하는 시간대에 이들 시트콤이 동일 채널에 연이어 편성되어 있음을 안다고 가정하자. '수용자 흐름'에 대한 우리의 경험은 크게 중복되는 수용자를 기대하도록 우리를 이끈다. 두 시트콤 각각을 표본의 20%가 시청했는데 둘 다 본 사람이 표본 전체의 10%를 하회한다면 놀랄 일이다. 이런 결과는 통계적 기대치 4%를 크게 상회하는 것이다. 다른 한편, 두 프로그램이 동시에 서로 다른 채널에 편성된다면 어떤 중복도 아예 기대하기 어렵다. 어떤 경우든 SC1 시청과 SC2 시청 사이에 강한 관계를 기대할 만한 유력한 이유가 있다.

4장에서 검토한 연구와 이론이, 실제 수용자 행태에서 발생한다고 알려진 수용자 중복 패턴에 대해 제공해주는 아이디어가 반드시 있을 터이다. 그러나 수용자 중복에 대한 정보가 보고되는 방식이 여럿이라는 점을 주의해야 한다. 두 프로그램을 시청하거나 한 방송국을 두 시점에서 청취한 수용자의 수는 흔히 백분율이나 비율로 표현된다. 이는 다른 크기의 표본들이나 모집단들을 가로질러 비교하는 일을 더욱 용이하게 만든다. 그런데 불행히도, 백분율 계산의 분모가 다를 수 있다. 단순한 형태의 교차표의 각 칸에 들어가

표 6-3 기대 빈도와 칸 백분율이 들어 있는 프로그램 수용자 교차 분석표

SC1 시청			
	예	아니오	합계
	E = 2	E = 18	20
SC2 시청 · 예	T = 2%	T = 18%	
	R = 10%	R = 90%	
	C = 20%	C = 20%	
	E = 8	E = 72	80
아니오	R = 10%	R = 90%	
	C = 80%	C = 80%	
합계	10	90	100

는 빈도는 가로줄 전체, 세로줄 전체, 또는 표본 전체에 대한 백분율 가운데 어느 것으로도 보고될 수 있다.

〈표 6-3〉은 〈표 6-2〉의 2 × 2 행렬과 대동소이하다. 그런데 여기서는 SC1 수용자의 크기를 줄임으로써 좀 복잡해졌다. 첫째, 한계치를 바꾸면 각 칸의 기대 빈도가 변한다는 것에 유의해야 한다. SC1은 10명이 보고 SC2는 20명이 볼 때, 기대 빈도는 10 × 20/100 = 2이다. 이 변동은 물론 여타의 모든 기대 빈도에 영향을 미친다. 편의상 실제로 이 빈도들을 관찰한다고 하자. 우리는 각각을 세 가지 백분율 또는 비율로 표현할 수 있다. 표본 전체의 크기가 100이기 때문에 중복 수용자는 표본 전체(total)의 2%(표의 T값)이다. 달리 말해, 두 프로그램 모두를 시청한 수용자의 비율은 0.02이다. SC1을 본 사람의 20%(C:세로줄)가 SC2도 보았다고도, SC2를 본 사람의 10%(R:가로줄)가 SC1도 보았다고도 말할 수 있다.

수용자 중복의 상이한 표현은 이용되는 맥락도 다르다. 관행은 동일 프로그램 반복 시청의 수준을 세로줄 또는 가로줄 백분율의 평균으로 표현하는

것이다. 프로그램 시청률이 매회 변하지는 않는 경향 때문에 이들은 보통 아주 비슷하다. 이런 관행에서 '반복 시청의 평균 수준은 55%였다'는 식의 진술이 나온다. 채널 충성도는 같은 채널에서 방영되는 프로그램의 어떤 쌍이건 그것을 본 사람이 표본 전체에 대해 차지하는 비율을 들여다봄으로써 지수화하는 것이 보통이다. 이에 대해서는 '시청 중복의 법칙(duplication of viewing law)'을 논의할 때 보다 자세히 이야기할 것이다. 수용자 흐름은 때로 상속 효과라 불리기도 하는데 다양한 방식으로 보고될 수 있다(Jardine, 2012; Webster, 2006). 우리는 미국의 주요 미디어 회사가 수용자 흐름을 어떻게 연구하는지 8장에서 논의할 것이다.

6. 예측과 설명

누적 측정치에서 드러나는 수용자 행태는, 최소한 통계학적 의미에서, 예측 가능성이 대단히 높을 수 있다. 우리는 구조가 비교적 안정적인 환경에서 며칠 혹은 몇 주 동안 일어나는 대중 행동을 다루고 있고, 그래서 그것을 수리 모형에 − 대개는 매우 정확한 모형에 − 근사시킬 수 있다. 이는 효과적인 광고 캠페인을 지휘하려는 매체계획자에게는 확실히 좋은 일이다. 특히, 수용자 행태에 대한 실제 데이터가 항시 사후적이기 때문에 그렇다. 그래서 도달률, 노출 빈도, 그리고 수용자 중복의 예측 기법 개발에 많은 주의가 기울여진 바 있다.

미디어 운반체의 도달률을 추정하는 가장 간단한 모형은 다음 등식에 제시돼 있다.

$$도달률 = 1 - (1 - r)^n$$

여기서 r는 미디어 운반체의 시청률이고 n은 광고 캠페인의 광고 횟수 내지 게재 횟수이다. 이 등식을 적용할 때는 시청률을 비율(예컨대 시청률 점수 20 = 0.20)로 표현하는 것이 필요하다. 간단명료하긴 해도 이 도달률 모형은 한계가 있는 편이다. 1960년대 초에는 이항 분포 또는 베타 이항 분포에 기반을 둔 복잡한 모형이 개발되었다(예컨대 Agostini, 1961; Metheringham, 1964). 이들 모형과 도달률 및 빈도를 모형화하는 다른 기법은 러스트(Rust, 1986)와 청·레켄비·이킨(Cheong, Leckenby and Eakin, 2011)이 자세히 묘사한다.

도달률 모형은 수용자 중복에 대해 약간의 가정을 내포하지만, 특정 프로그램 쌍 사이의 중복을 예측하기 위해서는 중복 예측을 목적으로 설계된 모형을 택하는 것이 최선이다. 그런 모형 하나가 '시청 중복의 법칙(duplication of viewing law)'이라 불리는데 굿하트·에렌버그·콜린스(Goodhardt, Ehrenberg and Collins, 1987)가 개발했다. 그것은 다음의 등식으로 표현된다.

$$r_{st} = kr_s r_t$$

여기에서 r_{st}는 두 프로그램 s와 t를 모두 본 수용자의 비율이고, r_s와 r_t는 각각 프로그램 s와 프로그램 t를 본 비율(즉, 비율로 표시된 프로그램 시청률)이며, k는 그 값을 실증적으로 구해야 하는 상수이다. 시청률이 백분율 수치로 표시되면 저 등식은 다음과 같이 약간 변한다.

$$r_{st} = kr_s r_t / 100$$

시청 중복의 법칙 뒤에 있는 논리는 그래 보이는 만큼 복잡하지는 않다. 사실 그것은 교차 분석에서 기대 빈도를 구하는 것과 거의 똑같은 것이다. 어떤 쌍이고 두 프로그램을 모두 시청한 이들의, 인구 전체에 대한 백분율을 예측하려 한다면 기대 빈도를 추정하는 일에서 시작할 수 있을 것이다. 기억하다시피, 이를 구하는 공식은 E = R × C/N이다. 프로그램 시청률을 다루는 것이라면 저 기대 빈도는 한 프로그램(s)의 시청률을 다른 프로그램(t)의 시청률로 곱한 뒤 100(백분율일 때의 전체 규모 N)으로 나누어 구한다. 달리 말해 기대 빈도가 수용자 중복을 예측하는 데 응용될 때, 그것을 구하는 일반 등식은 $r_{st} = r_s \cdot r_t / 100$이 된다. k 계수만 빼면 이것은 저 시청 중복 등식과 꼭 같다.

굿하트와 동료들은 수백 개의 프로그램 쌍에 대해 중복의 기대 수준과 실제 수준 혹은 관측된 수준을 비교하였다. 이들은 잘 정의된 특정 조건에서 중복의 실제 수준이 확률적 우연보다 예측 가능한 양만큼 크거나 작음을 발견했다. 예컨대, ABC가 각기 다른 날에 방송했던 프로그램 쌍은 그 어느 것이건 수용자 중복이 우연히 그랬을 경우보다 60% 많았다. 달리 말해, ABC를 시청한 사람은 다른 날 또 다른 ABC 프로그램을 시청할 확률이 다른 일반인보다 60% 높았다. 중복을 정확히 예측하도록 저 등식을 조정하기 위해서는 새로운 용어, **케이 계수**(k coefficient)를 도입해야 한다. 중복이, 우연히 중복됐을 경우를 60% 초과한다면 케이 계수의 값은 1.6이 돼야 하겠다.

케이 값은 미국과 영국, 양국의 채널들 각각에 대해 구해졌다. 미국 네트워크 방송사는 중복 상수가 대략 1.5에서 1.6 사이인데 비해 영국 채널은 그 크기가 1.7에서 1.9에 이르렀다. 이런 상수는 **채널 충성도**(channel loyalty)의 지수 역할을 한다. 케이 값이 크면 클수록 중복 정도나 충성도가 높다.

보다 많은 네트워크가 이용 가능해지고 그중 다수가 수용자 특정 부류의 취향에 부응하면서 채널 충성도 지수가 일반적으로 높아졌다. 최근 연구는 2.0에 보다 근접한 케이 값을 보고해왔다. 높아지는 채널 충성은 프로그래머와 광고주 모두에 대해 함의하는 바가 있다. 샤프와 동료들은 다음과 같이 지적했다.

높아지는 채널 충성도는 심해지는 수용자 파편화와 연관이 있고 많은 수의 채널 선택지에 당면한 시청자가 자신의 선택을 학습된 선호 채널에 한정한다는 것을 시사한다. 채널 충성이 광고주에게 꼭 좋은 소식만은 아니다. 이는 노출 빈도에 대해 상대적으로 높은 도달률을 얻고자 한다면 광고 채널을 다변화하는 것이 점점 더 중요해지고 있다는 점을 시사한다(Sharp, Beal and Collins, 2009: 216).

시청 중복의 법칙이 예측하는 중복 수준에서 벗어나는 것에 주목하는 것은 수용자 행태의 비상한 특징을 잡아내는 방법으로 기능한다. 사실 이 법칙은 특정 관측을 거기 비추어 판단할 경험적 일반 법칙을 제공한다. 이 법칙으로부터의 중요한 일탈 하나가 굿하트·에렌버그·콜린스(Goodhardt, Ehrenberg and Collins, 1987)가 **상속 효과**(inheritance effects)라고 부른 것이다. 즉, 문제의 프로그램 쌍이 같은 채널에 연이어 편성되었을 때의 중복 수준은 보통의 채널 충성도가 예측하는 바를 관성적으로 초과한다는 것이다. 이제는 상속 효과 혹은 '수용자 흐름(audience flow)'에 대한 연구가 상당히 쌓였다(예컨대 Adams, 1997; Eastman et al., 1997; Henriksen, 1985; McDowell and Dick, 2003; Tiedge and Ksobiech, 1986). 리모컨과 비선형 미디어의 사용 증가에도 불구하고 상속 효과는 그 어느 때 못지않게 건재한 것으로 나타난다(Jardine, 2012; Webster, 2006). 한 프로그램의 수용자를 모으는 일에는 방영 채널, 그리고 그 바로 앞 프로그램의 매력이 여전히 영향을 미친다.

시청 중복의 법칙은 수용자 중복 데이터를 분석하여 수용자 행태에 대한 실증적 일반화로 나아가는 한 가지 길을 대변한다. 그러나 그 길이 유일한 길은 아니다. 사실은 유연하지 못하다는 이유로 비판받아왔다(Headen, Klompmaker and Rust, 1979; Henriksen, 1985). 중복에 관한 데이터를 운용하는 대안 하나는 프로그램 쌍을 분석 단위로 잡고 중복 수용자(예컨대 r_{st})를 종속 변수로 취급하는 것이다. 이런 종류의 분석에서 독립 변인은 프로그램 쌍을 기술하는 속성이 된다. 4장에서 제시한 수용자 행태 모형이 수용자 행태를 설명하는, 구조적 수준과 개인 수준의 요인들을 두루 짚었다는 것을 기억할 것이다. 이들 중 다수가 프로그램 쌍을 특징짓는 변수로 번역될 수 있다. 예컨대 구조적 요인은 다음과 같은 질문에 대한 '예/아니오'를 포함할 수 있다. 프로그램들이 같은 채널로 방영되는가? 또는 그들이 연이어 편성되었는가? 프로그램 선택 이론이라면, 유형이 동일한 프로그램의 중복 수준이 상대적으로 높을 것이라는 점을 시사할 것이다. 그래서 개인 수준의 요인은, 프로그램 쌍을 같은 유형의 프로그램이냐 아니냐로 묘사하는 것이 바람직하리라는 점을 시사할 법하다. 이런 접근으로 모든 독립 변인들이 회귀 모형에 포함될 수 있고, 분석가는 수용자 중복에 대한 이들의 상대적인 설명 능력을 볼 수 있다.

쌍의 수용자 중복을 다루는 이런 방식은, 기술적 세부는 연구마다 달라도, 흔한 것이 되었다(Headen, Klompmaker and Rust, 1979; Henriksen, 1985; Jardine, 2012; Webster, 2006). 이런 접근의 대상은 텔레비전에만 한정되지 않는다. 미디어 이용자가 플랫폼을 옮겨 다님에 따라 다양한 미디어를 가로질러 떠오르는 이용 패턴을 이해하는 일이 중요해진다. 그래서 원리상, 중복 쌍은 텔레비전 네트워크와 웹사이트일 수도 있고 텔레비전 프로그램과 유튜브 비디오일 수도 있다. 플랫폼을 뛰어넘어 이용자를 추적한 응답자 개인 수준 데이터에 접근할 수 있는 한, 미디어 창구 및 미디어 상품의 그 어떤 쌍에 대해서도 수용자 중복 분석이 가능하다.

수용자 중복을 개념화하고 관리하는 또 다른 방법 하나는 미디어 창구는 연결망의 교점으로, 중복 수준은 이 교점을 연결하는 끈이 가진 힘으로 생각하는 것이다. 이 전략은 분석가가 사회 연결망 분석에서 빌려온 통계적 절차를 이용할 수 있도록 해준다(Ksiazek, 2011). 이는 웹스터와 크시아젝이 플랫폼들을 가로지르는 수용자 파편화를 연구하기 위해 취한 접근이다(Webster

그림 6-6 수용자 중복이 정의하는 텔레비전 채널과 인터넷 브랜드의 네트워크

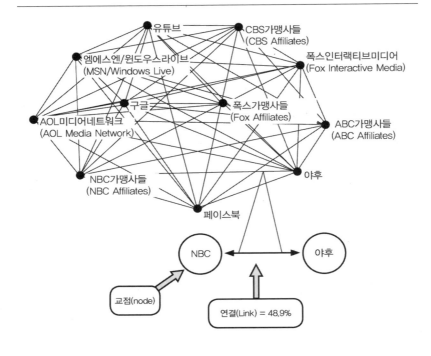

자료: 웹스터 · 크시아젝(Webster and Ksiazek, 2012).

and Ksiazek, 2012). 이들은 닐슨의 '수렴 패널(convergence panel)' 데이터를
이용했는데, 이 데이터는 개인용 컴퓨터에 설치된 계량 소프트웨어와 피플
미터를 써서 동일한 패널 구성원을 텔레비전과 인터넷 가리지 않고 추적한
기록이다. 〈그림 6-6〉은 이들이 연구한 미디어 창구들 일부를 연결망으로 시
각화해서 보여준다. 예컨대, 이 그림은 수용자 48.9%가 한 달이라는 기간 안
에 NBC를 시청하고 야후 웹사이트도 방문했음을 지적한다. 이는 본질적으
로 수용자 중복 측정치 r_{st}이고 이 두 교점 사이의 연결이 갖는 힘을 양으로
표현한다. 데이터를 이런 식으로 다룸으로써 분석가는 중심적 종점이 있다

면 그것이 어느 교점인지, 그리고 미디어 교점들이 뭉치는 방식이 있는지를 알아낼 수 있다.

그렇다면 미디어 창구 쌍 사이의 수용자 중복은 다양한 누적적 분석들을 쌓을 벽돌로 간주할 수 있다. 이들 분석은 다중 회귀 분석과 같은 흔한 다변량 접근과 사회 연결망 분석 같은 보다 새로운 기법을 포함할 수 있다. 점점 더 많은 합동형 조사연구 판매자가 수용자 중복 데이터를 온라인 도구를 통해 활용할 수 있게 만들고 있으므로 저 벽돌도 분석가가 보다 편리하게 활용하게 될 것이라 기대한다. 분석가가 수용자 행태의 통합적 모형을 길잡이로 삼는 한, 물어야 할 올바른 질문도 알고 있을 터. 이것이 싸움의 반 이상이다. 올바른 데이터와 올바른 분석 기법으로 무장했으니 응당, 수용자 행태를 설명하고 예측하는 데 전례 없는 능력을 갖게 된 것이다.

Barwise, P. and Ehrenberg, A. 1988. *Television and its audience*. London: Sage.

Easley, D. and Kleinberg, J. 2010. *Networks, crowds, and markets: Reasoning about a highly connected world*. Cambridge, UK: Cambridge University Press.

Goodhardt, G. J. and Ehrenberg, A. and Collins, M. A. 1987. *The television audience: Patterns of viewing*. Aldershot, UK: Gower.

Kaushik, A. 2010. *Web analytics 2.0: The art on online accountability & science of customer centricity*. Indianapolis, IN: Wiley.

Sissors, J. Z. and Baron, R. B. 2010. *Advertising media planning*, 7th ed. New York: McGraw Hill.

Rust, R. T. 1986. *Advertising media models: A practical guide*. Lexington, MA: Lexington Books.

Webster, J. G. and Phalen, P. F. 1997. *The mass audience: Rediscovering the dominant model*. Mahwah, NJ: Lawrence Erlbaum Associates.

3부

응용

이 책에서 우리는 상업적 텔레비전 사업이 수용자를 광고주에게 파는 것이라는 점을 일관해서 강조해왔다. 그러나 신문, 잡지 구독과 달리 전자 미디어는 누가 자신의 제품을 사용하는지를 말해줄 유통 부수 통계를 가지고 있지 않다. 대신 '자신의' 수용자의 크기와 구성을 추정하는 조사연구 기업에 의존한다. 이들 추정치, 시청률은 미디어와 광고주가 텔레비전 방송 시간의 금전적 가치에 합의하기 위해 사용하는 으뜸 정보다.

광고주는 어떤 메시지를 전하기 위해 시청자나 청취자의 주의를 잡는 데 관심이 있다. 이 메시지는 새로운 브랜드 소개하기나 오래된 브랜드 상기시키기만큼 단순할 수도 있고 어떤 인물이나 제품에 대한 사람들의 태도를 바꾸려는 노력을 포함할 수도 있다. 광고주는 어떤 수준에서 시청자의 행위에 ─ 평범한 제품 구매에서 특정 후보자한테 투표하기에 이르는 행위에 ─ 영향을 미치려고 시도한다. 목적이 무엇이건 광고주는, 잠시만이라도, 수용자에게 접근하는 것이 필요하고 이런 기회를 주는 미디어에게 광고료를 지불하는 것이다.

광고주의, 수용자들을 사야 할 필요와 이들을 팔려는 방송사의 의욕이 시청률 제공 서비스를 낳았다. 그 결과, 광고주는 수용자 측정 비즈니스에 엄청난 이해관계를 갖게 됐고 시청률 데이터의 형태를 주조하는 데 상당한 영향을 미친다. 사실 광고주의 뒷받침이 없었다면 우리가 아는 바와 같은 전자 미디어 시청률은 존재하지도 않을 것이다. 시청률의 **존재 이유**(raison d'être)는 광고 시간의 가격을 협상으로 정하는 데 필요한 정보를 구매자와 판매자에게 주는 데 있다.

텔레비전이 대중적 오락의 형식으로 널리 채택된 지 수십 년간 시청률 정보 제공자는 시청 추정치를 산출하는 데 상대적으로 정적인 측정 구조를 채택했다. 이 '수용자 정보 체제(audience information system)'는 기술과 함께 ─ 비록 보조를 맞추는 데 어려움을 겪긴 했어도 ─ 발전해왔다. 케이블, 위성 방송, 인터넷은 모두, 경제적 거래를 뒷받침하는 데 필요한 수용자 정보를 산출하기 위해 측정 방법의 변화를 요구했다. 시청자는 오늘날, 영상 콘텐츠에 접근하는 데 컴퓨터와 태블릿, 이동전화를 이용할 수 있고 시간차 시청을 그 어느 때보다 쉽게 만든 DVR를 가지고 있다. 이들 기기를 이용한 시청 형태는 수용자 측정 방법에 새로운 적응을 요구한다. 그러나 텔레비전 콘텐츠를 시청하는 데 사용되는 기술이 무엇이건 광고 시간이 광고주에게 얼마나 값질지 추정하는 데는 시청률 데이터가 필요하다.

수용자를 사고파는 것은 다양한 수준에서 일어난다. 상대적으로 단순한 세계에서 ─ 방송, 케이블, 위성 텔레비전의 세계에서 ─ 규모가 큰 일국 시장은 소수의 방송 네트워크 및 케이블 네트워크, 합동형 프로그램 판매자, 그리고 주요 기업 광고주가 지배적이었다. 지역 시장에서 개별 방송국은 지역 상인에게 팔았다. 지역 방송국들을 통해 전국적으로 방송되는 광고와 광역 시장

표 7-1 전자 미디어의 광고 수입 (단위: 백만 달러)

연도	라디오*			디지털	텔레비전**				케이블***		인터넷****	합계
	네트워크	지역방송 전국적 광고	지역방송 지역 광고		네트워크	지역방송 전국적 광고	지역방송 지역 광고	합동형 프로그램 광고	네트워크	지역방송		
1950	132	119	203		85	31	55	—	—	—		625
1960	45	208	402		820	527	280	—	—	—		2,282
1970	49	355	853		1,658	1,234	704	—	—	—		4,853
1980	158	746	2,643		5,130	3,269	2,967	50	50	50		15,063
1985	329	1,320	4,915		8,285	6,004	5,714	540	612	139		27,858
1990	433	1,626	6,780		9,863	7,788	7,856	1,109	1,802	737		37,994
1995	426	1,920	9,124		11,600	9,119	9,985	2,016	3,993	1,634		49,817
2000	1,029	3,596	15,223		15,888	12,264	13,542	3,108	10,673	4,124	8,087	87,534
2005	1,053	19,018			25,083	16,755		4,222	16,100	5,800	12,542	100,573
2009	1,048	13,203		480	25,342	12,922		4,229	18,700	5,500	22,661	104,085
2010	1,102	14,181		615	26,635	15,892		4,111	20,500	6,600	26,041	115,677
2011	1,136	14,060		709	26,513	15,160		4,746	22,100	6,600	31,735	122,759

주
* 라디오광고국(Radio Advertising Bureau).
** 텔레비전광고국(Television Bureau of Advertising). [칸타(Kantar) 데이터의 TVB 분석에 기초한 "TV Basics"]
*** 케이블텔레비전광고국(Cabletelevision Advertising Bureau). '지역 방송'은 지역 스포츠를 포함.
****상호작용광고국(Interactive Advertising Bureau)/프라이스워터하우스쿠퍼스(PricewaterhouseCoopers).
  [IAB 인터넷 광고 수입 보고서(IAB Internet Advertising Revenue Report)]
참고: Fox는 1990년 이전에는 합동형 프로그램 판매자로, 1990년 이후에는 네트워크로 간주됨. UPN, WB, PAX
  는 1990년 이후에는 합동형 프로그램 판매자로 간주.
자료: 인터랙티브광고주협회(Interactive Advertisers Association).

은 지리적으로 큼직하게 구분된 영역에 대한 접근을 제공했다. 아직도 이것
이 기본틀이긴 해도, 기술은 수용자에게 닿게 해주는 경로 선택지의 구성을
변화시켰고, 이런 변화는 광고 시간 시장에 영향을 주었다.

각 시장은 자신만의 제도와 관행을 만들어왔고, 이는 수용자 데이터가 분
석되고 해석되는 방식에 영향을 끼친다. 다음 절은 전자 미디어 수용자를 대

상으로 하는 주요 시장을 다룬다. 우리는 네트워크와 지역 방송이라는 전통적 미디어를 통해, 보다 새로운 미디어인 위성 텔레비전을 통해, 컴퓨터나 태블릿 또는 이동 기기 같은 비전통적 시청 형태가 특징짓는 온라인 세상을 통해, 수용자 거래가 어떻게 이루어지는지를 설명한다.

〈표 7-1〉은 시장 성장의 패턴을 예시하면서 각 미디어의 광고비 총수입을 요약한다. 미국만 놓고 보더라도 광고는 1500억 달러짜리 비즈니스다. 점점 더 많은 나라가 자신의 시장을 사적 소유에, 그리고 광고주가 뒷받침하는 커뮤니케이션 미디어 기업에 개방함에 따라 전 지구적 광고 지출은 2013년까지 5220억 달러에 달할 것으로 예측된다. 여기서 우리는 미국에서의 경제적 거래를 뒷받침하는 구조에 논의를 국한했다. 조직의 세부 문제는 지역마다 달라도 수용자 정보에 관련된 기본 거래 환경은 지구 어디서나 일관되기 때문이다.

1. 전국 시장

1) 지상파/케이블 네트워크와 대안적 전달 체계

(1) 지상파 네트워크

거대한 전국 시장에 도달해야 하는 광고주에게 전통의 네트워크는 여전히 내놓을 것이 많은 존재다. 평균적으로 주요 텔레비전 방송 네트워크는, 케이블 프로그램이 유력한 경쟁자가 되어 전통적 네트워크보다 더 많은 수용자를 거두는 일이 잦긴 해도, 여전히 가장 많은 수용자를 모은다. 실무적으로, 지상파 네트워크 시장은 **시간대**(dayparts)라고 불리는 보다 작은 시장으로 나뉘는데, 이들은 하루 중의 시간이나 프로그램 내용에 따라 정의된다. 시간대

각각이 특정한 수용자 성격과 연계되어 있기 때문에, 다양한 시간대가 상이한 광고주의 관심을 끌고 상이한 금액의 판매 수입을 올린다.

프라임타임(prime time)은 가장 중요한 네트워크 시간대로 월요일에서 토요일까지 미 동부 표준시로 오후 8시에서 11시 사이, 일요일 오후 7시에서 11시 사이의 모든 정규 편성 프로그램을 포함한다. 이 시간대에 가장 많은 수용자를 끌어들이기 때문에 지상파 네트워크는 여기서 가장 많은 수입을 올린다. 광고주는, 낮에 일하는 이들을 포함하여, 전국에 걸쳐 매우 폭넓은 다양한 사람들에게 동시에 도달할 수 있어서 이 시간대를 좋아한다. 그러나 이 대중 시장에 접근하는 값은 싸지 않다. 인기 최고의 프라임타임 프로그램들은 가장 비싸다.

낮 시간(daytime)은 두 번째로 이윤이 많이 나는 시간대이다. 네트워크의 경우, 이 시간대는 월요일부터 금요일까지 미 동부 표준시로 오전 7시에서 오후 4시 30분 사이이다. 이 시간대 수용자는 훨씬 작고 아침 뉴스를 제외하면 여성이 압도적으로 많다. 그래서 여성, 특히 전업주부에게 접근하고 싶어 하는 광고주에게 가장 매력적이다. 비누나 식료품 같은 가정용 제품을 파는 회사들은 자주 이 시간대의 광고 시간을 구매하는데 프라임타임 광고주보다 훨씬 적게 지불한다.

스포츠(sports) 시간대는 프로그램 내용으로 엄격히 정의된다. 가장 중요한 네트워크 스포츠 프로그램 가운데는 NFL이나 NBA 같은 메이저리그 시합이 있다. 이들 경기는 남성 수용자를 끌어들이는데, 예상할 법한 대로, 이 시간대를 가장 많이 사는 광고주에는 맥주 제조사, 자동차와 트럭의 제조사, 자동차 관련 제품을 파는 회사가 있다. 스포츠 프로그램 광고비는 ― 대부분 수용자 크기의 함수로서 ― 폭넓게 변해 궁극에는 슈퍼볼에 이르는데, 그 광고비가 2012년의 30초 광고의 추정 가격이 350만 달러에 달하는 정도다.

뉴스(news) 시간대는 단순한 시간대보다 프로그램 내용이, 뉴스와 하루 중

시간대 위치 사이에는 상관관계가 있긴 하지만, 더 크게 규정한다. 이 시간대는 네트워크의 저녁 뉴스, 주말 뉴스, 뉴스 특집과 다큐멘터리를 포함한다. 이 시간대에서 제외되는 것으로는 아침 뉴스(낮 시간으로 간주된다)와 정규 편성되는, 〈60분(60 Minutes)〉 같은 프라임타임 프로그램이 있는데, 이들은 네트워크 방송사의 뉴스 부서에서 만든다 하더라도 제외된다. 뉴스 시간대는 나이 든 수용자를 당기는 경향이 있어 의약품, 건강식품, 사치품 같은 제품을 파는 회사에 특히 매력적이다.

심야(late night)는 월요일에서 금요일까지 미 동부 표준시로 오후 11시 30분에 시작한다. 이 시간대의 가장 잘 알려진 프로그램으로 〈제이레노쇼(The Tonight Show With Jay Leno)〉와 〈데이비드레터먼쇼(Late Show With David Letterman)〉가 있는데, 이들은 이 시간대를 수년간 지배해왔다. 당연하게도, 이 시간대 수용자는 규모가 작고 거의 전부가 성인으로 구성된다.

많은 공익 단체와 규제자가 **어린이 시간대**(children's daypart)를 가장 중요한 전자 미디어 시장의 하나라고 본다. 여기에는 어린이를 대상으로 하는 주중 편성 프로그램은 물론이고, 비평가가 한때 '어린이의 게토(children's ghetto)'라고 부른, 토요일과 일요일 오전의 어린이 프로그램이 속한다. 어린이들은 다른 때에도 텔레비전을 많이 보지만, 지상파 텔레비전을 통해 이 수용자 집단에 도달하는 가장 효율적인 길을 광고주에게 제안하는 것이 어린이 시간대다. 이 시간대의 가장 큰 광고주에는 시리얼 및 사탕 제조자, 장난감 제작자가 있다. 30초 광고의 가격은 계절적 수요 변화를 따라 바뀐다. 성탄절 시기의 광고 시간 가격은 그 후 몇 달 동안 가격의 3배에 달할 수도 있다.

지상파, 케이블, 위성, 그 어느 것이건 요즘엔 텔레비전 네트워크가 사람들의 주의를 많이 끌고 있지만, 네트워크의 시작은 라디오였다는 것을 상기할 필요가 있다. 1920년대 후반까지는 확고하게 자리 잡은 이 라디오 네트워크들이 오늘날의 네트워크 텔레비전에서 통용되는 많은 관행과 전통을 개시했다. 텔레비전이 삶의 중심으로 진입해서 광고비 수입의 큰 몫을 차지하고 있지만, 라디오 네트워크는 미국인의 삶에 중요한 사회적, 문화적 영향을 끼쳐왔다. 사실 라디오는 여전히 전국적 수용자 집단에 도달할 대안을 광고주에게 제안한다. 특히 위성 라디오가, 비록 서비스의 도달률이 아직 지상파 네트워크만큼 되지는 않지만, 이런 대안이다.

오늘날 운영 중인 대부분의 전국 라디오 네트워크는 소수의 회사에 의해 통제된다. 아비트론은 이런 네트워크 운영자 여섯을 위해 수용자를 측정한다: 미어번라디오네트웍스(American Urban Radio Networks), 크리스털미디어네트웍스(Crystal Media Networks), 큐뮬러스미디어(Cumulus Media), 다이얼글로벌(Dial Global), 프리미어네트웍스(Premiere Networks), 방송국연합라디오네트워크(United Stations Radio Network). 이들 조직 각각은 뉴스, 음악, 정치 토크와 스포츠 토크 프로그램을 포함하는 다면 편성을 내놓는다. 합동형 프로그램 판매자는 자체로는 '네트워크'라 할 수 없어도 전국 각지의 수많은 방송국에 위성을 통해 전문화된 라디오 포맷을 제공한다. 이들 포맷은 모든 종류의 대중음악, 청취자 참여 스포츠 토크, 정치적 대화를 포함한다. 이 중에는 러시 림보(Lush Limbaugh)와 돈 이머스(Don Imus) 같은 유명 인사가 출연하고 수백 개의 라디오 방송국이 동시에 내보내는 것도 있다. 방송국은 CNN, Fox 뉴스, ABC의 ESPN 같은 케이블 서비스 제공자는 물론이고 AP통신 같은 뉴스 취재 조직으로부터도 뉴스 프로그램을 받을 수 있다. 그리고 그룹 소유주는, 본질적으로 즉흥 네트워크로 기능함으로써, 자신이 소유한 방송국에 편성 프로그램을 배급할 수 있다.

(2) 케이블 네트워크와 대안적 전달 체계

〈표 7-2〉는 2세 이상 개인 수용자를 기준으로 매긴 전국 케이블 텔레비전 네트워크의 순위를 보여준다. 최소한 부분적으로, 이 모든 프로그램 제공자

표 7-2 2012년 케이블 네트워크 순위(2세 이상 평균 수용자)

네트워크	가구(단위: 천)	통달 범위(%)
웨더채널(The Weather Channel)	100,205	87.36
TBS네트워크(TBS Network)	100,025	87.21
CNN / HLN	99,727	86.95
닉앳나이트(Nick-at-Nite)	99,664	86.89
니켈로디언(Nickelodeon)	99,664	86.89
디스커버리채널(Discovery Channel)	99,604	86.84
푸드네트워크(Food Network)	99,601	86.84
USA네트워크(USANetwork)	99,301	86.57
어덜트스윔(Adult Swim)	99,159	86.45
케이블뉴스네트워크(Cable News Network)	99,156	86.45
카툰네트워크(The Cartoon Network)	99,159	86.45
A&E네트워크(A&E Network)	99,012	86.32
헤드라인뉴스(Headline News)	98,971	86.29
홈앤드가든TV(Home and Garden TV)	98,947	86.27
터너네트워크텔레비전 (Turner Network Television)	98,921	86.24
ESPN	98,903	86.23
라이프타임텔레비전(Lifetime Television)	98,904	86.23
Tlc	98,871	86.20
ESPN2	98,806	86.14
히스토리(History)	98,708	86.06
디즈니채널(Disney Channel)	98,666	86.02
스파이크TV(Spike TV)	98,623	85.98
코미디센트럴(Comedy Central)	98,607	85.97
MTV(Music Television)	98,591	85.96
FX	98,052	85.49
SYFY	98,006	85.45
폭스뉴스채널(Fox News Channel)	97,981	85.42
VH1	97,944	85.39

네트워크	가구(단위: 천)	통달 범위(%)
CNBC	97,497	85.00
ABC패밀리(ABC Family)	97,451	84.96
티!엔터테인먼트TV(E! Entertainment TV)	97,414	84.93
AMC	96,700	84.31
애니멀플래닛(Animal Planet)	96,625	84.24
TV랜드(TV land)	96,573	84.20
MSNBC	95,526	83.28
트래블채널(Travel Channel)	94,716	82.58
브라보(Bravo)	94,607	82.48
트루TV(Tru TV, 전 Court TV)	92,315	80.48
CMT	91,834	80.06
블랙엔터테인먼트TV(Black Entertainment TV)	91,516	79.79
홀마크채널(Hallmark Channel)	87,373	76.18
라이프타임무비네트워크 (Lifetime Movie Network)	84,453	73.63
골프채널(Golf Channel)	84,436	73.61
내셔널지오그래픽채널 (National Geographic Chnl)	83,881	73.13
스피드(Speed)	81,449	71.01
TV가이드네트워크(TV Guide Network)	80,388	70.09
디즈니XD(Disney XD)	79,785	69.56
MTV2	79,655	69.45
BBC아메리카(BBC-America)	79,548	69.35
옥시전미디어(Oxygen Media)	79,500	69.31
인베스티게이션디스커버리 (Investigation Discovery, 전 Discovery Times)	79,491	69.30
오프라윈프리네트워크(Oprah Winfrey Network, 전 Discovery Health)	79,092	68.96
위(We: Womens Entertainment)	78,783	68.69
NBC스포츠네트워크(NBC Sports Network)	78,063	68.06
스타일(Style)	77,714	67.75
사이언스(Science, 전 Science Channel)	76,257	66.48

네트워크	가구(단위: 천)	통달 범위(%)
WGN아메리카(WGN America, 전 Superstation WGN)	75,965	66.23
GSN	75,049	65.43
닉쥬니어(Nick Jr, 전 Noggin)	75,022	65.41
ESPNEWS	74,680	65.11
ESPNU	73,234	63.85
틴닉(Teennick, 전 The N)	71,767	62.57
인스피레이션네트워크(Inspiration Network)	70,922	61.83
MLB네트워크(MLB Network)	69,861	60.91
바이오그래피채널(Biography Channel)	69,426	60.53
소프넷(Soapnet)	68,961	60.12
H2(전 History International)	68,432	59.66
폭스비지니스네트워크(Fox Business Network)	68,407	59.64
인디펜던트필름채널(Independent Film Channel)	67,060	58.47
갈라비전(Galavision)	65,469	57.08
허브(The Hub, 전 Discovery Kids)	64,200	55.97
릴즈채널(Reelzchannel)	63,893	55.70
그레이트아메리칸컨트리 (Great American Country)	62,550	54.53
G4	61,628	53.73
닉툰스(Nicktoons)	61,426	53.55
VH1클래식(VH1 Classic)	60,962	53.15
밀리터리채널(Military Channel)	60,656	52.88
NBA-TV	59,833	52.16
쿠킹채널(Cooking Channel, 전 Fine Living)	59,613	51.97
데스티네이션아메리카(Destination America, 전 Planet Green)	59,596	51.96
NFL네트워크(NFL Network)	59,499	51.87
커런트TV(Current TV)	59,260	51.67
DIY네트워크(DIY Network)	57,793	50.39
TV원(TV One)	57,308	49.96

네트워크	가구(단위: 천)	통달 범위(%)
내셔널지오그래픽와일드 (National Geographic Wild)	56,809	49.53
퓨즈(Fuse)	56,727	49.46
스프라우트(Sprout)	54,413	47.44
GMC	52,179	45.49
오베이션네트워크(Ovation Network)	51,400	44.81
로고(logo)	50,299	43.85
센트릭(Centric)	48,921	42.65
디스커버리핏앤드헬스(Discovery Fit & Health, 전 Fit TV)	48,835	42.58
홀마크무비채널(Hallmark Movie Channel)	47,262	41.20
칠러(Chiller)	43,486	37.91
FX무비채널(FX Movie Channel)	42,485	37.04
벨로시티(Velocity, 전 HD Theater)	41,793	36.44
폭스사커채널(Fox Soccer Channel)	41,442	36.13
RFD-TV	41,206	35.93
앙코르(Encore)	40,950	35.70
앙코르프라이머리(Encore Primary)	39,801	34.70
먼2케이블(Mun2 Cable)	38,200	33.30
아웃도어채널(Outdoor Channel)	37,801	32.96
퓨얼(Fuel)	37,029	32.28
클루(Cloo, 전 Sleuth)	36,528	31.85
TR3S	33,616	29.31
ESPN클래식(ESPN Classic)	31,969	27.87
HBO - 워크스(HBO - The Works)	31,014	27.04
HBO프라임(HBO Prime)	30,562	26.65
스포츠맨채널(Sportsman Channel)	30,288	26.41
누보TV(Nuvo TV)	29,621	25.82
스타즈(Starz)	27,828	24.26
스타즈프라이머리(Starz Primary)	27,040	23.57
쇼타임(Showtime)	25,071	21.86

네트워크	가구(단위: 천)	통달 범위(%)
쇼타임프라임(Showtime Prime)	24,846	21.66
멀티맥스(Multimax)	19,095	16.65
맥스프라임(Maxprime)	18,864	16.45
디스커버리엔에스파뇰(Discovery En Espanol)	8,027	7.00
토털케이블플러스(Total Cable Plus)	103,934	90.61
토털와이어드케이블(Total Wired Cable)	68,568	59.78
케이블플러스W(Cable Plus W/pay)	55,245	48.16
와이어드케이블W(Wired Cable W/pay)	35,792	31.20
ADS	36,170	31.53
총계(미국 전체)	114,700	

자료: 닐슨사 발간 자료(2012).

가 광고 수입에 의존해서 돈을 번다. 그러나 가장 오래되고 인기도 최고인 케이블 네트워크도 주요 지상파 네트워크에 비하면 가구 도달률이 아직 낮다.

케이블 프로그래머가 채택하는 가장 뻔한 경쟁 전략은 특정 부류의 시청자를 표적으로 삼는 것이다. 〈표 7-2〉에서 수용자 일부만을 위한 프로그램 편성을 내놓는 네트워크의 수에 주목하라. 예컨대 MTV는 십대와 젊은 성인들을 위해 설계됐다. 니켈로디언(Nickelodeon)과 카툰네트워크(Cartoon Network)는 어린이의 흥미를 끈다. 라이프타임(Lifetime)은 여성을, 스파이크TV(Spike TV)는 남성을 위한 네트워크다. BET는 흑인을 표적 시청자로 한다. 케이블 네트워크가 매체구매자에게 내놓는 수용자가 특화될수록 광고주에게 보다 효과적인 구매가 될 수 있다. 나아가, 케이블 네트워크는 광고 효과를 증진하기 위한 특별 편성이나 홍보 수단을 개발하는 데 광고주와 적극 협력할 태세가 흔히 더 잘 되어 있다.

케이블 네트워크는 '낭비되는' 노출이 적을 것이라는 기대를 줄 뿐 아니라 자신의 수용자에 대한 접근을 지상파 네트워크가 과금하는 것보다 흔히 적게 받고 판다. 후자는, 아마도 더 높은 도달률과 히트 프로그램의 후광 때문에, 시장에서 웃돈을 받는 일이 흔하다. 그러나 근년에는 케이블에서 나온 프로그램의 인기가 높아져 지상파의 경쟁 프로그램을 시청률에서 제치는 일이 잦다.

케이블처럼 위성 방송(DBS: Direct Broadcast Satellite) 서비스 제공사도 전국적으로 광고를 팔 수 있다. 그리고 자신의 모든 경쟁자들처럼 이 위성 미디어도 광고 시간을 광고주에게 판매하려면 신뢰할 수 있는 수용자 추정치가 필요하다. 2003년 닐슨은 위성으로 방영되는 프로그램의 시청률을 측정하는 시스템을 개발하기로 동의했고, 디렉TV(DirecTV)가 첫 고객이 되었다. 그때까지 디렉TV의 광고 시간은 비슷한 편성과 방영 채널에서 유추한 시청자 추정치에 기초해 팔리고 있었다. 진정한 위성 시청률은 판매 활동에 중요한 촉진제였다. 그러나 케이블과 유사하게, 위성에 편성된 프로그램도 지상파 네트워크에 비해 통달 범위가 제한적이다. 그래서 '전국' 시청률이 지상파 네트워크의 비슷한 프로그램에 비해 일반적으로 낮다. 그러나 위성 방송은 가입 가구에 더 많은 스포츠 프로그램을 제공함으로써 경쟁력을 유지해왔다.

(3) 전국 시장에서 수용자 사고팔기

우리는 광고 시간을 사고파는 문제에 관해 세 가지 사고 방식을 고려해왔다: 지리적으로(전국, 지역), 미디어별로(지상파, 케이블, ADS), 시간대별로(프라임타임, 낮 시간 등). 네 번째 시장 정의는 실제 구매가 일어나는 때를 기술한다. 거래는 일 년 내내 상이한 단계에 일어나는데, 어떤 광고주는 방영되기 훨씬 이전에 광고 시간을 구매하고, 어떤 광고주는 방영 몇 달 전이나 몇 주 전에 구매한다. 구매 과정상의 이런 상이한 라운드를 **선불 시장**(upfront market), **산포 시장**(scatter market), **기회주의적 시장**(opportunistic market)이라고 부른다.

선불 시장은 각 네트워크가 광고주와 대행사를 수십 년 된 의례적 이벤트에 초대하여 새로운 프로그램과 돌아오는 프로그램을 예시하는 봄에 시작된다. 네트워크 경영진은 구매자에게 그들의 새로운 가을 편성 라인업을 소개하고 광고주는 다가오는 시즌의 광고 시간을 확보하기 위해 수십 억 달러를 건다. 예컨대 2011년에 지상파 네트워크는 선불 시장에서, 추산되기로 90억 달러어치를 팔았다. 이 구매 방식은 광고주의 예산을 향후 몇 달간 묶어두지만 최선의 네트워크 프로그램에 접근할 수 있게 해준다. 그리고 이런 회사 광고주는 네트워크에 대해 장기적 관계를 서약하는 셈이어서 해당 연도 후반에 제시되는 요금보다 유리한 요금을 적용받는 것이 일반적이다. 사실, 광고주의 위험을 줄이기 위해 네트워크는, **약속 실행**(make-goods)이라 불리는 추가 광고를 대가 없이 방영하는 한이 있더라도, 총수용자 추정치를 확실히 달성할 수 있도록 하겠다는 **수용자 보장**(audience guarantees)을 자주 해준다. 불확실성이 과정을 복잡하게 만든다 — 가을 라인업에 포함된 새로운 프로그램을 어떤 수용자가 보게 될지 아무도 정확히 모른다. 네트워크의 보장에도 불구하고, 선불 시장은 많은 것이 걸린 수 싸움의 장이다.

산포 시장은 더 짧은 시간 틀에서 작동한다. 각 텔레비전 시즌은 네 분기로 나뉜다. 각 분기가 시작되기 전에 광고주는 계절 제품을 광고한다거나 제한적 캠페인을 전개한다거나 하는, 선불 구매 기간 동안 예상치 못한 특정 목적을 위해 광고 시간을 사고 싶어 할 수 있다. 광고주는 산포 시장에서 대개 유연성이 떨어지고 네트워크 구매자는 일반적으로 불리한 위치에 있기 때문에 산포 시장 가격이 선불 시장 가격보다 보통 높다. 그러나 때로는 시장 조건이 구매자에게 유리하게 조성될 수 있다. 선불 시장에서는 불확실했던 프로그램이 산포 시장에서는 경력을 갖게 될 터인데, 이는 광고주에게 덜 불확실한 투자가 된다는 의미다. 나아가 네트워크가 부진한 시즌인 경우에는 산포 시장 요금이 선불 시장 요금보다 실제로 더 낮을 수 있다.

기회주의적 시장은 텔레비전 시즌이 진행됨에 따라 생긴다. 네트워크의 재고 대부분은 선불 시장과 산포 시장에서 소진되지만, 방영에 더 임박해서 나오는 광고 시간이 있을 수 있다. 어쩌면 시즌 초반에 성사된 거래 합의가 광고주의 예산 삭감이나 새로운 마케팅 전략의 실행으로 무산됐을 수 있다. 또 어쩌면 프로그램 폐지나 재편성, 특집 이벤트의 추가와 같은 네트워크 라인업의 변동이 추가 재고를 낳았을 수 있다. 이런 변동이 광고주를 장기 계약에서 풀어주고 광고 방영 시간을 마지막 순간에 구입할 수 있는 기회를 만들곤 한다. 상황에 따라 네트워크가 유리할 수도 광고주가 유리할 수도 있다. 구매자와 판매자는 이런 기회를 과거에 성사되었던 거래에서 넘어온 빚을 정산하는 데 흔히 쓴다. 예컨대, 추가 재고를 가진 판매 담당이 그동안 잘 사준 구매 고객에게 저가의 광고 시간을 제안할 수 있다. 혹은 구매자가 판매 담당이 과거에 잘 해줬기 때문에 판매자를 돕는 의미로 광고 시간을 살 수도 있다.

기술이 새로운 형태의 배포를 가능하게 만들면서 전국적 광고 경쟁도 진화를 계속한다. 지상파 네트워크와 케이블 네트워크는 디렉TV와 디시네트워크(DISH Network) 같은 '대안적 전달 체계(ADS: alternate delivery systems)', 그리고 인터넷과 경쟁한다. 2011년, 기존 케이블 가입을 중단한 텔레비전 가구가 새로운 케이블 서비스에 가입한 텔레비전 가구보다 많았다. 이런 중단은 ADS가 원인인 경우가 일부 있다. 일부는 확실히 온라인 시청의 증가가 원인이다. 전국적으로 케이블 보급률은 60.2%에 도달해 있는데, ADS는 이제 31.2%를 기록했다. 보편적이다시피 한 통달 범위 때문에 지상파 네트워크는 최대의 텔레비전 수용자를 모으는 데 케이블이나 ADS보다 아직 유리하다. 그러나 케이블 네트워크는 자신의 수용자를 파는 다른 전략을 개발해왔다.

2) 합동형 프로그램 판매

방송국은 프로그램이 늘 아쉽다. 네트워크 가맹사마저도 네트워크가 편성하지 않는 긴 시간을 채워야 한다. 이를 위해 방송 사업자는 다양한 프로그램원에 의존하는데 그중 하나가 광고에 대한 논의에 특별히 적실하다. 바로 합동형 프로그램 교환(barter syndication)이다.

합동형 프로그램 교환에는 꽤 간단명료한 기원이 있다. 요지는 광고주들이 자신의 메시지를 수용자에게 전하는 데 방송국의 프로그램 수요를 이용할 수 있음을 발견했다는 것이다. 이들은 프로그램을 만들고 광고를 붙여 판권료를 받지 않은 채 방송국에 제시할 수 있었다. 방송국은 현찰을 지불하지 않고도 새 프로그램이 생기니까 여기에 끌렸다. 원래의 물주가 쓰지 않고 남긴 광고 시간은 팔 수 있기까지 했다. 1980년대에 위성을 통한 프로그램 배달이 늘어나자 이 간단한 아이디어는 급성장하는 광고 시장을 새로 출현시켰다.

일반적으로 합동형 프로그램 교환은 다음과 같이 작동한다. 배급자가 프로그램을 만들거나, 기존 프로그램에 대한 권리를 가졌거나, 다른 제작자를 대신하거나 해서 지역 방송국에 프로그램을 판다. 판매 조건은 방송국이 합동형 프로그램 판매자에게 전국 시장에 팔 수 있는 광고 시간 모두를 넘기는 것을 의미하는 '전부-교환'이 될 수 있다. 때로 '현찰-더하기-교환'이라 불리는 잡종적 합의가 될 수도 있는데, 이는 그 이름에서 풍기는 바와 같이 방송국이 합동형 판매자가 붙인 광고를 수용하는 것은 물론이고 프로그램에 대해 대가도 지불해야 한다는 조건이다. 거래 합의의 구체적 조건에 따라 방송국은 현찰 더하기 조건에 포함된 지역 광고 시간을 팔 수도 있다.

합동형 판매자는 시장에 프로그램을 내놓기 전에 거래 조건을 정한다. 업계지는 이 조건의 목록을 매년 초, '전국텔레비전편성이사협회(NATPE: National

표 7-3 **합동형 판매 프로그램: 2012년 출시 프로그램 예시**

유형	제목	배급	제작	유의 사항	조건
신규 방영 띠	〈아메리카나우 (America Now)〉	Bellum Entertainment	Raycom, ITV Studios America	2시간 반 연속 리자 기본스(Leeza Gibbons)와 빌 랜식(Bill Rancic) 진행	현찰로만
	〈케이티(Katie)〉	Disney-ABC Domestic Television	Disney-ABC Domestic Television	1시간 토크 〈투데이(Today)〉와 〈CBS이브닝뉴스(Evening News)〉 전 앵커 케이티 쿠릭(Katie Couric)출연	현찰-더하기-교환(미국의 90% 이상 방영)
	〈스티브하비 (Steve Harvey)〉	NBCUniversal Domestic Television Distribution	Endemol USA	1시간 토크 관계에 대한 하비의 코미디풍의 그러나 진실된 접근	현찰-더하기-교환(미국의 85%에서 판매)
	〈디시네이션 (Dish Nation)〉	Twentieth Television	Studio City Prods	30분 띠 전국에서 가장 재밌는 오전 라디오 쇼에서 따옴	현찰-더하기-교환(미국의 60% 방영)
	〈라스트샷위드저 지건 (Last Shot with Judge Gunn)〉	Trifecta	Trifecta	30분 법정 프로그램	전부-교환에 4분은 전국, 4분은 지역 광고
	〈더로여스 (The Lawyers)〉	CBS TV Distribution	Stage 29 Prods.	1시간 띠	현찰-더하기-교환
탈 네트워크 시트콤 (2013)	〈핫인클리블랜드 (Hot in Cleveland)〉	CBS TV Distribution	Hazy Mills Prods. and SamJen Prods. in association with TV Land	발레리 버티넬리(Valerie Bertinelli), 웬디 맬릭(Wendie Malick), 제인 리브스(Jane Leeves), 베티 화이트(Bettry White) 출연 30분 시트콤	현찰-더하기-교환
	〈파크스앤드레크리에이션 (Parks and Recreation)〉	NBCUniversal Cable and New Media Distribution/NBCUniversal Domestic Television	Deedle-Dee Prods., Fremulon, 3 Art Entertainment, Universal Television		케이블, 디지털, 지상파 플랫폼에 모두 나옴

표 7-3 **합동형 판매 프로그램: 2012년 출시 프로그램 예시(계속)**

유형	제목	배급	제작	유의 사항	조건
탈 네트워크 시트콤 (2013)	〈커뮤니티*〉 (Community)〉	Sony Pictures Television	Sony Pictures Television, Krasnoff Foster Prods., Russo Bros., Harmonious Claptrap, Universal Media Studios		텔레비전 방송국, 케이블 네트워크, 디지털 배급자에게 현찰-더하기-교환으로 판매 중
	〈모던 패밀리*〉 (Modern Family)〉	Twentieth Television	Twentieth Century Fox Television, Lloyd Levitan Prods.		현찰-더하기-교환으로 텔레비전 방송국에, 현찰로 USA Network에 팔렸고 미국의 95%에서 방영
	〈캐슬*〉 (Castle)〉	Disney-ABC Domestic Television Distribution	ABC Studios	TNT에 판매되고 전부-교환으로 TV 방송국에 판매 중	
	〈30록*〉 (30 Rock)〉	NBC Universal Domestic TV Distribution	NBC Studios, Broadway Video, Little Stranger	지상파 합동형 판매망, Comedy Central, WGN America에서 동시 첫 방영	전부-교환
	〈빅뱅이론*〉 (The Big Bang Theory)〉	Warner Bros. Domestic TV Distribution	Warner Bros. Television	30분 시트콤, 지상파와 TBS에서 동시 첫 방영 예정	현찰-더하기-교환

주 * 한국에 소개된 프로그램 (제목)
자료 출처: ≪데일리버라이어티(*Daily Variety*)≫(2012.1.23/24).

Association of Television Program Executives)' 총회 직전에 인쇄한다. 냅티 (NATPE) 모임에서 합동형 판매 프로그램은 잠재적 구매자, 특히 중소 규모 시장에서 온 구매자를 대상으로 강력하게 판촉된다. 〈표 7-3〉은 2012년 1월에 나온 이런 프로그램 목록의 일부를 재수록한 것이다. 교환 조건이 시장 수요에 맞춰 변할 수 있긴 해도 이 목록은 합동형 판매자가 성사를 추구하는 거래의 유형을 잘 보여준다. 개별 교환 계약은 방송국이 이른 주변 시간대와 같은 특정 시간대에 프로그램을 방영하도록 요구할 수도 있다. 이런 요구는 방송국이 특별히 원하는, 인기 있는 프로그램에 혼하다. 〈표 7-3〉에 수록된 프로그램 일부는 팔리고 1~2년이 될 때까지는 시장에 다시 나오지 않을 것이다.

프로그램 구매자는 판매 조건에 더해 해당 프로그램을 이미 구매한 또는 '통과시킨(clear)' 시장의 수가 얼마나 되는지에 관심이 있다. 프로그램을 취득한 방송국이 많을수록 잠재 수용자의 규모도 커진다. 시장마다 하나의 방송국이 프로그램 방영에 동의하면 배급자는 이론상으로 주요 텔레비전 네트워크와 같은 통달 범위를 가지게 될 것이다. 실무상으로는 미국 가구 70%에 가닿을 정도가 되면 네트워크 광고 시간과 매우 비슷한 방식으로 광고주에게 팔린다.

네트워크 쪽 상대와 마찬가지로 합동형 프로그램 교환 기업도 광고주와 대행사에 광고 시간을 팔기 위해 접근한다. 이들도 선불, 산포, 기회주의적 시장에서 팔고 네트워크와 유사하게 수용자를 보장하기까지 할 수도 있다. 사실 광고주는 합동형 프로그램 교환을 네트워크 광고 시간에 대한 보완재 또는 대체재로 쓸 수 있다. 전통적 지상파 네트워크는 접근을 제안하지 않지만 합동형 프로그램 교환은 접근 가능하게 해주는 프로그램 환경도 있다. 예컨대 게임쇼와 토크쇼는 지상파 네트워크보다는 합동형 프로그램 판매를 통하게 될 공산이 더 크다. 그래도 교환 프로그램 광고의 주요 장점은 역시 전국적 혹은 광역적 대안에 비해 좀 더 낮은 가격으로 수용자에게 도달할 수 있다는 것이다.

어떤 유사성에도 불구하고 합동형 프로그램 교환의 광고 시간 구매는 네트워크 광고에 비할 바는 못 된다. 많은 프로그램, 특히 합동형 판매를 위해 신규로 제작된 프로그램은 전국의 모든 방송국에 동시에 배달돼 적어도 같은 날 방송된다. 그러나 다른 종류의 프로그램, 예컨대 네트워크에서 떨어져 나온 탈네트워크 합동형 판매 프로그램은 상이한 시장에서 상이한 시간에 방영될 수 있다. 주간 단위의 합동형 판매 프로그램이 심지어 다른 요일에 방송되는 수마저 있어 수용자 예측 과정을 복잡하게 한다.

전국 내지 광역에 걸쳐 있는 수용자를 겨냥한 광고를 함께 묶는 합동형 프로그램 교환과 관련 방식들은 성장이 확실하다. 위성 커뮤니케이션은 신속하면서도 가격에 비해 효율적인 프로그램 배달을 가능하게 해놓았다. 방송국들은 자신의 이해에 가장 적합하다는 생각이 들면 이런 합동형 판매 프로그램의 배급을 선택할 것이고, 심지어는 보다 전통적인 네트워크를 제치면서까지 아마 그렇게 할 것이다. 광고주는 수용자를 사고 평가하는 효과적인 방법이라는 생각으로 공중에 도달하는 이런 대안적 방식을 사용할 것도 같다. 또한, 늘 변하는 이런 합동형 판매 네트워크는 수용자 분석에 가장 흥미로운 도전들 몇을 제기할 것 같다.

2. 지역 시장

지상파 네트워크는 지역의 가맹 방송국을 결합하여 전국 시장에 도달한다. 이와 유사하게 전국 케이블 네트워크도 지역 케이블 시스템의 시청자를 합친다. 그러나 개별 방송국이나 케이블 시스템은 자신의 수용자를 그 지역의 고객과 접촉하기를 원하는 광고주에게 팔 수 있다. 이런 수용자는 한정된 지리적 영역에서 영업하는 사업체와 특정 지역 시장에서 광고하기를 원하는 전국·광역 마케팅 담당자에게 매력적이다. 전자는 **지역 판매**(local sales)를 위한 시장을 형성하고, 후자는 **전국적 광고 시간 시장**(national spot market)에 참여한다.

1) 방송국

방송의 물리학적 특성 때문에 한 방송국의 신호는 지리적 한계를 가지도록 돼 있다. 이 점에 비추어 연방 정부는 라디오와 텔레비전 방송국 면허를 전국 각지의 특정 도시와 마을에 주기로 결정했다. 보다 큰 인구 중심지는 더 많은 방송국을 갖는다. 자연스럽게도 사람들은 신호가 깨끗하고 프로그램이 지역적 관심에 부합하기 때문에 대부분의 라디오 이용 시간을 근린 방송국에 쓴다. 텔레비전의 경우, 시청률 정보의 주요 제공자는 수용자 행동이 이렇게 지역적으로 한정된다는 점을 활용해서 지역 미디어 시장의 영역과 경계를 정한다. 닐슨은 이렇게 구획한 시장을 **지정 시장 영역**(DMAs: Designated Market Areas)이라고 부른다.

이 책의 부록은 닐슨이 지정하는 210개 미국 텔레비전 시장을 나열한다. 라디오 시장은 훨씬 더 많다. 두 경우 모두 시장 크기의 변화가 상당하다. 예컨대 뉴욕은 텔레비전 가구가 700만을 넘기는 데 반해, 글렌다이브(Glendive: 미국 서부, 몬태나 주 동부의 도시)는 4000가구에 채 못 미친다. 뉴욕의 주요 방송국에서 광고 시간을 구매하는 것이 전국적 케이블 네트워크에서 사는 것보다 더 많은 시청자를 광고주에게 모아줄 수 있다. 역으로, 많은 소규모 시장 라디오 방송국은 영리를 목적으로 하는 시청률 회사가 측정하기에는 수용자 규모가 너무 작을 수 있다. 이 점은 규칙적으로 보고되는 라디오 시청률을 전국의 라디오 방송국 절반에 대해서만 구할 수 있다는 사실로 가장 잘 드러난다. 물론 측정되는 라디오 방송국이 모든 라디오 청취의 압도적으로 큰 몫을 차지한다.

수용자 크기의 이런 엄청난 차이는 지역 방송사가 매길 수 있는 광고 요금에 뚜렷한 영향을 준다. 프라임타임 광고 시간 30초의 가격이 디모인(Des Moines: 아이오와 주의 주도)에서는 400달러, 디트로이트에서는 4000달러일

수 있다. 다른 요인도 광고 시간 가격에 영향을 줄 수 있다. 시장이 성장 중인 가, 아니면 어려운 시기에 처했나? 주민들이 비교적 부유한가, 가난한가? 신문 같은 다른 지역 미디어의 경쟁력은 어떤가? 시장이 속한 표준 시간대와 같은 요인도 지역 전자 미디어의 요율에 영향을 준다.

시장의 크기와 함께 변하는 다른 성격에는 수용자 정보를 분석하는 시청률 데이터 사용자의 규모와 그 사용의 세련도가 있다. 많은 라디오 시장은 한 해에 단 두 번 측정된다. 다른 한편 주요 텔레비전 시장의 수용자는 끊임없이 측정된다. 이 때문에 그리고 주요 시장에서 동원 가능한 광고비의 규모 때문에 이들 큰 시장의 매체 구매자와 판매자는 시청률 정보를 분석해본 경험이 더 풍부하고 분석에도 더 능한 경향이 있다.

대부분의 시장에서 지역 광고의 가장 큰 구매자는 패스트푸드 식당, 슈퍼마켓, 백화점, 은행, 자동차 딜러를 포함한다. 네트워크 광고주와 마찬가지로 이들 회사도 자신을 대변할 광고대행사를 자주 고용한다. 대행사는 고객을 위해 광고 크리에이티브(creative) 전략의 수립에서 카피 쓰기와 광고물 제작에 이르는 몇 가지 기능을 수행할 수 있다. 이 맥락에서 무엇보다도 중요한 것이 대행사의 미디어 부서가 수행하는, 다양한 프로그램의 수용자를 추정하는 일, 광고 방영 시기를 계획하는 일, 광고 시간을 사는 일, 원했던 수용자에 도달했는지를 평가하는 일이다. 규모가 보다 작은 광고주 혹은 보다 작은 시장의 광고주는 지역 방송국과 직접 거래할 수도 있다.

연루된 인력과 조직의 유형이 다르기 때문에, 지역 광고 시간의 구매 결정은 지역 방송국을 통한, 일정 횟수의 광고가 추가 비즈니스를 낳을 것이라고 생각하는 지역 상인이 내리는 직관적 판단에서 시청률 정보의 복잡한 분석에 근거한 결정에 이르기까지 다양하다. 실제로, 많은 소규모 라디오 방송국과 케이블 시스템은 시청률 정보를 전혀 사용하지 않고 광고 시간을 판다. 그래도 광고 시간을 사고파는 과정은 점점 더 크게 시청률 정보에 의존한다.

구체적인 용어는 조직마다 다를 수 있지만 지역 광고 시간 구매는 대개 다음과 같이 이루어진다. 광고주나 그 대행사가 재고를 신청한다. 이는 구매자가 지역 방송국에서 어떤 시간을 팔려고 내놓았는지 묻는 것과 사실상 한가지다. 재고 신청은 흔히 구매자의 표적 수용자, 선호 시간대, 예상하는 예산 액수를 특정한다. 방송국 판매 담당자는 신청된 수용자 일부나 전부를 넘길 광고 시간 편성을 제안함으로써 대응한다. 여기에 이르면 구매자와 판매자는 추정 시청률과 광고 시간 가격을 놓고 차이를 협상한다. 쌍방이 합의에 이르렀다고 하면, 구매자는 주문을 하고 광고가 방송된다. 캠페인이 완료되면, 기대 수용자에 실제로 도달했는지를 판단하기 위해 바로 그다음으로 나오는 시청률 정보가 분석된다. 네트워크 구매에서처럼, 구매 과정의 이 마지막 단계는 **구매 후 분석**(post-buy analysis)이라 한다.

앞서 살펴본 바와 같이 전국·광역 광고주는 지역 방송국의 광고 시간을 살 때 전국적 광고 시간 시장에 참여한다. 예를 들어 스노타이어 제조사는 북쪽 지방의 시장에서만 광고하고 싶어 할 수 있다. 유사하게 농업 관련 제품 제조사는 농장 운영 인구가 많은 시장의 광고 시간 구매를 희망할 수 있다. 이런 전국적 광고 시간 구매는 많은 텔레비전 방송국의 제일 큰 단일 수입원이다. 문제는 '그렇게 많은 지역 방송국이 어떻게 이 모든 잠재적 광고 시간 구매자와 효과적으로 거래할 수 있을까?'다. 수천 개의 방송국 내 담당자들이 전국적 광고주들을 개별적으로 접촉하는 것은 비현실적이겠다.

이 문제를 풀기 위해 **방송국 대리**(station representative) 혹은 **렙 기업**(rep firm)이라고 불리는 중개인이 지역 방송국과 전국 광고주 사이의 연결 고리 역할을 한다. 텔레비전 방송국과 라디오 방송국, 둘 모두를 고객으로 하는 렙 기업은 뉴욕이나 시카고 같은 주요 도시에 위치한다. 텔레비전 렙은 시장당 고객 하나만 대변하는 것이 보통인데, 이는 어떤 이해 상충도 피하기 위해서다. 라디오 렙은, 같은 수용자를 대상으로 하는 경쟁 포맷이 아닌 한, 시장 하나에서 둘 이상의 방송국을 고객으로 할 수도 있다. 렙 기업은 대변하는 방송국의 수와 고객에게 제시하는 서비스 유형에 따라 달라진다. 방송국에 편성에 대한 조사연구나 조언을 제공하는 렙 기업도 있다. 그래도 가장 중요한 것은 전국적 광고주가 계획하는 매체 구매를 모니터하고 그 구매 비즈니스 가운데 일부라도 고객 몫으로 확보하는 것이다.

어느 방송국이든 방송국의 판매 부서와 그 방송국과 계약한 렙 기업에서 일하는 판매 담당자는 본질적으로 동일한 광고 시간을 판다. 이는 갈등을 일으킬 수 있다. 지역 광고주는 전국 광고주가 관련 재고를 확보했기 때문에 일정 시간대에서 배제될 수 있고, 그 역도 가능하다. 예컨대 라스베이거스의 지역 사업체들은 저녁에 어디로 갈 것인지를 결정하는 순간의 방문객에 접근하기 위해 이른 뉴스 프로그램에 광고하는 데 웃돈을 지불한다. 이는 매우 비싼 요금을 물지 않고는 지역 지상파 뉴스의 광고 시간을 전국적 광고주들이 구매할 수 없다는 것을 뜻한다. 같은 수용자에게 접근하기 위해 이들은 그 대신 케이블 텔레비전으로 향할 수 있겠다.

2) 지역 케이블

케이블 시스템도 지역 광고 기회를 제공한다. 대개 이는 케이블 네트워크에 지역 광고를 게재하는 일이 되지만, 지역적으로 제작된 프로그램에 대한 지원을 뜻할 수도 있다. 이 과정에는 한계가 둘 있다. 첫째, 케이블 네트워크와 마찬가지로 케이블 시스템도 텔레비전 여유 수용자 모두에게는 도달할 수 없다는 것이 명백하다. 둘째, 소규모 시장의 라디오 방송국처럼, 지역 케이블 시스템 대다수도 수용자 크기가 너무 작아서 수지타산을 맞춘 측정이 불가능하다. 이 경우 광고주는 수용자의 크기와 구성을 짐작해야 한다. 그러나 닐슨은 가장 큰 텔레비전 시장들에 피플미터를 설치해왔는데, 이런 움직임은 표본 크기를 키워 케이블 측정을 개선할 수 있다. 나아가 점점 더 많은 케이블 시스템이 디지털 셋톱박스를 통해 프로그램 편성을 제공하기 시작하면서 가구 시청에 대한 집합적 수준의 정보에 접근할 수 있게 되었다. 이런 개선이 지역 광고 시장을 공정하게 만드는 데는 도움이 될 것이지만, 지역 케이블은 상당 기간 불리한 처지에 머물 것 같다.

그럼에도 궁극적으로는 케이블 시스템이 단지 지역적일 뿐 아니라 '극히 지역적'이라는 이유로 광고상의 이점을 누릴 수 있겠다. 많은 텔레비전 시장에서 프로그램 편성은 상이한 헤드엔드에 의해 상이한 구역으로 공급된다. 각 헤드엔드는 자신의 통달 영역을 대상으로 하는 광고물을 게재할 수 있고, 따라서 광고주는 자신의 필요에 맞는 작은 통달 영역들을 한데 엮을 수 있다. 지역 상인은 지역 내 특정 구역에 사는 시청자만 보는, 서로 연관된 헤드엔드들을 두루 걸치는 광고를 내보낼 수도 있다. 또는 가맹 업소를 가진 식당이 시장 전체를 대상으로 하는 하나의 광고를 내보내되 구역별로 가장 가까운 가맹점의 주소를 따로 고지하는 것도 가능하다. 유사하게, 케이블 허가 영역이 시장 내 행정 구역과 일치하기 때문에 정치 광고 매체로서의 가능성도 보인다. 이런 가능성들은 케이블 렙 기업에 의해 점점 더 많이 활용되고 있다.

3. 전 지구적 광고

전자 미디어 자신들처럼 광고 시장도 늘 진화 중이다. 언급할 만한 두 가지 주요 전개는 광고의 전 지구적 성장과 더 새로운 커뮤니케이션 기술을 통한 광고가 제기하는 도전과 기회이다. 〈표 7-4〉는 지역별로 광고비 총지출을 2011년까지, 추정치로는 2014년까지 보여준다. 대부분의 지역에서 광고주는 매년 더 많은 돈을 쓰고 있는데, 중동과 북아프리카만 예외다.

표 7-4 **전 세계 지역별 광고비 총지출액과 총지출 추정액**   (단위: 백만 달러)

	2010	2011	2012	2013	2014
북미	162,165	165,202	171,203	177,930	186,513
서유럽	106,078	108,232	108,694	111,571	115,042
아시아/태평양	124,760	132,144	141,016	150,498	162,440
중유럽/동유럽	23,980	25,906	27,510	29,987	32,944
라틴 아메리카	2,065	35,364	38,117	41,936	45,731
중동/북아프리카	4,881	4,155	4,198	4,313	4,412
나머지	9,812	10,443	11,218	12,265	13,496
총계	463,741	481,446	501,956	528,500	560,578

주: 주요 미디어(신문, 잡지, TV, 라디오, 영화, 옥외, 인터넷)의 현재 가격을 US달러로 표시. 환율은 2011년 기준.
자료: 제니스옵티미디어(ZenithOptimedia).

　　미국의 광고 시장은 그 활동의 금전적 규모가 경제 전반의 활기에 밀접하게 연관돼 있지만 상대적으로 크고 안정적인 시장이다. 성숙한 산업화된 국가, 특히 서유럽 국가도 마찬가지다. 그러나 한 가지 중요한 차이는 상업 미디어가 진화해온 경로다. 미국에서는 라디오와 텔레비전 시스템이 상업적 벤처로 시작됐다. 여타의 많은 국가에서 미디어는 대체로 또는 완전히 국가가 수년간 뒷받침했다. 상업적 – 비국가적 – 미디어 지원의 상이한 모형이 아직 진화하는 중이고 정밀한 종합적 그림은 나라마다 다르다. 그러나 이런 진화 과정이 정부가 미디어 발전의 방향을 잡는 데 관여하지 않았음을 의미하는 것은 아니다. 스트라우바(Straubhaar, 2007)가 관찰한 것처럼 텔레비전 시스템은 "완강히 민족국가적"인데, 이는 광고주가 '전 지구적' 매체계획을 개별 국가의 규제 정책과 문화적 기대에 맞춰 조정해야 함을 의미한다.

　　그러나 어느 국가냐를 막론하고 변치 않는 하나의 필요가 있다. 상업 텔레비전이 확대되기 위해서는 미디어와 광고주가 신뢰할 만한 수용자 데이터가, 방송 시간의 가격을 매기는 데 필요하다는 것이다. 이런 데이터를 제공하는 수용자 정보 체제를 개발하는 데 각국은 자신만의 독특한 도전에 직면해 있다. 많은 경우 완전히 독립적인 제3자 시청률 제공자는 친숙하지도 바람직하지도 않다. 영국의 BARB, 캐나다의 BBM, 독일의 GfK와 같은 전통적 조사연구 서비스 제공자는 미디어, 광고주, 대행사의 대표가 모인 컨소시엄에 의해 설립되거나 고용돼 있다. 공동업계위원회(JICs: Joint Industry Committees), 미디어소유주위원회(MOCs: Media Owner Committees), 또는 삼각조사회사계약(TRCC: Tri-partite Research Company Contracts)이 해당국의 공식적 수용자 시청률 데이터 제공자를 ― 단수 또는 복수로 ― 정한다. 이들은 수용자 측정뿐 아니라 수용자 정보의 배포도 통제한다.

미국에서는 반독점 규제가 이런 유형의 조직을 금하지만, 이들 유형이 세계적으로 제도화된 데는 네 가지 이유가 있다. 첫째, 역사와 관련된 이유 ― 전적으로 혹은 대부분 정부 통제하에 있던 미디어 시스템이 상업 방송으로 전환하는 과정은 불확실성으로 점철된 과정이다. 미디어 소유주의 공익적 책임이 걸려 있을 뿐 아니라 프로그램의 질을 보장할 널리 인정되는 정부 책임도 희미해질 수 있다. 둘째, 합의가 중요한 나라에서는 이처럼 중요한 사업 영역이라면 공동 결정이 바람직한 과정이다. 셋째, 경쟁력이 결과를 결정하면 보다 큰 나라의 선진 기술이 토종 회사에 대해 외국의 공급자를 유리하게 할 수 있다. 공동위원회는 지역주의를 결정에 끌어들일 수 있게 해준다. 넷째, 하나의 독립체가 전체 업계에 대해 결정을 내린다면, 그 독립체는 계약 만료 시마다 조사 회사를 교체할 수 있는 권한을 갖는 셈이다. 이는 계약 갱신의 보장이 없으므로 조사 회사가 매년 최상의 서비스를 제공할 동기를 갖게 된다는 것을 의미한다.

1) 진화하는 커뮤니케이션 기술

더욱 많은 사람이 미디어 수용자에게 접근할 길을 찾는 시기에, 진화하는 갖가지 커뮤니케이션 기술은 새로운 도전을 제기한다. 전에 살펴본 대로 평균적 미국 텔레비전 가구는 100개가 넘는 채널로 들어오는 프로그램을 수신한다. 시청자는 리모컨으로 광고를 건너뛸 수 있는데 광고가 나오면 채널을 바꾸거나 광고 없는 유료 서비스까지도 아마 선택할 것이다. 광고주 시각에서 더욱 곤란한 것은 티보(TiVo) 같은, 광고 붙은 프로그램을 미리 녹화한 다음 광고를 건너뛸 수 있게 해주는 디지털 녹화기(DVR: digital video recorder)다. 물론 수용자 가운데 어떤 부류는 비디오 게임과 같은 상호 작용 미디어를 선택해 라디오와 텔레비전에 수반하는 광고 잡동사니를 피할 수 있다. 종합적으로 볼 때, 이런 기술들은 광고주 지원 미디어의 전 체제를 위협하는 듯한 방식으로 시청자의 권능을 확대한다. 기술적 변화에 대한 응답으로 닐슨사는 자신의 수용자 데이터 산출 및 보고 방식을 조정해왔다. 앞에서 설명한 대로 수용자는 '재생 가산(live-plus)' 시청에 기반을 두고 산출되는데, 여기에는 같은 날, 3일 이내, 또는 7일 이내의 재생이 포함될 수 있다.

그래서 광고주는 자신의 메시지에 대해 공중의 주의를 끄는 데 전략적 대안을 사용한다. 새로운 주목을 받게 된 이미 검증된 기법 하나가 간접광고 내지 **작품 속 광고**(PPL: product placement)인데, 이는 영화 업계에서 상당 기간 사용되어온 전략이다. 시청자가 어떤 제품의 광고를 보지 않으려 하면 아예 프로그램 속에 그 제품을 배치하는 것이다. 영화 〈E. T.(The Extra-terrestrial)〉를 기억할지 모르겠는데, 그 속에서 ET는 캔디 제품 리시즈피시즈(Reese's Pieces)에 유혹된다. 텔레비전에서 우리는 〈아메리칸아이돌(American Idol)〉의 심판이 코카콜라를 홀짝거리는 것을, 〈매드멘(Mad Men)〉에서 돈 드레이퍼(Don Draper)가 코닥(Kodak) 제품의 광고 아이디어를 설명하는 것을,

〈사인펠드(Seinfeld)〉의 등장 인물이 주니어민츠(Junior Mints)를 즐기는 것을 본다. 수억 달러의 금액이 텔레비전 작품 속 광고에 지출되고 있으며 미국에서만 총지출이 곧 10억 달러를 넘길 것이라고 예상된다. 매체계획자는 고객의 제품에 제일 좋은 자리를 찾는 데 줄거리와 수용자 시청률을 이용한다. 광고대행사는 이들 작품 속 광고의 금전적 가치를 추정하는 모형까지도 개발해왔다. 일부 국가에서는 텔레비전과 라디오 콘텐츠의 상업화를 우려하는 공동업계위원회가 이런 관행에 제동을 걸어왔다. 예컨대, 대가가 있는 작품 속 광고는 오프콤(Ofcom)의 허용 결정이 내려진 2010년까지 영국의 방송국에서 금지됐었다. 그러나 여전히 방송인들은 관련 행위를 규제하는 일련의 규칙에 따라야 한다.

비슷하게, 광고주는 스포츠 이벤트에 로고와 판촉 구호를 배치하는 데 더욱 용의주도해지고 있다. 야구장 외야나 축구장을 둘러싼 광고판은 값진 노출을 산출할 수 있다. 사실 크로마키 기술은 경기의 텔레비전 이미지에만 존재하는 '가상 광고판'을 창조할 수 있다. 나스카(NASCAR: National Association for Stock Car Auto Racing)는 선수의 자동차와 경기복을 1평방인치의 여유도 남기지 않고 광고로 채워 팔아온 것 같다. 프로그램이나 이벤트 속으로 교직되어 들어간 메시지를 시청자가 놓치기는 어렵다. 닐슨미디어리서치(Nielsen Media Research)와 같은 시청률 회사는 이제 이런 이미지에 실제 노출된 수용자의 규모와 구성을 추산하는 서비스를 내놓고 있다.

마케팅 담당자들은 덜 전통적인 선택지도 모색한다. 유럽 영화관은 상당 기간 광고 상영을 해왔지만, 이런 관행이 미국에서는 저항에 부딪혀왔다. 그러나 포로가 된 영화 관람객은 광고주가 저항하기 어려운 대상이라는 것이 명백하다. 영화관 광고는 북미에서 가장 빨리 성장하는 분야 가운데 하나다. 광고주는 본 영화 시작 전에 상영되는 짧은 프로그램 안의 빈 자리를 사서 텔레비전에서 사용하는 것과 같은 광고물을 보여줄 수도, 영화 관객을 위해 특별히 만들어진 새 것을 보여줄 수도 있다. 업계 협회인 영화광고위원회(CAC: Cinema Advertising Council)가 하는 홍보와 로비 업무는 다음에 열거하는 전자 미디어 관련 협회들이 하는 일과 같다: 텔레비전광고국(TVB: Television Bureau of Advertising), 케이블광고국(CAB: Cable Advertising Bureau), 라디오광고국(RAB: Radio Advertising Bureau), 상호작용광고국(IAB: Interactive Advertising Bureau), 합동형네트워크텔레비전협회(SNTA: Syndicated Network Television Association), 개방모바일영상연합(OMVC: Open Mobile Video Coalition). 닐슨미디어리서치(Nielsen Media Research)는 영화 광고 판매 조직들과 함께 영화관 수용자를 측정하고 양화하는 서비스를 시작했다. 닐슨의 '시청률 총점'과 대략 비슷한 '영화 총점(gross cinema points)'은 영화 렙이 방송과 인터넷을 상대로 광고 시장의 지분 경쟁을 하게 해준다.

광고주들은 비디오 게임의 광고가 얼마나 효과적인지도 시험한다. 게임 광고는 젊은 남성들에 대해 더 나은 접근을 하게 해주는데, 이들은 가치는 있으나 도달하기는 대개 힘든 시장 조각이다. 초기 연구는 게이머들이 광고와 알아볼 수 있는 제품이 게임에 등장하는 것을 실제로 좋아한다고 지적했는데, 그 이유는 게임 환경의 현실감을 제고하기 때문이다. 아마 짐작하겠지만, 닐슨은 이 새로운 광고 방식에 대해서도 수용자/이용자를 측정하고 있다.

2) 인터넷

인터넷은 전통적 미디어 시장을 정의해온 '지역 대 전국'이라는 구분에 맞지 않지만, 광고주는 인구통계적 범주와 위치에 따라 인터넷 이용자를 표적으로 구분할 수 있다. 1990년대 후반에 광고비가 웹으로 쏟아져 들어가기 시작했는데, 2000년대 초반엔 그 추세가 느려졌으나 2011년에는 거의 320억 달러에 달했다(IAB: Internet Advertising Revenue Report, 2011). 그러나, 라디오와 텔레비전의 경우와 마찬가지로, 인터넷 광고가 지속되려면 웹 이용자의 수와 성격을 검증하는 독립적 수용자 측정 기업이 필요하다.

인터넷 수용자 조사 사업은 방송 수용자 측정과 같은 경로로 발전해왔다. '임프레션 내지 노출', '도달 범위 내지 도달률', '노출 빈도', '수용자 중복' 같은 개념이 인터넷 이용자를 요약하고 평가하는 데 사용된다. 자신의 방송 쪽 상대와 마찬가지로 웹사이트도 광고 시장에서 렙 기업들에 의해 대리되는데, 이들 렙은 자신의 고객에게 다양한 서비스를 제공한다. 그래도 그중 으뜸은 자신의 고객을 위해 광고 수입을 끌어오는 것이다.

방송과 인터넷 사이에는 수용자가 추적되는 방식에 영향을 미치는 중요한 차이들이 있다. 가장 중요한 것이 웹사이트 방문자는 한 명 한 명 서버가 직접 보내주는 콘텐츠를 받는다는 것이다. 이 서버 컴퓨터는 웹사이트에 접근한 모두를 계속 추적할 수 있다. 원리상 서버는 모든 이용자를 대상으로 한 센서스를 산출함으로써 표집의 필요를 완전히 없앨 수 있다. 사실, 인터넷 수용자를 측정하는 최초의 방식이 서버가 접수한 히트의 횟수를 세는 것이었다. 그러나 5장에서 논의한 바와 같이 히트는 매우 부정확한 측정치다. 인터넷을 광고 미디어로 살리자면 지상파와 케이블에 대해 마케팅 담당자들이 갖는 추정치에 비교할 만한 수용자/이용자 데이터가 그들에게 주어져야 했다.

광고주는 디지털 기기를 통해 수용자에게 도달하는 데 점점 더 많은 관심을 갖는다. 두 개의 주요 수용자 측정 회사, 닐슨온라인(Nielsen Online)과 컴스코어미디어메트릭스(comScore Media Metrix)가 인터넷 측정 분야의 주도권을 놓고 다투고 있다. 둘 다 초대형 인터넷 이용자 표본을 가정과 일터에서 유지하는데, 이들 이용자는 자신에 대한 정보를 보고하고 자신의 웹서핑 행태를 기록하도록 하는 데 동의한 상태다. 이 데이터가 다양한 보고서에 집적돼 들어가는데, 이들 보고서는 웹사이트 수용자의 크기와 구성에 대한 독립적 추정치에 대해 지불 의사가 있는 고객이면 이용이 가능하다.

광고주가 수용자에게 도달하는 방법상으로 흥미롭고 극적인 변화가 인터넷 연결 태블릿 및 이동 전화와 더불어 도래했다. 광고를 어디 게시하느냐는 단일 화면에 대응하는 단일한 배급 기술과 콘텐츠 유형(즉, 움직이지 않는 텔레비전으로 보는 지상파 또는 케이블 텔레비전, 데스크톱이나 랩톱 컴퓨터에서 접근하는 인터넷)에 대한 것이 더 이상 아니게 되었다. 웹에 접속할 수 있다면 텔레비전 시청이나 웹 검색을 다양한 — 집 안 수상기에서 가장 작은 이동 전화에 이르는 — 유형의 화면에서 할 수 있게 됐다. 수용자 조사연구 업계에 제기된 도전은 모든 화면에 걸친 콘텐츠 소비를 잡아내는 방법을 발견함으로써 콘텐츠 제작자와 배급자가 자신의 수용자를 광고주에게 팔 수 있도록 하는 것이다.

또 다른 강력하지만 아직 완전히 구현되지는 않은 인터넷의 가능성이 **주소화 표적 광고**(addressable advertising)다. 인터넷 광고물은 웹페이지 콘텐츠와 무관하게 제공될 수 있기 때문에 광고주는 광고 대상으로서 특정한 매력을 가진 개별 이용자를, 그가 어떤 콘텐츠를 선택하든, 표적으로 할 수 있다. 지금 대부분의 표적 겨누기는 웹페이지의 콘텐츠를 보충적 광고에 연결함으로써 일어난다(예: 여행 웹사이트의 항공사 광고 게시). 그러나 이론상으로, 보다 정확한 표적 겨누기가 가능하다. 언젠가는 광고물이 때 맞춰 딱 맞는 소비자에게, 그가 어떤 콘텐츠를 선택했건 간에, 도달하게 될 것 같다. 이런 시나리오가 현실화되면 광고주 지원 미디어의 프로그램 편성 규칙은 다시 써야 할 것이다.

4. 연구 문제

수용자를 사고파는 일은 다양한 장소에서 일어나고 서로 다른 동기를 가진, 숙련도가 다른 사람들이 연루돼 있다. 그럼에도 이런 차이를 초월하여 되풀이되는 연구 문제가 몇 있다. 이들을 앞의 논의에서 추출함으로써 우리는 광고의 맥락에서 시청률 데이터가 어떻게 이용되는지 보다 명확히 알아볼 수 있다. 시청률 데이터에 대해 이용자가 묻는 4개의 기본 질문은 수용자의 크기와 구성, 잠재 고객에 도달하는 비용에 관한 것이다.

1) 수용자의 크기

어떤 개별 요인보다 더 많이, 광고주가 매기는, 따라서 미디어가 매기는, 수용자 집단의 가치를 결정하는 것이 미디어 수용자의 크기다. 지역 라디오 수용자는 대개 수백 명의 일부다. 텔레비전 수용자는 지역 수준에서는 수천 명, 전국적인 수준에서는 몇 만 명 혹은 몇 백만 명의 일부다. 하루하루의 광고 판매에서 이들 수용자는 '시청률'(사실 너무나 널리 인정되는 용어라서 우리는 이 책의 제목에 사용하기로 했다)로 표현된다.

전국 시장에서 시청률 추정치는 각 배급 통로 안에서 직접 비교될 수 있다. NBC의 18세 이상 개인 시청률 5점은, 동일 모집단에 근거하는 한, CBS나 AMC 또는 FX의 5점과 동일하다. 이는 라디오 네트워크도 마찬가지다. 시청률은 그러나 지정 시장 영역(DMA)의 시장 간 비교에는 최상의 척도가 아니다. 그 이유는 물론 각 시장의 총인구 규모가 틀리기 때문이다. 덴버의 시청률 25점은 로스앤젤레스의 25점과 같은 수의 사람을 대표하지 않는다. 이런 맥락에서는 추정 수용자가 더 유용하다.

광고주는 대개 며칠 또는 수주를 두고 일련의 광고물을 내보낸다. 그러니까 어떤 의미에서, 광고 한 번의 수용자보다는 광고 캠페인 전체의 수용자 총노출이 더 중요하다. 총 노출에 대한 평가를 제공하기 위해 캠페인 내 개별 광고의 시청률을 모두 합산해서 5장에서 논의한 '시청률 총점(GRP)'을 산출할 수 있다. 이 용어는 광고에서만 널리 사용될 뿐, 다른 곳에서는 거의 쓰이

그림 7-1 '3월의 광기' 기간의 시청 선택지

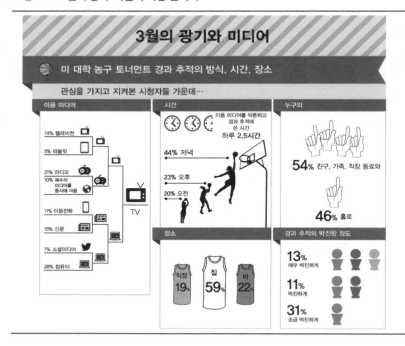

지 않는다.

수용자는 여러 다른 플랫폼에서 텔레비전 콘텐츠를 소비하는데, 이는 시청 행위를 추적하는 일을 더 복잡하게 만든다. 〈그림 7-1〉은 2012년 미 대학 농구 토너먼트['3월의 광기(March Madness)'라 널리 알려져 있다]가 진행되는 동안 수용자가 이용한 시청 환경의 선택 범위를 예시한다. 그림을 보면 알 수 있듯이 농구 팬은 텔레비전 수상기에서 태블릿, 컴퓨터, 이동 전화에 이르는 여러 다양한 화면에서 시청했다. 이 그림은 74%는 텔레비전 수상기, 28%는 컴퓨터, 11%는 이동 전화로 시청했음을 보여준다. 이들 백분율을 합치면 100%를 초과하는 이유는 다른 플랫폼을 동시에 이용하는 시청자가 있기 때문이다 ― 수용자의 10%는 하나 이상의 화면을 동시에 시청했다. 팬들은 평균적으로 모든 미디어를 통틀어 하루 2시간 반을 저 토너먼트를 시청하는 데 소비했고 시청 장소는 일터, 가정, 바였다. 미디어는, 이런 수용자들을 믿을 만하게 측정해서 그들에게 금전적 가치를 부여하고 그들의 주의를 광고주에게 판매함으로써, 이 콘텐츠를 '통화로 주조'하고 싶어 한다.

2) 수용자의 노출 빈도

당연히 광고주들은 얼마나 많은 사람이 자신의 메시지를 보는지, 얼마나 자주 보는지에 관심이 있다. 이런 관심은 각각 도달률과 빈도라는 측정치를 통해 응답된다. 어떤 미디어는 누적적 수용자를 많이 모으는 데 상대적으로 더 강하다. 예컨대 프라임타임 지상파 텔레비전은 광고 메시지에 대해 상당히 높은 도달률을 산출하는데, 이는 그 수용자가 아주 크게 마련이라는 데서 기인하는 것이다. 나아가, 많은 사람들이 오직 프라임타임에만 시청하기 때문에 오직 그 시간에만 도달 가능하다. 그래서 광고주는 흔히 프라임타임 광고에 웃돈을 지불할 태세가 돼 있다. 다른 한편 케이블 네트워크는 케이블 시스템 보급률에 의해 제한을 받고, 따라서 그들의 지상파 쪽 상대에 비견될 만한 도달률 수준을 기대할 수 없다.

두 번째 관심 요인은 노출의 빈도다. 여기서 문제는 수용자가 실제 그 메시지를 평균적으로 얼마나 자주 보거나 들었느냐다. 프로그램이나 시간대 가운데는 상대적으로 소규모의 수용자를 모으는 편인 것들이 있는데, 이는 이들의 시청률 총점이 — '도달률 × 빈도 = 시청률 총점'이므로 — 낮은 도달률과 높은 빈도의 조합을 통해 달성되리라는 것을 의미한다. 예컨대 스페인어를 쓰는 수용자를 대상으로 제품 마케팅을 하고 싶다고 가정하면, 스페인어 방송국에서 광고 시간을 사는 것은 낮은 큠, 그러나 높은 노출 빈도를 산출하게 될 것이다. 비슷하게, 라디오가 높은 빈도를 얻기에 효과적인 미디어인데, 이

표 7-5 **상이한 시청률 총점 수준에서 다양한 방식으로 얻는 4주간 도달률 추정치**

	성인 표적 시청률 총점(전미 합계)						
	25	50	75	100	150	200	300
지상파 네트워크 도달률							
이른 오전	13	18	22	25	27	28	29
낮 시간*	14	21	25	28	30	32	33
이른 뉴스	17	28	35	39	42	44	46
프라임	21	36	44	51	57	62	66
케이블 도달률 ** ***							
5개 채널 구매	17	27	36	42	46	49	51
10개 채널 구매	19	31	39	45	50	54	57
15개 채널 구매	20	34	42	48	54	58	61

주
   * 여성만 표적 시청자
   ** 케이블의 유선 보급률은 미국 텔레비전 가구의 61%이지만 추가 27~28%는 위성을 통해 시청
   *** 모든 시간대
자료: Media Dynamics, *TV Dimension*(2012), p.150.

는 위성 네트워크들과 라디오 방송국 다수의 수용자가 전문화된 방송국 포맷에 충성하는 경향이 있기 때문이다. 도달률과 빈도의 최적 균형은 광고주의 목표에 달려 있다.

⟨표 7-5⟩는 지상파 및 케이블 텔레비전의 상이한 시청률 총점에 대한 도달률 추정치를 요약한 것이다. 각 시간대 좌우로 읽어보면 도달률이 시청률 총점이 증가하는 데 비례해서 늘지 않는다는 것이 분명한데, 이는 시간대마다 도달률과 빈도의 조합이 다르다는 것을 의미한다. 예컨대 지상파 네트워크 프라임타임 시청률 총점을 50에서 100으로 배가해도 도달률은 배가하지 않는다 – 대신 15점, 약 42%의 증가에 그친다. 낮 시간에서 동일한 시청률

총점 증가는 도달 점수를 7점, 약 33% 증가시킬 것이다. 각 시간대는 도달률을 달리 쌓는다는 점에 유의하라. 시청률 총점 100점에서 프라임타임 지상파 네트워크는 모든 성인의 51%에 도달할 것이다. 이른 뉴스 시간에 이들 네트워크는 같은 총점 수준에서라면 39%의 도달률을 보일 것이다. 또 하나 유의할 점은, 케이블을 통해 성인의 절반에 도달하기 위해서는 5개의 케이블 채널이라면 시청률 총점 300점을, 10개의 케이블 채널이라면 150점을 사야 하리라는 점이다.

3) 수용자 집단의 구성원

이 책을 통틀어 우리는 상이한 광고주의, 상이한 수용자에 도달할 필요를 언급해왔다. 수용자 크기가 그 가치의 가장 중요한 결정 요인이라면, 이런 중요도에서 크게 뒤처지지 않는 것이 그 구성이다. 사실 광고주들은 자신의 메시지를 덩어리 형태의 대중 수용자 전체가 아닌 특정 부분집합에게 전달하는 데, 즉 **시장 세분화**(market segmentation)라고 불리는 전략에 점점 더 많은 관심을 보이고 있다. 이 전략은 광고에서 매우 중요한 역할을 하는바, 시청률 데이터가 취하는 형태에 주요한 영향을 미친다. 수용자는 시청자의 혹은 청취자의 특성에 따라 분할된다. 거의 아무 속성이나 합리적으로 잘 정의되기만 하면 세분화 변수가 될 수 있다. 실무상으로 시청자 또는 청취자 속성은 대개 4가지 범주 가운데 하나에 귀속된다.

인구통계적 변수(demographic variables)는 시청률 데이터에서 가장 흔하게 볼 수 있다. 관습적으로 우리는 이 범주에 인종, 연령, 성별, 수입, 교육, 혼인 관계, 직업을 포함시킨다. 이 가운데 연령과 성별이 가장 빈번하게 보고되는 수용자 특성이고 시청률 책자에 중요하게 등장하는 표준적인 보고 범주이다. 그래서 예컨대, 광고주와 방송사는 흔히 '18~29세 여성', '18~34세 남성'

등등의 시청자 집단을 사고판다. 대부분의 수용자 구매와 판매는 인구통계적 변수를 기초로 이루어진다.

인구통계적 변수는 세분화 변수로 추천할 만한 점이 많다. 우선 하나만 들자면, 업계 누구나 그것을 가지고 일하는 데 익숙하다. 여성 혹은 18~34세 수용자에 대해 이야기하면 누구나가 무엇에 대해 이야기하는 것인지 안다. 다른 한편 나이가 같은 여성이라도 중요한 차이가, 광고주에게 잠재적으로 중요한 차이가 있을 수 있다. 그래서 세분화에는 또 다른 방법이 사용된다.

지리통계적 변수(geographical variables)는 수용자를 기술하는 또 다른 흔한 방법을 제시한다. 우리는 이미 가장 중요한 지리통계적 변수 하나를 만났는데, 다름 아니라 지정 시장 영역, DMA다. 사람들이 연령과 성별에 따라 서로 다른 것과 마찬가지로 어디 사느냐에 따라서도 서로 다르다. 국내 모든 텔레비전 시청자나 라디오 청취자 개인은 하나의 특정 시장 영역에 속하는 것으로 판정될 수 있다. 명백히, 이런 구별은 특별한 지역적 호소력을 가진 재화나 서비스를 파는 광고주에게 중요할 것이다.

시청률 조사연구에 흔히 사용되는 다른 지리통계적 변수로는 광역별 분류와 거주 카운티/주(카운티 규모에 따른 분류를 포함), 둘이 있다. 정치 광고주는 이런 종류의 정보에 크게 의존한다. 의원 선거구와 같은 지역 구분은 시청률을 바로 구할 수 있는 DMA와 정확히 일치하지 않기 때문에 매체계획자는 카운티별로 수용자를 분석한다. 가장 높은 DMA 시청률을 차지하는 텔레비전 방송국이 특정 캠페인의 광고를 따내는 방송국이 아닐 수도 있다. 대신에 매체계획자는 관심 카운티에서 가장 높은 시청률을 기록하는 방송국이면 어느 방송국이고 구매를 제안할 것이다. 〈표 7-6〉은 뉴욕 DMA에 있는 방송국의 카운티 시청률을 시간대별로 비교한 것이다. 지수는 카운티 시청률을 DMA 시청률과 비교한다. 지수 100은 문제의 카운티 시청률이 전체 시장 시청률과 같음을, 50은 카운티 시청률이 전체 시청률의 절반임을 의미한다. 판별할 수

표 7-6 뉴욕 DMA 지상파 방송국들의 시간대별 가구티 시청률 비교

시간대 (새벽5시에서 오후11시까지)	방송국	기명	보고 기간: 2012. 4.26.~5.23. 시간대: 본방+같은 날 (NSI 제공) 35세 이상 개인						보고기간: 2011. 9.9.~11.23. 시간대: 본방+같은 날 (NSI 제공) 35세 이상 개인						뉴욕 평균	오렌지 +파트넘 평균	지수
			뉴욕 DMA			오렌지+파트넘			뉴욕 DMA			오렌지+파트넘					
			시청률	점유율	노출수	시청률	점유율	노출수	시청률	점유율	노출수	시청률	점유율	노출수			
5-6	WNBC	NBC	0.68	7.46	73,764	0.50	2.43	1,233	0.81	9.16	87,980	0.35	3.35	995	0.75	0.43	57%
	WABC	ABC	0.92	10.06	99,482	6.53	32.05	16,273	0.88	9.93	95,387	2.47	23.90	7,105	0.90	4.50	500%
	WCBS	CBS	0.77	8.41	83,210	1.40	6.89	3,496	0.87	9.84	94,539	0.90	8.67	2,577	0.82	1.15	140%
6-7	WNBC	NBC	1.74	12.55	188,036	1.37	6.08	3,440	1.77	13.64	191,892	0.35	2.37	1,005	1.76	0.86	49%
	WABC	ABC	1.79	12.90	193,262	6.02	26.76	15,150	1.92	14.81	208,327	4.37	29.66	12,585	1.86	5.20	280%
	WCBS	CBS	1.44	10.39	155,580	1.70	7.54	4,269	1.52	11.76	165,424	1.81	12.29	5,212	1.48	1.76	119%
7-9	WNBC	NBC	2.56	15.36	277,062	3.59	14.27	9,045	2.41	15.25	261,847	1.56	7.58	4,488	2.49	2.58	104%
	WABC	ABC	2.17	13.02	234,807	5.58	22.19	14,059	2.09	13.23	227,184	4.55	22.12	13,099	2.13	5.07	238%
	WCBS	CBS	0.97	5.81	104,751	1.51	6.02	3,812	0.94	5.97	102,455	1.07	5.19	3,703	0.96	1.29	135%
9-10	WNBC	NBC	1.70	10.77	184,198	1.87	8.11	4,712	1.59	10.56	172,219	1.52	8.72	4,371	1.65	1.70	103%
	WABC	ABC	2.11	13.36	228,551	2.85	12.37	7,185	2.02	13.45	219,422	2.67	15.34	7,683	2.07	2.76	134%
	WCBS	CBS	0.97	6.13	104,836	2.06	4.60	2,669	0.92	6.13	100,012	0.31	1.75	878	0.95	0.69	72%
10-11	WNBC	NBC	1.21	7.79	131,000	0.85	4.85	2,134	1.03	7.16	112,353	0.76	5.14	2,186	1.12	0.81	72%
	WABC	ABC	1.18	7.56	127,066	1.88	10.75	4,725	1.07	7.41	116,372	2.08	14.07	5,996	1.13	1.98	176%
	WCBS	CBS	1.19	7.65	128,687	0.24	1.35	594	1.12	7.78	122,046	0.20	1.32	564	1.16	0.22	19%
11-12	WNBC	NBC	0.61	3.74	66,287	0.23	1.28	574	0.49	3.20	53,107	0.08	0.61	235	0.55	0.16	28%
	WABC	ABC	2.60	15.83	280,891	1.72	9.63	4,333	2.54	16.61	275,733	2.53	18.75	7,282	2.57	2.13	83%
	WCBS	CBS	1.76	10.73	190,394	0.06	0.31	139	1.61	10.55	175,090	0.06	0.47	184	1.69	0.06	4%
12-1	WNBC	NBC	0.52	3.12	56,338	0.62	3.19	1,554	0.36	2.30	39,010	0.05	0.36	136	0.44	0.34	76%
	WABC	ABC	2.74	16.36	295,704	3.03	15.66	7,618	2.45	15.71	266,314	2.28	17.37	6,576	2.60	2.66	102%
	WCBS	CBS	1.83	10.97	198,234	0.00	0.00	0	1.49	9.56	162,133	0.03	0.25	96	1.66	0.02	1%

자료: ©2012 닐슨사(The Nielsen Company). 닐슨미디어리서치(Nielsen Media Research)와 엘유씨미디어(LUC Media)의 승낙하에 사용.

있다시피, 지상파 네트워크 소유 방송국 셋 가운데 WABC가 오렌지와 퍼트넘 카운티에서 낮 시간 시청을 일관되게 많이 확보하고 있다.

한 개인의 우편 번호를 추적하는 것이 지리통계적 세분화의 또 다른, 인기 있는 도구이다. 이 정도로 섬세하게 그려진 영역이면 한 개인의 수입, 라이프 스타일, 사회적 지위에 대해 추론하는 것이 흔히 가능하다. 이런 우편 번호 기반 세분화 기법은 흔히 **지리인구통계**(geodemographics)란 말로 가리킨다.

행태 변수(behavioral variables)는 사람들의 행태에 기초해서 그들 사이를 구분한다. 이 가운데 가장 명백한 종류의 추적 대상은 미디어 이용이다. 우리는 특정 프로그램 수용자의 크기를 추정할 수 있기 이전에 그 프로그램을 시청한 사람들이 누구인지를 알아야 한다. 이런 종류의 정보가 있으면 나이와 성별로뿐 아니라 그밖에 또 무엇을 시청 내지 청취했는지로도 수용자를 기술하는 것이 가능하다. 그러나 시청률 서비스 제공자가 이런 수용자 구분을 제공하는 경우는 흔치 않다.

광고주의 마음속에 중요한 위치를 차지하는 다른 행태 변수로는 제품 구매 변수가 있다. 대부분의 광고주가 자신의 제품을 구매할 가능성이 가장 높은 수용자에 도달하기를 원하는데 구매 행태보다 더 나은 수용자 기술 방법이 어디 있겠는가? 예컨대 맥주를 많이 마시는 이의 비율로나 세제 평균 구매량으로 수용자를 특징지을 수 있다. 시청률 회사 한 곳은 이런 세분화 변수를 **구매자통계**(buyer-graphics)라 부른 바 있다. 여러분도 상상할 수 있겠지만, 광고주는 수용자 세분화에 이런 식으로 접근하는 것을 좋아한다.

미디어 이용량 데이터를 다른 종류의 변수와 결합하는 것은 특정 연령대 및 성별보다 더 세밀하게 규정된 범주에 맞는 잠재 고객을 표적으로 하는 마케팅 담당자에게 특히 유용하다. 그러나 이 정보는 구하는 비용이 아주 높을 수 있다. 정보 서비스 가입 비용을 지불하는 조직만이 자신의 판매 혹은 구매 노력에 이런 데이터를 사용한다.

심리통계(psychographics)는 사람들의 심리적 성격에 근거해서 그들 사이를 구분한다. 이렇게 광범하고 무정형적인 범주에 속하는 것이 무엇이냐에 대한 정의는 고정된 것이 아니지만, 대개 그것은 사람의 가치, 태도, 의견, 동기, 선호 같은 것들을 포괄한다. 요즘 관심을 끄는 심리통계적 변수 유형 하나는 **시청자 충성**(viewer loyalty), **관여**(involvement) 그리고/또는 **몰입**(engage-ment)이다. 여기서 요점은, 점점 더 많아지는 선택지와 더불어 새로운 기술이 수용자의 권능을 키움에 따라 광고주로서는 어떤 부류의 사람이 어떤 종류의 미디어 상품에 특히 빠져 있는지를 아는 것이 중요해진다는 것이다. 프로그램 하나에 매우 깊이 관여하는 이들(예컨대 그 팬)이 그 속에 담긴 광고물에도 보다 큰 주의를 기울인다는 것을 지지하는 증거가 있다. 원리상으로는 이런 특성이 수용자 묘사에서 매우 높은 가치를 지닐 수 있지만, 흔히, 심리통계 변수는 정밀하게 정의하기도 측정하기도 어렵다.

4) 목표 수용자 도달 비용

광고대행사나 방송국 렙 같은 중개인은 물론이고 광고주와 미디어도 모두 수용자에 도달하는 비용에 관심이 있다. 거래의 판매 쪽에 있는 이들은 자신의 수입을 극대화하려고 애쓰는 반면, 구매자는 자신의 비용을 최소화하기 위해 노력한다.

방송사와 여타의 전자 미디어가 수용자를 판다는 것은 맞지만, 수용자 요인만이 광고 시간의 가격을 결정한다고 시사하는 것은 지나친 단순화일 것이다. 확실히 수용자의 크기와 구성이 주요 결정 요인이지만, 기타 몇몇 요인도 영향을 미친다. 예컨대, 광고주는 자신의 광고 메시지를 광고물 한 세트[**광고 꼬투리**(commercial pod)]의 맨 처음에 배치하기 위해 웃돈을 지불한다. 네트워크 광고 시간을 선불 시장에서 구매하는 광고주가 더 좋은 가격에 살 수 있다는 점은 이미 지적한 바 있다. 이와 유사하게, 큰 덩어리로 시간을 사는 데 동의한 광고주도 모종의 대량 구매 할인 혜택을 받을 수 있다. 유념할 점은 이런 거래가 구체적인 시장 환경에서 벌어진다는 점이다. 각 당사자의 상대적 강점과 약점, 협상 기술, 궁극적으로는 수요 공급 법칙이 모두 광고 시간의 최종 가격에 영향을 미친다.

이들 요인이 미디어가 광고 시간에 매기는 요금에 반영된다. 개별 방송국이 이들을 **요율 카드**(rate card)에 요약해두는 것이 관행인데, 이 카드는 대개 다양한 시간대나 프로그램의 광고 시간 가격을 적은 표나 도표이다. 요율 카드는 계획용 가이드이고, 실제 요금은 협상으로 좌우된다. 구매자 관점에서 보면, 광고 시간의 추정 가격은 ─ 아는 것이 중요하지만 ─ 수용자 정보에 연계되지 않으면 대체로 해석이 불가능하다. 구매자가 대답해야 할 질문은 그 돈으로 얻으려는 것이 무엇이냐다. 이는 수용자 시청률을 청구된 요금에 비교하지 않고는 답할 수 없다. 광고주는 광고 시간의 가치를 분석하기 위해 1000명당 비용이나 점당 비용의 계산을 활용한다.

시청률은 전자적 광고 미디어의 수용자 경제를 움직이는 통화다. 그러나 미디어는 다양한 방법으로 수용자 정보를 이용할 수 있고 실제 이용하는 복잡한 조직이다. 유사하게, 매스커뮤니케이션을 연구하거나 규제하기를 원하는 이들이 광고주의 편익을 위해 수집된 데이터가 전자 미디어의 힘과 가능성에 대한 통찰을 다수 내놓을 수 있다는 것을 발견해왔다. 이어지는 장들에서 우리는 이런 통찰들의 응용 다수를 논의한다. 우리는 먼저 편성 분야의 수용자 데이터 이용에 주목한다.

관련 읽을거리

Albarran, A. 2010. *The media economy*. New York: Routledge.

_____. 2012. *Management of electronic and digital media*, 5th ed. Belmont, CA: Wadsworth.

Alexander, A., Owers, J., Carveth, R., Hollifield, C. A. and Greco, A(eds.). 2004. *Media economics: Theory and practice*, 3rd ed. Mahwah, NJ: Lawrence Erlbaum Associates.

Baron, R. B. and Sissors, J. Z. 2010. *Advertising media planning*, 7th ed. Chicago: McGraw-Hill.

Bogart, L. 1996. *Strategy in advertising: Matching media and messages to markets and motivations*, 3rd ed. Lincolnwood, IL: NTC Business Books.

Poltrack, D. F. 1983. *Television marketing: Network, local, cable*. New York: McGraw-Hill.

Turow, J. 1997. *Breaking up America: Advertisers and the new media world*. Chicago: University of Chicago Press.

Warner, C. 2009. *Media selling: Television, print, Internet, radio*, 4th ed. Malden, MA: Wiley-Blackwell.

　　전자 미디어가 광고 시간에 가치를 부가하기 위해서는 수용자를 끌어모아야 한다. 범박하게 말해 이는 프로그래머의 일인데, 그는 거대한 미디어 복합기업의 수장에서 아담한 농촌 공동체의 방송국 피고용인에 이르는 다양한 자리들 가운데 어느 한 곳에서 일한다. 광고주의 지원으로 유지되는 미디어 세계에서 프로그래머는 수용자를 끄는 '미끼'를 효과적으로 놓곤 한다. 이를 위해 그는 수용자에 대해 대단히 많은 것을 알고 있어야 한다. 판매와 광고를 제외하면 수용자 데이터의 가장 중요한 응용은 편성에 있다.

　　편성은 다양한 활동을 포함한다. 프로그래머들은 가장 적절한 프로그램을 어디서 취득할 것인지를 결정해야 한다. 때로 이는 새로운 프로그램 콘셉트를 개발하고 시범 프로그램의 제작을 의뢰하는 데 적극적인 역할을 하는 것을 의미한다. 대부분의 텔레비전 방송국에서 이는 합동형 판매 프로그램 방영권을 확보하는 것을 의미하는데, 그 가운데는 이미 제작된 것도 있다. 이런 역할 수행에서 프로그래머들은 계약 협상에도 능해야 하고 장차 수용자를 끌 물건이 어떤 종류일지를 예측하는 데도 능해야 한다. 그들은 또 그 물건이 방송국이나 네트워크에서 언제 어떻게 실제 방송될지를 결정하는 데 대해서도 책임을 진다. 성공적인 편성은 상이한 수용자들이 수상기 앞에 언제 있을지, 이들이 경쟁 미디어가 제시하는 선택지 가운데서 어떤 결정을 내릴지를 알아야 가능하다. 마지막으로, 프로그램 홍보에도 능해야 하는 것이 프로그래머다. 때때로 이는 특정 프로그램이나 출연자에 대해 수용자를 일깨우는 광고나 홍보물을 배치하는 일을 포함한다. 비록 다루기 힘든 일로 악명이 높지만, 소셜미디어가 성장하는 상황에서 이는 정보의 연쇄 폭발을 촉발하면서 호감어린 입소문을 조장하는 것을 의미할 수 있다. 이는 또한 방송국이나 네트워크에 대한 특별한 '인상'을 창조하기 위해 프로그램 편성 전체의 포장을 꾸미는 일을 포함할 수 있다. 이 모든 일에서 중요한 역할을 하는 것이 시청률이다.

이들 편성 기능이 꼴을 갖추는 방식과 개별 프로그래머가 직면한 우선순위는 처한 조건에 따라 다르다. 작은 방송국에서는 편성 업무 전체를 한 사람이 담당하는 경우가 가끔 있다. 그러나 보다 큰 조직의 편성 업무에는 많은 사람이 연루된다. 흔히 프로그램 홍보와 '인상'의 개발은, 전문화된 홍보 부서에 맡겨지는데, 경쟁이 자심해지는 미디어 시장에서 특히 그렇다.

프로그래머 사이의, 일 처리 방식의 가장 중요한 차이는 그들이 일하는 미디어에 달려 있다. 1950년대 초 텔레비전은 라디오를 새로운 시장에 적응하도록 만들었다. 이제 개별 라디오 프로그램이 라디오를 이끌지는 못하게 될 것이었다. 대신, 라디오 방송국은 특정한 종류의 음악이나 연속으로 방송되는 프로그램 포맷에 전문화된 방송이 되기 시작했다. 라디오 편성은 제공하는 프로그램 편성 전체를 통으로 주조하는 일이 되었다. 나아가, 음반 산업이 엄청난 규모로 공급하는 음악은 이런 방송 서비스의 내용을 규정짓는 데 네트워크에 덜 의존해도 된다는 것을 의미했다. 반면, 텔레비전은 수용자를 개별 프로그램들로 끌어당겨 모았다. 지금의 케이블 네트워크 중에는 단일 유형의 연속 편성을 내놓아 이 방면으로 라디오 뺨치는 것(예컨대 뉴스, 음악, 날씨, 금융 및 사업 정보, 코미디)이 있긴 해도 대부분의 텔레비전 프로그래머는 비교적 개별화된 단위 콘텐츠를 취득, 편성, 홍보하는 일에 여전히 보다 많은 주의를 기울인다.

지상파 네트워크 가맹사의 경우, 대부분의 프로그램 개발과 취득은 네트워크 수준에서 이루어진다. 그러나 가맹 방송국은 뉴스, 이른 주변 시간대, 심야와 같은 특정 시간대에 자체 편성 프로그램을 배치한다. 방송 시간대 전체를 스스로 편성하는 독립 텔레비전 방송국도 있다. 편성에 수용자 조사연구가 어떻게 사용되는지 설명하기 위해 전자 미디어 각각의 형태에 고유한 편성 관행에 대해 생각해보기로 한다.

1. 라디오 편성

진화하는 오디오 기술들에서 오는 격화된 경쟁에 직면해 있지만 전통적 라디오는 미국에서 아직 중요한 미디어이다. 아비트론은 라디오가 통상의 한 주가 지나는 동안 12세 이상 모든 인구의 93%에 도달한다고 추정한다. 미국에는 1만 3000개 이상의 상업 라디오 방송국이 있고 추가로 2500개의 비영리 교육 라디오 방송국이 있는데, 하나하나는 상이한 — 때로는 조금씩만 상이한 — 프로그램 편성을 내놓고 각각 고유의 수용자에 도달한다. 대부분의 라디오 방송국은, 가장 작은 시장에서 가장 큰 것에 이르기까지, 어떤 **포맷**(format)이 있다. 포맷은 알아볼 수 있는 한 묶음의 프로그램 제공 형태 혹은 편성 스타일이다. 어떤 방송국, 특히 경쟁이 덜한 보다 작은 시장의 방송국은 모든 이를 위해 약간씩은 다 품으려는 노력으로 보다 넓은 범위의 다양한 포맷을 취할 수 있다. 그러나 대부분의 방송국은 꽤 일정한 브랜드의 토크나 음악에 집중한다.

라디오 방송국은 두 가지 이유로 포맷을 활용한다. 첫째, 라디오는 경쟁이 매우 심한 편이다. 어떤 시장에서도 텔레비전 방송국이나 일간지의 경우보다, 또는 거의 모든 다른 형태의 지역 광고 미디어의 경우보다 훨씬 많은 수의 라디오 방송국이 있다. 이런 와중에 존재감을 잃지 않기 위해 프로그래머는 자신의 방송국이 보통 이상이거나 별나 보여서 청취자들의 마음속에서 두드러지도록, 그리고 이들을 끌어당길 수 있도록 포맷을 활용한다. 이런 전략을 방송국 **포지셔닝**(positioning)이라고 한다. 둘째, 상이한 포맷은 다른 종류의 청취자를 끌어당긴다고 알려져 있다. 대부분의 광고주가 특별한 수용자 집단에 도달하기를 원하므로, 특정 인구통계적 집단을 모아 넘길 수 있는 능력은 방송국의 광고 시간을 파는 데 중요하다.

라디오 포맷은 클래식에서 컨트리(country), 인기 유행가(pop contemporary hits)에 이르기까지 다양하다. 라디오 프로그래머, 상담역, 분석가는 서로 다른 포맷 수십 가지를 지칭하는 꽤 고유한 이름들을 다룬다. 그러나 장르 대부분은 대개 20개가량의 범주로 나뉜다. 가장 흔한 이름들이 주 단위 큠 순위로 배열되어 〈표 8-1〉에 나와 있다.

포맷의 인기도는, 연령·성별·인종을 포함하는, 청취자의 인구통계 변수에 따라 바뀐다. 예컨대, 여성은 어덜트 컨템퍼러리(adult contemporary)와 종교 방송국을 더 많이 듣는다. 〈표 8-2〉에서 보듯, 남성은 스포츠와 앨범록(album-oriented rock)을 들을 공산이 더 크다. 컨트리는 모든 연령대에서 인기가 있지만, 나이 든 성인은 뉴스·토크·정보와 어덜트 컨템퍼러리를 많이 듣는다. 젊은 성인과 십대는 인기 유행가(pop contemporary hit radio)를 더 많이 듣는다. 라디오 수용자의 인종적 구성을 비교하면, 어번 어덜트 컨템퍼러리(urban

표 8-1 라디오 방송국 포맷 주간 순위*

주 단위 쿰 순(월~금 오전 6시~자정, 12세 이상 개인, 2010년 가을)	
포맷	쿰
어덜트 컨템퍼러리(Adult Contemporary)	76,623,400
인기 유행가(Pop CHR)	68,391,800
컨트리+뉴컨트리(Country+New Country)	65,569,700
뉴스/토크/정보(News/Talk/Information)	58,258,600
고전 히트곡(Classic Hits)	42,444,3000
핫 어덜트 컨템퍼러리(Hot Adult Contemporary)	41,237,200
클래식록(Classic Rock)	38,630,300
리드믹 컨템퍼러리 히트 라디오(Rhythmic Contemporary Hit Radio)	35,479,000
전부 스포츠(All Sports)	26,947,500
어덜트 히츠 + 80년대 히트곡(Adult Hits+80s Hits)	24,345,500
올터너티브(Alternative)	23,381,200
어번 어덜트 컨템퍼러리(Urban Adult Contemporary)	21,176,300
어번 컨템퍼러리(Urban Contemporary)	19,757,300
액티브록(Active Rock)	18,896,900
컨템퍼러리 크리스천(Contemporary Christian)	18,305,900
앨범록(Album Oriented Rock)	15,053,700
전부 뉴스(All News)	14,130,700
멕시칸 리저널(Mexican Regional)	14,026,100
어덜트 앨범 올터너티브(Adult Album Alternative)	12,784,100
흘러간 노래(Oldies)	11,780,500
스패니시 컨템퍼러리(Spanish Contemporary)	11,672,300
종교(Religious)	8,261,100
스패니시 어덜트 히츠(Spanish Adult Hits)	8,138,500

주* 포맷 정의는 라디오 방송국이 아비트론에 제공. 데이터는 TAPSCAN™Web National Regional Dabtabase(2010, 가을).
자료: *Arbitron Radio Today*(2011).

표 8-2 라디오 방송국 포맷의 성별 구성

포맷의 성별 구성(월~금 오전 6시~자정, 12세 이상 개인, 2010년 가을)		
포맷	여성	남성
어덜트 컨템퍼러리(Adult Contemporary)	63%	37%
컨템퍼러리 크리스천(Contemporary Christian)	62%	38%
핫 어덜트 컨템퍼러리(Hot Adult Contemporary)	62%	38%
인기 유행가(Pop CHR)	61%	39%
종교(Religious)	61%	39%
어번 어덜트 컨템퍼러리(Urban Adult Contemporary)	56%	44%
스패니시 컨템퍼러리(Spanish Contemporary)	53%	47%
컨트리 + 뉴컨트리(Country+New Country)	52%	48%
리드믹 컨템퍼러리 히트 라디오(Rhythmic Contemporary Hit Radio)	52%	48%
어번 컨템퍼러리(Urban Contemporary)	52%	48%
흘러간 노래(Oldies)	50%	50%
고전 히트곡(Classic Hits)	47%	53%
어덜트 히츠 + 80년대 히트곡(Adult Hits+80s Hits)	47%	53%
어덜트 앨범 올터너티브(Adult Album Alternative)	45%	55%
전부 뉴스(All News)	45%	55%
스패니시 어덜트 히츠(Spanish Adult Hits)	44%	56%
뉴스/토크/정보(News/Talk/Information)	41%	59%
멕시칸 리저널(Mexican Regional)	37%	63%
올터너티브(Alternative)	37%	63%
클래식록(Classic Rock)	30%	70%
액티브록(Active Rock)	27%	73%
앨범록(Album Oriented Rock)	27%	73%
전부 스포츠(All Sports)	16%	84%

주: 포맷 정의는 라디오 방송국이 아비트론에 제공. 데이터는 TAPSCAN™Web National Regional Dabtabase(2010, 가을).

자료: *Arbitron Radio Today*(2011).

adult contemporary)와 어번 컨템퍼러리(urban contemporary)는 흑인 사이에서 순위가 높은 포맷이다. 스패니시 어덜트 히츠(spanish adult hits), 멕시칸 리저널(Mexican regional), 스패니시 컨템퍼러리(spanish contemporary)는 히스패닉계 사이에서 가장 높은 순위를 차지한다. 라디오 방송국의 편성에는 상이한 방식들이 있다. 어떤 방송국들은 자체 편성을 한다. 이들은 자신이 틀 곡과 그 방송 횟수를 미리 정한다. 또 매우 돋보이는 ― 그리고 보수가 높은 ― 디스크자키들을 고용할 수 있는데, 이들은 특정 시간대에 한 방송국을 대표하는 압도적 인물일 수 있다. 이런 맞춤 편성은 주요 시장에 특히 더 흔하고 맞춤형 조사연구를 동반한다. 이런 방송국은 합동형 시청률 자료를 사서 분석할 뿐 아니라 다양한 비시청률 조사연구 프로젝트에 참여할 가능성도 높다.

가장 흔한 비시청률 조사연구에는 **포커스그룹**(focus groups)과 **호출 조사**(call-out research)가 있는데, 소규모 청취자와의 집중적 토의가 전자의 중심이다. 후자에는 전화로 노래 일부를 짧게 들려주고 청취자 반응을 재는 일이 포함된다. 라디오 수용자가 거슬릴 수 있는 내용에 어떻게 반응하는지 조사하기 위해, 특정 프로그램 서비스 제공자에 대한 청취자 인지도를 평가하기 위해, 광고(예컨대 버스 광고판, 옥외 광고판, 텔레비전 광고) 효과를 측정하기 위해, 방송국의 특정 출연자 또는 특별 편성(뉴스, 교통, 날씨, 경연, 등)의 인기도를 판단하기 위해, 상담역들은 맞춤형 조사연구도 수행한다.

그러나 많은 방송국이 자신의 포맷을 규정짓는 데 합동형 판매 프로그램이나 네트워크에 의존한다. 때때로 클리어채널(Clear Channel)과 큐뮬러스(Cumulus)와 같은 거대 그룹 소유주가 자신의 방송국들에게 프로그램 편성을 광역별 또는 포맷별로 제공한다. 지역 광고와 알림을 빼고는 거의 모든 방송 내용을 미리 포장된 물건들에 의존하는 방송국도 있다. 이를 위해 프로그램 제공 서비스에 가입하는데, 이 경우에 프로그램들은 대개 위성으로 공급된다. 하루 중 가장 많이 듣는 오전 시간에 자체 제작 편성을 일부 하고 나머지 시간대에는 합동형 프로그램 제공 서비스를 활용하는 곳도 있다.

대부분의 라디오 방송국은 작거나 매우 작은 공동체 안에 있기 때문에 시청률 조사에 대해 걱정이 없다. 아비트론은 270개 시장 영역에서 라디오 청취를 정의하고 측정하는데, 그중 가장 작은 곳 인구가 8만 명에 미치지 못한다. 이런 정도인데도 아비트론이 청취자 추정치를 공표하는 것은 전국의 1만 3000개 라디오 방송국 가운데 약 1/3에 대해서일 뿐이다. 물론 측정된 방송국이 업계의 청취자 경험 대부분과 수입의 대종을 차지한다.

비영리 라디오 채널도 양적인 수용자 추정치를 사용한다. 예컨대 전국공공라디오(NPR: National Public Radio) 방송국들이, 자신의 상업 방송 상대와 나란히 시청률 책자에 수록되는 것은 비록 아니지만, 시청률을 받는다. 이 방송국들은 일부 시장에서 시청률이 가장 높은 축에 든다. 청취자 데이터가 꼭 같은 방식으로는 이용되는 것이 아니지만 기금 모금에 중요할 수 있다. 그중 규모가 큰 방송국 다수는 기부를 끌어오기 위해 청취자 추정치를 정규적으로 사용하는, 광고 판매 부서 비슷한 기능을 하는 곳이 있다. 여기서도 상업 방송국이 프로그램 인기도, 편성, 홍보에 대해 하는 것과 같은 종류의 결정 다수를 내리기 위해 프로그래머가 시청률을 활용한다.

라디오 수용자 측정의 가장 중요한 변화 가운데 하나는 2010년 '휴대 피플미터(PPM: Portable peoplemeter)'의 등장과 함께 왔다. 대부분의 라디오 시장은 아직 일기식으로 측정되고 있지만, 가장 큰 시장 50개 가까이는 휴대 피플미터에서 나온 추정치를 받고 있다.

전통적인 라디오는 이제 온라인 오디오 및 위성 라디오와 경쟁한다. 퓨리서치센터에 따르면(Pew Research Center, 2012), 미국인의 약 3분이 1이 온라인 오디오 서비스(AM/FM 방송국 스트리밍 서비스를 포함)를 청취한다. 그리고, 시리어스XM(SiriusXM) 라디오가 아직 어느 라디오 시장에서도 알아볼 만한 경쟁을 일으키고 있진 않지만, FM이 AM에 영향을 준 것이나 케이블이 지상파 텔레비전에 영향을 준 것과 같은 방식으로 위성 라디오가 업계를 바꿀 것이라고 생각하는 업계 전문가가 있다. 2011년의 위성 라디오 가입자는 2200만 명이다(Pew Research Center, 2012). 자동차 제조사는 표준 혹은 선택 사양으로 위성 수신기를 장착하고 있고, 하워드 스턴(Howard Stern)을 포함한, 주요 라디오 스타의 확보는 지역 시장의 교통 및 날씨 정보와 함께 앞으로 몇 년간 큰 폭의 가입자 증가를 이끌어낼 수 있을지 모른다.

2. 텔레비전 편성

1) 지상파

스펙트럼의 다른 한 극단은 주요 텔레비전 네트워크의 편성 업무다. 텔레비전 프로그래머는 라디오 프로그래머와 공유하는 과제도 있지만, 수 가지의 상이한 임무에 직면해 있다. 한 가지 중요한 차이는 네트워크 프로그래머가 새로운 프로그램을 만드는 데 관여하는 정도다. 시청률 데이터는 확실히 이 업무에 유용하지만, 프로그램 개발은 대중적 흐름과 취향을 내다보고 이런 취향에 부합할 제작을 이끄는 재능에 특히 달려 있다. 이런 재능을 지닌 네트워크 프로그래머는 어떤 유명 출연자 못지않게 업계에 잘 알려져 있다.

제작 스튜디오의 업무는 프로그램 재원을 조달하고 프로그램을 제작하여 네트워크에 파는 것인데, 이들 스튜디오 역시 시청률 정보에 의존한다. 첫 회 방영이 스냅 사진 비슷한 것을 보여주긴 하지만, 그에 이어지는 몇 주가 프로그램의 장래를 실질적으로 좌우한다. 네트워크가 프로그램을 계속 방영하는 데 확신을 갖도록 하기 위해 스튜디오 조사 부서는 프로그램이 상승세를 타고 있다는 조짐을 찾아 다각도로 시청률을 들여다본다. 시청률 하락은 편성

취소를 뜻할 수도 있지만 프로그램 내용의 조정에 동기를 부여할 수도 있다. 프로그래머가 출연자, 줄거리, 인물의 변모와 같은 프로그램 요소의 변화가 시청자를 증가시키는 데 도움이 된다고 생각한다면 이를 요청할 수도 있다.

지역 방송국 프로그래머는 신작의 실제 제작에는 시간을 덜 쓰고 합동형 판매 시장에서 프로그램을 사는 데는 시간을 더 쓴다. 몇 종의 합동형 판매 프로그램이 나와 있고 신작이 매 시즌 공급된다. **탈네트워크**(off-network) 합동형 판매 프로그램들은 원래 지상파 네트워크에서 방송되었던 것으로 개별 방송국이 살 수 있게 된 프로그램이다. 일반적으로 이들은 시청률 잠재력 면에서 모든 합동형 판매 프로그램들 가운데 가장 바람직한 종에 속한다.

탈네트워크 프로그램이 합동형 판매 프로그램 시장에서 잘 나가는 데는 몇 가지 이유가 있다. 이들은 대개 높은 제작 가치를 ― 네트워크를 보며 자란 시청자가 기대하게 된 가치를 ― 가진다. 이들은 수용자를 모아온 경력도 가지고 있는데, 이는 구매자 후보를 안심시킬 수 있다. 사실 최소 4~5년은 방영된 네트워크 연속물이라야 합동형 판매 프로그램 시장에 진입한다. 이렇게 되는 이유 하나는 지역의 프로그래머가 재방송을 띠로 편성해 월요일에서 금요일까지 같은 시간에 다른 회를 방영하기 때문이다. 몇 달 동안 이런 띠 편성을 유지하자면 충분히 많은 횟수의 프로그램이 있어야 한다. 일반적으로 이는 연속물이 합동형 판매 프로그램 시장에 나오려면 100회분은 있어야 한다는 것을 뜻한다. 인기 최고의 네트워크 프로그램만이 이렇게 오래 방영될 수 있다.

그러나 일단 합동형 판매 프로그램 시장에 도달하면 탈네트워크 프로그램은 수십 년 동안 계속 수용자를 새로 끌어모은다. 예컨대 〈매시(M*A*S*H)〉는 1970년대 CBS에서 방영될 당시 엄청난 성공을 거두었는데 지금까지 30년 이상 합동형 프로그램 판매 시장에서 성공적이다. 탈네트워크 신작은 가장 유리한 시간대에 배치된다. 이 가운데는 네트워크에서의 방영이 끝나기도 전에 시장에 나오는 것도 있다. 반면 오래된 연속물은 덜 유리한 시간대로 밀려난다. 그럼에도 많은 방송국과 케이블 미디어는 그토록 많은 시간을 채워야 하므로 훨씬 더 오래된 프로그램도 — 특히 인기가 아주 높았거나 반쯤은 종교적 숭배 대상이 된 프로그램은 — 아직 만날 수용자가 있는 것 같다. 탈네트워크 연속물의 내구성이 함의하는 것은 시청률 경력 기록이 길다는 것인데, 이는 특히 편성에 유용하다. 구매자 후보는 프로그램의 상대적 성과나 프로그램에서 프로그램으로 이어지는 수용자 흐름을 분석하면서 다수의 상이한 시장에서 자세한 정보를 모을 수 있다.

1990년대 말과 2000년대 초에 네트워크 방송사는 〈서바이버(Survivor)〉, 〈아메리칸아이돌(American Idol)〉, 〈더보이스(The Voice)〉 같은 리얼리티 프로그램에 의존하기 시작했다. 이들 각본 없는 프로그램은 합동형 판매를 통해 수용자를 모을 수 있는 탈네트워크 연속물의 수를 감소시킴으로써 합동형 판매 프로그램 시장에 영향을 끼쳤다. 각본에 의한 코미디, 드라마와는 달리 리얼리티 프로그램은 재방송에서 많은 수용자를 끌지 않는다. 궁극적으로 리얼리티 프로그램의 재미는 승자를 알아내는 것이다 — 일단 알려지면 볼 흥미가 없어진다.

합동형 프로그램 판매는 미디어 업계의 수직적, 수평적 계열화 경향에도 영향을 받았다. 이제는 단일 소유주가 프로그램의 제작, 합동형 판매를 통한 프로그램 배급 사업, 그리고 프로그램을 구매할 방송국이나 케이블 네트워크에 대해 상당한 지분을 가질 수 있다. 지상파 프로그램의 합동형 판매에서 이는 이렇게 계열화된 방송국한테 구매 우선권이 대개 주어지리라는 것을 뜻하는바, 이들 방송국은 판매자의 편성 요구를 대개 따를 것이다. 이런 상황은 새로운 프로그램원을 찾아야 하는 방송국에게나, 축소된, 진입 가능한 편성 시간대를 놓고 다퉈야 하는 독립적 합동형 판매자에게는 도전이다.

근년에는 케이블이 합동형 판매 프로그램 시장에서 중요한 역할을 맡고 있다. 어떤 케이블 네트워크는 프로그램의 재방송에 거의 배타적이다시피 의존한다. 또 다른 케이블 네트워크는 프로그램 및 영화의 신작 편성을 인기 있는, 특정 표적 수용자를 당길 가능성이 큰 고전적 연속물로 보충한다. 추리물 팬들은 홀마크채널(Hallmark Channel)에서 방영되는 〈페리 메이슨(Perry Mason)〉이나 A&E에서 방영되는 〈제시카의 추리극장(Murder, She Wrote)〉을 볼 수 있다. 〈새터데이 나이트 라이브(Saturday Night Live)〉의 팬은 코미디센트럴(Comedy Central)에서 재방송을 볼 수 있고, 과학공상물 팬은 〈환상특급(The Twilight Zone)〉의 최초 방영분들을 사이파이채널(SciFi Channel)에서 볼 수 있다. '탈케이블(off-cable)' 합동형 판매 프로그램 시장도 나타나고 있는데, 유료 케이블 연속물인 〈소프라노스(The Sopranos)〉나 〈섹스앤더시티(Sex and the City)〉가 기본 케이블 네트워크에서 방영된다.

어떤 프로그램은 제작부터 곧바로 합동형 판매를 겨냥한다. 전통적으로 이런 합동형 판매 '신규' 프로그램은 제작 비용이 상대적으로 낮은 게임 프로그램 및 대담 프로그램을 포함해왔다. 보다 가까운 근래에는 〈저지 주디(Judge Judy)〉와 같은 법정 리얼리티 연속물이 신규 합동형 판매에서 큰 성공을 거둔 바 있다.

영화 묶음이나 광역 네트워크와 같은 다른 프로그램원이 있지만, 그 원천이 어디건 간에 합동형 판매 프로그램을 구하는 것은 텔레비전 프로그래머가 직면해야 하는 가장 어려운 도전의 하나다. 대개 거래 합의는 배급자나 저작권자와 장기 계약에 동의하는 것을 포함한다. 인기 프로그램의 경우, 이는 중요한 자원 투입 결정이다. 잘못하면 조직에 수백만 달러의 손해를 끼치고 프로그래머는 직장을 잃게 될 수도 있다.

합동형 판매 프로그램의 사고팔기에는 시청률 데이터의 폭넓은 사용이 동반되는 일이 흔하다. 배급자는 상이한 시장에서 얼마나 좋은 성과를 거뒀는지를 시청률로 보여줌으로써 자신의 상품을 홍보하는 데 활용한다. 이들 데이터는 업계지 광고에서 돋보이는 일이 잦다. 구매자는 취득 비용을 잠재적 수입과 비교하면서, 프로그램이 자신의 시장에서 얼마나 좋은 성과를 거둘지를 판정하는 데 동종의 데이터를 이용한다. 이는 9장에서 더욱 자세하게 이야기할 것이다.

네트워크나 방송국이 일단 프로그램 제작이나 구매에 자원을 할당하면, 지위의 고하를 막론하고 텔레비전 프로그래머는 대개 동일한 책임을 진다 — 프로그램은 경제적 수익을 극대화하도록 편성되어야 한다. 대개 이는 해당 시장에서 각 프로그램이 당면하는 경쟁 상황을 염두에 두고 각각의 수용자를 극대화하기 위해 노력한다는 것을 의미한다. 네트워크 가맹사의 경우 다른 경우에 비해 편성 일이 적은데, 이는 단지 네트워크가 편성 분량의 많은 부분을 책임지기 때문이다. 그래도 이른 지역 뉴스가 진행되는 동안과 그 전후의 편성에 대해서는 상당한 주의를 기울인다. 프라임액세스 시간대는 네트워크 프라임타임이 시작되기 직전 시간대인데 대개 가맹사에게 매우 큰 이윤을 내준다 — 수용자 규모가 저녁 내내 커지는데 자신의 광고 시간을 네트워크와 나누지 않아도 된다.

텔레비전에서도 라디오와 마찬가지로 프로그램 제작사, 네트워크 경영진, 지역 방송국이 자신의 편성 관련 결정을 벼리기 위해 다양한 비시청률 조사 연구를 활용한다. 여기에는 프로그램이나 출연자 인기도에 대한 하나 이상의 측정치 사용이 포함될 수 있다. 예컨대 마케팅이밸류에이션스(Marketing Evaluations)사는 TVQ라는, 공중이 상이한 출연자와 프로그램을 인지하고 좋아하는 정도에 대한 정보를 제공하는 합동형 조사 서비스를 생산한다. 이런 점수는 편성표를 정할 때 담당자가 활용할 수 있다. 특정 출연자가 가진 호소력에 대한 정보는 예컨대, 토크쇼 진행자가 주변 시간대의 경쟁 상황을 잘 헤쳐나갈지를 판단하는 기준이 될 수 있다.

소셜미디어의 수다스러운 떠들썩함 또는 버즈 현상은 편성 결정 안내에 유용한 계측치로 전환되고 있는 중이다. 예컨대 블루핀랩스(Bluefin Labs)사는 트위터(Twitter)나 여타 소셜네트워크의 코멘트 내지 댓글을 모은다. 이들 코멘트는 특정 프로그램에 엮어 몰입도 측정치를 만드는 데 합쳐진다. 이런 측정치가 시청률과의 상관관계를 늘 갖는 것은 아니다(즉, 인기 있는 프로그램이라고 늘 가장 많이 이야기되는 것은 아니다). 어떤 경우에는 분석가가 코멘트의 성격이 긍정적인지 부정적인지를 판정하고 코멘트한 사람의 성별을 판단할 수 있다. 옵티미디어(Optimedia)는 주요 매체구매자인데 이런 버즈 측정치를 전통적 시청률과 결합하여 자신이 '콘텐츠 역량 등급(content power ratings)'이라고 부르는 것을 만든다.

다른 프로그램 관련 조사연구는 극장 시험(theater testing)을 포함하는데, 이는 시범 프로그램을 대규모 그룹에 보여주고 이들이 드러내는 만족감을 모종의 투표 기기로 기록한다. 모든 네트워크와 대부분의 프로그램 제작자는 프로그램 제작 과정에서 모종의 시험 연구를 이용한다. 가장 큰 규모의 프로그램 시험 시설이 라스베이거스에 있다. 이상해 보이지만 연구원은 한 대규모 호텔에서 — 호텔 수영장과 로비 사이에서 — 수용자를 모집한다. 시범 프로그램, 광고, 그리고 다른 프로그램이 상영되는 동안 응답자는 컴퓨터 앞에 앉아 신상 데이터를 기록하고 제공된 영상물에 대한 자신의 반응을 제출한다. 이 연구 방법은 프로그램 요소들에 대한 개인적이고 누적적인 반응을 식별하는 것인데, 이 방법의 발명 유래는 1930년대 말의 스탠턴-라자스펠트 프로그램 분석기(Stanton-Larzarsfeld Program Analyzer)로 거슬러 올라간다. 프로그램 담당 이사는 관련 정보를 거의 실시간으로 자신의 사무실 — 로스앤젤레스, 뉴욕, 혹은 그 밖의 어디에 있건 — 컴퓨터에서 볼 수 있다. 그러나 궁극적으로, 프로그래머의 가장 중요한 평가 도구는 시청률이다. 고전적이라 할 만한, 한 네트워크 방송사 이사의 다음 경구는 이를 잘 요약한다: "네트워크의 관점에서만 보면 좋은 연속극은 높은 시청률과 점유율을 갖는 것이고, 나쁜 연속극은 그러지 않는 것이다"(Converse, 1974).

2) 케이블

앞서 시사한 대로 어떤 케이블 네트워크를 위한 편성은 라디오의 경우와 비슷하고, 또 어떤 경우엔 지상파 텔레비전 편성과 더 유사하다. 예컨대 WGN, TBS와 같은 케이블 네트워크는 지역 방송국으로 시작했는데 자신의 방송을 위성을 통해 배급하면서 전국적 **슈퍼방송국**(super station)이 되었다. 이들 및 이들과 비슷한 네트워크는 흔히, 텔레비전 방송국과 아주 유사하게, 편성 라인업 속에 갖가지 프로그램을 포함시킨다. 그래도, 케이블과 지역 방송국 사이의 주요 차이는 케이블 프로그래머가 지상파 텔레비전에 비해 표적 시청자를 더욱 좁혀 찾는다는 것이다. 라이프타임(Lifetime)의 편성은 여성을, ESPN과 스파이크(Spike)는 남성을, 카툰네트워크(Cartoon Network)와 니켈로디언(Nickelodeon)은 어린이를 대상으로 편성한다. 뉴스, 토크, 여행, 요리, 날씨 같은 단일 유형 콘텐츠에 집중하는 케이블 서비스도 있다. 그러나 전문화된 프로그램 제공자도 수용자를 확대하기 위해 조금은 다양한 포맷을 활용하는 것을 흔히 볼 수 있다. 예컨대, 케이블 네트워크의 거의 모든 경우에 다양한 형태의 다큐멘터리를 자신의 편성표 한 부분에 배치하는 일을 시도해왔다.

편성 전략들은 전통적 방송 편성에서 더 새로운 케이블 방송 내지 협송(narrowcasting)의 형태에 이르는 연속체 위에 늘어놓고 볼 수 있다. 각 방송 조직의 편성 패턴 사이의 구분은 텔레비전의 역사 대부분을 통해 상대적으로 잘 유지돼왔지만, 프로그래머 가운데는 대안적 접근을 시도하고 있는 이들도 있다. 예컨대 지상파 방송사들은 인기 있는 프로그램을 같은 주에 재방송하는 것과 같은, 공공 텔레비전이나 케이블에서 유래한 편성 모형을 사용한다. 어떤 네트워크 제작 프로그램은 첫 방송이 나간 직후에 케이블 채널에서 — 대개 계열화되어 있는 케이블 네트워크에서 — 재방송된다. 상황은 더욱 복잡해지는데, 다양한 녹화 기술과 주문형 기술로 자기 나름의 맞춤 편성을 할 수 있게 되는 쪽으로 시청자의 권능이 커짐에 따라 프로그래머의 역할이 완전히 바뀌게 될 것 같다. HBO나 쇼타임(Showtime) 같은 프로그램 제공사는 광고 시간 판매를 위한 수용자 추정치가 필요 없지만, 유료 케이블의 시청률은 아직 가치가 있는 상품이다. 높은 시청률은 미디어 비평가, 대중문화 분석가, 기자, 잠재적 가입자, 중요하게는 탈케이블 합동형 판매 프로그램에 대한 권리의 구매에 관심이 있는 미디어 창구의 주의를 불러일으킨다. 〈소프라노스〉 같은 일부 케이블 연속물이 어떤 지상파 경쟁자보다 더 높은 시청률을 얻으면 할리우드와 월가의 주의를 끈다. 성공적 제작물에 쏟은 노력은 새로운 프로그램에 재투자할 수입을 낳는다.

유료 케이블의 사업 모형은 한 가구에 최소 한 명의 가입자를 모집해서 매년 가입 계약을 갱신하도록 확신을 심는 일에 달려 있다. 프로그래머들은, 흔히 다른 누가 방송권을 갖기 전에, 극장용 영화를 제공함으로써 편성의 질을 유지한다. 이들은 이렇게 빠른 **배급창**(window)을 다양한 제작 스튜디오와 장기적 관계를 맺음으로써 확보할 수 있다. 이들은 또한 채널의 자체 제작 프로그램에 대한 수요와 버즈를 만들어내는 데 홍보 캠페인도 활용한다. 매년 이어지는, HBO의 에미(Emmy)상 지명은 이들이 이 방면에서 얼마나 성공적으로 해왔는지를 확실히 증명한다.

기본에서 프리미엄에 이르는 케이블 채널이 인기를 얻고 상업 방송 네트워크에서 시청률을 앗아가자 지상파 방송사는 불공정하다고 불평한다. 규제와 사회적 기대가 다르기 때문에 케이블은 지상파 텔레비전에서는 금지된 주제를 다룰 수 있다. 사실 케이블 네트워크의 '각진(edgy)' 콘텐츠는 대개 지상파 텔레비전보다 더 많은 섹스와 폭력을 담고 있다는 것을 의미한다.

3. 인터넷

바로 앞 장에서 본 대로 인터넷은 광고주가 수용자에게 도달할 새 기회들을 만들어냈다. 이는 웹페이지의 콘텐츠가 점점 중요해졌다는 것을 뜻한다. 웹상의 '프로그램 편성'은 가장 간단한 개인 웹페이지에서 가장 세련된 기업 사이트들, 나아가 시청자가 자신의 컴퓨터, 태블릿, 모바일, 텔레비전 화면에서 보는 멀티미디어 프로그램에 이르기까지 그 무엇이나 의미할 수 있다. 많은 라디오 방송국에게 이는 훨씬 더 많은 수용자에 접근할 수 있게 되었음을 의미한다. 대부분의 텔레비전 네트워크 방송사는 원본 방송이 끝나면 바로 그다음 날로 인터넷에 프로그램을, 시청자의 주의를 잡아끌기를 바라는 이전 프로그램들에 잇달아, 올린다.

홀루(Hulu)나 넷플릭스(Netflix)와 같은 사이트는 허가받은 비디오들을 가입자에게 흘려보냄으로써 ― 스트리밍 서비스로 ― 인기를 얻었다. 두 회사 모두 2010년 초에 자체 신작 편성을 목표로 한 거래를 시작했는데, 이는 둘을 전통적 미디어 창구, 특히 유료 케이블과 직접 경쟁하는 상황 속으로 밀어넣었다. HBO와 AMC를 제치고 〈하우스 오브 카드(House of Cards)〉의 제작권을 따낸 넷플릭스는 〈못말리는 패밀리(Arrested Development)〉의 부활 신작을 계획했다. 홀루는 〈배틀그라운드(Battleground)〉와 〈스포일러스(Spoilers)〉와 같은 원작 연속물을 2012년부터 내놓기 시작했다. 새로운 프로그램이 전통적 미디어 창구와 모든 것을 다 펼쳐내는 경쟁으로까지 돌입하게 될지는 두고 볼 일로 남아 있다.

보다 전통적인 전자 미디어와 마찬가지로 인터넷 콘텐츠도 수용자를 처음부터 끌어당기고 그들의 주의를 붙잡도록 기획되어야 한다. 조사연구는, 라디오 청취자와 케이블 텔레비전 시청자가 반복해서 듣고 보는 선호 채널의 집합을 구성하는 것처럼, 인터넷 이용자도 좋아하는 웹 자원의 집합을 구성한다는 것을 시사한다. 그래도 몇 가지 주요한 차이가 있다. 웹 콘텐츠는 이전에는 전혀 불가능했던 방식으로 개인화할 수 있다. 이용자가 쿠키를 자신의 컴퓨터가 저장하도록 허용하면 이론상, 프로그래머는 매우 개인화된 메시지를 제공할 수 있다 ― 웹 광고주의 관심을 끄는 능력이다. 프로그래머와 제작자가 시청자와 상호 작용하도록 해주는, 인터넷을 통한 즉각적인 되먹임(feedback) 기제도 있다.

더 전통적인 전자 미디어와 웹의 관계는 계속 진화하고 있다. 지상파 네트워크와 방송국은 이미 방송을 통해 도달한 시청자에게 추가 서비스를 ― 웹을 통해 처음 접촉하는 새로운 시청자에게도 같은 서비스를 ― 내놓는 웹사이트를 유지한다. 흔히 이들은 이들 사이트에서 방송 광고의 가치를 키울 광고 기회를 제공한다. 네트워크는 자신의 웹사이트에서 영화 예고편 상영을 시도해왔는데, 영화 스튜디오를 고객으로 둔 매체구매자는 매력적인 선택지라고 여긴다.

인터넷이 어떤 경로로 진화하든, 오래된 미디어와 새 미디어 간에 어떤 연결이 생기든, 수용자 정보의 필요는 틀림없이 존속할 것이다. 여기서도 프로그래머는 인기 최고의 사이트들을 추적하고 특정 수용자들이 높이 평가하는 서비스를 알아내기 위해 시청률과 동일한 유형의 데이터를 필요로 한다.

4. 연구 문제

프로그래머가 시청률 데이터로 답하려는 연구 문제 다수는 판매와 광고 부문 종사자가 묻는 것과, 적어도 표면적으로는, 다르지 않다. 바로 수용자의 규모, 특성, 중복 정도이다. 연구 문제의 이런 수렴은 상업적 미디어의 편성 목적이, 약간의 예외가 있긴 하지만, 광고주에게 넘길 수용자를 끌어모으는 것이기 때문에 놀랄 일이라 하기 어렵다. 그러나 프로그래머가 던지는 이런 질문의 의도는 흔히 매우 다르다. 프로그래머는 수용자를 어떤 추상적 상품으로 간주할 공산은 더 작고 시청률을 '자신의' 수용자가 무엇을 하는지를 보여주는 창으로 간주할 공산은 더 크다. 프로그래머는 프로그램 수용자의 절대 크기뿐만이 아니라 특정 프로그램이 특정 수용자 집단을 끄는 이유와 프로그램의 성과를 개선하기 위해 무엇을 할 수 있는지도 이해해야 한다.

1) 목표 수용자

프로그래머의 가장 중요한 목표가 수용자를 끄는 것이므로 시청률의 가장 뻔한 사용은 이 목표가 달성되었는지 알아내는 것이다. 이런 시청률 사용에서는 표적 수용자 또는 의도된 수용자의 개념을 분명히 하는 것이 중요하다. 어떤 프로그래머도 작은 수용자보다는 큰 쪽을 선호할 것이지만, 자주 인용되는 '수용자 극대화'는 프로그래머의 목표를 부적절하게 표현하는 말이 되곤 한다. 보다 현실적으로, 프로그래머의 목표는 수용자의 규모를 최대화하되 일정한 제약 혹은 한도 내에서 그렇게 하는 것이다. 가장 중요한 제약은 여유 수용자의 규모에 관한 것이다. 이것이 프로그래머가 수용자 점유율에 대해 크게 신경 쓰는 한 가지 이유다. 그러나 여유 수용자 중에 다수를 끌어오는 것마저 프로그래머의 의도와는 거리가 먼 것이 되고 있다. 달리 말해, 프로그래머의 성공 혹은 실패에 대한 판정은 채택되어 있는 편성 전략을 배경으로 할 때 가장 훌륭하게 할 수 있다.

대체로 라디오 프로그래머는, 케이블 네트워크에서 일하는 프로그래머도 점점 더, 잘 정의된 표적 수용자를 키우는 일에 관심이 있다. 경험 있는 라디오 프로그래머는 방송국의 인구통계적 특성을 놀라운 정확도를 가지고 미세하게 조정할 수 있다. 이 중 많은 부분이 특정한 종류의 음악과 토크가 상이한 연령 및 성별의 청취자에게 갖는, 예측 가능한 호소력과 상관 있다. 〈표

표 8-3 라디오 방송국 포맷의 연령대별 평균 4분시 점유율

월-금, 오전 6시-자정, 평균 4분시 개인(12세 이상), 2010년 가을			
개인 35-44세		개인 45-54세	
컨트리 + 뉴컨트리(Country+New Country)	12.2	컨트리 + 뉴컨트리(Country+New Country)	13.1
어번 컨템퍼러리(Urban Contemporary)	9.6	뉴스/토크/정보(News/Talk/Information)	11.8
뉴스/토크/정보(News/Talk/Information)	8.5	어덜트 컨템퍼러리(Adult Contemporary)	10.9
인기 유행가(Pop CHR)	8.0	클래식록(Classic Rock)	8.0
클래식록(Classic Rock)	6.0	고전 히트곡(Classic Hits)	6.8
핫 어덜트 컨템퍼러리(Hot Adult Contemporary)	5.2	어번 어덜트 컨템퍼러리(Urban Adult Contemporary)	5.0
어번 어덜트 컨템퍼러리(Urban Adult Contemporary)	4.4	인기 유행가(Pop CHR)	4.4
전부 스포츠(All Sports)	4.2	전부 스포츠(All Sports)	4.1
고전 히트곡(Classic Hits)	4.2	핫 어덜트 컨템퍼러리(Hot Adult Contemporary)	4.0
멕시칸 리저널(Mexican Regional)	3.9	컨템퍼러리 크리스천(Contemporary Christian)	3.2
컨템퍼러리 크리스천(Contemporary Christian)	3.4	어덜트 히츠 + 80년대 히트곡(Adult Hits+80s Hits)	2.7
리드믹 크리스천(Rhythmic Christian)	3.4	멕시칸 리저널(Mexican Regional)	1.9
액티브록(Active Rock)	3.2	액티브록(Active Rock)	1.7
어덜트 히츠 + 80년대 히트곡(Adult Hits+80s Hits)	3.1	어번 컨템퍼러리(Urban Contemporary)	1.7
어덜트 컨템퍼러리(Adult Contemporary)	3.0	리드믹 크리스천(Rhythmic Christian)	1.6
올터너티브(Alternative)	2.7	올터너티브(Alternative)	1.5

개인 55-64세		개인 65세 이상	
뉴스/토크/정보(News/Talk/Information)	18.4	뉴스/토크/정보(News/Talk/Information)	27.3
컨트리 + 뉴컨트리(Country+New Country)	13.8	컨트리(Country)	15.3
어덜트 컨템퍼러리(Adult Contemporary)	11.0	어덜트 컨템퍼러리(Adult Contemporary)	9.9
고전 히트곡(Classic Hits)	7.8	고전 히트곡(Classic Hits)	4.3
클래식록(Classic Rock)	4.8	전부 스포츠(All Sports)	2.8
어번 어덜트 컨템퍼러리(Urban Adult Contemporary)	4.8		
전부 스포츠(All Sports)	3.9		
핫 어덜트 컨템퍼러리(Hot Adult Contemporary)	2.6		
컨템퍼러리 크리스천(Contemporary Christian)	2.4		
인기 유행가(Pop CHR)	2.2		
어덜트 히츠 + 80년대 히트곡(Adult Hits+80s Hits)	1.9		
멕시칸 리저널(Mexican Regional)	1.3		
어번 컨템퍼러리(Urban Contemporary)	1.0		
리드믹 크리스천(Rhythmic Christian)	0.8		
액티브록(Active Rock)	0.7		
올터너티브(Alternative)	0.7		

주

* 인기 최고인 16개 포맷을 나열.

** 포맷 정의는 라디오 방송국이 아비트론에게 제공. 데이터는 TAPSCAN™Web National Regional Database(2010, 가을).

자료: *Arbitron Radio Today*(2011).

8-3)은 흔한 방송국 포맷들과 상이한 연령대의 수용자에 대한 이들의 총수용자 백분율을 나열한다. 흘러간 노래로 젊은이를 끌어올 수 있으리라고는, 혹은 올터너티브록으로 나이 든 청취자를 끌어올 수 있으리라고는 기대할 수 없다는 것이 분명하다.

텔레비전 프로그래머는 자신의 라디오 동료들처럼, 그 자신이 속한 프로그램 제공사 전체를 특정한 인구통계 집단을 끌어들이는 데 전념케 할 수도 있다. 가장 명백한 예는 고도로 전문화된 케이블 네트워크에서 볼 수 있다. 예컨대 MTV와 니켈로디언(Nickelodeon)은 이들 네트워크의 소유주가 광고주에게 매력적이라고 믿는 특정 연령대 인구를 끌게 편성된다.

다양한 유형의 프로그램을 제공하는 전통적 텔레비전 방송국조차 프로그램 수용자의 크기와 구성을 채택된 편성 전략별로 조사해봐야 한다. 흔한 전략 하나가 **대응 편성**(counterprogramming)이라고 불리는 것이다. 이 전략의 사례는 어떤 방송국이나 네트워크가 자신의 주요 경쟁자가 제시하는 프로그램과는 확실히 다른 종류의 매력을 가진 프로그램을 편성할 때 생긴다. 예컨대 독립 방송국은 해당 시장의 네트워크 가맹사가 지역 뉴스를 방송할 때 시트콤 같은 가벼운 여흥을 보여주는 경향이 있다. 이런 독립 방송국들은, 흔히 나이든, 전형적인 뉴스 시청자에게 매력적이고자 하는 것이 아니므로, 이들의 시청률도 그에 맞추어 평가되어야 마땅하다. 프로그래머는 해당 시장의 다른 방송국이 다루는 특별 이벤트에 관심이 없는 시청자를 끌기 위해 깜짝 대응 편성을 할 수도 있다. 예컨대, 시카고의 한 방송국은 신정에 벌어지는 대학 미식축구 경기('~볼'이라고 부른다) 중계와 경쟁하기 위해 **결혼볼**(The Marriage Bowl)이라고 명명한 로맨스 연속 편성을 방송했다.

의도한 수용자를 모을 확률을 높이는 한 가지 방법이 프로그램 예고 방송을 활용하는 것이다. 시청률 데이터는 유사한 인구통계적 특성을 가진 프로그램들을 식별하는 데 매우 유용할 수 있는데 특정 시청자 집단에게 매력적일 프로그램의 홍보용 예고 방송을 바로 그 표적 시청자 집단이 시청하는 시간에 편성할 수 있게 해줄 정도다.

비영리 미디어도 수용자 끌어당기기에 신경을 쓴다. 미국의 공공 방송사나 세계의 공공 서비스 방송사나 자신의 존재를 궁극적으로 정당화하는 것은 수용자에 대한 서비스를 통해서라는 것이다. 이런 정당화는 오직 수용자가 식별되고 측정될 때 가능하다. 그래서 많은 공공 방송국도 시청률을 이용한다. 전국공공라디오(NPR: National Public Radio)는 공공방송진흥법인(CPB: Corporation for Public Broadcasting)과 함께 1979년부터 수용자 추정치를 NPR 방송국들에게 제공해왔다. PBS(Public Broadcasting Service: 공공방송서비스)는 자신의 프로그램 편성 가운데 큰 부분을 비영리 방송국에 배급하는데 편성의 매력 정도를 판단하기 위해 매년 몇 달 동안 전국적 시청률 제공 서비스에 가입한다. 그리고 많은 개별 방송국이 닐슨에 직접 가입하거나 닐슨 데이터를 분석해주는 조사연구 상담역을 통해 간접적으로 가입한다.

공공 방송사는 전통적 의미의 광고 스폰서는 없지만 자신의 수용자에게 도달하는 것에, 심지어는 수용자를 극대화하는 것에도 신경을 크게 쓴다. 우선 하나만 들자면, 편성에 쓸 돈을 조달하는 많은 조직이 자신의 프로그램과 후원자 고지를 둘 다 보는 사람이 누군지에 관심이 있다. 시청자가 많을수록 재원 조달 기구는 행복하다. 나아가 공공 방송국은 시청자의 기부에 크게 의존한다. 수용자에 포함돼야 재원 조달에 관해서도 듣게 될 터이다. 그래서 많은 공공 텔레비전 방송사는 자신의 큠과 시청률에 상당한 주의를 기울인다.

심지어는 모금에 아무런 관심이 없다 해도, 공공 방송국 프로그래머가 '어떻게 하면 우리 방송국 다큐멘터리의 노출을 극대화할 수 있을까?'와 같은 질문을 하는 것은 당연하다. 다큐멘터리와 '~하는 법' 프로그램은 흔히, 프라임타임에 처음 방송될 때에 비해 주말 낮 시간대나 심야 시간대에 재방송될 때 같거나 더 높은 시청률을 얻을 수 있다. 수용자 시청률 데이터를 주의 깊게 분석하면 표적 수용자의 최대 다수가 시청할 여유를 갖는 때나 의도한 수용자가 프로그램을 실제 시청했는지의 여부를 드러낼 수 있다.

2) 채널 충성도

'몰입' 개념과 비슷하게 수용자 충성도 다양한 사람들에게 서로 다른 것을 뜻하기 때문에 정확히 정의하기가 어렵다. 대체로 **채널 충성도**(channel loyalty)는 수용자 구성원이 특정한 방송국, 네트워크, 프로그램, 또는 웹사이트를 고수하거나 거기로 돌아오는 정도이다. 충성은 시간을 두고 자신을 드러내는 무엇이다. 이 말이 함축하는 그 모든 긍정적인 심상에도 불구하고 수용자 충성도는 광고 시간 구매자에게 가장 값진 속성인 수용자 크기와는 크게 다르다는 것을 지적해야 하겠다. 프로그래머는 몇 가지 이유로 수용자 충성도에 관심을 갖는다. 첫째, 가장 일반적인 의미로 그것은 자신의 수용자들에 대해, 그리고 이들이 제시된 편성 프로그램을 어떻게 소비하는지에 대해 보다 나은 감을 갖게 해준다. 이 감 내지 앎은 여타의 편성표 결정에서 안내 역할을 한다. 둘째, 수용자 충성도는 도달률과 빈도와 같은 광고 관련 개념에 밀접하게 연관되어 있고, 그래서 수용자가 팔리는 방식에 영향을 미칠 수 있다. 마지막으로, 자신의 수용자를, 흔히는 보다 효과적인 홍보 수단의 사용을 통해, 어떻게 구축하고 유지할지에 대해 중요한 단서를 제공할 수 있다.

라디오 프로그래머는 수용자 충성도를 평가하는 데 몇 가지 간단한 시청률 데이터 연산을 활용한다. 라디오 청취가 집중되는 시간은 사람들이 깨어나 하루를 준비하는 아침이지만 청취자들은 하루 중에 몇 번 더 라디오를 켜고 끈다. 이들은 차 안에서나 일터에서도 청취한다. 시청률 수준을 유지하기 위해 라디오 방송국은 되도록 자주 자신의 채널에 맞추도록, 되도록 오래 청취하도록 만들어야 한다. 라디오 프로그래머는 이런 청취자 행태를 모니터하는 데 **청취 소비 시간**(TSL: time spent listening)과 **교체율**(turnover)이라는 연관된 측정치 둘을 쓴다. 라디오 책자에 있는 평균 시청률과 큠 시청률에 근거한 단순한 공식을 이용해서 어느 시간대 어느 방송국에 대해서건 TSL을 계산할 수 있다. 교체율은 평균 수용자에 대한 큠 수용자의 비율로 이는 기본적으로 TSL의 역수다.

어느 라디오 방송국을 틀어도 이들 방송국이 청취자를 붙잡기 위해 하는 노력에 어떤 것이 있는지 – 갑작스런 노래나 다른 것의 이름 대기, 경연 진행, 몇 곡을 광고 없이 연속으로 들려주기를 – 접할 수 있다. 프로그래머에게 이런 실무 요령은 **4분시 유지**(quarter-hour maintenance)가 그 목적이다. 즉, 청취자를 15분 한 단위에서 다음 단위로 계속 붙잡아 두려는 것이다. 이 15분 단위는 중요한데, 그것은 이 단위가 일기식 조사 시장에서 시청률 산출과 보고에 사용되는 기본 단위이기 때문이다. 프로그래머는 TSL과 수용자 교체율을 추적함으로써 수용자를 얼마나 잘 붙잡고 있는지 알 수 있다.

TSL의 중요도는 방송국의 구체적인 포맷에 따라 변한다. 모두가 자신의 청취자를 가능하면 더 오래 붙잡고 싶어 하지만, 그 가능성은 컨트리, 어번, 스페인어, 또는 종교와 같은 보다 전문화된 포맷에서 – 유사한 방송국이 해당 시장에 상당수 있다면 수용자를 나누게 되겠으나 – 커진다.

라디오 편성에서 흔한 또 다른 충성도 측정치는 **재생률**(recycling)이다. 시청률 책자는 아침 운전 시간대 수용자와 오후 운전 시간대 수용자를 합친 방송국 수용자도 보고하기 때문에 두 시간대 양쪽 모두에서 청취한 사람의 수를 구하는 것이 가능하다. 이는 유용한 통찰이 될 수 있다. 예컨대 그 수가 상대적으로 작다면, 방송국은 양쪽에 비슷한 편성을 하거나 예고 방송 같은 홍보를 늘릴 수 있을 것이다.

동일한 기본적 연구 문제가 텔레비전 프로그래머에게도 적실하다. 이른 저녁 뉴스를 특정 방송국 채널에서 보는 사람이 그 방송국의 심야 뉴스로 돌아올까? 만일 아니오가 답이라면, 특히 이른 저녁 뉴스가 성공적인데도 그렇다면, 이른 저녁 뉴스 수용자에게 심야 뉴스를 홍보하는 것이 합리적이겠다.

3) 타 채널·프로그램 이용

어찌 보면 이것은 직전 질문의 역일 뿐이다. 방송을 듣되 딱 하나만 듣는 사람이 있긴 해도 수용자 구성원이 이 방송 저 방송 바꿔 듣는 것이 보다 흔한 일이다. 라디오에 관해서 우리는 두 방송국이 똑같게 편성하거나 같은 수용자에 도달하는 일은 없음을 살펴보았지만, 큰 시장에서 몇몇 방송국의 포맷이 매우 유사하거나 보완적일 수는 있다. 예컨대 아침에는 뉴스와 정보 프로그램에 끌리던 청취자가 귀가 운전에서는 보다 편안한 '라이트록(lite rock)'을 선호할 수 있고, 그래서 서로 다른 두 방송을 거의 균등하게 이용할 수 있다. 아침에는 그 방송국의 소위 '충격 진행자(shock jock)'를 좋아하지 않을지 모르지만 오후에는 또 다른 희극적인 입담꾼에 끌리는 청취자도 있다. 이유가 무엇이든, 많은 사람이 매일 적어도 두 개의 방송을 듣는다. 프로그래머는 자신의 청취자 다수가 한 주에 네댓 개의 다른 방송을 듣는다는 것을 안다. 라디오 청취자는 예컨대 아침 뉴스나 밤의 재즈 같이 상이한 포맷을 선택하는 선호 시간대가 있을 수 있다. 프로그래머로서 타 방송국 이용을 평가할수 있다는 것이 중요하다.

가장 큰 시장에서 방송국 하나는 수용자가 이용 가능한 60개 또는 그 이상의 라디오 신호들 가운데 하나일 수 있다. 그러나 대부분의 프로그래머에게 가장 중요한 경쟁자는 비슷한 표적 시청자에게 도달하려는 타 방송국들이다. 이들은 유사 포맷을 가진 방송국일 공산이 크다. 일반적으로 광고주는 자신이 좋는 특정 인구통계적 표적에 도달하기 위해 매체 구매를 방송국 한두 개 선에서 할 뿐이다. 자신의 청취자가 나머지 청취 시간을 어디에서 보내는지 되도록 정확히 아는 것이 매우 중요하다.

시청률 정보의 이용과 몇 가지 표 분석이 청취자를 공유하는 다른 모든 방송국의 정체를 알게 해줄 것이다. 두 가지 유형의 정보가 가장 적실하다. 첫째는 **배타적 큠**(exclusive cume), 특정 시간대에 하나의 방송만을 들었던 사람의 수이다. 이것이 실제로는 방송국 충성도 측정치이지만 큠 합계와 비교되면 경쟁 방송국도 이용한 방송국 수용자의 비율을 드러낸다. 그러나 그 방송국이 구체적으로 어딘지는 이야기하지 않는다. 이 정보는 **큠 중복**(cume duplication)이라고 불리는 통계량을 통해 알려지는데, 이는 한 방송국의 수용자가 같은 시장 내 기타 방송국 각각도 청취하는 정도를 드러낸다.

많은 청취자에게 대부분의 시간에 귀 기울이는 선호 방송이 있지만, 청취자는 그와 비슷한 포맷의 다른 방송국도 시도해보거나 또는 전혀 다른 무엇을 시도해볼 수 있다. 방송국 사이에 겹치는 수용자가 그다지도 많다는 것은 청취자의 취향이 단일하지 않다는 것과 하루 중 혹은 주중의 상이한 시간대에 상이한 편성을 좋아할 수도 있음을 시사한다. 그러나 비슷한 종류의 호소력을 갖는 방송국들끼리 청취자를 가장 많이 공유한다는 것은 명백하다.

가정에서 듣는 이들이 상이한 방송에 주파수를 어떻게 맞추는지 자세히 들여다보기 위해 프로그래머는 아비트론의 맥시마이저(Maximi$er) 같은 컴퓨터 프로그램을 이용해서 자신의 방송 주파수에 맞춰 트는 수용자 행동을 검토할 수 있다. 조사연구자는 이 컴퓨터 프로그램을 해당 방송국을 포함해 어느 방송국이든 방송을 청취한 표본 구성원을 모든 인구통계적 범주를 기준으로 계산표에 정돈하는 데 이용할 수 있다. 우리 청취자가 어떤 타 방송을 듣는지, 언제 그럴 가능성이 큰지 알 수 있다. 큠 수용자가 우리 방송을 자신의 일차적인 채널로 이용했는지 아니면 간헐적으로만 들었는지도 알아낼 수 있다. 나아가 저 컴퓨터 프로그램은 보고된 청취자 각자의 인구통계적 정보와 거주지 우편 번호 정보도 제공한다. 우편 번호 데이터는 흔히 방송국이 자신의 신호 통달 지역 내의 공백을 발견하는 데, 혹은 광고를 ─ 예를 들어 광고판을 ─ 배치할 지역을 발견하는 데 쓰인다. 인구통계적 변수와 여타의 라이프스타일 및 소비 관련 변수에 근거하여, 내놓을 수 있는 청취자가 어떤 유형인지 정밀하게 보여주는 프레젠테이션을 각 광고주에 맞춰 조정할 수도 있다.

이런 종류의 정보는 라디오 방송국은 물론이고 텔레비전 조직에도 값지다. 사실 평균적 시청자는 평균적 청취자가 이용하는 방송국보다 의심할 바 없이 더 많은 수의 채널을 이용한다. 프로그래머는 상이한 종류의 시청자가 들어오는 때를 인지함으로써 자신의 방송국 판촉 수단을 가장 효과적으로 구사할 수 있다. 종종 이는 마치 광고주처럼 수용자의 지리인구통계에 주목한다는 것을 의미할 것이다. 그러나 경쟁자의 프로그램을 시청하는 사람이 언제 자신의 방송을 보는지를 인지하는 것이 특히 중요하다. 이때가 홍보 메시지로 이런 시청자를 끌 완벽한 기회일 수 있다.

4) 편성 같은 구조적 요인이 프로그램 수용자 형성에 미치는 영향

텔레비전 프로그래머가 씨름해야 하는 반복되는 문제의 하나가 특정 프로그램을 어떻게 편성할 것이냐다. 편성 관련 요인은 프로그램 취득 당시에 고려되는 것이 상례다. 사실 합동형 교환을 통해 팔리는 프로그램 중에는 특정 시간에 방송할 것을 요구하는 것도 있다. 7장에서 본 바와 같이, 이는 합동형 프로그램 판매자가 광고 판매도 하기 때문이고 특정한 편성 조건이 충족되는 한에서만 광고주가 원하는 수용자를 건네줄 수 있기 때문이다. 어쨌건 한 프로그램이 언제 어떻게 편성되느냐는 누가 시청하느냐에 상당한 영향을 끼칠 터이다.

프로그래머는 어떻게 자신의 프로그램을 편성할지에 대한 안내로서 수 가지의 다른 이론(사실은 단지 전략)에 의존한다. 학도들에게는 불행히도, 이런 이론의 가짓수는 프로그래머 수만큼이나 많다. 이런 의견 가운데 소수는 시청률 데이터의 분석을 통해 체계적으로 조사돼왔거나 조사될 수 있을 것이다. 다음은 보다 친숙한 편성 전략에 속하는 것이다.

유입(lead-in) 전략은 가장 흔하고 또 가장 철저히 연구된 전략이다. 기본적으로 이 편성 이론은 다른 프로그램에 선행하거나 또는 그것으로 유입하는 프로그램은 그다음 프로그램의 수용자 형성에 영향을 줄 것이라고 규정한다. 선행 프로그램 시청률이 높으면 다음 프로그램이 혜택을 볼 것이다. 역으로 전자가 시청률이 낮으면 후자를 불리하게 만들 것이다. 이 관계는 동일한 시청자가 수상기가 켜진 그대로 머무는 경향이 있어 후자가 수용자를 상속받기 때문에 존재한다. 사실 수용자 행태상의 이런 특징은 **상속 효과**(inheritance effect)라고 부르기도 한다(Webster and Phalen, 1997을 보라). 데이비드 레터먼의 〈레이트쇼(The Late Show)〉와 제이 레노의 〈더투나이트쇼(The Tonight Show)〉 사이의 시청률 차이는 부분적으로, 선행 프로그램들의 시청률이 다르기 때문이라고 여겨진다.

네트워크 프로그래머는 자신의 편성표 내 유입 전략뿐 아니라 가맹사 뉴스 프로그램에 대한 프라임타임 유입 효과의 강도도 고려해야 한다. 2009년 NBC는 〈레노(Leno)〉를 밤 10시에 편성하면서 그 특유의(그리고 비용이 덜 드는) 콘텐츠가 타 네트워크의, 극본에 기초한 프로그램과 좀 더 효과적으로 경쟁할 것이라고 기대했다. 그러나 그 기간의 NBC 수용자 시청률은 하락했고, 가맹사는 약해진 유입이 지역 뉴스 시청률에 타격을 준다고 불평했다. 6개월이 되지 않아 레노는 밤 11시 35분의 〈더투나이트쇼〉로 되돌아갔다. 저녁이른 뉴스도 〈오프라윈프리쇼(The Ophra Winfrey Show)〉가 종영됐을 때 같은 종류의 손실을 경험했다. ABC 가맹사들은 자체 뉴스에의 강한 유입에 익숙해져 있었는데 갑자기 동시간대 시청률이 급격하게 하락했던 것이다.

상속 효과에 의존하는 또 다른 전략이 **해머킹**(hammocking)이다. 이름에서 풍기듯이 해머킹은 상대적으로 약한, 혹은 이력이 없는 프로그램의 시청률을 강력한 프로그램 둘 사이에 [해먹처럼] '걸침'으로써 향상시키려는 기법이다. 원리상 두 번째 프로그램은 첫 번째 프로그램의 유입 효과를 누리는데, 여기에 세 번째 프로그램을 보기 위해 그대로 머물도록 하는 유인이 더해진다. CBS는 이 전략을 써서 〈투 브로크 걸즈(2 Broke Girls)〉를 성공적인 희극물인 〈내가 그녀를 만났을 때(How I Met Your Mother)〉와 〈세 남자의 동거(Two and a Half Men)〉 사이에 편성했다. 비슷하게, ABC의 〈서버가토리(Suburgatory)〉는 인기 코미디, 〈더 미들(The Middle)〉과 〈모던 패밀리(Modern Family)〉의 중간에 자리하는 혜택을 입었다. 해머킹은 각 프로그램에서 후속 프로그램에 대한 예고를 방영할 때 특히 효과적이다.

블록 편성(block programming)은 하나의 프로그램에서 다른 프로그램으로 수용자를 상속하려는 다른 또 하나의 기법이다. 블록 편성에서는 동일한 일반 유형의 몇몇 프로그램이 연속으로 편성된다. 그 이론은 만일 시청자가 어떤 유형의 프로그램 하나를 좋아한다면 동형 프로그램 둘, 셋, 또는 넷을 보기 위해 머물 수도 있으리라는 것이다. 지상파 공공 방송국은 '~하는 법' 프로그램을 집단으로 편성해 주말 수용자를 쌓는 블록 편성 전략을 사용해왔다. 많은 경우, 이런 프로그램 블록은 공공 방송국에 최고 수준의 시청률을 가져다주었다. 블록 편성의 변주 하나는 여유 수용자의 구성이 변하는 추이를 따라 프로그램 유형을 서서히 바꾸는 것이다. 예컨대, 방송국은 학교가 끝나는 오후 중반, 만화영화로 어린이를 겨냥하는 것에서 시작할 수 있다. 점점 더 많은 성인이 수용자로 진입하면서는 성인 대상 프로그램으로 점차 편성을 전환해 지역 뉴스에 대한 적절한 유입을 만들 것이다. TV랜드(TVLand) 같은 기본 케이블 채널은 블록 편성과 닮은 '깜짝 편성'을 가끔 한다. 예컨대 어떤 연속 프로그램의 전부 내지 대다수가 며칠을 두고 방송되는 마라톤 편성을 할 수 있다. 미니-마라톤은 연속 프로그램 하나에서 6시간 혹은 그보다 많은 분량을 뽑아 보여줄 것이다.

여기서 묘사된 모든 전략은 프로그램이 모여 형성하는 **수용자 흐름**(audience flow)을 활용하거나 미세조정하려는 시도이다. 그런데 이런 편성 원리 다수는 1930년대 초 시청률이 최초로 집성된 뒤 곧 인식됐다. 그때도 지금처럼, 시청률 데이터의 분석은 프로그래머들이 편성 전략의 성공과 실패를 들여다볼 수 있게 해주었다. 기본적으로 이는 수용자 구성원을 시간을 두고 추적하는 것(6장에서 논의한 누적 측정)을 뜻한다. 개념적으로, 이 일을 하는 데 필요한 분석 기법은 한 방송국 수용자의 충성도 혹은 '불충도'를 들여다보는 데 쓰는 것과 똑같다.

〈그림 8-1〉은 ABC의 수요일 밤 편성을 위해 18~34세 성인 수용자를 분석한 흐름 연구의 결과다. 첫 줄은 수용자 흐름의 원천을 식별하고, 화살표가 상자 각각을 둘째 줄의 대응 프로그램으로 연결한다. 셋째 줄은 ABC의 프로그램 각각을 본 후에 어디로 갔는지를 식별한다. 프로그램 사이의 수평 화살표는 앞 프로그램 수용자의 얼마나 큰 부분이 다음 프로그램을 보기 위해 ABC에 남았는지를 백분율과 시청률 점수로 말해준다.

이 차트는 예컨대 〈더 미들〉의 수용자 가운데 71%가 〈서버가토리〉를 보느라 남아 있었고, 따라서 후자의 시청률 점수 1.5 가운데 1.0을 기여했음을 말해준다. 이는 다른 질문을 제기한다. 첫째, 〈더 미들〉의 시청자 가운데 29%(시청률 점수 0.4)는 어디로 갔는가? 〈더 미들〉에서 '빠진' 0.4점을 몇몇 상이한 프로그램이 나눠 가졌고 그중 0.07은 텔레비전을 껐다는 것을 맨 아래 줄 수치가 말해준다. 둘째, 〈서버가토리〉가 자신의 유입 프로그램에서 전달받지 않은 시청률 0.5점은 어디에서 얻은 것인가? 그 답을 찾기 위해 우리는 〈서버가토리〉로 향하는 맨 위 줄 화살표에 주목한다. 그 0.5점은 몇몇 상이한 프로그램에서 왔지만, 제일 큰 부분은 오후 8시 30분에 텔레비전을 켜

그림 8-1 ABC 수요일 수용자 흐름, 성인 18-34세

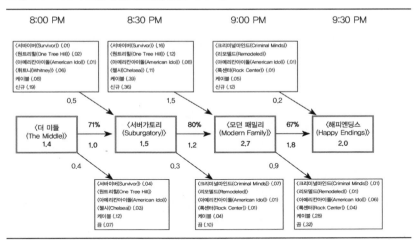

자료 출처: 닐슨사 데이터(성인 18~34세, 실시간 시청, 2012년 2월 15일 및 22일)를 분석 재료로 쓴 Turner Research.

고 들어온 사람들이다(이 프로그램의 시청률 0.19점은 새로 컨 신규 시청자에서 왔다).

5) 방송의 지속 여부: 프로그램의 비용이 편익을 초과할 때

궁극적으로 편성 결정은 미디어의 재원에 기초해야 한다. 새로운 방송국이나 네트워크의 운영 시작 단계에서는 손해 보는 운영이 예측될 수도 있으나, 장기적으로는 편성 비용이 편성이 산출하는 수입을 초과해서는 안 된다. 이 엄중한 경제적 현실은 새로운 편성 프로그램이 취득될 때나 기존 편성이 취소돼야 할 때 프로그래머의 고려에 들어온다. 시청률은 하나의 프로그램이 얻는 수입을 판단하는 데 중요한 영향을 끼치므로 편성 결정의 손익을 잘 따져보는 데 중요한 도구이다.

방송국이 새로운 텔레비전 프로그램의 가능성을 평가할 때, 합동형 판매이건 지역 자체 제작이건, 그것이 편성될 시간대에 편성돼 있는 프로그램의 시청률에서 시작하는 것이 보통이다. 분석가는 현 시청률과 방송국 광고 요율에 기초해서 그것이 방송되는 기간에 산출될 수 있을 수입을 계산한다. 새로운 프로그램 수용자의 크기와 구성을 둘러싼 불확실성을 포함하여 많은 요인이 프로그램이 산출하는 수입에 영향을 끼치기 때문에 이는 매우 복잡할 수 있다.

프로그래머가, 취득할 프로그램을 평가하는 중이 아니라면, 그것은 언제 프로그램을 내려야 할지를 걱정해야 하는 순간인지 모른다. 시청률 관련 보도의 많은 부분이, 흔히 목소리가 큰, 소수의 수용자 부류가 아주 좋아하는 특정 프로그램을 내리려는 네트워크 결정에 관한 것이다. 보통은 취득 또는 제작 비용이 수입 창출 가능성을 초과할 때 프로그램은 막을 내릴 것이다.

프라임타임 1시간 편성 비용은 꾸준히 증가해왔다. 오늘날 프라임타임 1시간짜리 드라마의 제작 비용은 백만 달러를 쉽게 넘길 수 있다. 〈테라노바(Terra Nova)〉는 2011~2012년 시즌을 위해 스티븐 스필버그(Steven Spielberg)가 제작한, 공룡으로 가득한 시리즈인데 한 회 비용이 4백만 달러로 추산된다(Dumenco, 2011). 상당히 좋은 시청률(성인 18~49세, 3.6점)에도 불구하고 비용 때문에, 폭스(Fox)는 한 시즌 만에 종방시켰다. 그래도 관례상 시청률이 어떤 시리즈가 갱신될지에 대한 결정에 직접적 영향을 주지는 못한다. 그리고 수용자 파편화가 점점 심해지면서 '종방 기준'이 낮아져왔다. 1970년대 중반에 네트워크는 시청률이 10점대 후반이면 종영시키곤 했다. 1990년대 중반이 되면 시청률이 10점대 전반이어도 편성에서 살아남는다(다음을 보라: Atkin and Litman, 1986; Hwang, 1998). 오늘날은 10위 안에 드는 프로그램마저도 두 자리 수 시청률을 꾸준히 내지는 못한다. ABC, CBS, NBC의 프라임타임 평균 가구 시청률은 6.0과 9.0 사이다. 사실 현재는 많은 지상파 네트워크 프로그램이 2.0에서 4.0 사이의 시청률을 기록하고도 살아남는다.

낮아지는 시청률은 시청자의 주의를 둘러싼 격화된 경쟁의 결과인데 몇 가지 이유로 용납될 수 있다. 첫째, 텔레비전 수용자의 전체 규모가 증가하여, 시청률 1점이 더 많은 시청자를 의미한다. 둘째, CPM이 증가했다. 셋째, 이제는 FCC가 네트워크 방송사들이 방송하는 프로그램을 스스로가 소유할 수 있게 허용하는데, 이는 방송사들이 탈네트워크 프로그램의 합동형 판매 수입을 올릴 수 있게 해준다. 넷째, 시청률은, 〈테라노바〉가 예시하듯이, 제작 비용과 함께 평가하지 않으면 손익 판단에 대해 크게 이야기하는 것이 없다.

편성은 아마 과거 어느 때보다도 어려운 일이 됐다. 전자 미디어 사이의 경쟁은 과거 어느 때보다 격화돼서 수용자를 형성하고 유지하는 일을 더욱 어렵게 한다. 특히 텔레비전 프로그래머는 더 많은 방송국, 더 많은 네트워크, 더 새로운 기술을 다뤄야 한다. 이런 도전에 직면함에 따라 프로그래머는 수용자들과 그들의 미디어 이용을 이해하기 위해 시청률 분석에 계속 의존할 것이다.

Carrol, R. L. and Davis, D. M. 1993. *Electronic media programming: Strategies and decision making.* New York: McGraw Hill.

Eastman, S. T. and Ferguson, D. A. 2013. *Media programming: Strategies and practices*, 9th ed. Boston, MA: Wadsworth.

Ettema, J. S. and Whitney, C. D(eds.). 1982. *Individuals in mass media organizations: Creativity and constraint.* Beverly Hills, CA: Sage.

Fletcher, J. E(ed.). 1981. *Handbook of radio and TV broadcasting: Research procedures in audience, program, and revenues.* New York: Van Nostrand Reinhold.

Fletcher, J. E. 1987. *Music and program research.* Washington, DC: National Association of Broadcasting.

Gitlin, T. 1983. *Inside prime time.* New York: Pantheon Books.

Lotz, A(ed.). 2009. *Beyond prime time: Television programming in the post-network era.* New York: Routledge.

MacFarland, D. T. 1997. *Future radio programming strategies: Cultivating listenership in the digital age*, 2nd ed. Mahwah, NJ: Lawrence Erlbaum Associates.

Newcomb, H. and Alley, R. S. 1983. *The producer's medium.* New York: Oxford University Press.

재무 분석과 수용자 연구

수용자 데이터의 가장 명백한 이용 분야가 광고 판매와 편성이지만, 시청률은 미디어 시장을 분석하는 재무관리자와 경제학자에게도 도움이 된다. 사실 미디어 분석가는 미래 수용자를 추정하지 않으면 미래 수입에 대한 추정도 할 수 없다.

수용자라는 상거래 대상의 가치가 여기까지 와서는 명백해 보여야 마땅하다. 수용자는 미디어의 수익 창출 능력에 결정적 요소이고, 특정 미디어 운영자의 성공과 실패를 자주 가른다. 수용자 상품의 주된 지표로서 시청률 데이터는 산업 경제학의 보다 이론적인 연구에서는 물론이고 매일의 재무 계획에서도 흔히 사용된다. 이런 응용에서 수용자 정보는 광고주나 프로그래머가 제기하는 것과는 조금 다른 문제에 답하는 데 활용된다.

1. 문제의 윤곽과 초점

미디어 소유주와 경영자는 시청률 데이터의 재무적 함의에 대해 가장 직접적으로 신경을 쓴다. 광고주가 뒷받침하는 미디어는 이윤을 추구하는 사업의 영역에 있고 이윤 창출을 위해 비용 지출은 최소화하면서 수입은 극대화하려고 한다. 우리는 이미 영리적 동기가 어떻게 편성 결정에 영향을 주는지 본 바 있다. 그러나 사업상의 비용 지출은 임금, 기업 부채에 대한 이자 지급, 허다한 통상적인 예산 항목을 포함한다. 비용 지출을 축소하면 이윤은 늘어나지만, 비용 삭감에는 한계가 있다. 수익성 향상의 다른 유일한 방법은 수입을 늘리는 것이다.

상업적 미디어의 수입 향상은 일반적으로, 광고 판매 수입을 증가시킨다는 것을 의미한다. 지상파 방송국은 사실상 전적으로 광고 시간 판매에서 수입을 만든다. 라디오에서 이런 수입의 대부분은 지역 광고에서 나온다. 한편, 텔레비전에서 지역 광고와 전국 광고 수입 사이의 배분은 유동적이다. 어떤 방송국은, 특히 큰 시장에서, 양쪽에서 나오는 수입이 거의 같겠지만, 어떤 방송국은 전국보다는 지역 광고에 더 많이 의존한다. 네트워크도 — 케이블 네트워크의 경우는 대개 지역 케이블 시스템으로부터의 직불 수입이 보태지지만 — 광고 수입에 크게 의존한다. 그리고 합동형 프로그램 판매자는 교환 광고 시간을 전국 광고주에게 팔아 상당한 수입을 실현할 수 있다.

미디어 회사를 위해 일하는 이들에게도 수용자 사고팔기에 직접적으로 연루되지 않은 이들에게도 미디어 시장의 재무 분석은 관심사다. 미디어 조직은 일반적으로 사업상 결정의 계획, 점검, 평가를 목적으로 하는 현황 분석을 수행하는 재무 부서를 별도로 두고 있다. 이들 분석가는 시청률을 평가하고 예측하는 데 조사연구 부서의 전문성에 크게 의존한다. 월가의 분석가는 투자 평가를 위해 미디어 기업의 앞으로의 재무 건전성을 추정한다. 전국방송사협회(NAB: National Association of Broadcasters), 전국케이블및원격통신협회 (NCTA: National Cable & Telecommunication Association), 상호작용광고국(IAB: Interactive Advertising Bureau) 같은 업계 조직은 각 업계의 경제적 건전성을 평가하기 위해서나 소속 회원을 위한 로비를 하기 위해 재무 분석 작업을 한다. 업계와 학계에서 온 경제학자는 미디어 시장의 경제적 거래의 성격을 들여다본다. 그리고 FCC 같은 정책 기관은 자신의 정책이 시장에 미치는 영향을 알아보기 위해 재무 분석을 수행한다.

우리는 기업의 재무관리자에게 특징적인 보다 실질적인 질문을 우선 고려한다. 우리의 목표는 다른 곳에서 이루어진 것(예컨대 Albarran, 2010, 2012)처럼 재무 관리의 세부를 설명하는 데보다는, 재무 계획에서 수용자 시청률이 갖는 결정적 중요성을 보여주는 데 있다. 물론, 과정과 절차의 세부는 기업에 따라, 심지어는 기업 내 부서에 따라서도 달라진다. 우리는 조직 사이의 이런 차이에도 불구하고 대강을 유지하는 요인에 보다 큰 관심을 둠으로써 독자가, 분석의 특정 포맷보다는, 개념들에 초점을 맞출 수 있도록 할 것이다.

미디어 경영 조직 내부에서 재무 분석은 모든 기능적 영역에 공통적이다. 예컨대, 판매 부서는 광고 수입을 내다보면서 광고 시간의 가격을 책정하고, 편성 부서는 프로그램의 비용과 수입 잠재력을 분석한다. 한 부서에서 내린 결정이 다른 부서의 결정에 영향을 주기 때문에 이들 두 부서는 함께 일해야 한다. 그러나 각자는 서로 크게 다른 전문성과 상이한 우선순위를 가지고 기여한다. 재무 부서는 특유의 분석과 재무적 예측을 산출하느라 흔히 조직 내 모든 영역으로부터 온 정보를 이용할 터이다. 라디오 및 텔레비전 업계에 널리 퍼진 합병 현상으로 더 자주 일어나고 있는 바와 같이 어떤 미디어 조직이 대규모 기업 그룹에 속하게 되면, 대기업 재무 부서가 그 조직의 운영과정에 영향을 미친다. 우리는 나중에 이 장에서 합병이 재무 계획 수립에 미치는 영향에 대해 더 많은 이야기를 할 것이다.

닐슨과 아비트론 같은 서비스 제공자에게서 나오는 양화된 보고서는 재무 분석가에게 가장 중요한 수용자 데이터를 제공한다. 이유는 간명하다 — 시청률은 수입에 대한 지표를 제공한다. 둘 사이의 상관관계가 완전하지는 않지만, 시청률은 광고 수입에 대한 탁월한 예측 지수이다. 재무 분석가는, 수용자 데이터를 활용하는 방법은 다를지라도, 프로그래머와 판매 책임자가 가진 것과 똑같은 시청률 이해를 필요로 한다.

시청률에 대해 물을 수 있는 수많은 재무 관련 질문이 물론 있다. 우리는 기업의 죽 계속되는 경제 활동을 평가하는 데, 지출을 계획하는 데, 미디어 기업의 가치를 구하는 데, 수용자와 수입 사이의 관계를 밝히는 데 쓰이는 시청률의 활용을 구체적으로 보여주는 폭넓은 질문들에 집중한다.

2. 연구 문제

1) 시장 점유율 경쟁에서의 효율성 정도

회사 조직의 재무 성과를 모니터하는 일은 판매 노력과 시장 조건 양자에 대한 현황 분석을 필요로 한다. 이런 분석의 가장 간단한 형태에도 시장에서 얻을 수 있는 잠재 수입을 실제로 얻은 수입과 비교하는 일이 포함된다. 수입은 수용자의 크기와 구성이 크게 좌우하기 때문에 한 방송국의 시장 수입 점유율은 수용자 점유율을 반영하게 마련이다. **출력비**[power ratio, 전환 비율(conversion ratio)이라고도 한다]라 불리는 통계량이 이 관계를 표현한다. 계산은 매우 간단하다.

$$\frac{\text{시장 수입 점유율}}{\text{수용자 점유율}} = \text{출력비}$$

이 계산은 수용자 점유율 1점에 대해 방송국이 올린 수입의 비율을 추정한다. 수용자 점유율 정보는 시청률 서비스 제공자한테서 오는데, 닐슨과 아비트론 가입자는 빠르고 쉽게 이용할 수 있다. 저 등식의 수입 부분은 더 까다롭다. 미디어 기업은 자신의 판매 실적은 분명히 알지만 경쟁 조직들의 데이터에 대해서는 접근 수단이 없는 것이 보통이겠다. 칸타미디어(Kantar Media)나 닐슨모니터플러스(Nielsen Monitor-Plus) 같은, 이런 정보를 늘 수집하는 기업이 있지만, 그들 데이터는 오류에 취약하다. 그들은 대개 구매자와 판매 담당자 양측의 말에 근거한, 가격의 자가 보고에 의존하는데, 양측 모두 거짓 정보를 제공할 동기를 가지고 있다. 판매자라면 고객이 과도하게 지불했다는 생각이 들지 않도록 가능한 한 추정 가격을 올리기를 원할 것이고, 구매자라면 나쁜 거래였다는 인상을 주지 않도록 가능한 한 낮추기를 원할 것이다. 따라서 이런 데이터는 시장 수입 총액의 추정치로서 심각한 한계가 있다.

이 문제를 시장 점유분에 대한 비공개 분석을 수행하는 독립 회계 기업으로 대처한 미디어 시장이 일부 있다. 이런 회계 기업은 미디어 고객으로부터 판매 데이터를 직접 수집해 매달, 매분기, 또는 매년 내는 보고서에 이들 숫자를 보고한다. 통상 이들 보고서는 분석에 참여한 고객만 이용이 가능하다. 이런 서비스에 가입한 조직은, 경쟁자의 데이터에도 접근할 수 있는 경우가 있긴 해도, 대개 시장 수입 총액과 자신의 점유분만 알게 될 뿐이다. 〈표 9-1〉은 지상파 시장 점유분 보고서에 전형적으로 나타나는 종류의 정보를 보여준다.

본보기 지역 시장의 12월 라디오 광고 수입 총액은 미화 457만 7000달러였다. 이 가운데 35만 1000달러가 가상의 라디오 방송국 WCPA에게 갔는데, 이는 동월 지역 라디오 광고비 수입 총액의 7.7%에 해당한다. 그 바로 위의 수입 점유율은 8.0%이고 그 바로 아래 점유율은 7.2%이다(이들 점유율을 차지한 방송국이 어딘지 밝히지 않았음에 유의하라). WCPA는 이 정보로 출력비를

표 9-1 라디오 수입 보고

(단위: 미화 천 달러)

수입 범주	샘플시티 수입 2004년 4월	샘플시티 수입 2003년 3월	변화 (%)	2004년 12월 수입 2004년 4월	2004년 12월 수입 2003년 3월	변화 (%)	WCPA 수입점유율(%) 2004년 4월	WCPA 수입점유율(%) 2003년 3월	순위 2004년	순위 2003년	최근접 점유율(%) 2004년 12월 위	최근접 점유율(%) 2004년 12월 아래	최근접 점유율(%) 2003년 12월 위	최근접 점유율(%) 2003년 12월 아래
지역	4,577	4,351	5	351	264	33	7.7	6.1	6	7	8.0	7.2	6.1	5.9
전국	601	600	0	53	39	36	8.8	6.5	6	7	10.1	8.8	6.8	4.2
네트워크	58	45	29						8	6	5.2		6.7	
현금매출	5,236	4,996	5	404	303	33	7.7	6.1	6	7	8.1	7.6	6.6	5.7
매출채권	460	380	21	31	50	38	6.7	13.2	8	3	8.0	5.4	14.7	12.6
총매출액	5,696	5,376	6	435	353	23	7.6	6.6	6	7	7.8	7.5	7.3	5.8

자료: Hungerford, Aldrin, Nichols & Carter, PC, *The Hungerford Radio Revenue Report: Users Guide*의 샘플 보고에서 발췌 변형.

계산할 수 있다. 만일 아비트론이 수용자 점유율이 7%라 했다면 출력비는 1.1이다. 이는 점유율 1%당 광고 수입 총액의 1.1%를 벌었음을 의미한다. 일반적으로 아비트론 점유율은 수입 수치를 보고하는 방송국 사이만의 수용자 점유율을 반영하도록 조정된다. 이 체제의 가치는 미디어가 기업의 기밀을 노출하지 않으면서 판매 노력을 평가할 수 있도록 해준다는 데 있다.

출력비는 어떤 인구통계적 집단에 대해서도 계산될 수 있다. 라디오 방송국 포맷이 18~49세 남성 집단을 끌어모으도록 설계됐다면 판매 부서는 이 집단을 기준으로 한 점유율을 알고 싶어 할 것이다. 이 통계량은 또 회계 기업이 해당 정보를 제공하는 어느 시간대에 대해서도 계산될 수 있다. 그러나 전환 비율이 독자적으로 전하는 정보는 거의 없다. 분석가는 특정 시간대 수입 점유율의 증감 상황을 알아내고 증감의 원인이 수용자 점유율의 변화 때문인지 아니면 전반적인 판매 수입의 변화 때문인지를 판정하기 위해 그 시간대의 추세에도 주목한다. 산출 결과는 시장 내 특정 포맷들의 성과에 대한 역사적 데이터와도 비교되어야 하는데, 이는 포맷이 다르면 판매 수입의 점유분도 다를 것이라고 기대할 수 있기 때문이다.

2) 프로그램 조달 투자의 가치

인력에 들어가는 비용을 제외하면, 일반적으로 프로그램 편성이 지상파 방송국의 가장 큰 비용 항목이다. 각 프로그램 구매는 해당 방송국에 수입을 창출해줄 잠재력에 따라 평가된다. 분석가는 각 프로그램이 방송국에 얼마를 벌어줄 것인지와 그 프로그램이 편성표의 다른 프로그램을 대체함으로써 초래되는 수입 손실이 얼마가 될지를 판정해야 한다. 이는 비교적 간단명료한, 비용과 수입에 대한 분석이 될 수도 있고 스포츠 중계권 같은 자산에 대한 복잡한 분석을 포함할 수도 있다.

몇 가지 요인이 프로그램 구매의 비용과 편익 사이의 균형을 결정한다. 일반적으로 이는 판매자가 요구하는 방영권 가격, 지역 광고 판매가 가능한 시간의 양, 프로그램의 광고 시간이 광고 시장에서 받게 될 예상 가격, 프로그램 구매의 기회비용, 프로그램이 계약 기간 동안 산출하게 될 법한 수입을 포함한다. 프로그램은 방송국이 방송할 수 있게 되기 서너 해 전에 구매하는 것이 보통이므로 분석가는 3년에서 5년을 내다보는 계획용 추정치를 산출해야 한다. 이런 분석을 하는 데 필요한 정보는 조직 내 몇몇 부서로부터의 입력을 요구한다.

프로그램 구매 대상이 나오면 재무 책임자가 **구매 전 분석**(pre-buy analysis)을 짠다. 분석 양식은 조직마다 다르겠지만 필요한 정보는 본질적으로 동일하다. 수입 추정에서 가장 중요한 요소 하나는 프로그램이 끌어모을 추정 수용자다. 5장에서 살펴본 바와 같이 수용자를 예측하는 일은 기예이면서 과학인데, 경험적 판단을 포함하는 것은 물론이고 역사적 데이터도 다룬다. 여기서의 역사적 데이터는 시청률의 형태를 취한다.

탈네트워크 합동형 판매 텔레비전 프로그램의 경우, 분석가는 프로그램이 네트워크에서 원래 방송될 때의 성과가 어땠는지에 관심이 있다. 전국 시청률은 해당 프로그램의 인기도와 수용자 구성을 알려준다. 그런데 전국적으로는 시청률이 낮았지만 개별 시장 어느 곳에서는 높았을 수가 있다. 몇 가지 요인이 이런 차이를 설명한다. 어떤 지방에서는 차별화된 문화적 소구력을 가졌기 때문일 수도 있고, 단순히, 다른 곳에 비해 더 강력한 지역 방송국을 통해 방송되었기 때문일 수도 있다. 또한 '지정 시장 영역(DMAs)' 사이의, 잠재 수용자의 인구통계적 성격 차이 때문일 수도 있다. 어떤 이유로 그러하건 간에, 프로그램 시청률을 추정하는 분석가는 지역 시장의 성격과 선호를 고려해야 한다.

합동형 판매 프로그램에는 복수의 회전 주기로 팔리는 것들이 있으므로 분석가는 그들의 이전 방영 성과를 들여다볼 수 있다. 2차 판매 주기에 진입한 프로그램이 고려 대상이라면 1차 주기의 시청률이 대단히 중요할 것이다. 합동형 판매 시청률 데이터를 이용하여 분석가는 원래의 네트워크 방영에서 거둔 성과와 합동형 판매 시장에서 거둔 성과를 비교할 수 있다. 이들은 이 정보를 3차 주기에서 어떤 성과를 거둘지 예측하는 데 사용할 수 있다.

분석가는 또한 평가 중인 프로그램과 내용 면에서 비슷한 프로그램의 시청률을 들여다볼 수 있다. 이 전략은 합동형 신작 판매 같은 경우에 특히 중요한데, 이런 경우에는 참고할 만한 역사적 경력 기록이 없다. 분석가가 어떤 프로그램이 같은 유형의 다른 프로그램들과 비슷한 수용자를 끌어모을 것이라고 가정하면 후자의 수용자 집단들에 기초하여 시청률을 추정할 수 있다. 물론, 노련한 수용자 데이터 활용자는 프로그램 콘텐츠뿐 아니라 이들 다른 프로그램의 편성표상 패턴도 고려할 것이다.

예측 시청률 역시 프로그램이 배치될 공산이 큰, 편성표 상의 위치에 좌우된다. 경쟁 양태는 시간대별로, 계절별로, 요일별로 변한다. 또한 4장에서 설명한 바와 같이 편성된 시간이 언제냐에 따라 여유 수용자의 크기가 달라지고, 그래서 시청률은 시간대에 따라 크게 변한다. 프로그래머는 편성표를 결정할 때 이 모든 것을 고려하고, 재무 분석가는 이 정보를 자신의 수입 계산에 넣어 고려한다.

큰 미디어 회사 조직들 일부는 이런 종류의 예측에 필요한 자원을 사내에 보유하고 있을 수 있지만, 대부분의 기업은 렙 기업 같은 서비스 제공자가 공급하는 정보에 의존할 것이다. 렙 기업의 편성 담당자들은 고객 측 프로그래머와 고위 경영자가 거래를 평가하고 협상하는 것을 돕다가 심지어 프로그램 구매 결정에까지 참여하게 될 수도 있다. 더 많은 경우, 자신의 고객을 위해 수집한 시청률 정보를 제공하면서 상담하는 역할에 그친다. 이들은 시청률 정보뿐 아니라 다양한 시장에서 얻은 경험도 나눈다. 이 전문성이 재무계획담당자에게 매우 값질 수 있다.

수입 추정은 주어진 프로그램 내에서 할 수 있는 광고의 양도 고려한다. 광고가 가능한 정도는 프로그램 길이와 주어진 광고 시간을 지속적으로 돌려쓰려는 정도가 좌우한다. 예컨대 무상으로 교환된 합동형 판매 프로그램은 현금으로 구매한 것에 비해 지역 판매가 가능한 광고 시간이 짧을 것이다. 또한 방송국은 광고 시간을 자체 홍보 용도에 배정해 그만큼의 재고를 판매 담당자가 팔 수 없게 만들 수도 있다. 이런 변수가 광고주에게 팔리는 시간 단위의 수에, 그리하여 광고 시간 판매에서 나오는 수입에 영향을 끼친다.

조사연구자가 역사적 시청률 정보와 경험을 어떤 프로그램의 예상 시청률을 추정하는 데 이용하는 것과 마찬가지로, 판매 담당자도 그 프로그램이 벌어들일 **점당 비용**(CPP: cost per point)을 추정하는 데 역사적 데이터와 자신의, 시장 조건에 대한 직접적인 앎을 이용한다. 어떤 프로그램이 편성되는 방식은 광고 판매 담당이 부과할 수 있는 가격에 상당한 영향을 미칠 것이다. 프로그램 시청률이 심지어는 매우 높을 것이라고 예측되더라도, 늦은 주변 시간대에 편성되면 프라임타임의 점당 비용에 팔릴 수 없다.

〈표 9-2〉는 가상의 프로그램 〈패밀리타임(Family Time)〉에 대한 구매 전 분석의 표본을 예시한다. 지면 제약 때문에 6년 분석 중 처음 3년만 다루지만 우리가 논의해온 요인 다수를 예시하는 데는 충분하다. 세로 첫 몇 줄은 방영 시기와 예상 편성 패턴에 대한 정보를 준다. 프로그래머들은 〈패밀리타임〉이 이른 주변 시간대에서 시작하는 것이 바람직하다고 정했는데 아마도 첫 몇 해 동안 이 시간대를 고수할 것이다. 다음에 오는 세로줄들은 분기별 수입 예상치에 영향을 주는 추정치들을 보고한다.

방송국 타 부서와 함께 작업하면서 재무 분석가는 프로그램이 성취할 시청률, 광고 시장에서 받을 예상 가격, 최종 판매량 예상 비율(광고 시간 재고량의 백분율)을 추정한다. 문제의 경우에 첫 해는 오후 5시 30분에 방송되어 가

표 9-2 KZZZ 〈패밀리타임〉 구매 전 분석(계약 기간 중 첫 3년)

주된 방영 분기	연도	시간대	가구 시청률	점당 비용 (달러)	평균 단위 요금(달러)	재고*	최종 판매량%	방영 횟수	최종 수입 (천 달러)
3~4분기	2004	월-금 오후 5시30분	6.0	110.00	660	11	95%	85	586.2
1분기	2005	월-금 오후 5시30분	6.0	80.00	480	11	95%	65	326.0
2분기	2005	월-금 오후 5시30분	6.0	120.00	720	11	95%	65	489.1
3분기	2005	월-금 오후 5시30분	6.0	90.00	540	11	95%	65	366.8
4분기	2005	월-금 오후5시30분	5.0	114.40	572	11	95%	65	388.5
1분기	2006	월-금 오후 5시30분	5.0	83.20	416	11	95%	65	282.6
2분기	2006	월-금 오후5시30분	5.0	124.80	624	11	95%	65	423.9
3분기	2006	월-금 오후 5시30분	5.0	93.60	468	11	95%	65	317.9
4분기	2006	월-금 오후5시	5.0	119.00	595	12	90%	65	417.7
1분기	2007	월-금 오후5시	5.0	86.50	432	12	90%	65	303.6
2분기	2007	월-금 오후 5시	5.0	129.80	649	12	90%	65	455.6
3분기	2007	월-금 오후 5시	5.0	97.30	486	12	90%	65	341.5
4분기	2007	월-금 오후 5시	4.0	123.80	495	12	90%	65	347.6
1분기	2008	월-금 오후 5시	4.0	90.00	360	12	90%	65	252.7

주 *: 광고 재고 분수 = 총 재고 - 교환 대가 - 홍보 몫(이 프로그램의 광고 시간 한 단위는 자체 홍보를 위해 유보된다). 이 분석은 4%의 연간 성장률을 가정한다. 이는 점당 비용에 반영된다.

구 시청률 6.0을 기록할 것이라고 추정됐다. 계약 기간 내 두 번째와 세 번째 해에는 시청률이 5.0으로 하락하고, 2007년 말이 되면 4.0을 기록하게 될 것이라고 예상된다. 이 하락 추정은 여유 수용자 일부는 시리즈를 이미 경험한 상태가 될 것이라는 가정과 경쟁 방송국이 보다 새로운 또는 더 매력적인 편성을 선보일 가능성이 있다는 가정에 기초한다. 〈표 9-2〉에는 데이터가 나와 있지 않지만, 프로그래머는 계약 종료 기간이 다가오면 〈패밀리타임〉을 이른 오후 시간대로 옮길 것을 계획하는데, 이는 추정 수용자를 3.0 수준으로 낮춘다.

점당 비용은 분기별로 변하고, 광고 시간 단위당 비용[cost per spot; **평균 단위 요금**(average unit rate)이라고도 함]은 추정 시청률과 CPP에 따라 변한다. 이들 수치는 판매 담당자가 프로그램이 시장에서 가진다고 생각하는 가치를 대변한다. 해당 프로그램 판매자는 현찰-더하기-교환 방식으로 내놓았는데, 첫 두 해에는 1분의 광고 시간을 프로그램 교환 대가의 일부로 요구했다. 유의할 것은 2006년 3분기 말까지는 11분만 판다는 점인데, 이때가 되면 방송국이 원계약의 일부로 합동형 프로그램 판매자에게 내준 광고 시간 1분을 되찾는다. 방송국은 방영 첫 두 해 동안 광고 시간 재고량의 95%가 판매되다가 3년 차에 판매 비율이 90%로 떨어질 것이라고 추정한다. 마지막 세로줄은 최종 수입인데, 이는 광고 비용과 최종 판매량 정보를 프로그램 방영 횟수에 결합해 계산한다.

이 분석은 계약 기간 전체에 대해 분기별로 이루어진다. 재무 분석가들은 〈패밀리타임〉이 방영권료 160만 달러를 비용으로 지출하면 710만 달러 가까이 벌어줄 것이라고 추정했다. 이는 프로그램이 계약 기간 6년 동안 550만 달러의 이익을 가져다주리라는 것을 의미한다 — 매력적이지만, 실제 세계에서는 전혀 있을 법하지 않은 일이다. 대부분의 프로그램은 훨씬 더 작은 이윤을 기록할 터이다.

프로그램이 산출할 수입은 재무적 계산의 부분일 뿐이다. 분석가는 방송 시간의 대안적 이용과 이런 대안이 더 큰 이익이 될지에 대해서도 고려해야 한다. 동시간대에 편성된 다른 프로그램이 보다 높은 점당 비용에 팔릴 수도 있다. 또는 보다 많은 지역 광고 시간을 팔 수 있는 프로그램이 전부-교환 프로그램보다 수익이 더 높을 수 있다. 각각의 경우에 대답해야 할 질문은 하나를 취득하고 소유해서 얻는 이익이 다른 선택지를 포기해서 입게 될 수입 손실을 정당화하느냐다. 달리 표현하자면, 재무계획 담당자는 하나의 프로그램을 다른 프로그램 대신 편성해서 발생하는 기회비용을 고려해야 한다. 이 고려는 분석의 모든 수준에 영향을 끼친다.

프로그램 취득의 비용과 편익을 평가하는 데 고려해야 할 또 다른 요인은 편성표의 나머지 부분에 미치는 영향이다. 인기 있는 탈네트워크 드라마나 주요 스포츠 이벤트와 같은 돋보이는 프로그램은 새로운 시청자를 끌어당기고 편성표의 다른 부분으로 수용자를 끌어줄 홍보 기회를 만들어낼 수 있다. 이들은 뉴스 같은, 지역에서 만들어진 프로그램에 많은 수용자가 유입되도록 할 수 있다. 또는 시청자를 채널로 끌어오는 **후광 효과**(halo effect)로 인해 편성에 이로울 수 있다. 다른 프로그램들의 높아진 시청률은 전반적으로 높아진 수입으로 이어질 수 있다.

구매 전 분석 이후에 프로그램이 취득되느냐를 결정하는 표준적 기준은 없다. 프로그램 유형이 달라지면 이윤 폭도 크게 달라진다. 예컨대, 탈네트워크 프로그램 합동형 판매 시장에서 크게 히트한 프로그램은 전국적 교환을 위해 포기해야 하는 광고 시간이 대단히 긴 만큼 직접적 광고 수입 면에서 방송국은 흔히 보다 작은 수입을 얻는다. 그러나 앞에 거론한, 채널 이미지 측면의 이유 때문에 훌륭한 자산이 될 수도 있다. 여타의 프로그램들은 비교적 소수의 수용자를 끌어모으리라 추정될 법하나, 지역 광고가 매진되면 보다 높은 수익을 거둘 수도 있다. 보통, 재무 경영진과 편성 담당자들은 이 두 종류의 혼합을 찾을 것이다.

스포츠 중계권 거래는 정규 프로그램이나 연속물의 경우보다 복잡한 분석을 요구한다. 이 거래는, 업계 전문가 일부의 견해에 따르면, '본능적인 감'을 요구한다. 거래 구도는, 구단이 방송국에서 3시간을 통째로 구매한 뒤 광고 시간을 직접 파는 거래에서 제작비를 분담하고 미디어 기업에서 광고 시간을 파는 거래에 이르기까지 매우 다양하다. 수입을 나눠 갖는 것과 같은 조건도 드물지 않다. 이는 시청률 예측과 기회비용에 대한, 방금 다룬 것과 동일한 유형의 질문이 제기된다는 것을 의미하지만, 다른 한편으로는 스포츠 재산권 특유의 추가 고려 사항이 있다. 사태를 복잡하게 만드는 요인 하나는 게임이 벌어지는 때와 시간 길이가 주마다 달라지는 경우가 잦다는 것이다. 이것이 의미하는 바는 정규 편성이 일관성 없이 변경되리라는 것인데, 이는 정규 시청자를 채널에서 쫓아내는 결과를 초래할 수 있다. 이것은 또한 게임이 늦게까지 계속되면 영향을 입는 정규 편성 프로그램의 광고주가 밀려날 수 있다는 점을 의미하고, 그 결과로 그 프로그램 광고 시간이 팔리는 방식에 영향을 준다. 분석이 중계권 거래에서 제안된 조건들을 토대로 달라질 것이긴 하지만 기본 질문은 그대로다: 한 가지 선택으로 얻는 바가 다른 선택으로 얻을 바에 비해 어떠한가? 우리는 각 선택지가 끌어모을 예상 수용자, 선택지에 따르는 수입상 득실 균형이 해당 미디어 기업에 유리하게 기울 것이냐의 여부를 평가하는 데 결정적 요인임을 본 바 있다.

우리는 앞에서 기업 집단의 방송국 소유가 지역 미디어 회사 조직의 재무 계획에 영향을 준다는 점에 유의했다. 기업 집단 소유주의 장기 목표는 물론이고 기업 문화도 방송국 수준의 의사 결정에 영향을 미치기 쉽다. 기업 통합 이전에 독자적으로 운영되던 방송국이 프로그램 구매와 같은 결정에서 통합 기업의 승인에 종속될 수 있다. 이런 방송국은 구매 전 분석에 의거해서, 예컨대 스포츠 경기 편성 기회가 지역 광고 판매 노력에 최선은 아니라는 결정을 할 수 있다. 그런데 이 결정이 '스포츠 방송사'로서의 전국적 이미지 조성을 원하는 소속 기업 집단한테 가장 좋은 결정은 아닐 것이다. 소속 기업 집단의 전국적 목표가 개별 방송국이 하는 편익 계산 속으로 산입되어야 할 것이다.

사업 합병은 재무 전문성의 합병도 의미한다. 기업의 재무 분석가들은 상이한 시장 다수에서 두루 경험을 얻기 때문에 이들은 이 경험적 지식을 그룹 소유의 개별 미디어 창구를 위한 구매 전 분석에 녹여 넣을 수 있다. 보통, 미디어 기업 집단에 엮이지 않은 조직은 이런 전문성에 정규적으로 접근하진 못할 것이다. 어쨌든, 기업 집단 소유는 프로그램 취득 결정이 고립적으로 이루어지지 않는다는 것을 의미한다. 새로 취득된 회사의 재무 분석가는 그룹 사무실에서 일하는 재무관리자들에게 책임을 지는 처지가 될 수 있다. 프로그램 구매 결정은 그룹 본사의 승인을 요하거나, 어떤 경우에는 본사 프로그래머가 '기정 사실(fait accompli)'로 지역 방송국에 내려보낼 수도 있다.

재무 분석의 결과는 편성 책임자와 경영진이 거래를 협상할 때 사용한다. 이 정보는 이들에게 합리적인 프로그램 가격과 지불할 의사가 있어 마땅한 최고 가격을 지시해준다. 이는 합동형 프로그램 판매자에게 주는 교환 광고 시간의 양과 같은 특정 조건을 협상하는 것도 도와준다. 지역 텔레비전 방송국이 광고 시간에 매기는 가치는 합동형 프로그램 판매자가 평가하는 가치와 크게 다를 수 있기 때문에 방송국은 지역 광고 판매에 쓰는 시간을 더 많이 확보하고 싶어 할지 모른다. 우리는 이 예가 상상의 것임을 유념해야 한다. 교환 광고 시간의 양은 대부분의 시장에서 — 보다 작은 시장 일부에서는 아직 협상 가능하지만 — 구매자가 협상할 여지가 없다.

모든 부서가 재무 분석에 협력해야 하지만, 많은 경우 그 사이에는 긴장도 존재한다. 부서별 의제와 우선순위가 눈에 띄게 다르다. 편성 책임자(program director)는 수용자를 하루 내내 쌓기를 원하지만, 판로 담당 이사는 잠재 고객에게 팔 재고를 원한다. 후자가 원하는 프로그램은 편성 책임자의 전략과 맞을 수도 맞지 않을 수도 있다. 가끔 프로그래머는 특별히 중요한 뉴스 이벤트를 커버하기 위해 정규 편성을 비우기로 결정할 수 있다. 이는 판매 담당의 관점에서 문제가 될 수 있다. 정규 프로그램이 계속 취소되면 광고주는 수용자 손실을 메우기 위해 **약속 실행**(make-good) 광고 시간을 필요로 할 것이다. 재무 부서는 이런 부서별 우선순위를 모두 인지하고 있을 공산이 크지만, 자신은 회사 전체를 이롭게 할 수지적 고려에 계속 집중해야 한다.

우리는 이 장의 논의를 합동형 판매 프로그램의 구매를 중심으로 해왔지만, 같은 원리가 프로그램 제작과 배급의 결정에도 적용된다. 예컨대 1시간 길이의, 합동형 판매를 위한 신작을 제작하기 전에 제작사는 비슷한 1시간짜리 프로그램에 대한 수용자 정보를 들여다봐야 하겠다. 이들은 자신이 성취할 법한 프로그램 통과의 수준과 거둘 만한 수용자 점유율을 추정할 것이다. 비슷한 프로그램의 공급도 고려할 것인데, 이는 프로그램 시장과 광고 시장 양쪽에서 가격에 영향을 미치는 것이 수요와 공급이기 때문이다. 합동형 판매자는 신규 프로그램에서 기대할 수 있는 최종 손익을 추정하는 자세한 계산들을 개발한다. 여기에는 모든 시장에서의 시청률, 광고주가 지불할 1000명당 평균 광고비, 방영권료 예상 수입을 예측하는 일이 포함된다. 분석가는 대행사 수수료와 기타 비용은 물론이고 추정 홍보비도 계산에 포함시킨다.

이런 유형의 분석은 지역에서 제작된 프로그램의 도입 또는 변경과 더불어서도 일어난다. 예컨대 방송국은 30분짜리 지역 뉴스 프로그램을 편성에 더하고 싶어 할 수 있다. 재무 분석가들은 뉴스 확대의 수익성을 판정하기 위해 다른 시장이나 자사와 비슷한 방송국을 참조할 터이다. 이들은 새로운 편성에 대해 수용자를 예측하고 이익이 잠재적 시청자 손실을 정당화하는지를 판정해야 할 것이다.

재무 계획 절차의 정확성을 평가하기 위해 재무 분석가는 프로그램 방송 후에 **구매 후 분석**(post-buy analysis)을 수행할 수 있다. 이 과정은 5장에서 묘사된, 광고의 구매 후 분석 과정과 유사하다. 기본적으로는 재무 계획 절차가 '실제' 데이터가 수집된 다음에 되풀이되는 것이다. 그리고 그 결과가 투자 이전의 예측치와 비교된다. 두드러지는 차이가 무엇이건 발견되면, 추가 분석을 통해 이 오차가 잘못된 수용자 추정치, 시청 패턴이나 시장 상황의 예측치 못한 변화, 또는 기대보다 낮은 광고 요금에서 비롯된 것인지 알아본다.

프로그램 수입의 추정과 평가에 관련된 요인을 설명하기 위해 프로그램 합동형 판매를 인용해왔다. 비슷한 과정이 케이블과 지상파 네트워크에서도 벌어진다. 경영진은 편성표 속의 프로그램 각각이 수입에 기여하는 바를 알아야 한다. 재무 분석가는 시청률, 1000명당 비용, 광고주에게 팔릴 광고 단위 시간의 수를 추정하기 위해 조사연구 부서와 함께 작업한다. 이 계산에서 이들은 프로그램이 방송되는 횟수를 산입하고, 광고 판매에서 오는 순수입을 반영하느라 광고대행사 수수료를 뺀다. 지역 방송국들을 소유하고 운영하는 네트워크의 경우에 분석가는 각 프로그램이 이들 지역 방송국(O & O)에 가져다줄 수입을 추정하기 위해 같은 종류의 계산 작업을 한다.

3) 미디어 자산의 가치

많은 미디어 회사가 공개적으로 거래되는데, 이는 개인 투자자 또는 기관 투자자가 주식 시장에서 그 회사 주식을 살 수 있다는 것을 의미한다. 투자자가 취득 후보의 전망을 연구하는 것과 마찬가지로 철저한 재무 분석이 미디어 업체에 대한 투자 관련 결정에도 결정적이다. 이런 분석은 회사의 시청률 성과에 ― 과거, 현재, 미래의 성과에 ― 대한 검사를 포함할 공산이 크다. 미디어 회사의 주식이 주식 시장을 통해 거래되지 않는 경우라 할지라도 투자자는 직접 취득할 수가 있다. 방송국은 주택의 경우와 아주 비슷하게 거래가 중개된다. 여기서 또다시, 투자자는 취득될 재산이 자기를 취득할 만한 것

표 9-3 **수용자 점유율 추정치에 근거한 방송국 수입 전망**

	2004	2005	2006	만기
시장의 최종 수입	7000만 달러	7400만 달러	8000만 달러	X 달러
수용자 점유율	21%	22%	23%	25%
과다/과소 판매 요인	0.80	0.83	0.86	0.90
수입 점유율	16.8%	18.3%	19.8%	22.5%
방송국 수입	1176만 달러	1354만 달러	1584만 달러	(0.225)·X 달러

으로 만들 만큼 충분한 수입을 산출할 것인지를 판단해야 한다. 이런 판단에 결정적인 요소 하나가 수용자 시청률 추정이다.

재무 분석가들은, 수용자가 미디어 수입의 중요한 결정 요인이긴 하지만, 미디어 업체의 수용자 점유율과 시장 수입 점유율이 일치하지 않는 부분이 있을 법하다는 점도 깨닫고 있다. 이들은 다른 여러 요인을 고려해야 한다. 이는 상이한 취득의 바람직한 정도를 저울질하는 데 실무적 함의를 갖는다. 〈표 9-3〉은 재무 분석가가 한 텔레비전 방송국의 장기 수입 전망을 가늠하는 일을 이렇게 할 수 있다는 것을 보여준다.

표의 맨 윗줄은 해당 시장 내 모든 텔레비전 방송국의 최종 수입을 표시한다. 이 수치는 전반적 시장 경제 상황, 특히 연간 소매 매출 규모의 함수일 공산이 크다. 이는 해당 시장의 과거에서 역사적 추세를 관찰함으로써, 그리고 그 시장 내에서 특히 중요한 부문의 경제 전망에 대한, 주의 깊게 숙고된 몇 가지 판단을 함으로써 추정한다. 두 번째 줄은 해당 방송국 수용자 점유율의 현재 추정치를 대표한다. 여기서 또다시, 분석가는 최근 추세와 함께 방송국의 전반적 시청률 성과가 개선되거나 악화될 확률을 고려할 것이다. 4장에서 본 바와 같이 수용자를 끌어모으는 방송국 역량에 영향을 미치는 요인은 여럿이다. 이 특정한 예에서 분석가는 문제의 방송국이 결국에는 25%의 수용자를 끌어모아 유지할 수 있을 것이라고 추정했다.

그러나 이것이 꼭 시장 총수입의 25%를 거머쥐리라는 기대를 의미하지는 않는다. 사실 이 방송국은 늘, 수용자 점유율에 비해 낮은 시장 수입 점유율을 차지해왔다. 달리 말해, 수용자 점유율만큼 팔지 못한 것이다. 이 과소 판매 요인은 표의 세 번째 줄에서 알아볼 수 있다. 분석가는 이 요인이 개선될 수 있으나, 보수적 관점을 취해, 수입 점유율이 수용자 점유율에 미치지 못하는 상태에 머물 것이라고 추정했다.

일단 이런 요인들이 추정되고 나면, 방송국의 온당한 수입 추정치를 잡는 것이 가능하다. 이런 수입 추정치가 예측 운영 비용과 비교되면 분석가는 문제의 재산이 부채를 감당할 만큼 충분한 현금 흐름을 가질 것인지, 소유주의 투자에 대해 그가 수용할 만한 크기의 이익을 제공할 것인지 정할 수 있다.

시청률이 미디어 재산의 가치를 추정하는 데 사용되는 또 다른 방식 하나는 **재송신 동의**(retransmission consent)를 위한 협상에서 볼 수 있다. 지상파 방송국은 자신의 지상파 신호를 케이블 시스템이 지역 시장에 내보낼(재송신할) 수 있도록 대가 없이 허용하거나 여기에 과금하거나 할 권리를 가지고 있다. 지상파 방송사는 케이블 운영자가 웃돈을 주고 유치하는 많은 프로그램 공급자보다 지상파가 더 많은 수용자를 끌어모은다고 주장한다. 예컨대 ESPN은 가입자당 5달러를 부과한다. 그런데 지역 시장의 텔레비전 방송국은 일반적으로 가입자당 1달러 미만을 받는다. 방송사는 높은 시청률은 높은 재송신 요금을 의미해야 마땅하다고 주장한다.

케이블·위성 배급자와 지역 텔레비전 방송국 사이의 이견이 수용자에게는 인기 있는 프로그램을 못 볼 것이라는 위협이 될 수 있다. 2012년 개닛(Gannett)은 디시네트워크(Dish Network)를 상대로 크게 증액된 재송신 요금을 19개 지역의 재송신에 대해 요구했다. 개닛은 디시네트워크에게 오토홉(AutoHop)을 꺼줄 것도 요구했는데, 오토홉은 시청자가 자동적으로 광고를 건너뛸 수 있게 해주는 DVR 기능이다. 이는 그해 재송신에 관련된 수많은 돋보이는 분쟁 교착 상태 가운데 하나였다. 대부분이 방송국의 '신호 중단' 위협이 현실화되기 전, 적절한 시간 내에 해결된 반면에 이런 재송신 거래의 조건은 대개 밝혀지지 않았다. 그러나 업계의 조사연구 업체인 SNL케이건 (SNL Kagan)은 지상파 재송신 요금이 2012년 케이블 시스템이 부담하는 모든 채널 송신료의 7% 남짓이던 것이 2015년에는 전체의 10.7%로 오를 것이라고 예측한다(Friedman, 2012).

4) 수용자의 가치를 결정짓는 요인

방송국의 판매 담당자와 재무 분석가는 시장 신호를 읽는 데 아주 뛰어난 반면, 경제적 가치의 보다 추상적인 결정 요인을 양화하는 데는 그만한 관심을 갖지 않을 수 있다. 우리는 광고주가 뒷받침하는 미디어 시스템 하에서 수용자들은 실로 상품이라는 점에 유의해왔다. 이들은 다른 상품과 마찬가지로 구매되고 팔린다. 이들은 '상해버릴 수 있'고 공급은 예측 불가하다 — 그러나 이 점이 수용자들을 시장의 다른 재화와 흐릿하게라도 구별해주는 것은 아니다. 분석가는, 다른 상품에 대해서 그러는 것과 마찬가지로, 이들의 가치를 결정짓는 것이 무엇인지를 알아내려고 노력해왔다. 한 상품의 가격 결정 요인 알기는 그 상품을 사고파는 이들한테 실무적 가치가 확실한 일이지만, 비실무적으로, 미디어 업계 운용을 이해하는 데도 도움을 줄 수 있을 일이다.

한 수용자 집단의 경제적 가치는 크게 보아 수요 공급에 의해 결정된다. 기업과 여타의 다른 조직에는 광고 시간에 대한 수요가 있고 미디어는 그것을 공급한다. 일반적으로 말해, 미국 경제가 활기차고 기업 이익이 높을 때 그 수요도 광고비도 늘어난다. 이런 거시경제적 변수가 가격 결정의 전반적인 틀을 주조하는 한편, 이 틀 안에서 여러 요인이 특정 수용자 집단의 가치를 결정하는 데 기여한다.

수요 측면에서 어떤 회사는 다른 회사에 비해 그리 쉽게 광고비를 삭감할 수 없다. 예컨대 청량음료, 화장품, 패스트푸드와 같은 많은 비내구재의 제조사는 광고를 중단하면 시장 점유율이 크게 떨어질 것이라고 우려한다. 따라서 이들은 심지어 어려운 상황에서도 광고를 대규모로 계속하는 것이 나을 수 있다. 다른 한편, 지역 상인은 비용을 줄이기 위해서 상당히 자주 광고 예산을 삭감할 것이다. 이런 이유로 경기 하강 국면에서 지역 광고 시장은 전국 시장에 비해 보다 간단하게, 지역 수용자의 가격을 떨어뜨리면서, '녹아내릴' 수 있다.

우리는 이미 광고주에 따라 수요 수용자 부류가 달라진다는 점과 이런 시장 세분화에 대한 이해 관심이 시청률에 뚜렷한 영향을 미친다는 점에 유의한 바 있다. 수용자는 늘 자신의 인구통계적이고 지리통계적인 속성에 의해 범주적으로 분류된다. 이젠 점점 더 자주 심리통계와 제품구매 행태에 의해 나뉜다. 그러나 어떤 수용자 하위 집단은 공급이 다른 수용자 하위 집단만큼 쉽지가 않다. 어떤 부류의 사람들은 수용자로서 더 많은 시간을 보내고 따라서 광고주에게 건네지기가 더 쉽다. 다른 부류의 사람들(예컨대, 50만 달러 이상의 연봉을 받는 임원들)은 인구의 아주 작은 부분을 차지하고, 따라서 드물다. 이로 인해 이런 수용자는 더욱 값진 상품이 되는 경향이 있다.

수용자의 가치를 판정할 때가 되면 수요·공급에 관련된 이 모든 측면들이 작동한다. 궁극적으로 이런 요인들이 전자 미디어의 비용 계산(예컨대, 1000명당 비용)에 재현된다. 사실 광고주는 수용자의 상대 가격에 근거해 인쇄 미디어와 전자 미디어를 서로 대체할 것이다. 〈표 9-4〉는 삼십여 개국에 대해 근래의, 광고주가 뒷받침하는 주요 미디어의 '1000명당 비용(CPM)'을 요약한 것이다. 유념할 것은 이 수치들이 한 해 전체의 평균치라는 점인데, 자체로 매우 개략적인 CPM들을 알려준다. 이런 비교는 종류가 다른 것을 비교하는 부조리가 될 수도 있지만, 경쟁 미디어의 광고 가격은 텔레비전이나 라디오 수용자의 시장 가치를 결정하는 또 다른 요인이다. 신문이 전자 미디어의 막강한 경쟁 상대가 될 수 있는 지역 광고에서는 특히 그렇다.

〈표 9-4〉는 나라에 따라 미디어별 광고비가 상대적으로 달라지는 방식을 보여준다. 이런 차이가 생기는 이유에는 개별 시장의 크기, 미디어 기업의 소유 양태, 인쇄 및 전자 미디어의 역사적 발달 과정, 기기의 가정 보급 정도, 각 커뮤니케이션 기술에 대한 수요 대비 공급이 포함된다. 어떤 나라는, 예컨대 대만과 루마니아는 광고주가 인쇄를 통하거나 방송을 통하거나 소비자에게 도달하는 데 비슷한 가격을 지불한다. 아르헨티나, 캐나다, 레바논, 시리아 같은 다른 나라의 경우에는 그 차이가 상당히 크다 ─ 그리고 이 차이는 이들 나라별로 또 다르다.

5) 시청률의 수입에 대한 기여

앞의 논의는 수용자가 수입으로 직결되는 어떤 내재적 가치를 가진다고 시사하게 되는 위험을 안고 있다. 여러 요인이 수용자 크기와 수입 사이에 엄격한 비례 관계가 성립하지 않는 사태의 원인일 수 있다. 이 점은 경제 분석가와 재무 분석가 모두에게 상당히 중요할 수 있다.

가장 먼저 기억할 것은 전자 미디어의 수용자가 그 자체는 보이지 않는다는 것이다. 이 상품의 유일한 지표는 시청률 데이터 ─ 불확실하지만, 거기 실재하는 사람들에 대한 추정치이다. 한 가지 매우 진정한 의미에서, 수용자가 아니라 시청률 점수가 사고파는 대상이다. 이런 수용자 추정치가 수용자의 크기와 형태를 알아내는 유일한 길인 한, 사실상 이 추정치가 상품이 되는 것이다. 시청률 회사가 정확한 수용자 측정치를 내야 한다는 상당한 압력을

표 9-4 각국의 성인 1000명당 비용*　　　　　　　　　　　　　(단위: 미국 달러)

	텔레비전	라디오	신문	잡지
시리아	155.6	6.6	2.8	6.6
레바논	86.2	0.17	43.9	9.9
아르헨티나	69.7	0.7	15.5	9.2
파나마	48.6	3.1	13.4	11.9
포르투갈	33.0	4.7	22.6	32.9
홍콩	32.2	1.8	22.4	32.1
싱가폴	28.4	1.0	9.4	22.6
호주	26.4	9.6	37.2	23.2
벨기에	22.5	9.2	(컬러) 61.1	19.6
스페인	21.8	12.2	28.4	28.3
체코	19.6	4.1	41.6	37.9
미국	19.5	무	71.4	15.4
멕시코	19.2	0.1	82.4	86.3
루마니아	17.8	17.1	11.2	24.5
중국	17.1	8.2	9.6	11.4
이탈리아	15.9	3.9	135.5	43.7
필리핀	15.3	무	4.0	27.9
캐나다	15.0	10.9	74.6	14.0
대만	11.9	무	8.9	13.5
프랑스	10.3	16.1	58.8	12.7
스웨덴	10.3	무	57.9	23.5
베트남	10.3	무	2.2	3.1
아일랜드	8.3	6.1	58.3	41.6
영국	7.2	3.0	18.2	22.0
한국	7.1	2.1	29.2	12.4
러시아	6.6	3.7	2.1	9.7
리투아니아	4.3	2.0	18.3	12.2
카자흐스탄	4.1	0.7	33.1	55.5
불가리아	3.9	5.8	13.0	무
그리스	3.3	8.3	39.9	30.4
인도네시아	2.8	0.2	24.1	13.7
터키	2.1	0.1	9.1	28.7
폴란드	1.3	1.2	19.1	14.5
요르단	1.1	1.2	12.1	70.9
브라질	무	5.7	181.1	106

주 *텔레비전은 30초 피크 시간대 광고비, 신문은 흑백 광고비, 잡지는 컬러 광고비, '무'는 데이터 출처에 나와 있지 않음을 뜻함.
자료: ZenithOptimedia(2011).

표 9-5 **텔레비전과 라디오의 광고 총수입 점유율** (단위: %)

	라디오	지상파	케이블	인터넷
1950	73	27	0	
1960	29	51	0	
1970	26	74	0	
1980	24	75	1	
1990	23	70	7	
2000	23	51	17	9
2010	14	40	23	23
2011	13	38	23	26

자료: 라디오광고국(Radio Advertising Bureau), 텔레비전광고국(Television Bureau of Advertising), 케이블텔레비전광고국(Cabletelevision Advertising Bureau), 상호작용광고국(Interactive Advertising Bureau)이 제공한 광고 수입 추정치에 근거.

받고 있지만, 특정 편파와 한계가 존재한다. 어떤 것은 조사 방법에 내재할 것이다. 어떤 것은 시청률 제공 사업이 시장 수요에 반응해온 방식을 반영한다. 어쨌든 미디어는 시청률이 부과하는 한계 안에서 운영되어야 하고, 이는 어떤 수용자를 파는 데는 장애가 될 수 있다. 사실 시청률 데이터 자체가 수용자 크기와 수용자에서 생기는 수입 사이의 연계를 왜곡할 수 있다.

예컨대, 우리는 케이블이 지상파 텔레비전 수용자를 점차 침식해왔음을 살펴본 바 있다. 그러나 케이블 업계는 시청률 제공 사업이 역사적으로 지상파 수용자를 추정하는 데 맞춰져왔기 때문에 자신이 확보한 수용자를 파는 데 어려움을 겪어왔다. 피플미터의 도입과 미국 내 많은 지역 시장으로의 피플미터 보급 확대로 닐슨은 현재, 케이블 시청률을 제공하는 데 보다 나은 위치에 있다. 이런 변화가 광고 게시 지점을 매체 간에 어떻게 움직였는지를 예시하는 것이 수입 점유율 변동이다. 〈표 9-5〉는 광고비가 수년간 어떻게 변했는지를 보여준다. 라디오의 수입 점유율이 1980년대 초 이래로 상당히 고정적인 반면, 케이블은 지상파 텔레비전을 희생시키며 자신의 몫을 늘려왔다. 인터넷이 광고 미디어로서의 입지를 개척하자 라디오와 지상파 텔레비전의 광고 수입은 하락했고 케이블 광고의 성장은 느려졌다.

두 번째로 기억할 것은 수용자가 광고주에게 팔릴 수 있게 되는 것은 광고 시간을 통해서인데, 이 시간 단위의 수량이 한정돼 있다는 점이다. 방송사가 수용자에 대한 수요를 다 채우기 전에 광고 시간 재고를 소진할 수도 있다. 구매 시즌 초에 수요는 높은데 방송사에는 팔 물건이 없다면, 표적 수용자에 도달하기 위해서라면 웃돈을 불사했을 광고주라도 광고 시간 구매가 불가능할 것이다. 그 귀결은 실현되지 못한 수용자 수입이 있겠다는 것이다.

전자 매체가 파는 광고 시간의 양은 몇 가지 요인에 영향을 받는다. 전통적으로 어떤 시간대는 다른 시간대에 비해 더 많은 광고를 한다. 예컨대 텔레비전의 프라임타임은 심야나 낮 시간보다 고지 방송이 적다. 방송국 유형도 광고 시간 재고량에 영향을 준다. 네트워크 가맹사는 독립 방송국에 비해 지역 광고주에게 팔 광고 시간이 적은데, 이는 네트워크 프로그램 편성이 그 재고량을 축소하기 때문이다. 재고는 광고 시간을 프로그램에 더하거나 광고 단위 시간을 축소해서(예컨대 30초에서 15초로) 늘릴 수 있지만, 비용 삭감과 유사하게, 역효과로 손해를 입지 않고 그렇게 하는 데는 실무적인 한계가 있다. 실제, 가끔 방송인들은 청취자가 다른 방송국으로 다이얼을 돌릴 만하게 되기 전에 얼마나 많은 광고가 시간당 팔릴 수 있을지 논쟁하곤 한다. 빈번히 방송국은 광고를 극도로 자제하거나 광고 없는 시간을 얼마 동안 보장함으로써 청취자를 새롭거나 바뀐 포맷으로 끌어당기려고 애쓴다.

시청률 데이터가 전적으로 정확하고 재고가 보다 유연하다고 해도, 시청률이 수입을 결정하는 유일한 요인은 아니다. 판매 부서가 수용자 데이터를 시장으로 가져가 광고주가 그 상품을 사도록 설득해야 한다. 판다는 것은 매우 인간적인 과정이고 매우 불완전한 과정이다. 어떤 판매 책임자는 시간 구매자에 대한 접근에서 다른 책임자에 비해 더 공격적이다. 어떤 판매 담당자는 고객을 상대하는 데 다른 이들보다 효율적이다. 이에 더해, 똑같은 광고주 둘은 없다. 예컨대, 시즌 초에 대량으로 구매해서 늘 할인 혜택을 받는 이들이 있다. 결국에는 이런 차이들로 인해 동일해 보이는 수용자 집단 둘이 상이한 가격에 팔릴 수 있다.

경제학자는 수용자 시청률과 수용자 수입의 관계에 크게 유의한다. 이미 기술한 요인들에 더해, 수용자 크기와 그 시장 가치 사이의 불합치에 대한 덜 착한 설명이 있다. 예컨대, 시장 내 경쟁자의 수가 상대적으로 적다면 담합해서 경쟁적 수준보다 높은 가격을 매기자는 유혹을 받을 수 있다. 이런 담합의 사례로 우리가 알고 있는 것은 없지만, 가능성은 있다. 그러나 명백한 것은 수요가 가격에 영향을 준다는 것이다. 광고주의 텔레비전에 대한 수요는 높게 유지돼왔고 앞으로도 그럴 것이다. 이것이 뜻하는 바는 방송국 수가 적은 시장일수록 요금(건네진 수용자의 크기에 비례하는)이 높아진다는 것이다. 집중도가 낮은 시장에서 수용자 가격이 낮아지는 경향이 있지만 이런 유의 연구는 분명한 결론에 이르지는 못한 상태다.

관련 읽을거리

Albarran, A. 2010. *The media economy*. New York: Routledge.

_____. 2012. *Management of electronic and digital media*, 5th ed. Belmont, CA: Wadsworth.

Alexander, A., Owers, J., Carveth, R., Hollifield, C. A. and Greco, A(eds.). 2004. *Media economics: Theory and practice*, 3rd ed. Mahwah, NJ: Lawrence Erlbaum Associates.

Napoli, P. M. 2003. *Audience economics: Media institutions and the audience marketplace*. New York: Columbia University Press.

Owen, B. M. and Wildman, S. S. 1992. *Video economics*. Cambridge, MA: Harvard University Press.

Picard, R. G. 2011. *The economics and financing of media companies*, 2nd ed. New York: Fordham University Press.

Turrow, J. 2012. *The daily you: How the new advertising industry is defining your identity and your worth*. New Haven, CT: Yale University Press.

Veronis Suhler Stevenson. 2012. *Communications industry forecast and report*. New York: Author.

Vogel, H. L. 2011. *Entertainment industry economics: A guide for financial analysis*, 8th ed. Cambridge, UK: Cambridge University Press.

정책과 수용자 연구

전자 미디어는 현대의 경제생활, 사회생활에서 중심 역할을 한다. 이들은 재화 및 서비스의 교환을 촉진하고, 정치 후보를 고르는 일을 돕고, 민주주의에 그토록 핵심적인 **아이디어 시장**(marketplace of ideas)을 열거나 닫는다. 이들은 우리의 현실 지각을 조형하는 역할까지 할 수도 있다. 미디어의 속성으로 흔히 치부되는 권능을 놓고 볼 때, 매우 다양한 학문 분야의 사회과학도가 미디어를 연구해온 것이 놀랄 일은 아니다.

1920년대의 라디오 방송 초기부터 옹호자와 비판자는 이 미디어가 어떻게 사회에 영향을 미칠지 궁금했다. 1930년대가 되자 후버 대통령이 위촉해 만든 막강한 '사회적 추세에 관한 정부 위원회'는 라디오 효과를 150가지 나열했는데, 지역 문화를 동질화하는 것에서 아침 운동을 촉진하는 것에 이르는 것이었다(Ogburn, 1933). 새롭게 형성된 방송 네트워크 역시 라디오 수용자를 평가하기 시작했고, 학자들, 특히 심리학·사회학·마케팅·교육학 분야에서 온 학자들이 새로운 미디어에 대한 연구에 관심을 갖게 되었다.

나중에 CBS 회장이 되는 커뮤니케이션 연구의 선구자, 프랭크 스탠턴 (Frank Stanton)이 1935년에 라디오 수용자에 대한 사상 첫 학술 연구 하나를 출간했다. 교수들이 즉시 관심을 가졌는데, 이는 특히, 미국과 독일에서 정치적 목적에 봉사하는 미디어의 이용에 대한 관심이었다. 교수들은 다양한 종교적·정치적 선동은 물론, 프랭클린 루스벨트의 라디오 활용을 검토하기 시작했고, 아돌프 히틀러의 영화에 대한 통제와 간섭을 연구했다. 1935년 하버드 대학의 해들리 캔트릴(Hadely Cantril)과 고든 올포트(Gordon Allport)는 『라디오의 심리학(The Psychology of Radio)』을 출간했는데, 이런 주제에 관한 자신들의 초기 발견 다수를 보고했다.

캔트릴과 스탠턴은 마침내 록펠러 재단의, 라디오 수용자 연구에 대한 지원금을 확보했다. 그러나 지원 기금을 쓸 수 있게 될 무렵에 스탠턴이 CBS의 조사연구 책임자가 돼 그 프로젝트를 이끌 수 없게 되었다. 이들은 대신 사회심리학자 폴 라자스펠트(Paul Lazarsfeld)에게 연구 책임을 맡아달라고 부탁했다. 그 결과인 '프린스턴 라디오 연구 프로젝트(Princeton Radio Research Project)'는 컬럼비아 대학교로 옮겨 응용사회연구국(Bureau of Applied Social Research)이 되기 전까지 2년간 지속됐다.

이 연구국은, 흔히 업계와의 협업 속에서, 많은 이가 미국 내 커뮤니케이션 연구의 진정한 기초라고 간주하는 일련의 연구를 진행했다. 이 새로운 라디오 연구 분야, 특히 수용자 측정 연구는 라자스펠트를 커뮤니케이션 기술에 대한 사회과학적 연구의 창립자 가운데 한 사람으로 만들었다. 사실, 제2차 세계 대전 이전에 시청률 연구가 출현한 것은 매스커뮤니케이션이라는 새로운 분야의 보다 폭넓은 발전과 사회적·행태적 연구 일반의 성장에 얽혀 있다. 그러나 전자 미디어의 수용자는 그 자체로 커뮤니케이션 연구에 적합한 독자 주제로 결국 떠올랐다.

오늘날 수용자 데이터는, 눈에 잘 띄지 않는다 해도, 사회 정책에서 중요한 역할을 수행한다. 이 데이터는 매스 미디어와 사회에 대한 가장 논쟁적인 논전에서 어떤 정책적 입장을 정당화하는 데 자신을 사용하는 정책 수립자, 사회적 권익 옹호 단체, 학자의 작업에 흔히 비중 있게 나타난다. 시청률 데이터는 미디어의 권능, 그 핵심에 있기 때문에 특히 매력적인 도구이다. 자신에게 물어보라. 전자 미디어가 경제적 가치를 갖는 이유는? 수용자를 끌어모으기 때문이다. 뉴스와 오락 프로그램이 조금이라도 사회적 영향력을 가지는 이유는? 수용자를 끌어모으기 때문이다. 정치 광고가 선거에 영향을 미치는 이유는? 수용자를 끌어모으기 때문이다. 시청률 정보 단독으로는 미디어가 사회에 미치는 영향을 드러낼 수 없다 해도, 영향의 잠재적 가능성은 빈번히 숫자로 그 크기를 확인할 수 있다. 이 책을 통틀어 강조해온 바와 같이, 시청률은 그것으로 미디어가 운영되는 유일 통화이고, 폭넓고 연속적인 이용 가능성이 상존한다는 점 때문에, 기술을 이용한 커뮤니케이션에 관련된 법률과 사회 정책을 분석하는 데 유용하다.

수용자 데이터를 사용할 공산이 가장 큰 개인과 기관에는 ① 연방 정부, ② 업계, ③ 공중이 있다. 이들 이해관계자 집단 사이의 역동적 상호 작용이 공공 정책을 좌우할 수 있다.

1. 정부

1920년대 중반까지는 방송을 규제 없는 시장으로 내버려둘 수 없다는 것이 명백해졌다. 방송 주파수에 대한 수요가 공급을 훨씬 초과했다. 미 의회는 이 문제를 연방라디오위원회(FRC: Federal Radio Commission)를 만들어 대처했는데, 이 조직은 1934년에 연방통신위원회(FCC: Federal Communications

Commission)로 대체되었다. 위원회는 공익에 부합하는 방송사 운영이 보장되도록 방송국 면허를 내주는 일을 맡았다. '공익(public interest)'의 정의는 수년을 두고 변했지만 세 가지 상호 연관된 목표는 지속돼왔다. 첫째, 위원회 위원들은 바람직하지 못한 사회적 효과, 특히 어린이에 대한 악영향을 제한하려고 노력해왔다. 둘째, 이들은 수용자 수요에 보다 잘 반응하도록 시장을 구조화하는 것과 같은 조치를 취해 미디어 콘텐츠의 보다 폭넓은 다양성을 촉진하려고 노력해왔다. 그리고 셋째, 다른 많은 규제자와 비슷하게, 이들도 자신이 규제하는 산업의 경제적 건전성을 보장할 규칙을 통과시켜왔다.

그러나 FCC가 자신이 선택한 정책이면 무엇이나 시행할 수 있는 자유재량을 가진 것은 아니다. 연방 정부 내의 다른 기관이 자주 연루된다. 대통령, 법원, 특히 의회가 영향력을 행사할 수 있고 또 종종 행사한다. 1996년 미 의회는 원래의 '1934년 통신법(Communications Act)' 이래로 통신 서비스를 관장하는 가장 강력하고 포괄적인 입법이라 평가되는 법을 통과시켰다. '1996년의 원격통신법(Telecommunications Act of 1996)'은 소유에서 콘텐츠에 이르는, 사업상의 많은 영역에 영향을 주었다. 이 법은 FCC가 오래된 규칙을 검토해 시대에 맞지 않는 것은 무엇이나 개정할 것을 요구했다.

연방통상위원회(FTC: Federal Trade Commission)나 저작권료심의위원회(Copyright Royalty Board)와 같은 다른 독립 기관도 통신 기술 관련 정책을 다룬다. 상무부나 보건복지부 같은 행정 부서도 등장할 수 있다. 예컨대 연방 정부의 의무감이 1970년대 초 텔레비전 폭력의 영향에 대한 대규모 연구를 감독했다. 흔히 이런 연구는 특정 법안에 대해 찬성(또는 반대) 표결을 하도록 의원들에게 영향을 준다.

공공 정책의 문제에 대처하는 데 수용자 측정치를 사용하는 것이 미국 정부만은 아니다. 신뢰할 수 있는 피플미터 시스템이 자리 잡은 것이 1980년대였는데, 이래로 수용자 데이터와 미디어 이용 패턴은 유럽 정부가 다양한 규제 이슈에 대처하는 데 영향을 주었다(예컨대 Helberger, 2011; Just, 2009). 예를 들면, 2012년에 영국의 '문화·올림픽·미디어·스포츠 담당 국무장관(Secretary of State for Culture, Olympics, Media, and Sports)'은 '미디어 다원성 측정'에 대한 보고서를 의뢰했다. 다원성(plurality)은 미국의 다양성(diversity)에 대한 관심과 비슷하다(예컨대 Napoli, 2007). 이 보고서는 세 가지 범주의 측정치가 다원성 평가에 적실하다고 결론지었다: "소비 측정치가, 특히 도달률·점유율·정보원의 다양성 정도가 가장 중요하다"(Ofcom, 2012: 1).

2. 업계

정부 바깥의 이해당사자 다수도 정책 결정 과정에서 비중이 무거운 역할을 한다. 기술이 매개하는 소통에 관한 정책에 가장 직접적인 이해를 갖는 조직은 미디어 자신이다. 큰 미디어 기업 집단과 같은 회사들 일부는 자신의 이해를 촉진하기 위해 수도 워싱턴에서 스스로를 대변할 수도 있겠다. 그러나 대개는 수도에 자리한 동업자 단체가 미디어를 위해 이런 일을 한다. 방송사를 위한 가장 중요한 동업자 단체는 전국방송사협회(NAB: National Association of Broadcasters)이다. NAB는 상업 방송사에 봉사하기 위해 의회와 FCC에 대한 로비 활동을 하고, 의회 위원회에서 증언하며, 관련 사법 절차에서 변론취지서를 제출하고, 정부 기관에서 벌어지는 규칙 제정과 조사 활동에 참여한다. 이런 일들을 수행하면서 많은 경우, NAB는 해당 이슈에 관련된 연구 조사를 제출한다. 사실, 이 협회에는 시청률 데이터를 사용해서 정책 연구를 수행하는 조사·정보 담당 특별 부서가 있다. 이에 더해 두 위원회, '지역텔레비전수용자측정위원회[콜탬(COLTAM): Committee on Local Television Audience Measurement]'와 '지역라디오수용자측정위원회[콜램(COL-

RAM): Committee on Local Radio Audience Measurement]'가 업계를 위해 수용자 조사연구의 질을 모니터한다. 전국케이블및원격통신협회(NCTA: National Cable & Telecommunications Association)는 케이블 업계를 대변한다. NCTA는 정책 연구를 포함해 NAB가 하는 일과 같은 유의 활동을 한다. 그리고 상호작용광고국(IAB: Interactive Advertising Bureau)은 온라인 광고 시장의 주요 미디어 및 기술 관련 회사를 대변한다. 미영화협회(MPAA: Motion Picture Association of America) 같은 다른 동업자 단체도 종종 수용자 데이터를 사용하곤 할 것이다.

3. 공중

정부와 업계가 공공 정책의 형성에 중요한 영향을 끼치기는 하지만, 이들이 그것을 완전히 장악하는 것은 아니다. 공중 자체가 몇 가지 방법을 통해 이 과정에 개입한다. 가장 직접적으로, 우리는 정부 대표들을 뽑는다. 가끔 이들 가운데 한 사람이 통신 정책 사안을 주도하면서 자신의 입장을 지지하거나 반대하도록 우리를 이끈다. 보다 높은 수준에서 조직된 공적 참여는 공적 이해 집단의 형태로 이루어진다. '어린이의텔레비전을위한행동(ACT: Action for Children's Television)'과 같은 몇몇 집단은 정책 형성에 영향을 주겠다는 구체적 목적을 가지고 만들어졌다. 1990년대 중반의 해산 때까지 ACT는 의회와 FCC가 어린이 대상 텔레비전 프로그램의 소비주의 문제에 주의하도록 만들었다. 학부모교사연합(PTA: Parent/Teacher Association)이나 미의사협회(AMC: American Medical Association) 같은 다른 조직도, 규제 문제가 조직의 중심 초점은 아니지만, 미디어의 사회적 통제에 대해 간헐적인 관심을 표출한다.

우리는 학계가 정책의 형성에 기여한다는 것에도 주목해야 한다. 미디어의 사회경제적 영향에 관한 정책적 질문에, 방송과 전자 미디어에 관심을 가진 교수들이 끌리곤 했다. 이들은 정책에 몇 가지 방식으로 영향을 끼칠 수 있다. 가장 두드러진 활동은 공공 정책에 대한 질문에 적실하게 답하는 연구를 출간하는 것이다. 이들은 흔히 전문가로 간주되고 또 상대적으로 객관적이라고 간주되기 때문에, 대학에 적을 둔 연구자는 정부에 특별한 영향력을 가질 수 있다. 학자는 정책 형성 과정의 다른 참여자를 위한 상담역으로 일할 수도 있는데, 이런 경우에는 덜 공개적인 ― 보통 덜 객관적인 ― 방식으로 직접적인 영향을 미친다. 마지막으로, 물론 이들은 자신의 제자들을 통해서도 정책에 간접적 영향을 미칠 수 있다. 오늘날 통신 정책에 관여하는 많은 직업적 전문가가 법, 규제, 사회적 책임의 문제에 대한 자신의 견해에 영향을 준 이로 특정 교수를 꼽곤 한다.

4. 연구 문제

사회 정책의 형성에서 수용자 시청률이 응용되는 범위는 상당히 광범하다. 시청률은 그토록 다양한 방식으로 해석되거나 '읽힐' 수 있기 때문에 다른 유형의 사회과학적 데이터와 크게 다르다. 그럼에도 시청률은 정책 형성에서 세 가지 포괄적 질문 가운데 하나에 대답하느라 사용되는 것이 보통이다. 이 질문은 앞에서 언급한 FCC의 장기적 관심 셋에 조응한다: ① 바람직하지 않은 미디어 효과의 제한, ② 보다 다양하면서 시청자의 요구에도 부응하는 편성의 촉진, ③ 자신이 관계하는 산업의 경제 상황을 돌보는 것.

1) 미디어가 인민에게 끼치는 것

정책입안자가 바람직하지 못한 효과를 제한하기를 바란다면 미디어가 끼치는 '효과에 관한 질문'에 대답해야 한다. 정책 관심으로서의 이 질문은 확실히 방송에 앞선 것이다. 1930년대 초, 사회학자는 영화가 나이 어린 이에게 미치는 영향을 알아내려고 노력했다. 나중이지만 같은 1930년대에, 심리학자는 전시 프로파간다의 효과를 연구했고 마케팅 연구자는 언론 보도가 투표자 행태에 미치는 효과에 대해 물었다. 근래의 연구는 텔레비전이 사회적 실재에 대한 지각을 왜곡하는 능력이나 비디오 게임이 폭력 조장에 관해 수행하는 역할 같은 이슈에 초점을 둔다.

여기에서 중심적인 것, 그리고 다른 모든 효과 관련 질문에서도 중심적인 것이 인과 관계다. 일반적인 형태로 보자면 문제의 질문은 미디어 노출(원인)이 다른 일을 일어나게 만드느냐(효과)다. 이는 사회과학자로서는 대답하기가 극히 어려운 질문이다. 그러나 중요한 출발점은 사람이 듣거나 보는 것이 무엇이냐에 대한 지식이다. 여기가 출발점이 되는 이유는 정의상 어떤 직접적인 미디어 효과도 미디어 메시지에 대한 수용자 노출에서 출발하는 것임에 틀림없기 때문이다.

미디어와의 접촉이 특정한 결과(다시 또, 효과)를 결정하지 않을지라도, 메시지를 듣거나 보는 것은 어떤 가능성을 규정짓는다. 많은 사람이 어떤 미디어를 이용하거나 콘텐츠 한 항목을 본다면, 효과가 생길 가능성이 크다. 광고주는 이 사실을 안 지 오래고, 그래서 수용자 접근에 대해 비싸게 지불해왔다. 이 가능성의 가치는 정치 후보자를 위한 무료 방송 시간에 대한 자주 되풀이되는 논전에서도 분명하다. 많은 이들이, 전자 미디어 수용자에 도달할 기회를 후보자가 누려 마땅한 '권리'의 일종으로 본다. 이들은 시민의 투표 행태가 캠페인 메시지에 대한 노출로 영향을 입을 것이라고 가정한다. 역으로 아무도 메시지에 노출되지 않는다면, 그 영향은 결코 느낄 수 없는 것이 된다.

교수들도 노출이 미디어 효과의 원천이라는 것을 인식해왔다(예컨대 Bryant and Oliver, 2009). 가장 적극적으로 의견을 개진한 학자 한 사람이 **배양 분석**(cultivation analysis)의 옹호자, 조지 거브너(George Gerbner)다. 텔레비전 콘텐츠는 너무나 획일적이고 사람들은 너무나 무차별적이라서 연구자가 이 미디어의 사회적 효과를 판정하기 위해 해야 할 일은 중시청자와 경시청자의 비교뿐이라고 거브너는 주장했다. 대개 이런 주장은 미국인들이 시청에 쓰는 시간의 순전히 양적인 크기에 관한 데이터로 뒷받침된다(Gerbner et al., 2002).

다른 학술 연구자들은 수용자가 선택적인 정도를 더 크게 잡는다. **선별적 노출**(selective exposure)에 관한 연구들은 4장에서 검토한 바 있는데, 미디어 연구의 역사에서 사실 중요한 위치를 차지한다. 다양한 기원에서 출발했음에도, 이들 연구는 모두 수용자 구성원이 차별화의 능력을 가지며 미디어 콘텐츠의 소비에서 이를 발휘한다고 가정한다. 효과는 수용자가 선택하는 콘텐츠가 어떤 종류냐에 달려 있다. 예컨대, 연방 정부 의료감(Surgeon General)의 텔레비전 폭력에 관한 보고서에서 이즈리얼과 로빈슨(Israel and Robinson, 1972)은 시청 일기를 활용해서 미국 인구의 다양한 하위 집단이 얼마나 많은 폭력을 소비하는지를 평가했다. 이들은 폭력이 난무하는 프로그램의 중시청자가 그 악영향을 드러낼 가능성이 크다고 가정했다. 이렇게 특정 콘텐츠를 고려하건, 혹은 거브너처럼 텔레비전 시청 일반을 고려하건 간에 명백히, 그에 이어지는 미디어 효과의 전제를 이루는 것이 노출이다.

규제자도 수용자 정보를 미디어가 사회적으로 바람직하지 못한 효과를 초래할 가능성을 평가하는 데 이용해왔다. 연방통신위원회는 이를, 예컨대 저속한 언어를 방송에서 제한하려는 자신의 노력을 가이드하는 데 활용한다.

성인이 청취하는 방송의 언어 문제는 위원회도 어느 정도 용인하겠지만, 어린아이가 있다면 문제가 된다. 어린이가 수용자 속에 있을 가능성이 큰 시간대에서는 공격적 언어의 사용을 제한하려고 노력해온 정책입안자들이 있다. 이들은 그런 시간대를 식별하는 데 시청률을 사용한다. 따라서 저속한 콘텐츠에 대한 노출에서 올 법한 파괴적인 효과는, 최소한, 어린이 수용자의 크기에 의해 제한된다.

어린이에 대한, 광고가 잠재적으로 끼칠 수 있는 해로운 효과를 제한하는 일은 전 세계 규제자들의 관심사다. 이런 관심을 반영하는 규칙은 수용자 조사연구 추정치를 정책의 기준점으로 쓴다. 미국에서 텔레비전을 통한 주류 광고는 21세 이상의 시청자가 70%는 된다는 그림이 나오는 프로그램으로 제한된다. 이에 더해서, 이런 광고는 오후 9시 전에는 틀 수 없다. 이 시간 제한 기준은 수용자 인구통계 대신이다 ― 많은 나라가 시간대를 담배, 주류, 의약품 광고를 제한하는 데 활용한다(ZenithOptimedia, 2011).

FCC는 지상파 방송에서 **지역주의**(localism)를 장려해온 오랜 역사에 기초해서 지역 뉴스와 공적 사안을 다루는 프로그램의 수용자에 대해서도 관심을 표출해왔다. 위원회의 이런 노력은, 최소한 부분적으로는, 공적 중요성을 갖는 이슈에 대해 인민이 알고 있게 하려는 욕구에 그 동기가 있다. 예컨대, FCC는 케이블 텔레비전이 지상파 방송의 수용자를 자신의 수용자로 전환시킴으로써 위원회가 장려해온 지역주의에 위협을 제기하리라고 확신했다. 케이블과 지상파 방송의 관계에 대한 1979년 보고서에서 FCC는 다음과 같이 주의했다.

시민의 태도와 가치를 형성하는 데, 선거인단을 보다 해박하고 책임감 있게 만드는 데, 또 상이한 인종적 · 민족적 집단에 대한 이해와 존경의 신장에 기여하는 데 텔레비전은 중요한 영향을 미칠 수 있다…역사적으로, FCC는 이

를 근거로 특정 유형의 프로그램 – 지역 뉴스, 공적 사안을 다루는 프로그램, 교육
적 프로그램 – 편성을 장려해왔다. 이들 이슈는, 지상파·케이블 정책에서의
변화가 이런 프로그램이 방송되는 양뿐 아니라 시청되는 양에 극적 변화를 어
느 정도로 가져오느냐에 따라 정책 논쟁의 중요한 구성 요소가 될 수 있을 것
이다(Federal Communications Commission, 1979: 639).

이런 추론은 저속함에 대한 규제를 뒷받침하는 논리에 대한 보완이라고도
볼 수 있다. FCC는 자신에게 해로운 뭔가에 노출되어 해를 입고 있는 사람 대
신, 자신에게 좋은 무엇을 보지 '않고(not)' 있는 사람한테서 바람직하지 못한
사회적 귀결이 야기된다는 우려를 표출한 것이다. 수용자 측정은 이런 평가에
서 중요한 요인이다. 예컨대, 2011년 FCC는 인터넷상의 지역 뉴스 소비에 대한
백서를 위촉했다. 컴스코어(comScore) 데이터에 대한 양적 분석에 기초한 이
연구는 온라인 뉴스가 웹트래픽의 극히 작은 비율에 그친다는 점을 발견했다
(Hindman, 2011).

오늘날, 미디어 선택지의 확대와 더불어 사람들이 소비하는 것이나 피하
려고 애쓰는 것이 무엇인지를 이해하는 일이 점점 더 중요해지고 있다. 1980
년에 평균적 가구는 9개 텔레비전 방송국을 시청할 수 있었다. 30년 후의 평
균적 가구는 120개의 채널을 볼 수 있게 됐다 – DVD, 위성 라디오, 인터넷
으로 접할 수 있게 된 그 모든 것을 제외하고도. 사실 2010년에 닐슨은 디지
털 다채널 미디어 환경 때문에 '채널'의 의미가 가구별로 동질적이지 않게 됐
다는 이유로 채널 수 보고를 중단했다. 이런 풍요는 사회비평가들로 하여금
사람들이 자기 마음에 드는 이야기만 듣는, '폐쇄 주거 단지(gated communities)'
와 유사한 미디어 환경으로 후퇴하는 쪽을 선택할 것이라고 우려하게 만들어왔
다(Sunstein, 2001, 2009; Turrow, 1997). 실로 인민이 자신의 귀에 어긋나지 않
는 것만 듣고 어긋나는 목소리와는 조우하는 일이 없다면, 바람직하지 못한

사회적 결과가 초래될 수 있다. 수용자 행태를 추적하는 일은 이와 관련한 사태 전개를 모니터하는 유용한 방법을 제시한다(예컨대, Lacour, 2012; Webster, 2005; Webster and Ksiazek, 2012).

2) 인민이 원하는 것

유지되어온, 통신 정책의 또 다른 중요한 목표 하나는 공중에게 다양한 미디어 콘텐츠를 제공하는 것이다. 이 목표는 미국 수정헌법 제1조의 이상과도, 자유로운 아이디어 시장에서 나온다고 여겨지는 혜택과도 아주 잘 들어맞는다. 그러나 어떻게 다양성을 이룰 것인가? 정책입안자들은 이 주제에 대해 의견들이 다르지만, 가장 크게 인기를 끌어온 해법은 수용자의 주의를 놓고 많은 수의 기업이 경쟁할 수 있도록 미디어 산업을 구조화하는 것이다. 이론상, 경쟁자들은 프로그램 선택이 표출하는 호오가 드러낸 요구를 충족시킴으로써 수용자 수요에 반응한다. 경쟁자가 많을수록 다양한 틈새 수용자가 선호 프로그램을 제공받게 될 공산이 커진다. 이 시스템 아래에서 시청률은 일종의 되먹임 기제로 생각될 수 있다. 아서 닐슨 2세(Arthur Nielsen Jr.)는 시청률과 선호의 연계를 다음과 같이 묘사했다.

> 방송사가 광고주에게 팔아야 하는 것이 수용자이므로, 시청자를 끌어모으기 위해서는 공중의 취향과 선호가 요구하는 바를 충족해야 한다. 시청률은 이들 선호를 드러낸다(Nielsen, 1988: 62).

많은 논평자가 업계의, 사람들에게 그들이 원하는 것을 줄 뿐이라는 논변이 이기적이고 기만적이라는 것을 발견했다. 이들은 지적하기를, 대부분의 미디어는 광고주의 요구에 반응하는 것이지 수용자 구성원의 요구에 반응하는 것이 아니다. 따라서 광고주에게 가치가 덜한 수용자는 제대로 된 섬김을 받지 못한다. 덧붙여, 광고주가 뒷받침하는 미디어 체제는 시청자가 특정 프로그램을 실제 좋아하는 정도의 측정치는 요하지 않는다. 시청자가 그것을 택해 이용했다는 것만을 요한다. 4장에서 설명한 바와 같이, 여러 다른 요인이 선호와 선택 사이의 연계를 복잡하게 만든다. 그럼에도 심리학과 경제학 양쪽에서 상당한 분량의 이론이 선택을 선호의 함수로 가정하며, 이 가정이 정책 입안에서의 시청률 활용을 적절하게 정당화해준다.

이들 이론 가운데 가장 적실한 것이 **후생경제학**(welfare economics)의 연구에서 개발돼왔는데, 후생경제학은 어떻게 하면 사회의 복지(전반적 안녕 내지 행복)를 극대화할 수 있을지를 다루는 학문 분야이다. 경제학의 다른 분야와 마찬가지로 이 분야도, 사람이 재화와 서비스를 선택할 때 ─ 최소한 자신의 호주머니 사정이 허용하는 한에서 ─ 자신의 선호를 충족시키려고 할 이성적 존재라고 가정한다. 경제학자는 이 생각을 '현시 선호 이론(theory of revealed preference)'이라고 부른다(예컨대 Varian, 2006). 실제로, 이들은 행태로부터 선호를 추론하는 것이 한 개인의 호오를 직접 묻는 것보다 우수할 수 있다는 주장을 한다. 광고주 후원은 비용을 시청자에게 직접 부과하지 않기 때문에 (즉, 요금을 프로그램당으로 지불하지 않기 때문에), 시청자 선호가 프로그램 선택에서 자유롭게 표현될 수 있다. 이들 개념과, 시청자 만족을 공공 정책이 어떻게 극대화할지에 관해 이들 개념이 갖는 결과적 함의는 오언과 와일드먼의 저서에 온전하게 논의돼 있다(Owen and Wildman, 1992).

그래서 후생경제학자는 통신 정책의 질문에 대처하는 데 시청률 데이터를 사용해왔다. FCC 규칙 가운데 강도 높게 검토돼온 것 하나가 미디어 소유에 관한 것이다. 위원회는 역사적으로, 상이한 소유주가 아이디어 시장에 상이한 관점을 더할 것이라는 가정에 기초하여, 어떤 종류의 미디어(예컨대, 지역 신문과 라디오)가 지역 텔레비전 방송국을 소유하는 것은 제한하려고 노력해왔다. 불행히도 신참자보다는 기존 미디어 기업이 시청자에게 매력적인 지역 프로그램 편성을 제시하는 데 더 능숙할 수 있다. 파크먼은 따라서 다음을 주장했다.

이런 범주의 소유주가 다른 범주의 소유주보다 인기가 더 높은 프로그램 편성을 산출한다면 인기 있는 프로그램들의 축소가 저 다양화 정책의 비용으로 고려되어야 한다. 어떤 보도 기관이 시청자를 끌어모으는 데 다른 기관들보다 더 성공적인지 판정하기 위해 우리는 이들 보도 기관이 산출하는 최종적 결과를 시청자가 평가한 결과로서 들여다볼 수 있다 — 즉, 시청률을 들여다볼 수 있다(Parkman, 1982: 289~ 290).

지역 텔레비전 뉴스 프로그램의 시청률을 분석한 후, 파크먼은 FCC의 정책이 "시청자 개개인에게, 자신이 덜 바람직하다고 생각하는 프로그램을 선택하도록 강제해 생기는 비용"을 부과했다고 결론지었다(Parkman, 1982: 295).

다름 아닌 FCC 스스로도 '현시 선호'의 일종으로서 시청률에 의존해왔다. 중요한 예 하나가 위원회의, **중하게 시청되는**(significantly viewed) 방송국의 지정이다. 이 개념은 1970년대 초에 FCC 규칙 내로 도입되었고 주어진 지리적 영역 안에서 한 방송국의 인기도를 구하는 데 사용되었다. 그것의 정의는 의무 송신, 합동형 판매 프로그램의 배타적 송출, 유효 경쟁, 강제적 저작물 이용 허락과 같은 규제 영역 다수에 영향을 끼쳐왔다. 수년간 정의는 좀 바뀌었지만, 방송국이 어떤 시장에서 매주 수용자 2%를 자기 몫으로 점유하고 케이블 없는 가구에서 매주 5%의 중복되지 않는 수용자를 끌어모으면 '중하게 시청된다'고 간주된다. 이런 추정치들은 대부분의 시장에서 일기식 데이터로 산출되는데, 이는 3장에서 묘사된 종류의 오차에 종속된다는 것을 의미한다.

규제자가 오차 추정치를 무시하고 저 수치들을 신뢰할 만하다고 취급하면 문제가 발생한다.

'인민이 원하는 것'을 평가하는 일은, 그 전에 '측정되는 인민이 누구냐'는 질문을 하게 만든다. 2012년 아비트론은 캘리포니아에서 자신의 PPM 표집 절차 때문에 법률적 분쟁에 휘말렸다. 이 회사는 흑인과 중남미계 수용자를 적게 셌다고 기소됐다. 원고는 소장에서 PPM 기술이 도입되었을 때, "흑인과 중남미계 수용자를 대상으로 하는 라디오 방송국은 시청률로 측정되는 라디오 청취자의 유별나게 큰 부분을 잃었는데, 이는 해당 라디오 방송국의 광고 수입 감소, 해고, 잠재적 파산으로 귀결되었다"고 주장했다(Complaint for Equitable Relief and Civil Penalties, 2012: 1~2). 아비트론은 자신의 표집 절차를 재평가하고 캘리포니아 검찰총장에게 소수자 집단의 수용자가 공평하게 대표될 것임을 확신시켜야 했다.

3) 다양한 정책의 경제적 함의

정부의 몇몇 법적 규제가 미디어와 관련 산업의 재정 상태에 영향을 준다. 저들 정책은, 이들 사업의 밥그릇(어떤 경우엔 '메르세데스와 BMW')에 영향을 미치기 때문에, 정책 입안 과정에 참여하는 다수의 주의를 끈다. FCC라 할지라도, 근년에는 미디어 산업의 경쟁 증진에 대해 우호적인데, 다양한 정책의 경제적 귀결에 주의를 소홀히 할 수 없다. 결국 이 위원회는 방송이 공익을 섬기도록 유의할 책임이 있다. 방송사가 잘못된 정부 정책으로 사업을 할 수 없게 된다면 위원회는 자신의 임무를 제대로 수행하지 못하게 될 것이다.

미디어 기업의 수입, 비용, 수익성을 기술하는 재무제표는 업계의 경제적 상황에 대한 정보가 나오는 뻔한 원천 하나다. 그러나 몇 가지 이유로 이들 데이터가 늘 사용되지는 않는다. 우선 들 수 있는 것 하나가 FCC가 방송사로부터 재무제표를 수집하는 일을 수년 전에 그만두었고, 그래서 관련 데이터는 활용될 준비가 돼 있지 않다는 것이다. 또 다른 이유로는, 회사 장부에 나타날 때쯤에는 정책의 해악이 그로 인한 경제적 손실을 만회하기엔 너무나 심해진 상태일지 모른다. 경제적 영향을 측정하는 화폐 척도의 흔한 대안이 수용자 시청률의 활용이다. 시청률이 미디어 기업이 파는 상품을 측정하기 때문에 방송국 시청률에 악영향을 미치는 정책은 그 경제적 건전성에도 피해를 입힐 것이다. 시청률과 수입이 완벽한 상관관계를 갖진 않지만, 수용자 손실의 증거는 흔히 수입 손실의 지표로 취급된다.

몇몇 연구에서 시청률 정보는 기존 미디어로부터의 수용자 전환을 증명하는 데 사용되었다. 이런 분석은 지상파 방송사와 케이블 업계 사이의 충돌에서 자주 활용된다. 케이블의 발전 초창기에 지상파 방송사들은 케이블 산업의 성장을 제한할 정책을 고무하기 위해 경제적 손실을 주장했다. 이들은 케이블의 시장 진입 허용이 값나가는 수용자를 유출시킴으로써 방송국의 생존을 위협할 것이라고 주장했다. 1970년에 랜드연구소(RAND Corporation)의 롤라 파크(Rolla Park)는 지역 시장 시청률 데이터의 분석을 통해 이 위협을 평가했다. 이 분석의 결과는 케이블 텔레비전에 대한 1972년 FCC 규칙을 만드는 데 도움을 주었다.

1970년대 후반 또다시, 위원회는 케이블과 지상파 방송 사이의 경제적 관계를 숙고했다. 또다시 파크(Park, 1979)와 관심을 가진 몇 집단이 수용자 시청률 정보에 대한 얼마간 복잡한 분석을 통해 수용자 전환 상황을 평가했다. FCC는 자신의 최종 보고서에 이들 연구를 널리 인용했다.

위원회는 **합동형 판매 프로그램의 배타적 송출**(Syndex; syndicated exclusivity)에 관한 규칙의 맥락에서도 수용자 전환 주장과 만났다. 1970년대 초에 처음 채택된 이 규칙은 합동형 판매 프로그램에 대한 배타적 방송권을 구매한 지상파 방송사가 원격 방송 신호에 실린 같은 프로그램을 수입한 케이블 시스텝과 경쟁할 필요가 없도록 보장했다. 주장된 바로는 케이블이 수입한 방송 신호가 해당 지역 방송국에 마땅히 속해야 할 수용자를 케이블 쪽으로 전환시킬 것이었다. 이 규칙에 대한 후속 논쟁에서 이해 당사자 집단(예컨대 NAB, NCTA)은 문제의 규칙이 부재하는 상황에서 수용자 손실이 일어난다는, 혹은 일어나지 않는다는 것을 보여주는 시청률 데이터 분석을 제출했다. 얼마 동안 규칙이 효력을 잃기도 했지만, FCC는 이를 재도입하면서 "전환을 제한하는 능력은, 지상파 방송사가 더 많은 수용자를 끌어모을 수 있게 되어 광고주에게 더욱 매력적이게 됨으로써 자신의 시청자를 위한 더 많은, 그리고 더 나은 프로그램을 얻을 수 있도록 해줄 것임을 뜻한다"라고 추론했다(Why's and wherefore's of syndex II, 1988: 58).

보다 가까운 근래에는 시청률 데이터가 텔레비전 소유 제한을 분석하는 정책 연구에 사용돼왔다. 1996년의 원격통신법(Telecommunications Act of 1996)은 극초단파 방송국의 소유주를 수용자 도달률 합산과 관련해서 특별취급했다. 그 법에 규정된 대로, 한 개인 또는 법인이 소유한 모든 방송국 수용자의 결합 도달률이 미국 전체의 35%를 넘을 수 없다. 그러나 극초단파 방송국은 전통적으로 초단파 방송국에 비해 불리하게 운영돼왔기에 입법자는 전자의 소유주가 자신의 도달률 추정치를 깎을 수 있게 해주었다 ─ 이들 방송국은 도달률 합계가 35%에 달하는지를 합산하는 과정에서 자사 통달 범위를 절반으로 깎아 산입할 수 있다. 그래서 가령, 극초단파 방송국만 있는 기업 집단 소유주의 잠재적 통달 범위가 텔레비전 가구 전체의 절반에 달할 수도 있지만, FCC 규칙에 따르면, 이런 경우의 도달률 추정치는 단지 25%로 간주되고 말 것이다. 이런 제도적 장치에 대한 도전에 대응하기 위해 NAB는 극초단파 방송국이 주파수 특성 때문에 수용자를 항상 덜 끌어모은다는 것을 보여주는 보고서를 준비했다. NAB는 더 낮은 시청률을 초래하는 다른 요인을 감안한 뒤에도 채널 주파수 대역이 더 저조한 시청률에 관련된다는 것을 발견했다. 예컨대, 폭스(Fox) 소속 극초단파 방송국은 초단파 방송국에 비해 평균 1점 낮은 시청률 점수를 얻었고, NBC 가맹사들의 극초단파 방송국과 초단파 방송국 사이에는 시청률 3.6점의 차이가 분명했다(Everett, 1998).

시청률 데이터는 **강제적 저작물 이용 허락**(compulsory copyright license)에서 나오는 요금의 분배에도 상당한 영향을 끼친다. 이 요금은 케이블·위성 시스템이 지상파 신호를 채용하여 송신하는 대가로 지불하는 것이다. 여기서 나온 수입에 대한 지분을 가진 이들은 프로그램 공급자, 상업 방송사, 공공 방송사, 캐나다 방송사를 포함하는 저작권 보유자들이다. 방송국이 차지한 수용자의 비율이 이런 보상의 계산에 산입되는 것이 논리적이다. 종국적으로 프로그램이나 프로그램 서비스의 경제적 가치는 대체로 수용자를 끌어모으는 능력에 달려 있는 것이다.

법정 절차나 정책 청문 절차에서도 상당한 정도로 활용되는 것이 수용자 정보이다. 이런 활용에도 불구하고, 그리고 시청률 정보의 다른 많은 응용에도 불구하고 우리 눈에는 사회과학자들이 그 분석적 가능성의 거죽만 긁어온 것으로 보인다. 시청률 데이터의 이들 활용은 대부분, 수용자 규모의 총량 측정치들을 다룬다. 아마도 놀랄 일은 아닐 것이다. 이런 추정치를 가장 쉽게 구할 수 있기 때문이다. 사실, 이것이 시청률의 정체이다. 시간을 두고 개인을 추적하는 데 시청률 데이터를 활용하는 것이, 우리가 누적적 분석이라고 부르는 일에 뛰어드는 것이 사회과학적 탐구의 당연한 다음 단계가 될 법해 보인다.

예컨대 미디어 효과론의 문제를 취해보자. 어떤 메시지에 노출된 수용자의 크기가 그 잠재적 효과에 대해 뭔가를 시사할 수도 있지만, 노출의 규칙성도 그럴 수 있다. 광고주는 이 개념을 빈도(수용자 구성원이 어떤 메시지를 듣거나 본 평균 횟수)라고 인식한다. 유사하게, 효과론 연구자는 사람들이 얼마나 자주 특정한 종류의 프로그램을 보거나 듣는지 물어볼 수 있다. 예컨대, 모든 어린이가 텔레비전에서 대략 같은 양의 폭력을 시청할까, 아니면 어떤 어린이는 더 많이 소비할까? 어린이 수용자 가운데 어떤 하위 집단만이 폭력물광일까? 그렇다면 이들 어린이는 누구일까? 가난한 집안 출신일까, 부유한 집안 출신일까? 혼자 볼까, 같이 볼까? 이런 질문에 대한 대답은 모두 수용자데이터에서 구할 수 있는데 텔레비전 폭력의 영향에 대한 우리의 이해에 다대한 기여를 할 수 있겠다. 비슷한 질문이 뉴스와 정보 프로그램의 수용자에 대해서도 제기될 수 있다(Kim and Webster, 2012; Ksiazek and Malthouse and Webster, 2010; Prior, 2007).

　수용자 중복에 대한 연구는 프로그램에 대한 사람들의 선호도 더 많이 드러낼 수 있다. 특정 프로그램은 작지만 충성스런 시청자를 가질까, 아니면 그것은 단지 작기만 한 시청자 집단일까? 프로그래머와 마케팅 조사연구자는 채널 충성이라 불리는, 수용자 중복의 어떤 특색 하나를 오래전부터 받아들였다. 종교 채널, 스페인어 채널, 그리고 적어도 어떤 뉴스 채널들의 편성이 작지만 충성스런 수용자를 끌어모으는 것으로 보이는 종류의 편성이다. 채널 이용의 이런 열기가 특정 시점에서 그것을 이용하는 횟수 이상의, 그 너머의, 수용자가 어떤 채널을 어떻게 소중히 여기는지에 관한 뭔가를 의미하는 것일까?

　크기와 구성 이외의 요인도 수용자의 경제적 가치에 영향을 끼친다. 광고주는 자신의 매체계획에서 목표 도달률과 목표 빈도를 특정할 수 있다. 높은 노출 빈도를 추구하는 이들은 작지만 충성스런 수용자에 대해 웃돈을 지불할 의사가 충분할지 모른다. 유사한 맥락에서, 채널 충성과 상속 효과는 의심할 바 없이 합동형 판매 프로그램의 수용자 크기를 키운다. 어떤 방송국이 시청하려는 태세가 돼 있는 수용자를 건넴으로써 어떤 프로그램의 가치를 증진했다면, 그럼 아마 그 방송국은 그 프로그램의 성공에 대해 더 큰 공을 인정받아 마땅하겠다.

사회과학적 방법을 불신하는 미디어 비평가마저도 시청률 데이터의 창의적인 활용을 통해 수용자의 미디어 경험에 대해 더 많은 것을 배울 수 있을지 모른다. 예컨대, 대중문화 분석가는 텔레비전 프로그램 편성을 일반 시청자가 어떻게 이해하는지에 대해 점점 더 많은 관심을 가지게 되었다. 이쪽 연구에서 오는 통찰 하나는 시청자가 이 미디어를 개별 프로그램으로서가 아니라 **흐름 텍스트**(flow texts)라는, 텍스트성 재료의 띠로 경험한다는 것이다. 흐름 텍스트의 부상은 수용자 흐름에 대한 유사한 조사연구를 통해 천착될 수 있겠다.

이들 분석 모두와 더 많은 분석이 상업적 수용자 데이터의 응용을 통해 실현될 수 있을 것이다. 불행히도 사회과학과 관련 학문에서 이런 데이터의 효과적 이용 실적은 고르지 않다. 부분적으로 이는 합동형 조사연구가 소유재산권 측면에서 갖는 본성이 순수하게 학술적인 분석을 위해 활용하기에는 데이터를 너무 비싼 것으로 만들기 때문이다. 반면에 구할 수 있는 데이터를 활용하는 데 실패하는 학자가 있다면, 단순히 이는 분석의 가능성을 깨닫지 못했기 때문이다.

Baker, C. E. 2002. *Media, markets, and democracy*. Cambridge, UK: Cambridge University Press.

Bryant, J. and Oliver, M. B(eds.). 2009. *Media effects: Advances in theory and research* , 3rd ed. New York: Routledge.

Comstock, G. and Sharrer, E. 1999. *Television: What's on, who's watching, and what it means*. San Diego: Academic Press.

Lowery, S. and DeFleur, M. L. 1995. *Milestones in mass communication research*, 3rd ed. White Plains, NY: Longman.

Napoli, P. M. 2007. *Media diversity and localism: Meaning and metrics*. Mahwah, NJ: Lawrence Erlbaum.

Owen, B. and Wildman, S. S. 1992. *Video economics*. Cambridge, MA: Harvard University Press.

Sunstein, C. R. 2001. *Republic.com*. Princeton, NJ: Princeton University Press.

_____. 2009. *Going to extremes: How like minds unite and divide*. Oxford, UK: Oxford University Press.

Turrow, J. (1997). *Breaking up America: Advertisers and the new media world*. Chicago: University of Chicago Press.

부록 DMA 시장 순위

다음은 2012년 9월 24일에 시작한 2012~2013 방송 시즌에 대한 닐슨의 지역 텔레비전 시장 최신 추정치다.

특기할 것은 텔레비전 가구의 총규모가 2년 연속으로 하락하여, 2011~2012년에 1억 1460만 가구였던 것이 2012~2013년에는 1억 1420만 가구가 되었다는 점이다.

부록 표 1 지정 시장 영역 순위(순위, DMA, 텔레비전 가구 수, 지역 텔레비전 가구의 전국 점유율)

순위	지역 시장	TV 가구	점유율(%)
1	뉴욕New York	7,384,340	6.47
2	로스앤젤레스Los Angeles	5,613,460	4.92
3	시카고Chicago	3,484,800	3.05
4	필라델피아Philadelphia	2,949,310	2.58
5	댈러스-포트워스Dallas-Ft. Worth	2,588,020	2.27
6	샌프란시스코-오크-새너제이San Francisco-Oak-San Jose	2,502,030	2.19
7	보스턴(맨체스터)Boston(Manchester)	2,366,690	2.07
8	워싱턴DC(헤이거스타운)Washinton, DC(Hagrstwn)	2,359,160	2.07
9	애틀랜타Atlanta	2,326,840	2.04
10	휴스턴Houston	2,215,650	1.94
11	디트로이트Detroit	1,845,920	1.62
12	시애틀-터코마Seattle-Tacoma	1,818,900	1.59
13	피닉스(프레스콧)Phoenix(Prescott)	1,812,040	1.59
14	탬파-세인트피트(새러소타)Tampa-St. Pete(Sarasota)	1,806,560	1.58
15	미니애폴리스-세인트폴Minneapolis-St. Paul	1,728,050	1.51
16	마이애미-포트로더데일Miami-Ft. Lauderdale	1,621,130	1.42
17	덴버Denver	1,566,460	1.37

순위	지역 시장	TV 가구	점유율(%)
18	클리블랜드-애크런(캔턴)Cleveland-Akron(Canton)	1,485,140	1.30
19	올랜도-데이토나비치-멜버른Orlando-Daytona Bch-Melbrn	1,453,170	1.27
20	새크라멘토-스톡턴-머데스토Sacramento-Stkton-Modesto	1,387,710	1.22
21	세인트루이스St. Louis	1,243,490	1.09
22	오리건 주 포틀랜드Portland, OR	1,182,180	1.04
23	피츠버그Pittsburgh	1,165,740	1.02
24	롤리-더럼(페이엣빌)Raleigh-Durham(Fayetvlle)	1,150,350	1.01
25	샬럿Charlotte	1,136,420	1.00
26	인디애나폴리스Indianapolis	1,089,700	0.95
27	볼티모어Baltimore	1,085,070	0.95
28	샌디에이고San Diego	1,075,120	0.94
29	내슈빌Nashville	1,014,910	0.89
30	하트퍼드와 뉴헤이븐Hartford & New Haven	996,550	0.87
31	캔자스시티Kansas City	931,320	0.82
32	오하이오 주 콜럼버스Columbus, OH	930,460	0.81
33	솔트레이크시티Salt Lake City	917,370	0.80
34	밀워키Milwaukee	902,190	0.79
35	신시내티Cincinnati	897,890	0.79
36	샌안토니오San Antonio	881,050	0.77
37	그린빌-스파튼버그-애슈빌-앤더슨Greenvll-Spart-Ashevll-And	846,030	0.74
38	웨스트팜비치-포트피어스West Palm Beach-Ft. Pierce	794,310	0.70
39	그랜드래피즈-캘러머주-배틀크리크Grand Rapids-Kalmzoo-B.Crk	720,150	0.63
40	라스베이거스Las Vegas	718,990	0.63
41	오클라호마시티Oklahoma City	718,770	0.63
42	버밍햄(애니스턴과 터스컬루사)Birmingham(Ann and Tusc)	717,530	0.63
43	해리스버그-랭커스터-레버넌-요크Harrisburg-Lncstr-Leb-York	716,990	0.63
44	노퍽-포츠머스-뉴포트뉴스Norfolk-Portsmth-Newpt Nws	709,730	0.62
45	오스틴Austin	705,280	0.62
46	그린즈버러-하이포인트-윈스턴세일럼Greensboro-H.Point-W.Salem	695,100	0.61
47	앨버커키-샌타페이Albuquerque-Santa Fe	691,450	0.61
48	루이빌Louisville	670,880	0.59
49	멤피스Memphis	662,830	0.58
50	잭슨빌Jacksonville	659,170	0.58

순위	지역 시장	TV 가구	점유율(%)
51	뉴올리언스New Orleans	641,550	0.56
52	버펄로Buffalo	623,150	0.55
53	프로비던스-뉴베드퍼드Providence-New Bedford	606,400	0.53
54	윌크스배리-스크랜턴-헤이즐턴wilkes barre-Scranton-Hztn	581,020	0.51
55	프레즈노-바이세일리아Fresno-Visalia	576,820	0.51
56	리틀록-파인블러프Little Rock-Pine Bluff	561,760	0.49
57	리치먼드-피터즈버그Richmond-Petersburg	553,390	0.48
58	올버니-스커넥터디-트로이Albany-Schenectady-Troy	540,050	0.47
59	털사Tulsa	526,960	0.46
60	모빌-펜서콜라(포트월턴비치)mobile-Pensacola(Ft. Walt)	525,990	0.46
61	녹스빌Knoxville	520,890	0.46
62	포트마이어스-네이플스Ft.Myers-Naples	502,050	0.44
63	데이턴Dayton	498,270	0.44
64	렉싱턴Lexington	485,630	0.43
65	찰스턴-헌팅턴Charleston-Huntington	455,490	0.40
66	위치토-허친슨Wichita-Hutchinson Plus	450,300	0.39
67	플린트-새기노-베이시티Flint-Saginaw-Bay City	446,010	0.39
68	로어노크-린치버그Roanoke-Lynchburg	445,470	0.39
69	그린베이-애플턴Green Bay-Appleton	441,800	0.39
70	투손(시에라비스타)Tucson(Sierra Vista)	438,440	0.38
71	호놀룰루Honolulu	437,790	0.38
72	디모인-에임스Des Moines-Ames	427,860	0.37
73	스포캔spokane	420,640	0.37
74	미주리 주 스프링필드Springfield, MO	414,570	0.36
75	오마하Omaha	414,060	0.36
76	털리도Toledo	409,550	0.36
77	사우스캐롤라이나 주 컬럼비아Columbia, SC	398,510	0.35
78	뉴욕 주 로체스터Rochester, NY	395,680	0.35
79	헌츠빌-디케이터(플로레트)Huntsville-Decatur(Flor)	390,590	0.34
80	포틀랜드-오번Portland-Auburn	389,530	0.34
81	퍼듀카-케이프지라도-해리스버그Paducah-cape Girard-Harsbg	388,340	0.34
82	슈리브포트Shreveport	384,410	0.34
83	샘페인 & 스프링필드-디케이터Champaign & Sprngfld-Decatur	378,720	0.33
84	시러큐스Syracuse	377,550	0.33

순위	지역 시장	TV 가구	점유율(%)
85	매디슨Madison	376,670	0.33
86	할링전-웨슬리코-브라운즈빌-매캘런Harlingen-Wslco-Brnsvl-McA	364,160	0.32
87	채터누가chattanooga	353,710	0.31
88	웨이코-템플-브라이언Waco-Temple-Bryan	349,540	0.31
89	콜로라도스프링스-푸에블로Colorado Springs-Pueblo	343,990	0.30
90	시더래피즈-워털루-아이오와시티 & 더뷰크cedar rapids-Wtrlo-IWC&Dub	342,610	0.30
91	엘패소(라스크루시스)El Paso(Las Cruces)	339,130	0.30
92	서배너Savannah	334,750	0.29
93	미시시피 주 잭슨Jackson, MS	331,500	0.29
94	배턴루지Baton Rouge	329,620	0.29
95	사우스벤드-엘크하트South Bend-Elkhart	319,860	0.28
96	테네시 주, 버지니아 주 트라이시티스Tri-Cities, TN-VA	319,060	0.28
97	벌링턴-플래츠버그burlington-Plattsburg	316,910	0.28
98	사우스캐롤라이나 주 찰스턴Charleston, SC	316,080	0.28
99	대본포트-록아일랜드-몰린Davenport-R.Island-Moline	303,800	0.27
100	그린빌-뉴번-워싱턴Greenville-N. Bern-Washngtn	303,280	0.27
101	포트스미스-페이엣빌-스프링데일-로저스Ft. Smith-Fay-Springdl-Rgrs	297,590	0.26
102	존스타운-알투나-스테이트칼리지Johnstown-Altoona-St Colge	288,100	0.25
103	머틀비치-플로렌스Myrtle Beach-Florence	285,550	0.25
104	에번즈빌Evansville	284,040	0.25
105	링컨-헤이스팅스-카니Lincoln-Hastings-Krny	276,790	0.24
106	탤러해시-토머스빌Tallahassee-Thomasville	273,120	0.24
107	타일러-롱뷰(러프킨 & 내커도치스)Tyler-Longview(Lfkn & Ncgd)	268,150	0.23
108	리노Reno	265,600	0.23
109	포트웨인Ft Wayne	265,390	0.23
110	영스타운youngstown	260,000	0.23
111	보이시Boise	259,090	0.23
112	수폴스(미첼)Sioux Falls(Mitchell)	258,460	0.23
113	오거스타-에이킨Augusta-Aiken	257,730	0.23
114	스프링필드-홀리요크Springfield-Holyoke	252,950	0.22
115	랜싱Lansing	251,140	0.22
116	피오리아-블루밍턴Peoria-Bloomington	244,050	0.21

순위	지역 시장	TV 가구	점유율(%)
117	파고-밸리시티Fargo-Valley City	243,890	0.21
118	몽고메리-셀마Montgomery-Selma	241,930	0.21
119	트래버스시티-캐덜랙Traverse City-Selma	241,800	0.21
120	메이컨Macon	241,170	0.21
121	유진Eugene	235,570	0.21
122	샌타바버라-샌타마리아-샌루이스어비스포SantaBarbara-SanMar-SanLuOb	231,950	0.20
123	야커마-패스코-리칠랜드-케너웍Yakima-Pasco-Rchlnd-Knnwck	231,950	0.20
124	루이지애나 주 라피엣Lafayette, LA	229,320	0.20
125	몬터레이-설리나스Monterey-Salinas	224,240	0.20
126	베이커즈필드Bakersfield	221,740	0.19
127	조지아 주 콜럼버스(앨라배마 주 오펄라이카)Columbus, GA(Opelika, AL)	216,920	0.19
128	라크로스-오클레어La Crosse-Eau Claire	211,670	0.19
129	코퍼스크리스티Corpus Christi	203,730	0.18
130	애머릴로Amarillo	197,110	0.17
131	치코-레딩Chico-Redding	191,500	0.17
132	윌밍턴Wilmington	188,420	0.17
133	콜럼버스-투펄로-웨스트포인트-휴스턴Columbus-Tupelo-W Pnt-Hstn	184,990	0.16
134	워소-라인랜더wausau-Rhinelander	179,450	0.16
135	록퍼드Rockford	179,240	0.16
136	토피카Topeka	176,160	0.15
137	먼로-엘더레이도Monroe-El Dorado	175,960	0.15
138	컬럼비아-제퍼슨시티Columbia-Jefferson City	173,640	0.15
139	덜루스-슈피리어Duluth-Superior	169,610	0.15
140	메드퍼드-클래머스폴스Medford-Klamath Falls	167,820	0.15
141	보몬트-포트아서Beaumont-Port Arthur	167,110	0.15
142	러벅Lubbock	159,840	0.14
143	위치타폴스와 로턴Wichita Falls & Lawton	158,500	0.14
144	솔즈베리Salisbury	157,830	0.14
145	앵커리지Anchorage	156,280	0.14
146	이리Erie	155,190	0.14
147	수시티Sioux City	154,830	0.14

순위	지역 시장	TV 가구	점유율(%)
148	팜스프링스Palm Springs	154,560	0.14
149	조플린-피츠버그Joplin-Pittsburg	151,200	0.13
150	조지아 주 올버니Albany, GA	150,110	0.13
151	마이놋-비즈마크-디킨슨(윌리스턴)Minot-Bsmrck-Dcknsn(Wlstn)	150,000	0.13
152	오데사-미들랜드Odessa-Midland	147,730	0.13
153	로체스터-메이슨시티-오스틴Rochestr-Mason City-Austin	143,330	0.13
154	테러호트Terre Haute	139,600	0.12
155	뱅고어Bangor	138,040	0.12
156	블루필드-베클리-오크힐Blufield-Beckley-Oak Hill	134,410	0.12
157	빙엄턴Binghamton	133,420	0.12
158	휠링-스투번빌Wheeling-steubenville	130,110	0.11
159	패너마시티Panama City	129,390	0.11
160	빌럭시-걸프포트Biloxi-Gulfport	128,300	0.11
161	셔먼-에이다Sherman-Ada	126,930	0.11
162	아이다호폴스-포커텔로(잭슨)Idaho Falls-Pocatllo(Jcksn)	125,710	0.11
163	게인즈빌Gainesville	123,430	0.11
164	애빌린-스위트워터Abilene-sweetwater	114,080	0.10
165	유마-엘센트로Yuma-El Centro	113,230	0.10
166	미줄라Missoula	113,010	0.10
167	해티즈버그-로렐Hattiesburg-Laurel	109,950	0.10
168	빌링스Billings	109,730	0.10
169	도선Dothan	107,110	0.09
170	클라크스버그-웨스턴Clarksburg-Weston	106,480	0.09
171	퀸시-해니벌-키어컥Quincy-Hannibal-Keokuk	103,520	0.09
172	유티카Utica	102,890	0.09
173	래피드시티Rapid City	98,020	0.09
174	엘마이라(코닝)Elmira(Corning)	95,530	0.08
175	레이크찰스Lake Charles	94,610	0.08
176	테네시 주 잭슨Jackson	93,090	0.08
177	워터타운Watertown	92,590	0.08
178	해리슨버그Harrisonburg	90,260	0.08
179	루이지애나 주 알렉산드리아Alexandria, LA	89,280	0.08
180	마켓Marquette	84,640	0.07
181	존즈버러Jonesborough	80,740	0.07

순위	지역 시장	TV 가구	점유율(%)
182	볼링그린Bowling Green	78,780	0.07
183	샬러츠빌charlottesville	74,340	0.07
184	러레이도Laredo	72,590	0.06
185	그랜드정크션-몬트로즈Grand Junction-Montrose	70,580	0.06
186	머리디언Meridian	68,860	0.06
187	뷰트-보즈먼Butte-Bozeman	67,180	0.06
188	그린우드-그린빌Greenwood-Greenville	66,410	0.06
189	인디애나 주 라피엣Lafayette, IN	66,240	0.06
190	그레이트폴스Great Falls	65,930	0.06
191	트윈폴스Twin Falls	64,100	0.06
192	오리건 주 벤드Bend, OR	62,950	0.06
193	파커스버그Parkersburg	62,620	0.05
194	유리카Eureka	59,610	0.05
195	샤이엔-스코츠블러프Cheyenne-Scottsbluff	56,350	0.05
196	샌앨젤로San Angelo	55,820	0.05
197	캐스퍼-리버턴Casper-Riverton	55,270	0.05
198	맨케이토Mankato	52,530	0.05
199	라이마Lima	51,240	0.04
200	오텀와-컥스빌Ottumwa-Kirksville	46,730	0.04
201	세인트조지프St. Joseph	46,180	0.04
202	페어뱅크스Fairbanks	37,920	0.03
203	제인즈빌Zanesville	32,940	0.03
204	빅토리아Victoria	31,560	0.03
205	프레스카일Presque Isle	29,250	0.03
206	헬레나Helena	28,260	0.02
207	주노Juneau	26,320	0.02
208	알피나Alpena	16,910	0.01
209	노스플랫North Platte	14,720	0.01
210	글렌다이브Glendive	4,050	0.00
	NSI 전미 합계.	114,173,690	100.00

1000명당 비용CPM:cost per thousand 한 광고가 건네는 1000명의 수용자를 사는 데 드는 비용을 측정. CPM은 서로 다른 광고 수단의 비용 대비 효과를 비교하는 데 흔히 사용된다.

가구Household 한 사람 이상이 거주하는, 아파트나 단독 주택과 같은, 식별 가능한 거주 단위. '집단 구역' 항목을 보시오.

가맹사Affiliate 네트워크 방송사의 편성을 내보내기로 계약한 지상파 방송국.

가장Head of household TAM에서 사용되는, 가구를 주로 책임지는 성인을 가리키는, 좀 낡긴 했으나, 흔한 용어. 기혼 가정에서는 관례상 남편이다. 가구당 한 명뿐이다.

가장 덜 거슬리는 프로그램LOP: least objectionable program 텔레비전 수용자 행태에 관한 대중적 이론으로 폴 클라인이 창시자로 여겨진다. 사람들은 일차적으로 내용과는 상관없는 이유로 텔레비전을 켜 본 다음, 이차적으로 가장 덜 거슬리는 프로그램을 선택한다는 주장이다. '수동적 수용자' 항목을 보시오.

가중치 부여 Weighting 산입 표본 내 어떤 집단의 과다 대표나 과소 대표를 바로잡으려는 시도로 수리적 가중치를 부여하는 과정. '표본 가중치 부여' 항목을 보시오.

개별 방문자 Unique visitors 보고 기간 동안 한 사이트를 방문한 개별 웹 이용자. '큠', '비중복 수용자' 항목을 보시오.

개인용 녹화기PVR: personal video recorder 디지털 녹화기(DVR)를 가리키는 다른 이름이지만 이제는 사용되지 않는다.

거점 방송국 Home station 특정 시장 영역 내의 도시에서 면허를 받은 방송국이면 어느 방송국이나 거점 방송국.

거점 시장 Home market 방송국이 자리한 시장 영역.

거점 카운티 Home county 방송국의 면허 도시가 있는 카운티.

검색 엔진 Search engine 인터넷 이용자가 월드와이드웹에서 특정 정보를 발견하는 것을 돕도록 특별히 설계된 웹사이트.

계량기Meter 텔레비전 수상기의 전원 연결 및 채널 선택 상태를 기록하는 데 사용되는 측정 기기. '저장식 즉시 오디미터', '피플미터' 항목을 보시오.

공동업계위원회JIC: Joint Industry Committee 미국 이외의 나라에서 수용자 측정 서비스를 조직하는 흔한 방법. 미디어와 광고주 같은 관련 업계 당사자가, 어떤 서비스가 필요한지를 규정하고, 가격을 부르고, 다년 계약을 하는 위원회를 만든다.

과대 표집 Oversample 무응답을 보상하기 위해서나 표본의 하위 집단을 집중해서 들여다볼 목적으로 산입 표본에서 필요한 것보다 일부러 많이 표집하는 일. '산입 표본' 항목을 보시오.

관성Inertia 시청자가 현저하게 매력이 없는 프로그램에 진저리를 내지 않는 한 채널을 바꿀 가능성이 별로 없을 것임을 함의하는 수용자 행태 묘사.

광고대행사Advertising Agency 고객을 위해

광고를 준비하고 배치하는 회사. 대개 대행사에는 광고 시간의 계획, 구매, 평가를 전문적으로 수행하는 미디어 부서가 있다.

광고 시청률 Commercial rating 광고 메시지에 노출된 적이 있는 사람 또는 가구의 수에 대한 측정치. C3라고 불리는, 미국의 광고 시청률은 한 프로그램 내의 모든 광고를 통틀어 평균한 광고 시청률로 방송된 때로부터 3일 이내의 녹화 시청까지를 포함.

광고연구재단ARF: Advertising Research Foundation 광고 조사연구의 실무와 타당도를 개선하고 있는, 미국과 캐나다 내 광고 및 마케팅 조사연구자의 직업적 동업자 단체.

광대역Broadband 배급 시스템의 채널 용량을 기술하는 용어. 다채널 케이블 서비스에 흔히 붙는 표식인데 초당 25프레임 이상으로 재생되는 동영상을 나를 수 있는 디지털 네트워크에도 적용된다. '케이블 시스템' 항목을 보시오.

교차 분석 Cross-tabs 한 항목에 대한 반응이 다른 항목에 대한 반응과 쌍을 이루게 되는 데이터 분석 기법. 교차 분석은 두 프로그램 사이의 수용자 중복을 구하는 데 유용하다. '수용자 중복' 항목을 보시오.

교체율Turnover 한 방송국의 특정 시간대 내 평균 4분시 수용자에 대한 누적 수용자의 비율.

교환Barter 프로그램 편성에 드는 현금 비용을—때로는 전혀 들지 않게—절약할 수 있는 유형의 합동형 판매 거래. 이것이 가능한 이유는 합동형 판매자가 미리 판 전국·광역 광고가 프로그램에 들어 있기 때문이다.

구매 후 분석 Post-buy analysis 프로그램 방송 후에 수행되는 분석. 이는 ①프로그램에 대해 지불한 가격이 적절했는지를 구하는 재무 분석일 수도 ②예측 시청률이 정확했는지를 구하는 시청률 성과 분석일수도 있다.

군집 표본 Cluster sample 군집이라 불리는, 표집 단위가 모인 집단이 표본 추출 과정의 어느 단계에서 표집되는 확률 표본 형태. '확률 표본' 항목을 보시오.

귀속Ascription 혼란스럽거나, 부정확하거나, 빠진 입력 데이터의 문제를 해결하는 절차.

극초단파UHF: ultra high frequency 14번에서 80번까지의 채널에 배정된 텔레비전 방송국의 분류.

근시안 이론 Recency theory 소비자는 가깝게 경험한 것에 좌우되기 쉬우므로—즉, 근시안적이므로— 그가 살 태세가 되었을 때 가 닿는 것이 가장 효과적이라는 생각. 도달 범위와 시점 조절이 노출의 빈도보다 더 중요하다고 본다.

기본 케이블 Basic cable 케이블 시스템이 월 최저 요금으로 공급하는 프로그램 편성 서비스. 대개 여기에는 지역 지상파 텔레비전 신호, 광고로 재원을 충당하는 케이블 네트워크, 지역 액세스 채널이 들어 있다.

기회주의적 시장 Opportunistic market 편성의 취소나 변경 같은 예상치 않은 사태 전개가 기회를 만들어 갑작스럽게 네트워크 광고 시간을 사고파는 일. '산포 시장', '선불 시장' 항목을 보시오.

꼬투리Pod 흔히 6~8개 정도의 연속 방송되는 광고물 묶음. 광고의 꼬투리 내 위치가 협상 대상이 되는 경우가 가끔 있다.

냅티NATPE: National Association of Television Program Executives 텔레비전 편성 책임을 진 미디어 전문가의 미 업계 조직.

네트워크Network 편성용 프로그램을 취득하거나 제작하여, 편성된 이들 프로그램을 대개 전국 또는 광역을 대상으로 하는 광고와 함께 가맹 방송국 또는 지역 케이블 시스템에 배급하는 조직.

노출 광고 Display advertising 광고의 범주.

신문의 경우, 소매상이 내보내는 보다 큰 광고물로 흔히 항목별(classified) 광고와 대조된다. 인터넷의 경우에는 배너(banner) 광고를 포함하고 유료 검색 광고와 흔히 대조된다.

능동/수동 계량기A/P Meter: Active/Passive Meter 텔레비전 프로그램에 묻혀 있는 코드를 식별하거나 그 음향 특성을 적극적으로 식별해 수상기에서 나오는 프로그램 편성이 어느 방송국 것인지를 알아낼 수 있는, 닐슨이 개발한 피플미터의 유형.

능동적 수용자 Active Audience 자신이 보는 프로그램에 대해 고도로 선택적인 시청자에게 붙이는 용어. 때때로 능동적 수용자는 좋아하는 프로그램을 보기 위해서만 수상기를 켜고 그런 프로그램을 볼 수 없으면 수상기를 끄는 수용자로 정의되기도 한다. 능동성은 미디어 선택의 목표지향성이나 미디어에 대한 인지적 몰입을 의미할 수도 있다. '가장 덜 거슬리는 프로그램', '수동적 수용자' 항목을 보시오.

늦은 주변 시간대 Late fringe 텔레비전에서, 미 동부 시각 밤 11시의 늦은 지역 뉴스 직후의 시간대를 의미.

닐슨방송국지수NSI: Nielsen Station Index 미국의 지역 텔레비전 시장 시청률을 보고한다.

닐슨텔레비전지수NTI: Nielsen Television Index 미국의 전국적 텔레비전 네트워크 시청률을 보고한다.

다단계 표본 Multi-stage sample 2회 이상의 표집을 요구하는 확률 표본 유형. '군집 표본', '확률 표본' 항목을 보시오.

단순 무작위 표본 Simple random sample 모집단 구성원 개개인 모두가 똑같은 추출 확률을 갖는 단일 단계 확률 표본. '확률 표본' 항목을 보시오.

단일 자료원 Single source 그 측정치를 구하는 모든 변수(예컨대, 플랫폼들을 가로질러 계측되는 미디어 이용, 제품 구매, 인구통계적 변수, 라이프스타일 변수)를 하나의 응답자 표본에서 측정한 데이터 세트의 묘사에 사용되는 용어. '데이터 융합' 항목을 보시오.

대도시 시청률 Metro rating 시장의 대도시 지역에 거주하는 사람들의 행태에 근거한, 프로그램 혹은 방송국의 시청률. '시청률' 항목을 보시오.

대도시 영역 Metro area 시청률 제공자가 정의하는 대로의 시장 영역 중 핵심 대도시 카운티들. 일반적으로 MSA(대도시 통계 영역)에 조응한다.

대도시 점유율 Metro share 시장의 대도시 지역에 거주하는 사람들의 행태에 근거한, 프로그램 혹은 방송국의 점유율. '점유율' 항목을 보시오.

대응 편성 Counterprogramming 방송국이나 네트워크가 경쟁자의 수용자와는 다른 것으로 구별되는 집단에게 매력적인 프로그램을 같은 시간대에 편성하는 편성 전략. 흔히 독립 방송국이 네트워크 가맹사의 지역 뉴스에 대해 오락 프로그램을 대응 편성한다.

대체하기Preempt 네트워크 가맹사가 취하는 행동으로 네트워크가 공급하는 편성 프로그램을 자기가 편성하는 프로그램으로 바꾸는 것. 특정 유형의 광고 시간도 그 시간에 대해 웃돈을 지불할 의사가 있는 광고주에 의해 '대체될(preempted)' 수 있다.

대푯값Average 특정 변수에 대해 전형적인 값을 표현하는 중심 경향성 척도. 대푯값의 하나인 산술 평균은 대개 평균(mean)이라 한다. '평균(값)', '중앙값' 항목을 보시오.

데이터 융합 Data fusion 복수의 별도 표본에서 나온 데이터를 사회인구통계적·행태적 측면의 유사성에 근거하여 개별 응답자를 쌍으로 묶어냄으로써 결합하는 방법. 단일 자료원(single source) 데이터세트 없이, 플랫폼들을 가로지르는 미디어 이용을 연구하는 대안적인 방법으로 흔히 사용된다.

도달 범위/도달률 Reach 특정 기간 동안 방송국 수용자 또는 광고 캠페인 수용자 집단에 든 중복되지 않는 개인 또는 가구의 총수. 가끔 시장 총인구의 백분율로 표시된다. '큠', '빈도' 항목을 보시오.

도메인 이름 수준 통합 Domain name level consolidation 동일한 도메인 이름에 연계된 다중적 URL들의 통합.

도메인 통합 Domain consolidation 다중적 도메인 이름들 그리고/또는 주된 사이트에 연계된 URL들의 통합.

독립 방송국 Independent 지상파 네트워크와 가맹 관계를 유지하지 않는 상업 텔레비전 방송국.

동질 집단 연구 Cohort 시간이 흘러도 구성이 바뀌지 않는 모집단에서 복수의 독립 표본을 뽑는 장기 서베이 설계의 유형. '종단면' 항목을 보시오.

디지털 녹화기DVR: digital video recorder 하드 드라이브에, 방영되는 영상 프로그램을 녹화하는 전자 기기. 때로 개인용 녹화기(PVR: personal video recorder)라고도 불리는데 프로그램을 쉽게 녹화하고, 빨리 돌려 보고, 광고를 건너뛸 수 있게 한다. 티보(TiVo)가 가장 잘 알려진 DVR 시스템이다.

띠 편성 Stripped programming 텔레비전 프로그램을 5회 연속으로 주중 같은 시간대에 배치하는 편성 관행. 흔히 합동형 판매 프로그램을 띠로 편성한다.

라디오광고국RAB: Radio Advertising Bureau 라디오 광고를 촉진하기 위해 결성된 미 업계 조직.

레이다RADAR: Radio's All Dimension Audience Research 미 라디오 네트워크 수용자를 측정하는, 아비트론의 합동형 시청률 서비스.

메디아메트리Médiamétrie 프랑스의 방송사와 광고주가 소유한, 수용자 측정 서비스를 제공하는 조사연구 사기업. '공동업계위원회', '삼각조사회사계약' 항목을 보시오.

면접/인터뷰 Interview 직접 만나서, 또는 전화로 응답자에게 하는 구두 질문을 통해 데이터를 수집하는 방법.

면접자 편파 Interviewer bias 면접으로 수집되는 데이터에 체계적 오차나 왜곡을 초래하는, 면접자의 외양·태도·반응에 기인한 것이라고 볼 수 있는 문제. '응답 오차' 항목을 보시오.

모집단Population [or 'universe'] 표본이 표집되는, 개인이나 가구의 전체 집합. 모집단 집합에 속하는지의 여부를 명백하게 정의해야 하는데, 흔히 개인이 거주하는 지리적 영역을 기준으로 한다.

몰입(도) Engagement 다의적으로 부실하게 정의된 용어. 다양한 미디어 상품과 서비스에 대한, 이용자의 선호나 관여를 평가하기 위해 고안된 측정치들을 포괄한다. 때로는 전통적 노출 측정(반복 시청이나 소비 시간 측정)에서 도출되고, 때로는 소셜미디어 사이트에서 취한 행동(댓글, 공유 등)에서 도출된다. 또 때로는 이것의 측정을 목적하는 서베이에 의해 직접적으로 측정된다.

무작위 표본 Random sample '확률 표본' 항목을 보시오.

미광고대행사협회AAAA: American Association of Advertising Agencies 미 광고대행사의 동업자 단체.

미국조사국ARB: Audience Research Bureau 아비트론사의 전신. 1949년에 설립된 시청률 회사.

미디어시청률심의회MRC: Media Rating Council 시청률 회사가 사용하는 절차를 인증하고 시청률 조사방법론의 개선을 모니터하는 책임을 맡고 있는 미 업계 조직.

민속지Ethnography 질적 연구 기법들 가운데 어느 하나를 가리키는 용어. 수용자 민속지는 심층 면접 또는 그룹 토의, 인터넷 게시물에 대한 연구, 다양한 관찰 및 참여 관찰 기법을 포함한다.

반복 시청 Repeat viewing 어떤 프로그램 수용자가 같은 연속물의 다른 회 수용자로 다시 나타나는 정도. '수용자 중복' 항목을 보시오.

반복 연구 Replication 연구 결과의 안정성을 평가하기 위해 이전 연구의 절차를 반복하는 연구.

밤사이Overnights 계량기로 측정하는, 방송 바로 다음 날 고객이 쓸 수 있는 시청률에 주어진 명칭.

방송국 대리/렙 기업 Station rep 전국·광역 광고주들에 대해 지역 방송국을 대리하는 조직으로, 고객의 광고 시간을 팔고 때로는 고객의 편성에 유용한 조사연구 결과를 제공한다.

방송국 총 영역 Station total area 방송국 총수용자 추정치가 근거하는 지리적 영역 전체를 의미하는 닐슨식 용어. NSI(닐슨방송국지수) 영역 바깥의 카운티도 포함할 수 있다.

배너 광고 Banner advertising 인터넷 노출 광고의 한 형태. 보고 있는 페이지의 한 부분에 광고주의 메시지를 담은 상자가 나타난다. 이용자가 광고주의 웹사이트에 연결되도록 하는 것이 보통.

배치 면접 Placement interview 일기를 지속적으로 쓰겠다거나 계량기를 수용하겠다는 응답자 의향을 확보하는 첫 면접.

배타적 큠 수용자 Exclusive cume audience 특정 기간 내에 하나의 방송국만 청취한 비중복 수용자의 총수.

버치Birch 한때 아비트론과 경쟁하며 합동형 라디오 시청률 보고서를 제공하던 조사연구 회사.

변수Variable 개인별 또는 대상별로 변하는 잘 정의된 속성이나 특성이면 어느 것이나. '인구통계' 항목을 보시오.

변환율Conversion rate 방문 횟수 또는 개별 방문자의 수로 나눈 의도된 행동(예컨대, 웹사이트에서 주문하기)의 횟수.

복수 수상기 가구 Multiset household 둘 이상의 작동하는 텔레비전 수상기가 있는 텔레비전 가구.

분석 단위 Unit of analysis 조사연구자가 그에 대해 정보를 수집하는 요소 또는 독립적 실재. 시청률에서는 대개 개인이나 가구이다.

뷰Views 특정 웹페이지나 영상을 본 횟수를 측정한 결과에 근거한 수용자 총량 측정치.

뷰스루View-through 얼마나 많은 웹 이용자가 광고를 보고 난 후 어떤 기간(예컨대 30일) 내에 행동을 취하는지를 추적하는 웹 광고 효율성 척도. '클릭스루' 항목을 보시오.

브라우저Browser 이용자가 웹페이지에 접근할 수 있게 하는 컴퓨터 프로그램. 쿠키를 수용하거나 거절할 수 있도록 미리 조정될 수 있는데, 쿠키는 웹 이용을 측정하는 데 중요하다. '쿠키' 항목을 보시오.

블록 편성 Block programming 수용자 흐름을 향상시키기 위해 비슷한 프로그램을 연속으로 편성하는 관행. '상속 효과' 항목을 보시오.

비가중 피산입원 수 Unweighted in-tab 시청률 회사에 쓸 수 있는 정보를 돌려준, 상이한 인구통계적 집단들에 속한 개인들의 실제 수.

비선형 미디어 Nonlinear media 주문받은 대로 콘텐츠를 배달하는 미디어 시스템. 디지털 녹화기(DVR), 주문형 비디오(VOD), 이용자가 미디어를 보거나 내려받도록 하는 웹사이트가 비선형 미디어이다. '선형 미디어' 항목을 보시오.

비연계 네트워크 Unwired networks 광고주에게 팔 목적으로 전국의 방송국에서 ─ 대개 유형이 비슷한 편성 프로그램의 ─ 광고 시간을 취득하여 묶는 조직.

비응답Nonresponse 표본에 원래 포함된 개인한테 정보를 얻지 못하는 문제.

비응답 오차 Nonresponse error 비응답에서 유래하는, 서베이 데이터 내의 편파 혹은 부정확. '비응답' 항목을 보시오.

비중복 수용자 Unduplicated audience 어떤 기간 동안 수용자 집단에 든 상이한 개인이나 가구의 수.

비확률 표본 Nonprobability sample 모집단의 개별 구성원이 표본에 뽑힐 확률로 모두가 알려진 확률을 갖지 않는 표본 종류. '편의 표본', '유의 표본', '할당 표본' 항목을 보시오.

빈도Frequency 광고에서 개인이 특정 광고 메시지에 노출되는 평균 횟수.

빈도 분포 Frequency distribution 표본이나 모집단 내에서 한 변수에 서로 다른 값들이 부여된 횟수 각각을 나타내는 방법.

뽕Hypoing 방송국 혹은 그 대리인이 측정 기간 동안 해당 방송국의 시청률을 인위적으로 부풀리려는 시도에 가담하는 것. 불법적인 관행이면 어느 것이나 모두 뽕이다. 하이핑(hyping)이라고도 부른다.

사멸Mortality 종단면 서베이 조사연구에서 흔히 나타나는 것으로, 시간이 흐르면서 표본 구성원을 잃게 되는 문제.

산입 표본 In-tab 결과를 표 속에 넣어 분석하거나 처리하는 데 실제 이용되는 가구나 개인의 표본을 기술하는 용어.

산포 시장 Scatter market 광고주가 네트워크 광고 시간을 사는, 해당 4분기 시작 직전의 기간. '기회주의적 시장', '선불 시장' 항목을 보시오.

삼각조사회사계약TRCC: tripartite research company contract 수용자 조사 계약을 발주하는 기업 스스로가 수용자 측정 회사가 되는 범업계 조직의 유형. 흔히 미디어, 광고주, 광고대행사가 소유 지분을 갖는다. 대개 자신의 측정 서비스 가운데 최소한 일부라도 자체적으로 제공한다는 점을 제외하면 JIC와 다르지 않다. '공동업계위원회', '메디아메트리' 항목을 보시오.

상관도Correlation 두 변인들의 관계 강도와 그 방향을 재는 통계량. +1.0에서 −1.0까지의 값을 가질 수 있고, 0일 때는 아무 관계가 없음을 뜻한다.

상대 표준 오차 Relative standard error 시청률 데이터의 표집 오차 크기를 상이한 시청률 크기에 비교하는 수단. 시청률 자체에 대한 표준 오차의 비율이다. '표집 오차' 항목을 보시오.

상대 표준 오차 문턱 Relative standard error thresholds 상대 표준 오차 25% 혹은 50%를 가지려면 필요한 시청률 크기. 시청률 정확도 판정의 수단으로 시장 보고서에 들어간다. '상대 표준 오차' 항목을 보시오.

상속 효과 Inheritance effect 텔레비전 수용자 행태에서 흔히 보이는 현상으로, 한 프로그램의 수용자가 비교적 더 많이 그다음 프로그램의 수용자 속에 다시 나타난다. 때로는 '유입 효과(lead-in effects)'라 불리기도 하는데, 채널 충성의 특별한 사례로 생각될 수 있다. '수용자 중복', '수용자 흐름', '채널 충성(도)' 항목을 보시오.

상호작용광고국IAB: Interactive Advertising Bureau 인터넷과 여타 상호작용적 기술을 광고 미디어로 진흥하려는 미 동업자 단체.

서버Servers 네트워크에 연결되어 클라이언트들에게 서비스를 제공하는 고성능 컴퓨터. 이는 ①웹 이용자에게 미디어 콘텐츠와 서비스를 제공하거나 ②인터넷 접근을 관리하거나 ③다양한 웹사이트의 방문객을 광고에 노출시키거나 하는 컴퓨터를 포함한다.

서버 중심 측정 Server-centric measurement 서버의 기록에서 수집한 정보에 근거한, 수용자 추정에 대한 접근. '이용자 중심 측정' 항목을 보시오.

선불 시장 Upfront market 네트워크, 합동형 프로그램 판매자, 광고주가 신년도 광고 시간의 거래를 큰 묶음으로 합의하는, 새로운 텔레비전 가을 시즌이 시작되기 수개월 전의 일정 기간.

선형 미디어 Linear media 고정된 편성 일정에 따라 콘텐츠를 전달하는 미디어 시스템. 지상파 라디오, 텔레비전과 케이블은 선형적 전달 시스템이다. 이용자가 원하는 시간에 특정 항목을 꺼낼 수 있도록 해주는 비선형 미디어에 대조된다.

세계광고주연맹WFA: World Federation of Advertisers 전 지구적 마케팅에 전문적으로 관여하는 주요 회사를 대변하는 동업자 단체.

세분화Segmentation 시장 전체를 부분집합들로 나누는 관행. 흔히 마케팅 계획상의 필요나 모집단의 편성 프로그램 선호에 연관된다. '표적 수용자' 항목을 보시오.

센서스Census 모집단의 모든 구성원이 인터뷰되거나 측정되는 조사. 미 연방 정부는 인구 센서스를 10년마다 실시한다. 서버 중심 측정은 미디어 이용의 센서스를 제공한다고 가끔 주장된다.

셋톱박스STB: set-top box 위성 및 케이블 시스템이 디지털 입력을 가입자 텔레비전 수상기의 프로그램 출력으로 조립하는 데 사용하는, 컴퓨터 비슷한 작은 상자. 적절한 소프트웨어가 탑재되면 수상기의 채널 변경

행태를 기록하고 보고할 수 있어 수용자 측정의 토대가 된다.

소비 시간 Time spent 청취 소비 시간, 시청 소비 시간, 방문당 소비 시간, 페이지당 소비 시간 등등을 포함하는, 이용자가 미디어 상품 또는 창구에 바친 시간을 보고하는 측정치면 어느 것이나.

수동적 수용자 Passive audience 시청하는 콘텐츠에 대해 무차별적인 시청자를 지칭하는 용어. 선호하는 프로그램이 없으면 거의 아무것이나 트는 등, 습관적으로 시청한다고 여겨진다. '능동적 수용자', '가장 덜 거슬리는 프로그램' 항목을 보시오.

수용자 교체(율) Audience turnover 한 방송국의 평균 4분시 수용자에 대한 누적 수용자의 비율로 보통 표현되는, 수용자 행태상의 현상.

수용자 부족AD: Audience deficiency 광고 시간 판매자와 구매자 간 계약에서 합의된 수와 부류의 수용자를 건네지 못한 실패. 흔히 판매자는 '약속 실행(make-goods)'이라고 불리는 추가 광고의 방영으로 수용자 부족을 메운다.

수용자 양극화 Audience polarization 어떤 미디어 창구 또는 특정 유형 콘텐츠의 수용자가 평균적 수용자보다 그 창구 또는 콘텐츠를 더 집중적으로 이용하는, 수용자 파편화에 연계된 현상. '채널 충성(도)', '채널 레퍼토리' 항목을 보시오.

수용자 인정 데이터AA data: Audience Appreciation data 시청자에게 좋아하는 정도나 가치를 인정하는 정도를 평가해줄 것을 요청함으로써 일부 TAM 시스템이 수집하는 보충적 데이터. 이 AA 데이터는, 다른 서베이 기법도 사용될 수 있으나, 흔히 계량기를 통해 수집된다. 'TAM' 항목을 보시오.

수용자 중복 Audience duplication 한 프로그

램, 채널 또는 웹사이트의 수용자 구성원이 다른 또 하나의 프로그램, 채널, 또는 웹사이트 수용자 집단에도 속하는 정도를 기술하는 수용자 누적 측정치. 수용자 중복 데이터는 다양한 수용자 누적 분석을 위한 기본 재료다. '수용자 흐름', '채널 충성(도)', '상속 효과', '반복 시청', '재생률' 항목을 보시오.

수용자 파편화 Audience fragmentation 하나의 미디어를 이용하는 총수용자가 다수의 미디어 창구로 널리 분산되는 현상. 케이블이 텔레비전 수용자를 파편화해서 각 채널 수용자 평균 점유율의 하락을 가져왔다고 이야기된다. 표집 오차 문제를 악화시킨다.

수용자 흐름 Audience flow 수용자가 하나의 프로그램이나 시간대에서 그다음 것으로 이용을 지속하는 정도. '수용자 중복', '상속 효과' 항목을 보시오.

순 수용자 Net audience '큠', '도달 범위/도달률' 항목을 보시오.

슈퍼스테이션Superstation 케이블 시스템을 통해 전국적으로 방송되는 독립 텔레비전 방송국.

스치기Grazing 리모컨이 조장한다고 여겨지는, 시청자의 잦은 채널 돌리기 경향을 기술하는 용어.

스파이웨어Spyware 광고주나 다른 사업체에게 인터넷 활동에 대한 데이터를 보내는, 이용자 컴퓨터에 비밀스럽게 심어진 프로그램.

시간 구매자 Time buyers 광고를 내보낼 목적으로 전자 미디어에서 시간을 사는 누구나.

시간대Daypart 보통, 하루 중 특정 시간과 주중 특정 요일로(예컨대, 주중 대 주말) 정의되는 구간으로, 광고 시간 거래를 위해 수용자 크기를 추정하는 데 사용된다. 프로그램 콘텐츠로도(예컨대, 뉴스, 스포츠) 정의될 수 있다.

시기 평균 Time period averages 특정 기간 내 많은 시점에서 측정된 시청률들의 평균으로 보고되는 방송 수용자의 규모.

시장 세분화 Market segmentation 재화나 서비스를 보다 정밀하게 판촉하기 위해 비슷한 특성이나 이해를 가진 작은 집단으로 모집단 인구를 나누는 관행. '인구통계' 항목을 보시오.

시청 가구당 시청자VPVH: viewers per viewing household 특정 프로그램에 채널을 맞춘 각 가구 내 사람들의 수에 대한 —대개는 인구통계적 범주별— 추정치.

시청률Rating 가장 단순한 형태로는, 방송국, 프로그램, 혹은 시간대에 맞춰 수신기를 튼 개인이나 가구의, 시장 총인구에 대한 백분율.

시청률 왜곡 Ratings distortion 방송국 이용에 대해 수용자가 보고하는 방식을 변경하려는 방송사 측 활동. '뽕' 항목을 보시오.

시청률 집중 조사 기간 Sweep 텔레비전에서, 시청률 회사들이 11월, 2월, 5월, 7월의 지역 시장 보고서를 내는 데 필요한 수용자 정보를 수집하는 4주간.

시청률 총점GRP: gross rating point 모집단의 백분율로 표시되는 광고 편성의 총노출. 광고 캠페인의 전반적 규모나 미디어 적재량을 기술하는 데 흔히 사용된다. GRP = 도달률 × 빈도.

시청 중 가구HUT: households using television 어느 시점에서건 수용자 총규모를 가구 단위로 기술하는 용어. 추정되는 수용자 가구 규모로 표시되거나 가구 총수의 백분율로 표시된다.

시청 중 개인PUT: person using television 특정 시점의 텔레비전 수용자 총규모를 개인 단위로 기술하는 용어. '시청 중 가구', '청취 중 개인' 항목을 보시오.

신뢰 구간 Confidence interval 확률 표집의 용어로, 모집단 참값을 포함할 특정 확률(즉, 신뢰 수준)을 갖는, 추정치(예컨대 시청률) 주위의 일정 범위.

신뢰도Reliability 측정 방법이 시간을 두고 일관된 결과를 내는 정도.

신뢰 수준 Confidence level 확률 표집의 용어로, 일정 범위의 값(즉, 신뢰 구간)이 모집단 참값을 포함할 확률에 대한 진술.

실사Enumeration survey 시청률 패널이 제공하는 데이터를 조정하거나 데이터에 가중치를 부여하는 데 사용될 수 있을 모집단 추정치를 내도록 설계된, 모집단에 대한 대규모 서베이.

심리통계Psychographics 심리학적 특성에 기초해서 사람들을 구분하는 변수의 범주. 의견, 이해, 태도를 포함.

아리아나Arianna 텔레비전 시청률을 다루는 소프트웨어 프로그램/ 닐슨과 AGB의 합작 벤처.

아비트론Arbitron 지역 시장 시청률과 전국적 네트워크 라디오 시청률의 주요 공급자.

아이피 주소IP address 인터넷 서버가 개별 컴퓨터를 식별하는 데 쓰는, '인터넷 프로토콜(Internet protocol)'에 따라 규정되는 컴퓨터 코드 조각. 전혀 변하지 않는다는 의미로 정적일 수도, 방문할 때마다 부여된다는 의미로 동적일 수도 있다.

알고리듬Algorithm 데이터가—대개는 몇 단계를 거쳐— 환원되는 계산 절차. 수용자 측정치와 미디어 이용자에게 할 추천을 산출하는 데 이용된다.

애드웨어Adware 사용자의 컴퓨터에 비밀리에 설치돼 브라우저를 미리 정해진 사이트로 보내거나 팝업 광고를 띄우는 프로그램. 두 가지 기능을 모두 가진 경우도 있다.

앱App 애플리케이션의 준말로, 이용자의 특정 과업(게임하기, 특정 종류의 정보 가져오기 등)의 수행을 돕도록 설계된 소프트웨어를 지칭. 앱은 스마트폰과 태블릿과 같은 모바일 기기에서 인기가 있다.

여유 수용자 Available audience 어느 시점에서 어떤 미디어를 정말, 이용할 수 있는 처지에 있는— 여유 있는 —사람의 총수. 흔한 조작적 정의는 실제로 그 미디어를 이용하는 사람들이다(즉, PUT 혹은 PUR 수준).

연결망 분석 Network analysis 데이터의 운용과 시각화에 접근하는 방식. 교점이라 지칭되는 구성 요소가 연계되고 상호 의존적인 복잡한 시스템을 분석하는 데 유용하다. 분석 단위가 독립적이지 않기 때문에 특별한 통계적 절차를 사용한다.

연방통신위원회FCC: Federal Communications Commission 1934년에 창설된, 지상파 방송과 케이블에 대한 감독을 일차적으로 책임지는 미국의 독립 규제 기관.

영역 확률 표본 Area Probability Sample 지리적 영역이 다단계 표집 과정의 어느 단계에서 선택되는 무작위 표본 유형. '확률 표본', '군집 표본' 항목을 보시오.

영화광고위원회CAC: Cinema Advertising Council극장 내 광고 시간 판매를 촉진하는 미 동업자 조직.

오디미터Audimeter 수신기 주파수 조율을 기록하는 데 사용된, 수차 개량된 닐슨의 계량 기기. '저장식 즉시 오디미터' 항목을 보시오.

오즈탬OzTAM 주요 상업 방송사가 소유한, 텔레비전 수용자 측정치를 제공하는 오스트레일리아 사기업. '공동업계위원회', '삼각조 사회사계약' 항목을 보시오.

완충 표본 Buffer sample 예상치 못하게 낮은 비율의 협력 때문에 원래 지정된 표본이 불충분할 경우 시청률 회사가 사용하는 보충 표본.

왜도Skew 빈도 분포가 정상적이고 대칭적인 모양에서 벗어난 정도의 척도. 일상적 표현에서는 어떤 모집단의 하위 인구 집단이 수용자에 현저하게 나타나는 정도이다(예컨대 '수용자가 고령자 쪽으로 치우침').

요율 카드 Rate card 방송국이 자신의 단위 광고 시간에 얼마를 과금할지를 나열한 목록. 방송국 재고를 관리하는 컴퓨터 프로그램에서 시청률 데이터와 합쳐지기도 한다.

월경Spill 시장 외부의 방송국이 지역 수용자에게 시청되는 정도 또는 지역 방송국이 시장 외부의 수용자에게 시청되는 정도.

월드와이드웹WWW: World Wide Web 인터넷 이용자가 세계 곳곳의 컴퓨터 서버에 담긴, 정보가 있는 페이지에 접근하게 해주는 프로토콜 및 프로그램 체계. 'URL' 항목을 보시오.

웹 분석법 Web analytics 월드와이드웹의 동력원인 서버가 산출한 데이터의 수집과 그 분석의 전문적 수행. 분석가는 사이트 소유자들에게 이로운 사이트 운영을 위해 웹사이트 방문자의 행태를 흔히 소프트웨어 패키지를 이용하여 들여다본다. '서버 중심 측정' 항목을 보시오.

웹사이트Website 정보, 오락, 광고를 함께 또는 일부만 제공하는 월드와이드웹의 특정 장소.

웹페이지Web page 텍스트, 그림, 링크 등등의 파일을 담을 수 있는 전자 문서. 웹사이트에는 흔히 다수의 페이지가 있고, 각각은 대개 개별적인 URL을 가진다. 페이지는 페이지뷰, 페이지당 소비 시간 등을 포함하는 웹 측정치 다수의 기초를 이룬다. 'URL' 항목을 보시오.

위성 라디오 Satellite radio 가입한 개인 수신자에게 디지털 음질의 방송 프로그램을 보내는 데 위성을 사용하는 라디오 신호 전송의 양태.

위성 방송DBS: Direct Broadcast Satellite 가입 가구에 편성 프로그램을 직접 공급하는 데 위성을 통해 전달되는 신호를 사용하는 텔레비전 프로그램 배급의 양태.

유료 검색 광고 Paid search advertising 검색 엔진이 제공하는 흔한 광고 형태로, 광고주는 특정 검색어에 대한 반응으로 광고를 배치할 수 있는 권리를 샀다고 신청하고, 그 광고를 클릭한 이용자 수에 따라(즉, 클릭당) 지불한다. 핵심어 검색(Keyword search)이나 유료 배치(pay-for-placement)라고도 불린다.

유료 배치 Pay-for-placement '유료 검색 광고', '핵심어 검색' 항목을 보시오.

유료 케이블 Pay cable 기본 케이블에 요구되는 월별 요금을 초과하는 대가로 케이블 시스템이 제공하는 편성 서비스. 유료 케이블은 HBO, 쇼타임, 디즈니채널과 같은 몇몇 '프리미엄' 서비스를 어느 것이나 포함시킬 수 있다.

유의 표본 Purposive sample '판단 표본(judgement sample)'이라고도 불리는, 비확률 표본의 유형으로, 여기서는 조사연구자가 모집단에 대한 자신의 지식을 활용하여 연구 목적에 부합하는 지역이나 응답자 집단을 '손수 뽑는다'.

유입Lead-in 같은 채널의 다른 프로그램 직전에 선행하는 프로그램. 유입 수용자의 크기와 구성은 한 프로그램의 시청률을 결정 짓는 중요한 요인이다. '상속 효과' 항목을 보시오.

유입 효과 Lead-in effect '상속 효과' 항목을 보시오.

유통 부수 Circulation 특정 기간에 하나의 미디어(예컨대, 신문, 방송국)에 노출된 중복되지 않은 수용자의 총수. '큐', '도달 범위'를 보시오.

유효 노출 Effective exposure 효과를 거두려면 필요한 광고 메시지 노출량을 규정하는 매체계획상의 개념. 흔히 '유효 빈도(effective frequency)'와 구별 없이 사용된다. '빈도' 항목을 보시오.

유효 표본 크기ESS: effective sample size 시청률 회사가 실제로 사용하는 표본과 같은 결과를 내려면 필요한, 단순 무작위 표집의 크기. 신뢰 구간의 계산 편의를 위해 사용되는 수치. 유효 표본 베이스(Effective sample base) 또는 ESB로도 불린다.

융합Fusion '데이터 융합' 항목을 보시오.

응답 오차 Response error 서베이 데이터의, 응답의 질에서 유래한다고 여겨지는 부정확으로, 거짓말, 망각, 질문 오독을 포함한다. '면접자 편의' 항목을 보시오.

응답률Rate of response 쓸 수 있는 정보를 제공한 이들의, 표본에 원래 뽑혔던 이들 전체에 대한 백분율. '산입 표본' 항목을 보시오.

응답자Respondent 질문에 대한 반응으로 정보를 제공하는 표본 구성원.

이론Theory 문제의 현상이 어떻게 돌아가는 것인지에 대한 잠정적 설명. 이론은 원인과 효과를 특정하는데, 이로써 검증과 반증이 가능해진다.

이른 주변 시간대 Early fringe 텔레비전의, 지역 뉴스 프로그램이 방송되기 직전의 오후 늦은 시간대.

이용자 중심 측정 User-centric measurement 흔히 패널 구성원인, 대답할 의향이 있는 응답자의 표본에서 수집한 정보에 근거한, 수용자 추정에 대한 접근. '서버 중심 측정' 항목을 보시오.

이용 중 수신기 Sets-in-use 특정 시점에서 켜진 수신기의 총수. 대부분의 가구가 복수의 수상기를 보유하고 있기 때문에 수용자 총규모의 측정치로서는 낡은 것이 되었다. '시청 중 가구' 항목을 보시오.

이탈률Bounce rate 사이트에서 더 이상의 행동 —예컨대, 다른 페이지를 클릭하는 행동— 없이 떠나는 웹사이트 방문자의 백분율.

인구통계Demographics 수용자의 구성을 기술하는 데 자주 사용되는 변수 범주. 흔한 인구통계 변수에는 연령, 성별, 교육, 직업, 수입 정도가 있다.

인접 광고 기회 Adjacency 특정 프로그램 직전이나 직후의 광고 기회.

인터넷Internet 이메일과 월드와이드웹 같은 서비스를 가능하게 하는, 컴퓨터 네트워크의 전 지구적 네트워크.

일기Diary 시청률 회사가 배포하는, 수용자 구성원이 대개 한 주 동안 자신의 텔레비전 이용 또는 라디오 이용을 거기 기록하도록 부탁 받는 종이 소책자. 전 가구를 대상으로 할 수도(텔레비전) 개인을 대상으로 할 수도 (라디오) 있다.

일기당 가구 수HPDV: households per diary value 표집된 가구가 쓰는 하나의 일기가 대표하는 모집단 가구의 수. 수용자 추정에 쓴다. '추정 수용자' 항목을 보시오.

일기당 개인 수PPDV: persons per diary value 시청률 표본 구성원이 쓰고 있는 일기 한 부가 대표하는 모집단 인구 수. 수용자 추정에 쓴다. '추정 수용자' 항목을 보시오.

임의 번호 걸기RDD: Random digit dialing 무작위로 전화번호를 산출하여 확률 표본을 만드는 전화 조사 기법. 이 방법을 사용하면 전화번호부에 등재되지 않은 번호를 포함한 모든 번호가, 걸릴 확률이 동일해진다.

임프레션/노출 Impression 수용자의 기본적인 총량 측정치. 수용자 구성원이 프로그램이나 광고를 본 횟수를 센 것이다. 온라인의 경우에는 인터넷 광고가 이용자 브라우저에 성공적으로 공급된 횟수이다.

임프레션당 비용CPI: cost per impression 노출 횟수로 광고 비용을 나눈 값에 근거한 광고 비용 측정치.

임프레션당 지불 Pay-per-impression 광고주가 광고 서버가 건넨 노출(임프레션) 횟수에 따라 지불하는 가격 매기기 모형.

재고Availabilities 팔리지 않은, 따라서 판매 가능한 광고 단위 시간. 때로 '어베일스(avails)'라고 불림.

재방문Call-back 먼젓번 시도에서 닿지 않거나 인터뷰되지 않은, 표본 내 아무개에 대한 인터뷰 재시도. 재방문 시도 횟수는 응답률과 비응답 오차의 중요한 결정 요인이다. '비응답 오차' 항목을 보시오.

재생률Recycling 어떤 시간대의 청취자가 다른 시간대에도 청취하는 정도. '수용자 중복' 항목을 보시오.

재핑Zapping 급하게 채널을 바꿔 광고나 프로그램을 피하자고 리모컨을 사용하는 일. 흔히 '지핑'과 서로 바꿔 쓴다.

저장식 즉시 오디미터SIA: Storage Instantaneous Audimeter 전화선을 통해 전자적으로 저장된 정보를 끌어내오도록 하는, 닐슨이 개발한 원조 오디미터의 나중 판본.

전국광고주협회ANA: Association of National Advertisers 방송 시청률 서비스 제공자를 처음 만드는 데 책임을 맡았던, 주요 전국 광고주의 동업자 단체. 'CAB' 항목을 보시오.

전국방송사협회NAB: National Association Broadcasters 상업 지상파 방송사의 이해를 대변하는 미 업계 조직.

전국케이블및원격통신협회NCTA: National Cable and Telecommunications Association 케이블 업계의 이해를 대변하는 업계 조직.

전 대상 Universe '모집단' 항목을 보시오.

전진 평균 Rolling average 몇몇 연속적인 표본의 평균에 기초한 시청률 수준. 새로운 표본의 데이터를 쓸 수 있게 됨에 따라 가장 오래된 표본부터 평균 계산에서 탈락한다. 전진 평균은 표집 오차에 덜 취약하다. '팁' 항목을 보시오.

전화 상기 Phone recall 전화 면접자가 응답자에게 최근에—대개는 그 전날에—무엇을 듣거나 보았느냐고 묻는 서베이 유형. '즉답' 항목을 보시오.

점당 비용CPP: cost per point 시청률 점수 1점이 뜻하는 수용자를 사는 데 드는 비용을 측정. 여기서 수용자의 크기는, 따라서 그 비용은 시청률이 측정되는 시장 인구의 규모에 따라 변한다.

점유율Share 가장 단순한 형태로는, 어떤 방송국 또는 프로그램을 튼 개인 혹은 가구의, 그 시점에 해당 미디어를 이용하는 모든 개인 혹은 가구에 대한 백분율이다.

정상 분포 Normal distribution 그래프로 그리면 대칭적인 종 모양 곡선이 되는, 빈도 분포의 일종. 많은 통계 절차가 변수들이 정상 분포를 따른다는 가정에서 출발. '왜도' 항목을 보시오.

종단면Longitudinal 다수의 시점에서 데이터를 수집하도록 설계된 서베이 유형. '횡단면' 항목을 보시오.

주간 순 부수 Net weekly circulation 1주 동안에 방송국이나 네트워크를 이용한 큠 또는 중복되지 않은 수용자. '큠' 항목을 보시오.

주기성Periodicity 표집 목록 순서의 어떤 주기적 반복과 표집 간격이 겹쳐 생기는, 체계적 표집의 문제.

주문형 비디오VOD: video on demand 시청자의 주문에 대한 반응으로 비디오(즉, 텔레비전 프로그램이나 영화)를 전달하는 기술. 케이블 시스템과 웹사이트 일부가 이 서비스를 지원한다. '비선형 미디어' 항목을 보시오.

주변 시간대 Fringe 텔레비전 시간대의 명칭. 프라임타임 앞의 시간대(이른 주변)와 심야 뉴스 다음 시간대(늦은 주변).

중앙값Median 전체 사례의 절반은 값이 그보다 높고 절반은 값이 그보다 낮은 분포상 지점으로 정의되는 중심 경향성 척도. '대푯값', '평균', '최빈값' 항목을 보시오.

즉답Coincidental 응답자가 전화를 받는 순간 보거나 듣고 있는 것이 무엇인지를 묻는 전화 조사 유형. 확률 표본에 기초한 즉답 방식은 흔히 다른 시청률 조사 방법을 판단하는 기준 구실을 한다.

지리인구통계Geodemographics 지리적 요인과 인구통계적 요인을 결합해서 수용자를 범주화하는 변수 유형. 예컨대 연령대, 수입 정도 및 우편 번호로 수용자를 묶어냄.

지상파 텔레비전 Terrestrial TV 지상파 방송 신호에서 직접 수신되는 텔레비전.

지역 피플미터LPM: local peoplemeter 지역 시장 수용자 측정치를 제공하기 위해 설치된 피플미터.

지정 시장 영역DMA: Designated Market Area 미국의 특정 시장 영역을 기술하기 위해 닐슨이 사용하는 용어. 모든 카운티는 반드시 단 하나의 DMA에 속한다.

지핑Zipping 원하지 않는 광고나 프로그램 내용을 빨리 돌리려고 VCR이나 DVR의 급속 전진 기능을 사용하는 것. 자주 '재핑'과 서로 바꿔 쓴다.

질적 시청률 Qualitative ratings 수용자의 수뿐만 아니라 향수, 관심, 주의 정도와 취득 정보도 포함하는 반응을 기술하는, 수용자에 대한 수치적 요약. '몰입(도)' 항목을 보시오.

질적 연구 Qualitative research 측정과 양화를 포함한 조사연구라도 시청률과 무관하기만 하면 가끔 이 용어로 기술되는데, 이런 예로 '질적 시청률(qualitative ratings)'이 있다.

집단 구역 Group quarters 가구로 치지 않는, 따라서 시청률 회사가 측정 대상에서 제외하는 기숙사, 막사, 요양원, 감옥, 기타의 거주 환경.

채널 레퍼토리 Channel repertoire 시청자 개인이 선택하곤 하는 채널의 집합. 가용한 채널의 총수보다 대개 훨씬 적다.

채널 충성(도) Channel loyalty 한 프로그램의 수용자가 같은 채널의 다른 프로그램 수용자로서도 다시 나타나는, 텔레비전 수용자 행태의 보편적 성향. '수용자 중복', '상속 효과' 항목을 보시오.

처리 오차 Processing error 데이터를 수집하고 산출하는 기계적 과정에 내재한 문제가 일으킨 것으로 여길 수 있는 시청률 보고서 오류의 원천. '귀속', '편집' 항목을 보시오.

척도Measure 조사연구자의 관심 변수에 대해 대상(예컨대, 가구, 사람)을 양화하는 절차나 장치.

청취 소비 시간TSL: time spent listening 수용자가 어떤 시간대 내에서 한 방송국을 청취하는 데 쓴 시간의 평균량을 잰 누적 측정치.

청취 중 개인PUR: persons using radio 특정 시점의 라디오 수용자 총규모를 기술하는 용어. '시청 중 가구', '시청 중 개인' 항목을 보시오.

체계적 표본 Systematic sample 표집에 포함된 요소를 고르기 위해 모집단 총목록에 정해진 구간을 적용하여 표집하는(예컨대, 목록의 열 번째 이름을 뽑고 다시 다음 열 번째 이름을 계속 뽑아 가는) 확률 표본 유형.

초단파VHF: very high frequency 2번에서 13번까지의 채널에 배정된 텔레비전 방송국의 부류.

총수용자Total audience 최소 5분 동안 프로그램을 튼 모든 사람. 본질적으로, 긴 프로그램 하나 또는 미니시리즈의 누적 수용자이다.

총임프레션/노출 Gross impressions 일정 기간에 편성된 광고가 시청된 총 횟수. 인구 규모를 넘을 수도 있는데, 이는 수용자가 중복될 수 있기 때문이다. '시청률 총점' 항목을 보시오.

최빈값Mode 가장 빈번히 나타나는, 분포상의 값으로 정의되는 중심 경향성 척도. '대푯값', '평균(값)', '중앙값' 항목을 보시오.

최소 보고 기준 Minimum reporting standard 방송국이나 프로그램이 시청률 보고서에 들기 위해 필요한, 청취했다는 혹은 시청했다는 언급의 수.

최적화기optimizers 큰 광고주나 광고대행사가 사용하는, 캠페인 도달 범위를 극대화하면서 비용은 최소화하는 광고 편성을 짜는 데 응답자 개인 수준의 피플미터 데이터를 입력치로 취하는 몇몇 컴퓨터 프로그램이면 어느 것이나.

추세 분석 Trend analysis 반복하여 독립적으로 뽑은 표본에서 나온 결과들이 시간을 두고 비교되는 종단면 서베이 설계 유형.

추정 가능 Projectable 수용자가 추정될 수 있는 방식으로 설계된 표본을 기술하는, 표본의 질적 특성. '추정 수용자', '확률 표본' 항목을 보시오.

추정 수용자 Projected audience 표본 정보에 근거한, 모집단에 있다고 추정되는 수용자의 총규모. '일기당 가구 수', '일기당 개인 수', '확률 표본' 항목을 보시오.

출력비Power ratio 광고 수입 점유율과 수용자 점유율 사이의 관계를 표시하는 통계량. 전환 비율(conversion ratio) 혹은 거점 시장 점유 비율(home market share ratio)이라고 하기도 한다.

출타 청취 Away-from-home listening 집 밖에서 일어나는 라디오 청취의 추정치. 이런 청취는 자동차나 일터에서 일어나는 것이 보통. '집 밖(out-of-home)'이라고도 불림.

측정Measurement 어떤 규칙에 따라 대상에 수치를 부여하는 절차.

측정 오차 Measurement error 측정 과정에 원인이 있다고 여길 수 있는 체계적 편파나 부정확함.

층위화Tiering 케이블 서비스를 층위(tiers)라고 불리는 채널 집단 혹은 채널 묶음으로 가입자에게 내놓는 관행.

층화 표본 Stratified sample 모집단이 동질적인 부분집합들 내지 층들로 조직되어 미리 설정된 수의 응답자가 각 층에서 무작위로 표집되는 확률 표본의 유형. 단순 무작위 표집의 경우보다 표집 오차를 작게 만들 수 있다.

케이블광고국CAB: Cable Advertising Bureau 케이블 텔레비전 광고를 촉진하기 위해 결성된 미 동업자 단체.

케이블 보급률 Cable penetration 해당 시장의 가구들이 케이블 서비스에 가입한 정도. 보통, 기본 케이블에 가입한 모든 텔레비전 가구의 백분율로 표시.

케이블 시스템 Cable system 지리적으로 정의된 프랜차이즈 영역 내에서 동축 케이블과 광섬유를 이용하여 다채널 서비스를 가구에 공급하는 영상 배급 시스템.

코드Codes (서베이 조사에서) 일기와 같은 서베이 도구에서의 응답자 반응을 대표하는 데 쓰이는 숫자나 문자. 응답 코드화는 컴퓨터가 데이터 연산을 하게 해준다.

콜램COLRAM: Committee on Local Radio Audience Measurement 다양한 지역 라디오 측정 이슈를 다루는, NAB의 위원회.

콜탬COLTAM: Committee on Local Television

Audience Measurement 다양한 지역 텔레비전 측정 이슈들을 다루는, NAB의 위원회.

콜트램COLTRAM: Committee on Local Television and Radio Audience Measurement 1985년 콜램과 콜탬으로 나뉜 NAB 소속 위원회.

쿠키Cookies 이용자를 식별하고 이들의 행동을 기록할 목적으로 서버가 이용자의 브라우저로 보내는 작은 텍스트 파일. 쿠키로세는 것은 개별 방문자의 측정에 도움이 되지만, 이용자를 과대 측정하거나 과소 측정하는 것을 피하기 위해 보통 반드시 알고리듬으로 조정된다. 이들은 표적 광고 서비스의 토대를 제공하기도 한다.

큠Cume 누적 수용자(cumulative audience)의 약어. 특정 기간 동안의, 한 방송국의 중복 없는 총수용자의 크기이다. 큠이 해당 시장 인구의 백분율로 표시되면 큠 시청률이라고 한다. '유통 부수', '도달 범위/도달률' 항목을 보시오.

큠 중복 Cume duplication 특정 기간 내 한 방송국의 큠 수용자 가운데 다른 방송국도 청취한 수용자의 백분율이다. '배타적 큠 수용자' 항목을 보시오.

클릭Click 웹페이지 이용자가 메시지와 상호 작용할(즉, 클릭할) 때.

클릭당 지불 Pay-per-click 광고주가 자신의 광고에 클릭한 이용자의 수에 따라 지불하는 가격 매기기 모형. '유료 검색 광고' 항목을 보시오.

클릭률Click rate 클릭 수의 함수로서의 광고 반응 백분율.

클릭 사기 Click fraud 웹사이트 클릭 수를 인위적으로 부풀리는 방법이면 어느 것이나.

클릭스루Click-through 또는 클릭스루율 (CTR: click-through-rate). 얼마나 많은 웹 이용자가 자기가 본 광고를 실제 클릭했는지를 추적하는 웹 광고 효율성 척도.

클릭스트림Clickstream 브라우저에서 이뤄진 모든 http 요청의 기록.

타당도Validity 측정 방법이 측정하려는 속성을 정확히 양화하는 정도.

탈네트워크 프로그램 Off-network programs 주요 지상파 네트워크에서 방영되도록 제작되었으나 현재는 합동형 판매를 통해 유통되는 프로그램.

텔레비전 가구TVHH: Television household 시청률 조사연구의 흔한 분석 단위. 집단 구역을 제외한 후, 작동하는 텔레비전 수상기를 보유한 가구이면 어느 가구나 텔레비전 가구로 친다.

텔레비전광고국TVB: Television Bureau of Advertising 지상파 텔레비전 방송 광고를 촉진할 목적으로 설립된 미 업계 조직.

통계적 유의도 Statistical significance 표본에서 도출된 결과가 단지 우연히 일어날 수 있는 바로부터 너무 멀어서 모집단의 실제 차이 혹은 실제 현상을 반영한다고 여겨지게 되는 지점. 관례상 유의도 수준은 0.05이하로 정해지는데, 이는 결과가 우연 때문일 확률이 백에 다섯 이하라는 뜻이다. '신뢰 수준' 항목을 보시오.

통과Clearance ①네트워크가 공급하는 프로그램을 방송할 것이라는 네트워크 가맹사 방송국의 확약, ②개별 시장의, 합동형 판매 프로그램의 거래 성사.

통달 범위 Coverage 방송 신호가 미치거나 커버하는 인구의 크기로 정의되는, 특정 방송국 또는 네트워크의 잠재 수용자.

퇴장률Exit rate 특정 페이지에서 빠져나간 웹사이트 방문자의 수를 재는 척도.

튐Bounce 방송국이나 네트워크의 시청률이, 수용자 행태의 실제 변화보다는, 표집 오차 때문에 시간을 두고 종잡을 수 없게 오르락내리락하는 경향. 시청률이 낮은 미디어 창구의 경우에 가장 두드러짐.

파생Spin-off 인기 프로그램의 인물이나 배경을 다른 텔레비전 연속물을 새로 만드는 데 활용하는 프로그램 편성 전략.

패널Panel 어떤 기간 동안 동일한 개인 표본이 연구 대상이 되는 종단면 서베이 설계의 유형—예컨대 계량기가 텔레비전 가구에 설치된다. '횡단면 분석', '종단면 분석', '추세 분석' 항목을 보시오.

페이지당 평균 시간 Average time per page 하나의 방문에서 얼마나 많은 페이지가 검색됐건 통틀어 계산된, 하나의 웹페이지에서 보낸 평균 시간.

페이지랭크PageRank 구글이 개발한, 인바운드 하이퍼링크의 수와 중요성에 따라 웹사이트에 점수를 매기는 방법.

페이지뷰Page views 어떤 두 시점 사이에 웹페이지가 이용자에게 보여진 횟수.

편성 책임자 Program director 프로그램을 만들고 구하여 편성하는 데 주된 책임을 지는, 라디오 또는 텔레비전 방송국 종사자.

편의 표본 Convenience sample 가끔 우연적 표본(accidental sample)이라고도 불리는 비확률 표본으로, 응답자를 금방 쉽게 구할 수 있기 때문에 혹은 편리하게 구할 수 있기 때문에 이용된다.

편집Editing 시청률 회사가 자신이 수집한 데이터의 정확도와 완전함을 검사하는 데 사용하는 절차. 의문이 가는 데이터를 명확히 하거나 제거하는 기법을 포함할 수 있다. '귀속' 항목을 보시오.

평균(값) Mean 개별 사례의 값을 합한 다음 사례 수로 나누어 구하는 중심 경향성 측정치. '대푯값', '중앙값', '최빈값' 항목을 보시오.

평균 4분시AQH: Average Quarter Hour 특정 시간대 내 평균 수용자 추정치(예컨대, 평균 4분시 시청률, 평균 4분시 점유율) 보고의 표준적 시간 단위.

평균 수용자 시청률 Average audience rating 특정 기간 내 평균적인 시간 간격 동안의 방송국 시청률 또는 프로그램 시청률. 예컨대 계량기로 측정하면 평균적인 1분간의 텔레비전 프로그램 수용자 크기에 대한 보고가 가능하다.

포맷Format 라디오 방송국이 내놓는 프로그램 편성의 스타일. 흔한 포맷에 MOR(middle of road), 뉴스/토크, 어덜트 컨템퍼러리가 있다.

포켓피스Pocketpiece 닐슨의 전국 텔레비전 시청률 주간 보고서를 흔히 이렇게 부른다.

표본Sample 모집단 일부의 부분집합. '확률 표본' 항목을 보시오.

표본 가중치 부여 Sample weighting 산입 표본 내 다양한 하위 집단들 간의 상이한 응답률을 바로잡으려는 노력의 일환으로 이들에게 서로 다른 수학적 가중치를 부여하는 관행. 가중치 각각은 각 하위 집단의 표본 내 상대 규모에 대한 모집단 내 상대 규모의 비율이다.

표본 균형 잡기 Sample balancing '표본 가중치 부여' 항목을 보시오.

표본 수행 지표SPI: Sample Performance Indicator 표본 참여를 요청받고 가용 데이터를 제공하고 있는 사람들의 백분율을 보고하는 측정치. 응답률과 매일의 흐름을 모두 반영하는 보수적인 척도이다.

표적 수용자 Target audience 광고주가 광고 캠페인을 통해 도달하기를 원하는, 또는 방송국이 특정 종류의 프로그램 편성으로 도달하기를 원하는, 총수용자의 잘 정의된 부분집합이면 어느 것이나.

표적 수용자 시청률 점수TARP: Target Audience Ratings Points 특정 표적 수용자 집단

에 귀속시킬 수 있는 시청률 총점. '시청률 총점' 항목을 보시오.

표준 오차 Standard error 표집 분포의 표준 편차. 표본 정보에 근거한 추정치의 정확도에 관해 진술하는 데 사용되는 통계량이다. '신뢰 구간', '신뢰 수준', '상대 표준 오차' 항목을 보시오.

표준 편차 Standard deviation 빈도 분포에서의 산포도 척도.

표집 단위 Sampling unit 확률 표집 과정의 어느 단계에서 표집 대상으로 고려되는 서베이 요소(예컨대, 개인 혹은 가구) 또는 이런 요소의 묶음.

표집 분포 Sampling distribution 어떤 모집단을 대상으로 표집을 반복할 때 나오게 될 표본 통계량의 가정적 빈도 분포.

표집 비율/표본추출률 Sampling rate/fraction 모집단 크기에 대한 표본 크기의 비율.

표집 오차 Sampling error 확률 표본을 만드는 데 작용한 '뽑힐 운(the luck of draw)'에 기인한다고 여길 만한, 서베이 데이터의 부정확함.

표집틀Sampling frame 실제 확률 표본을 거기서 뽑는, 어떤 모집단의 총목록.

풍부한 미디어 Rich Media 보다 역동적이고 눈길을 잡아끄는 콘텐츠를 내세우는 웹 광고 유형. 이런 광고가 효과적이려면 흔히 보다 넓은 광대역 웹 연결이 필요하다.

프라임액세스, 지역 텔레비전 Prime access [in local television] 네트워크 편성 프로그램이 시작되기 전의, 프라임타임 시간대의 첫 한 시간. 지역 방송국은 일반적으로 합동형 판매 프로그램이나 지역 제작 프로그램을 편성한다.

프라임타임Prime time 흔히 오후 7~11시인 텔레비전 시간대. 미국의 지상파 네트워크는 FCC 규제로 인해 대개 8시에서 11시 사이의 편성 프로그램만 가맹사에 공급한다.

프로그램 유형 Program type 대개 프로그램의 내용적 유사성에 기초한 편성 프로그램 범주. 시청률 회사는 프로그램 수용자에 대한 보고와 요약을 위해 표준화된 프로그램 유형을 흔히 이용한다.

플랫폼Platform 이용자에게 콘텐츠를 건네기 위한 기술적 시스템. 지상파 텔레비전, 케이블, 인터넷과 모바일 기기는 모두 플랫폼으로 지칭된다.

피가중 피산입원 수 Weighted in-tab 상이한 인구통계적 집단들의 응답률이 대등했다면 가용 정보를 제공했을 개인들의 수. '표본 가중치 부여' 항목을 보시오.

피플미터Peoplemeter 텔레비전 수상기의 전원 연결 및 채널 맞춤 상태를 전자적으로 기록하고 시청자를 식별할 수 있는 기기. 시청자가 기기의 단추를 눌러 시청자 식별 정보를 입력해야 하는 경우에는 능동적 피플미터, 시청자가 아무것도 하지 않아도 되는 경우는 수동적 피플미터라 부른다.

할당 표본 Quota sample 쿼터라고 불리는 응답자 범주(예컨대 남성)들을 편리에 따라 택한 응답자들을 인터뷰해서 채우는 비확률 표본의 유형. '비확률 표본', '확률 표본' 항목을 보시오.

합동형네트워크텔레비전협회SNTA: Syndicated Network Television Association 합동형 프로그램 판매자의 광고 시간 판매 노력을 뒷받침하는 미 동업자 단체.

합동형 판매 Syndication 다수의 고객에게 표준화된 제품을 판매하는 일. 합동형 판매 프로그램은 다수의 상이한 시장에 있는 방송국이 취득할 수 있다. 합동형 시청률 보고서도 다수의 이용자에게 판매된다.

해머킹Hammocking 아직 자신을 증명하지 못한 프로그램이나 약한 프로그램을 두 개의 인기 프로그램 사이에 끼우고 이 때문에 시청자가 계속 머물러 중간 프로그램의 시청률이 오를게 될 것이라 기대하는 편성 전략. '수용자 흐름', '상속 효과' 항목을 보시오.

핵심어 검색 Keyword search 광고주가 검색 요청에 대한 반응으로 자신의 사이트가 나타나도록 해주는 데 대해 금을 치는 웹 광고. 유료 배치(pay-for-placement)나 유료 검색 광고(paid search advertising)라고도 불린다.

행동당 비용CPA: cost per action 이용자가 광고에 대해 취한 반응 행동의 수로 광고 비용을 나눈 값에 근거한, 인터넷 광고의 비용 척도.

헤드엔드Headend 외부 신호원(예컨대, 지상파, 위성)한테 텔레비전 신호를 받아 유선 배급망으로 내보내는, 케이블 시스템의 일부. '케이블 시스템' 항목을 보시오.

현찰-더하기-교환 Cash-plus-barter 프로그램에 약간의 광고가 포함돼 있음에도 불구하고 합동형 프로그램 판매자에게 방송국이 현찰을 지불하는 합동형 프로그램 교환의 유형. '교환' 항목을 보시오.

협송Narrowcasting 방송국이나 네트워크가 같은 유형의 콘텐츠로, 또는 같은 수용자 하위집단에게 매력적인 콘텐츠로 편성시간표를 짜는 편성 전략. '블록 편성' 항목을 보시오.

협업 필터링 Collaborative Filtering 한 개인의 과거 행동을 비슷한 특징을 지닌 다른 이용자의 그것과 비교하는 데 컴퓨터 알고리듬을 사용하는 세련된 추천 방법.

확률 표본 Probability sample 모집단 구성원 개개인이 표본에 뽑힐 확률이 동일하거나 알려져 있는 표본 유형. 때로 '무작위 표본(random samples)'이라고도 불리며 표본 추정치의 정확도에 대한 통계적 추론을 가능하게 해준다. '신뢰 구간', '신뢰 수준', '표집 오차' 항목을 보시오.

횡단면Cross-sectional 하나의 표본을 하나의 시점에서 추출하는 서베이 설계 유형. '종단면' 항목을 보시오.

휴대 피플미터PPM: Portable peoplemeter 방송 신호에 들어 있는, 사람에겐 들리지 않는 부호를 포착하는 소형 기기(예컨대, 손목시계나 호출기 같은 기기)를 응답자 몸에 붙이고 다니게 돼 있는 계량 시스템. 계량기가 부호를 '듣는' 순간, 해당 응답자를 수용자에 포함시킨다.

흠률Fault rates 설치된 계량기가 가용 데이터를 제공하지 못한 정도의 측정치. 이런 실패는 하드웨어 고장이나 응답자의 데이터 입력 실패에서 기인할 수 있음.

히트Hit 한때는 흔했던, 웹사이트 인기를 나타내는 총량 측정치. 이용자가 웹 서버에 파일 요청을 하는 순간 하나의 히트가 발생. 단일 웹페이지가 많은 상이한 파일을 담고 있을 수 있기 때문에 히트 횟수를 세는 것은 페이지뷰를 크게 과장할 수 있음. 지금은 방문 횟수, 방문자 수, 또는 페이지뷰 횟수가 인기 척도로 보다 널리 받아들여진다.

ADIArea of Dominant Influence 아비트론이 특정 시장 영역을 기술하기 위해 한때 사용한 용어. 미국 내 모든 카운티는 그중 하나에만 반드시 배당됐다. '지정 시장 영역' 항목을 보시오.

AMOLAutomated Measurement of Lineups: 편성 자동 측정 지역 시장에서 실제 방송되는 지상파 네트워크 프로그램을 전자적으로 식별하는 시스템.

BARBBroadcasters' Audience Research Board: 수용자조사방송인위원회 영국에서 TAM 데이터의 산출을 감독하는 공동업계위원회. '공동업계위원회' 항목을 보시오.

BBM캐나다BBMCanada 캐나다의 방송사와 광고주가 수용자 측정 수행을 위해 설립한 비영리 조직.

C3 '광고 시청률' 항목을 보시오.

CABCooperative Analysis of Broadcasting 미국 최초의 시청률 회사. 1930년 아치볼드 크로슬리가 창립, 1946년 폐업.

CATVCommunity Antenna Television 예전의 FCC 의사록에 사용된, 케이블 텔레비전을 가리키는 약어.

CMSAConsolidated Metropolitan Statistical Area 미 관리예산처가 지정하는 거대 도시 영역으로, 미디어 시장의 거대 도시 지역을 정의하기 위해 시청률 회사가 자주 이용.

DSTdifferential survey treatment: 특별 서베이 처방 특별히 낮은 응답률을 가진 것으로 알려진, 모집단 내 하위 집단의 응답을 촉진하기 위해 시청률 회사가 사용하는 특별한 절차. 부가적 면접 조사 및 협력 유인의 제공을 포함할 수 있다.

EACAEuropean Association of Communications Agencies 유럽의 광고대행사와 관련 미디어 전문가의 동업자 협회.

EBUEuropean Broadcasting Union 유럽, 북아프리카, 중동, 기타 지역에 분포한, 50개가 넘는 나라들의 라디오 및 텔레비전 방송사의 국제적 동업자 협회.

ESFexpanded sample frame: 확장 표집틀 전화번호부에 등재되지 않은 가구를 표집틀에 포함시키는 데 사용되는 아비트론식 절차. '표집틀' 항목을 보시오.

ESOMAR(에소마) European Society of Opinion and Marketing Research 마케팅 전문가 및 여론조사 전문가의 전 지구적 협회.

ISPInternet Service Provider 인터넷 접근을 제공하는 회사. 여기에는 공적 전화 교환망을 통하는 서비스 제공자, DSL과 모바일 기기를 제공하는 전화 회사, 고속 모뎀을 제공하는 케이블 시스템이 있다.

MSAMetropolitan Statistical Area 미 관리예산처가 지정하는 도시 영역으로 미디어 시장의 대도시 지역을 정의하기 위해 시청률 회사가 자주 이용.

MSOmultiple system operator: 복수 시스템 운영자 복수의 케이블 시스템을 소유한 회사.

NPower 닐슨이 제공하는 컴퓨터 프로그램 묶음인데, 그 고객은 전국 피플미터 데이터베이스에 접근할 수 있다. 총량적·누적적 수용자 행태에 대한 다양한 맞춤형 분석을 수행한다.

O&Oowned & operated: 소유·직영 주요 지상파 네트워크가 소유하고 운영하는 지상파 방송국.

PMSAPrimary Metropolitan Statistical Area 시청률 영역을 지정하는 데 흔히 이용되는, 미 관리예산처가 지정하는 도시 영역.

PTARPrime Time Access Rule: 프라임타임 접근 규칙 1970년대부터 1990년대 초까지 적용된 FCC 규제로, 프라임타임에 가맹사가 방송할 수 있는 네트워크 프로그램의 분량을 제한하고, 프라임액세스 시간대의 탈네트워크 프로그램 재방송을 상위 50개 시장에서 금지했다.

RFIDRadio Frequency Identification: 무선 주파수 표지 흔히 제품에 붙는 조그마한 칩 또는 태그. 스캐너가 포착할 수 있는 신호를 내보낸다. 인쇄 미디어 노출을 측정하는 방법을 제시할 수 있을 것이다.

ROIreturn on investment: 투자 수익 이익을 내기 위해 사용된 투자 금액에 기인하는 것으로 여겨지는 상업적 이익. 예컨대, 마케팅 담당자는 광고에서 기인하는 것으로 여겨지는 판매량을 평가한다. '변환율', '클릭당 지불' 항목을 보시오.

ROSrun of schedule: 재량 편성 광고주가 방송국이나 네트워크로 하여금 그때그때 나온 제일 좋은 시간에 광고를 방송할 수 있도록 허용하는, 광고 구매 및 편성의 방법.

SMSAStandard Metropolitan Statistical Area 지역 시장 영역을 정의하기 위해 시청률 회사가 한때 사용했던, 과거의 정부 지정 도시 지역. 'MSA' 항목을 보시오.

SRDSStandard Rate and Data Service 광고 시간 구매에 유용한 방송국 요율 카드 정보 및 기타 정보를 발행하는 서비스 업체. '요율 카드' 항목을 보시오.

TAM(텔레비전 수용자 측정) Television Audience Measurement 전 세계적으로 사용되는 '텔레비전 수용자 측정'의 약어.

TVQ 출연자와 프로그램의 친숙도 및 호감도를 측정하는 평가 시스템.

URLuniform resource locator: 자원 위치 표준 표식 월드와이드웹의 문서와 자원 각각에 대한 개별 주소. 1994년 팀 버너스-리(Tim Berners-Lee)가 그 시스템을 개발했다.

Adams, W. J. 1993. "TV program scheduling strategies and their relationship to new program renewal rates and rating changes." *Journal of Broadcasting & Electronic Media*, 37, pp. 465~474.

Adams, W. J., Eastman, S. T., Horney, L. J. and Popovich, M. N. 1983. "The cancellation and manipulation of network television prime-time programs." *Journal of Communication*, 33(1), pp. 10~27.

Advertising Research Foundation. 1954. *Recommended standards for radio and television audience size measurements*. New York: Routledge.

Agostini, J. M. 1961. "How to estimate unduplicated audience." *Journal of advertising Research*, 1, pp. 11~14.

Agostino, D. 1980. "Cable television's impact on the audience of public television." *Journal of Broadcasting*, 24, pp. 347~363.

Albarran, A. 2001. *Management of electronic media*, 2nd ed. Belmont CA: Wadsworth.

_____. 2010. *The media economy*. New York: Routledge.

_____. 2012. *Management of electronic and digital media,* 5th ed. Belmont, CA: Wadsworth.

Albarran, A. and Arrese, A(eds.) 2003. *Time and media markets*. Mahwah, NJ: Lawrence Erlbaum Associates.

Albarran, A. and Chan-Olmstes, S(eds.). 1998. *Global media economics: Commercialization, concentration and in integration of world media markets*. Ames, IA: Iowa State Press.

Alexander, A., Owers, J., Carveth, R., Hollifield, C. A. and Greco, A(eds.). 2004. *Media economics: Theory and practice,* 3rd ed. Mahwah, NJ: Lawrence Erlbaum Associates.

Allen, C 1965. "Photographing the TV audience." *Journal of advertising Research,* 5, pp. 2~8.

Allen, R. 1981. "The reliability and stability of television exposure." *Communication Research,* 8, pp. 233~256.

American Research Bureau. 1947.5. *Washington DC market report.* Beltsville, MD: Author.

Anand, N. and Peterson, R. A. 2000. "When market information constitutes field: Sensemaking of markets in the commercial music industry." *Organization Science,* 11(3), pp. 270~284. doi:10.1287/orsc.11.3.270.12502

Anderson, C. 2006. *The long tail: Why the future of business is selling less of more.* New York: Hyperion.

Anderson, J. A. 1987. *Communication research: Methods and issues.* New York: McGraw-Hill.

Ang, I. 1991. *Desperately seeking the audience.* London: Routledge.

Angwin, J. 2012.2.23. "Web firms to adopt 'no track' button." *Wall Street Journal.* http://online.wsj.com/article/SB10001424052970203960804577239774264364692. html?mod=rss_whats_news_us&utm_source=feedburner&utm_medium=feed&utm_ca mpaign=Feed%3A+wsj%2Fxml%2Frss%2F3_7011+%28WSJ.com%3A+What%27s+News +US%29&utm_content=Google+Feedfetcher#articleTabs%3Darticle

Arbitron. annually. *A guide to understanding and using radio audience estimates.* New York: Author.

Atkin, D. and Litman, B. 1986. "Network TV programming: Economics, audiences, and the ratings game, 1971~1986." *Journal of Communication,* 36(3), pp. 32~51.

Austin, B. A. 1989. *Immediate seating: A look at movie audience.* Belmont, CA: Wadsworth.

Babbie, E. 2003. *The practice of social research,* 10th ed. Belmont, CA: Wadsworth.

_____. 2009. *The practice of social research,* 12th ed. Belmont, CA: Wadsworth.

Babrow, A. S. and Swanson, D. L. 1988. "Disentangling antecedents of audience exposure levels: Extending expectancy-value analyses of gratifications sought from television news." *Communication Monographs,* 55, pp. 1~21.

Baker, C. E. 2002. *Media, markets, and democracy.* Cambridge, UK: Cambridge University Press.

Balen, R. E. 1995. *The new rules of the ratings game.* Washington, DC: National Association of Broadcasters.

Balnaves, M., O'Regan, T. and Goldsmith, B. 2011. *Rating the audience: The business of media.* New York : Bloomsbury Publishing Plc.

Banks, M. 1981. "A history of broadcast audience research in the Unites States, 1920~1980 with an emphasis on the rating services." Unpublished doctoral dissertation, University of Tennessee, Knoxville.

Banks, S. 1980. "Children's television viewing behavior." *Journal of Marketing*, 44, pp. 48~55.

Barnes, B. E. and Thompson, L. M. 1988. "The impact of audience information sources on media evolution." *Journal of advertising Research,* 28, RC9-RC14.

Barnett, G. A., Chang, H., Fink, E. L. and Richards, W. D. 1991. "Seasonality in television viewing: A mathematical model of cultural processes." *Communication Research,* 18(6), pp. 755~772.

Baron R. 1988. "If it's on computer paper, it must be right." *Journal of media Planning,* 2, pp. 32~34.

Baron, R. B. and Sissors, J. Z. 2010. *Advertising media planning,* 7th ed. Chicago: McGraw-Hill.

Bart, P. 1999. *The gross: The hots, the flops—the summer that ate Hollywood.* New York: St. Martin's.

Barwise, T. P. 1986. "Repeat-viewing of prime-time television series." *Journal of Advertising Research,* 26, pp. 9~14.

Barwise, T. P. and Ehrenberg, A. S. C. 1984. "The reach of TV channels." *International Journal of Research in Marketing,* 1, pp. 34~49.

_____. 1988. *Television and its audience.* London: Sage.

Barwise, T. P. Ehrenberg, A. S. C. and Goodhardt, G. J. 1979. "Audience appreciation and audience size." *Journal of market Research Society,* 21, pp. 269~289.

_____. 1982. "Glued to the box? Patterns of TV repeat-viewing." *Journal of Communication,* 32(4), pp. 22~29.

Batelle, J. 2005. *The search: How Google and its rivals rewrote the rules of business and transformed our culture.* New York: Portfolio.

Bechtel, R. K., Achelpohl, C. and Akers, R. 1972. "Correlation between observed behavior and questionnaire responses on television viewing." In E. A. Rubinstein, G. A. Comstock and J. P. Murray(eds.). *Television and social behavior, Vol. 4. Television in day-to-day life: Patterns of use.* Washington, DC: U. S. Government Printing Office.

Becker, L. B and Schoenback, K(eds.). 1989. *Audience responses to media diversification: Coping with plenty.* Hillsdale, NJ: Lawrence Erlbaum Associates.

Becknell, J. C. 1961. "The influence of newspaper tune-in advertising on the size of a TV show's audience." *Journal of advertising Research,* 1, pp. 23~26.

Beebe, J. H. 1977. "The institutional structure and program choices in television markets." *Quarterly Journal of Economics*, 91, pp. 15~37.

Bermejo, F. 2007. *The internet audience: Constitution and measurement*. New York: Lang.

Berville, H. M. 1988. *Audience ratings: Radio, television, cable*, rev. ed. Hillsdale, NJ: Lawrence Erlbaum Associates.

Besen, S. M. 1976. "The value of television time." *Southern Economic Journal*, 42, pp. 435~441.

Besen, S. M., Krattenmaker, T. G., Metzger, A. R. and Woodbury, J. R. 1984. *Misregulating television.: Network dominance and the FCC*. Chicago: University of Chicago Press.

Blumler, J. G. 1979. "The role of theory in uses and gratifications studies." *Communication Research*, 6, pp. 9~16.

Blumler, J. G., Gurevitch, M. and Katz, E. 1985. "Reaching out: A future for gratifications research." In K. Rosengren, L. Wenner and P. Palmgreen(eds.). *Media gratifications research: Current perspectives*. Beverly Hills, CA: Sage.

Boemer, M. L. 1987. "Correlating lead-in Show ratings with local television news ratings." *Journal of Broadcasting & Electronic Media*, 31, pp. 89~94.

Bogart, L. 1972. *The age of television*. New York Frederick Ungar.

_____. 1988. "Research as an instrument of power." *Gannett Center Journal*, 2(3), pp. 1~16.

_____. 1996. *Strategy in advertising: Matching media and messages to markets and motivations*, 3rd ed. Lincolnwood, IL: NTC Business Rooks.

Bower, R. T. 1973. *Television and the public*. New York: Holt, Rinehart & Winston.

_____. 1985. *The changing television audience in America*. New York Columbia University Press.

Bowman, G. W. and Farley, J. 1972. "TV viewing: Application of a formal choice model." *Applied Economics*, 4, pp. 245~259

Bourdon, J and Meadel, C. 2011. "Inside television audience measurement: Deconstructing the ratings machine." *Media, Culture & Society*, 33(5), pp. 791~800.

Brotman, S. N. 1988. *Broadcasters can negotiate anything*. Washington, DC: National Association of Broadcasters.

Bruno, A. V. 1973. "The network factor in TV viewing." *Journal of Advertising Research*, 13, pp. 33~39.

Bryant, J. and Oliver, M. B(eds.). 2009. *Media effects: Advances in theory and research*, 3rd ed. New York: Routledge.

Bryant, J. and Zillmann, D. 1984. "Using television to alleviate boredom and stress: Selective exposure as a function of induced excitational states." *Journal of Broadcasting*, 28, pp. 1~20.

Bryant, J. and Zillmann, D(eds.). 2002. *Media effects: Advanced in theory and research*, 2nd ed. Mahwah, NJ: Lawrence Erlbaum Associates.

Buzzard, K. S. 1990. *Chains of gold: Marketing the ratings and rating the markets*. Metuchen, NJ: Scarecrow Press.

_____. 2012. *Tracking the audience: The ratings industry from analog to digital*. New York: Routledge.

Byrne, B. 1988. "Barter syndicators." *Gannett Center Journal*, 2(3), pp. 75~78.

Cabletelevision Advertising Bureau. 2004. *Cable TV facts*. New York: Author.

Cannon, H. M. 1983. "Reach and frequency estimates for specialized target markets." *Journal of advertising Research*, 23, pp. 45~50.

Cannon, H and Merz, G. R. 1980. "A new role for psychographics in media selection." *Journal of advertising*, 9(2), pp. 33~36.

Cantril, H. and Allport, G. W. 1935. *The psychology of radio*. New York: Harper & Brothers.

Carrol, R. L. and Davis, D. M. 1993. *Electronic media programming: Strategies and decision making*. New York: McGraw Hill.

CBS. 1937. *Radio 1937*. New York: Author.

Chaffee, S. 1980. "Mass Media effects: New research perspectives." In D. C. Wilhoit and H. DeBock(eds.). *Mass communication review yearbook*. Beverly hills, CA: Sage.

Chandon, J. L. 1976. "A comparative study of media exposure models." Unpublished doctoral dissertation, Northwestern University, Evanston, IL.

Chappell, M. N and Hooper, C. E. 1944. *Radio audience measurement*. New York: Stephen Daye.

Cheong, Y., Leckenby, J. D. and Eakin, T. 2011. "Evaluating the multivariate beta binomial distribution for estimating magazine and internet exposure frequency distribution." *Journal of advertising*, 40(1), pp. 7~24.

Christ, W. and Medoff, N. 1984. "Affective state and selective exposure to and use of television." *Journal of Broadcasting*, 28, pp. 51~63.

Christian, B. 2012.4.25. "The A/B Test: inside the technology that's changing the rules of business." *Wired.* http://www.wired.com/business /2012/04/ff-abtesting/

Churchill, G A. and Iachobucci, D. 2004. *Marketing research: Methodological foundations*, 9th ed. Belmont, CA: South-Western College Pub.

Cohen, E. E. 1989. "A model of radio listener choice." Unpublished doctoral dissertation, Michigan State University, East Lansing.

Collins, J., Reagan, J. and Abel, J. 1983. "Predicting cable subscribership: Local factors." *Journal of Broadcasting*, 27, pp. 177~183.

Complaint for Equitable Relief and Civil Penalties. 2012.3.21. Filed in the Superior Court of the State of California County of San Francisco.

Comstock. G. 1989. *The evolution of- American television.* Newbury Park, CA: Sage.

Comstock G., Chaffee, S., Katzman, N., McCombs, M. and Reberts, D. 1978. *Television and human behavior.* New York: Columbia University Press.

Comstock G. and Scharrer. E. 1999. *Television: What's on, who's watching, and what it means.* San Diego: Academic Press.

Converse, T. Speaker. 1974.5.2. *Magazine*[Television documentary]. New York: CBS, Inc.

Cook, F. 1988.1. "Peoplemeters in the USA: An historical and methodological perspective." *Admap*, pp. 32~35.

Cooper. R. 1993. "An expanded, integrated model for determining audience exposure to television." *Journal of Broadcasting & Electronic Media*, 37(4), pp. 401~418.

_____. 1996. "The status and future of audience duplication research: An assessment of ratings-based theories of audience behavior." *Journal of Broadcasting & Electronic Media*, 40(1), pp. 96~111.

Cooper, R. and Tang, T. 2009. "Predicting audience exposure to television in today's media environment: An empirical investigation of active-audience and structural theories." *Journal of Broadcasting & Electronic Media*, 53(3), pp. 400~418.

Corporation for Public Broadcasting. 1980. *Proceedings of the 1980 technical conference on qualitative television ratings: Final report.* Washington. DC: Author.

CRE. 2008. *Video consumer mapping study.* Council for Research Excellence. New York: Author.

Danaher, P. J. and Lawrie, J. M. 1998. "Behavioral measures of television audience appreciation." *Journal of advertising Research*, 38, pp. 54~65.

Danaher, P. J. and Mawhinney, D. F. 2001. "Optimizing television program schedules using choice modeling." *Journal of Marketing Research*, 38(3). pp. 298~312.

Danaher, P. J., Dagger, T. S. and Smith, M. S. 2011. "Forecasting television ratings." *International Journal of Forecasting*, 27(4), pp. 1215~1240. doi:10.1016/j.ijforecast.2010.08.002

Darmon, R. 1976. "Determinants of TV viewing." *Journal of advertising Research*, 16, pp. 17~20.

Davis, D. M. and Walker, J. R. 1990. "Countering the new media: The resurgence of share maintenance in primetime network television." *Journal of Broadcasting & Electronic Media*, 34, pp. 487~493.

Dick, S. J. and McDowell, W. 2004. "Estimating relative audience loyalty among radio stations using standard Arbitron ratings." *Journal Radio Studies*, 11, pp. 26~39.

Dimling, J. 1988. "A.C. Nielsen: The 'gold standard'." *Gannett Center Journal*, 2(3), pp. 63~69.

Dominick, J. R. and Fletcher, J. E. 1985. *Broadcasting research methods*. Boston: Allyn & Bacon.

Ducey, R., Krugman, D. and Eckrich, D. 1983. "Predicting market segments in the cable industry: The basic and pay subscribers." *Journal of Broadcasting*, 27, pp. 155~161.

Dumenco. S. 2011.9.26. "Will Fox's $50+ Million Gamble on 'Terra Nova' Pay Off?" *Advertising Age*. http://adage.com/article/media/fox-s-50-million-gamble-terra-nova-pay/2300511/

Easley, D. and Kleinberg, J. 2010. *Networks, crowds, and markets: Reasoning about a highly connected world*. Cambridge, UK: Cambridge University Press.

Eastman. S. T. 1998. "Programming theory under stress: The active industry and the active audience." In M. Roloff(ed.). *Communication Yearbook*, 21, pp. 323~377.

Eastman, S. T. and Ferguson, A. 2013. *Media programing: Strategies and practices*, 9th ed. Boston. MA: Wadsworth.

Eastman, S. T., Newton, G. D., Riggs, K. E. and Neal-Lunsford, J. 1997. "Accelerating the flow: A transition effect in programming theory?" *Journal of Broadcasting & Electronic Media*, 41(2), pp. 265~283.

Ehrenberg, A. S. C. 1968. "The factor analytic search for program types." *Journal of advertising Research*, 8, pp. 55~63.

_____. 1982. *A primer in data reduction*. London & New York: Wiley.

Ehrenberg, A. S. C. and Wakshlag, J. 1987. "Repeat-viewing with people meters." *Journal of advertising Research*, 27, pp. 9~13.

Elberse, A. 2008. "Should you invest in the long tail?" *Harvard Business Review*, 86(7/8), pp. 88~96.

Ettema, J. S. and Whitney, C. D(eds.). 1982. *Individuals in mass media organization: Creativity and constraint.* Beverly Hills, CA: Sage_

_____. 1994. *Audiencemaking: How the media create the audience.* Thousand Oaks, CA: Sage.

Everett, S. E. 1998.7. "The 'UHF Penalty' demonstrated." www.nab.org/research/webbriefs/ uhfdis.html.

Federal Communication Commission. 1979. *Inquiry into the economic relationship between television broadcasting and cable television*(51 F.C.C. 2d 241). Washington, DC: U.S. Government Printing Office.

FICCI. 2011. *Hitting The high notes: FICCI/KPMG Indian media and entertainment industry report.* Federation of Indian Chamber of Commerce and Industry/KPMG International. http://www.kpmg.com/in/en/issuesandinsights/thoughtleadership/ficci-kpmg-report-2011.pdf

Fisher, F. M., McGowan, J. J., Evans, D. S. 1980. "The audience-revenue relationship for local television stations." *Bell Journal of Economics*, 11, pp. 694~708.

Fletcher, J. E. 1985. *Squeezing profits out of ratings: A manual for radio managers, sales managers and programmers.* Washington, DC: National Association of Broadcasters.

_____. 1987. *Music and program research.* Washington, DC: National Association of Broadcasters.

Fletcher, J. E(ed.). 1981. *Handbook of radio and TV broadcasting: Research procedures in audience, program and revenues.* New York: Van Nostrand Reinhold.

Fletcher, A. D. and Bower, T. A. 1988. *Fundamentals of advertising research*, 3rd ed. Belmont, CA: Wadsworth.

Fournier, G. M. and Martin, D. L. 1983. "Does government-restricted entry produce market power? New evidence from the market for television advertising." *Bell Journal of Economics*, 14, pp. 44~56.

Fowler, M. S. and Brenner, D. L. 1982. "A marketplace approach to broadcast regulation." *Texas Law Review*, 60, pp. 207~251.

Frank, R. E., Becknell, J. and Clokey, J. 1971. "Television program types." *Journal of Marketing Research*, 11, pp. 204~211.

Frank, R. E. and Greenberg, M. G. 1980. *The public's use of television.* Beverly Hills, CA:

Sage.

Fratrik, M. R. 1989. 4. *The television audience-revenue relationship revisited.* Paper presented at the meeting of the Broadcast Education Association, Las Vegas, NV.

Friedman, W. 2012.6.8. "Higher ratings should merit higher retrans fees." *MediaDailyNews.* http://www.mediapost.com./publications/article/176442/#ixzz203YbkZfv.

Furchtgott-Roth, H., Hahn, R. W. and Layne-Farrar, A. 2006. "The law and economics of regulating ratings firms." *Journal of Competition Law and Economics*, 3(1), pp. 49~96.

Gane. R. 1994. "Television audience measurement systems in Europe." In R. Kent(ed.). *Measuring media audiences.* London: Routledge.

Gantz, W. and Razazahoori, A. 1982. "The impact of television schedule changes on audience viewing behaviors." *Journalism Quarterly*, 59, pp. 265~272.

Gantz, W. and Eastman, S. T. 1983. "Viewer uses of promotional media to find out about television programs." *Journal of Broadcasting*, 27, pp. 269~277.

Gans, H. 1980. "The audience for television and in television research." In S. B. Witney and R. P. Abeles(eds.). *Television and social behavior: Beyond violence and children.* Hillsdale, NJ: Lawrence Erlbaum Associates.

Garrison. G. R. 1939. "Current Radio Research in Universities: Wayne University." *Journal of Applied Psychology*, 23(1), pp. 204~205.

Gensch, D. H. 1969.5. "A computer simulation model for selecting advertising schedules." *Journal of Marketing Research*, 6, pp. 203~214.

Gensch, D. H. and Ranganathan, B. 1974. "Evaluation of television program content for the purpose of promotional segmentation." *Journal of Marketing Research*, 11, pp. 390~398.

Gensch, D. H. and Shaman, P. 1980. "Models of competitive ratings." *Journal of Marketing Research*, 17, pp. 307~315.

Gerbner, G., Gross. L., Morgan, M., Signorielli, N and Shanahan, J. 2002. "Growing up with television: Cultivation processes." In J. Bryant and D. Zillmann(eds.). *Media effects: Advance in theory and research*, 2nd ed. Mahwah, NJ: Lawrence Erlbaum Associates.

Gertner, J. 2005.4.10. "Our ratings ourselves." *New York Times Magazine.* http://www.nytimes.com/2005/04/10/magazine/10NIELSENS.html.

Giddens, A. 1984. *The constitution of society: Outline of the theory of structuration.* Berkeley, CA: University of California Press.

Gitlin, T. 1983. *Inside prime time.* New York: Pantheon.

Glasser, G. J. and Metzger, G. D. 1989. 12. *SRI/CONTAM review of the Nielsen people meter: The process and the results.* Paper presented at the eighth annual Advertising Research Foundation Electronic Media Workshop, New York.

Goodhandt, G. J.1966. "The constant in duplicated television viewing between and within channels." *Nature*, 212, pp. 1616.

Goodhandt, G. J. and Ehrenberg, A. S. C. 1969. "Duplication of viewing between and within channels." *Journal of Marketing Research*, 6, pp. 169~178.

Goodhandt, G. J., Ehrenberg, A. S. C. and Collins, M. A. 1987. *The television audience: Patterns of viewing*, 2nd ed. Westmead, UK: Gower.

Grant, A. E. 1989. "Exploring patterns of television viewing: A media system dependency perspective." Unpublished doctoral dissertation, University of Southern California, Los Angeles.

Greenberg, E. and Barnett, H. J. 1971. "TV program diversity—New evidence and old theories." *American Economic Review*, 61, pp. 89~93.

Greenberg, B., Dervin, B. and Dominick, J. 1968. "Do people watch 'television' or 'programs'?: A measurement problem." *Journal of Broadcasting*, 12, pp. 367~376.

Gunter, B. 2000. *Media research methods: Measuring audiences, reaction and impact.* London: Sage.

Hall, R. W. 1988. *Media math: Basic techniques of media evaluation.* Lincoln, IL: NTC Business Books.

Hartmann, T(ed.). 2009. *Media choice: A theoretical and empirical overview.* New York: Taylor & Francis.

Hayes, D. and Bing, J. 2004. *Open wide: How Hollywood box office became a national obsession.* New York: Miramax Books Hyperion.

Headen, R., Klompmaker, J. and Rust, R. 1979. "The duplication of viewing law and television media schedule evaluation." *Journal of Marketing Research*, 16, pp. 333~340.

Headen, R. S., Klompmaker, J. E., and Teal, J. E. 1977. "Predicting audience exposure to spot TV advertising schedules." *Journal of Marketing Research*, 14, pp. 1~9.

_____. 1979. "Predicting network TV viewing patterns." *Journal of advertising Research*, 19, pp. 49~54.

Heeter, C. and Greenberg, B. 1985. "Cable and program choice." In D. Zillmann and J. Bryant(eds.). *Selective exposure to communication.* Hillsdale, NJ: Lawrence Elbaum

Associates.

Heeter, C. and Greenberg, B. S. 1985. "Profiling the zappers." *Journal of advertising Research*, 25(2), pp. 15~19.

_____. 1988. *Cable-viewing.* Norwood, NJ: Ablex.

Helberger, N. 2011. "Diversity by Design." *Journal of Information Policy*, 1(0), pp. 441~469.

Henriksen. F. 1985. "A new model of the duplication of television viewing : A behaviorist approach." *Journal of Broadcasting & Electronic Media*, 29, pp. 135~145.

Hernandez, R. and Elliot, S. 2004.6.14. "Advertising: The odd couple vs. Nielsen." *The New York Times.* http://www.nytimes.axn/2004/06/14/business/media/14nielsen.html? page wanted=all

Herzog, H. 1994. "What do we really know about daytime serial listeners?" In P. F. Lazarsfeld and F. N. Stanton(eds.). *Radio research 1942-1943.*

Hiber, J. 1987. *Winning radio research: Turning research into ratings and revenues.* Washington. DC: National Association of Broadcasters.

Hill, D. and Dyer. J. 1981. "Extent of diversion to newscasts from distant stations by cable viewers." *Journalism Quarterly*, 58, pp. 552~555.

Hindman, M. 2009. *The myth of digital democracy.* Princeton, NJ: Princeton University Press.

_____. 2011. *Less the same: The lack of local news on the Internet.* Federal Communications Commission.

Hirsch. P. 1980. "An organizational perspective on television (aided and abetted by models from economics, marketing, and the humanities)." In S. B. Withey and R. P. Abeles (eds.). *Television and social behavior.* Hillsdale, NJ: Lawrence Erlbaum Associates.

Horen, J. H. 1980. "Scheduling of network television programs." *Management Science*, 26, pp. 354~370.

Hotelling, H. 1929. "Stability in competition." *Economic Journal*, 34, pp. 41~57.

Hwang, H. 1998. *Audience and the TV networks rating games.* Unpublished Manuscript.

IAB. 2009.2.23. "Interactive advertising bureau audience reach measurement guidelines." New York: Author. http://www.iab.net/iab_products_and_industry_services/508676 /guide lines/audiencemeasurement

_____. 2011. "Making measurement make sense." New York: Author. http://www. iab.net/insighis_research/mmms/mmms_FAQ.

Iachobucci, D. and Churchill, G. A. 2009. *Marketing research: Methodological foundations*, 10th ed. Belmont, CA: SouthWestern College Pub.

Initiative Futures Worldwide. 2004.1. *Spheres of influence 2004: Global advertising trends report*.

Israel, H. and Robinson, J. 1972. "Demographic characteristics of viewers of television violence and news programs." In E. A. Rubinstein, G. A. Comstock and J. P. Murray (eds.). *Television and social behavior, Vol. 4. Television in day-to-day life: Patterns of use*. Washington, DC: US. Government Printing Office.

Jaffe, M. 1985. 1. 25. "Towards better standards for post-analysis of spot television GPR delivery." *Television/Radio Age*, pp. 23~25

Jardine, B. B. 2012. "Retaining the primetime TV audience:: Examining adjacent program audience duplication across markets." Master of Business Thesis. Ehrenberg-Bass Institute for Marketing Science. University of Southern Australia.

Jeffres, L. W. 1997. *Mass media effects*, 2nd ed. Prospect Heights, IL: Waveland.

Jhally, S. and Livant, B. 1986. "Watching as working: The valorization of audience consciousness." *Journal of Communication*, 36(3), pp. 124~143.

Just. N. 2009. "Measuring media concentration and diversity: new approaches and instruments in Europe and the US." *Media, Culture & Society*, 31(1), pp. 97~117. doi:10.1177/0163443708098248

Kaplan, S. J. 1978. "The impact of cable television services on the use of competing media." *Journal of Broadcasting*, 22, pp. 155~165.

Katz, E., Blumler, J. G. and Gurevitch, M. 1974. "Utilization of mass communication by the individual." In J. G. Blumler and E. Katz(eds.). *The uses of mass communications: Current perspectives on gratifications research*. Beverly Hills, CA: Sage.

Katz, E., Gurevitch, M. and Haas, H. 1973. "On the use of mass media for important things." *American Sociological Review*, 38(2), pp. 164~181.

Katz, E., Petters, J. D., Liebes, T and Orloff, A. 2003. *Canonic texts in media research: Are there any? Should there be? How about these?* Cambridge, UK: Polity Press.

Katz, H. E. 2003. *The media handbook: A complete guide to advertising media selection, planning, research and buying*, 2nd ed. Mahwah, NJ: Lawrence Erlbaum Associates.

_____. 2010. *The media handbook: A complete guide to advertising media: selection, planning, research and buying*, 4th ed. New York: Routledge.

Kaushik, A. 2010. *Web analytics 2.0: The art on online accountability and science of customer centricity*. Indianapolis, IN: Wiley.

Kent, R(ed.). 1994. *Measuring media audiences*. London: Routledge.

Killion, K. C. 1987. "Using peoplemeter information." *Journal of Media Planning*, 2(2), pp. 47~52.

Kim, S. J. and Webster, J. G. 2012. "The impact of a multichannel environment on television news viewing: A longitudinal study of news audience polarization in South Korea." *International Journal of Communication*, 6, pp. 838~856.

Kirsh, A. D. and Banks, S. 1962. "Program types defined by factor analysis." *Journal of advertising Research*, 2, pp. 29~31.

Klapper, J. 1960. *The effects of mass communication*. Glencoe, IL: The Free Press.

Klein, P. 1971.1.25. "The men who run TV aren't stupid." *New York*, pp. 20~29.

Krueger, R. A. and Casey, M. A. 2000. *Focus groups: A practical guide for applied research*, 3rd ed. Thousand Oaks, CA: Sage.

Krugman, D. M. 1985. "Evaluating the audiences of the new media." *Journal of advertising*, 14(4), pp. 21~27.

Krugman, D. M. and Rust, R. T. 1993. "The impact of cable VCR penetration on network viewing: Assessing the decade." *Journal of advertising Research*, 33(1), pp. 67~73.

Krugman, D. M., Cameron, G. T. and White, C. M. 1995. "Visual attention to programming and commercials: The use of in-home observations." *Journal of advertising*, 24(1), pp. 1~12.

Krugman, H. E. 1972. "Why three exposures may be enough." *Journal of advertising Research*, 12, pp. 11~14.

Kubey, R. and Csikszentmihalyi, M. 1990. *Television and the quality of life: How viewing shapes everyday experience*. Hillsdale, NJ: Lawrence Erlbaum Associates.

Ksiazek, T.B. 2011. "A network analytic approach to understanding cross-platform audience behavior." *Journal of Media Economics*, 54(4), pp. 237~251.

Ksiazek, T.B. and Webster, J. G. 2008. "Cultural proximity and audience behavior: The role of language in patterns of polarization and multicultural fluency." *Journal of Broadcasting & Electronic Media*, 52(3), pp. 485~503.

Ksiazek, T.B., Malthouse, E. C. and Webster, J. G. 2010. "News-seekers and avoiders: Exploring patterns of total news consumption across media and the relationship to civic participation." *Journal of Broadcasting & Electronic Media*, 54(4), pp. 551~568.

LaCour, M. J. 2012. *A Balanced News Diet, Not Selective Exposure: Evidence from a Real*

World Measure of Media Exposure. Paper presented at the Midwest Political Science Association, Chicago.

LaRose. R. and Atkin, D. 1988. "Satisfaction, demographic, and media environment predictors of cable subscription." *Journal of Broadcasting & Electronic Media*, 32, pp. 403~413.

Larson, E. 1992. *The naked consumer: How our private lives become public commodities*. New York: Henry Holt and Company.

Lavine. J. M. and Wackman, D. B. 1988. *Managing media organizations: Effective leadership of the media*. New York: Longman.

Leckenby, J. D. and Rice. M. D. 1985. "A beta binomial network TV exposure model using limited data." *Journal of advertising*, 3, pp. 25~31.

LeDuc, D. R. 1987. *Beyond broadcasting: Patterns in policy and law*. New York: Longman.

Lehmann, D. R. 1971. "Television show preference: Application of a choice model." *Journal of Marketing Research*, 8, pp. 47~55.

Levin, H. G. 1980. *Fact and fancy in television regulation: An economic study of policy alternatives*. New York Russell Sage.

Levy, M. R(ed.). 1989. *The VCR age: Home video and mass communication*. Newbury Park, CA: Sage.

Levy, M. R. and Fink, E. L. 1984. "Home video recorders and the transience of television broadcasts." *Journal of Communication*, 34(2), pp. 36~51.

Levy, M. R. and Windahl. S. 1984. "Audience activity and gratifications: A conceptual clarification and exploration." *Communication Research*, 11, pp. 51~78.

Lichty, L. and Topping, M(eds.). 1975. *American broadcasting: A sourcebook on the history of radio and television*. New York: Hastings House.

Lin, C. A. 1994. "Audience fragmentation in a competitive video marketplace." *Journal of advertising Research*, 34, pp. 30~38.

_____. 1995. "Network prime-time programming strategies in the 1980s." *Journal of Broadcasting & Electronic Media*, 39, pp. 482~495.

Lin, C. A., Atkin, D. J. and Abelman, R. 2002. "The influence of network branding on audience affinity for network television." *Journal of advertising Research*, 42, pp. 19~32.

Lindlof, T. R(ed.). 1987. *Natural audiences: Qualitative research on media uses and effects*. Norwood, NJ: Ablex.

Lindlof, T. R. and Taylor, B. C. 2002. *Qualitative communication research methods*, 2nd ed. Thousand Oaks, CA: Sage.

_____. 2011. *Qualitative communication research methods,* 3rd ed. Thousand Oaks, CA: Sage.

Litman, B. R. and Kohl, L. S. 1992. "Network rerun viewing in the age on new programming services." *Journalism Quarterly*, 69, pp. 383-391

Little, J. D. C. and Lodish, L. M. 1969. "A media planning calculus." *Operations Research*, 1, pp. 1~35.

LoSciuto. L. A. 1972. A national inventory of television viewing behavior. In E. A. Rubinstein, G. A. Comstock and J. P. Murray(eds.). *Television and social behavior, Vol. 4. Television in day-to-day life: Patterns of use.* Washington, DC: U.S. Government Printing Office.

Lotz. A(ed.). 2009. *Beyond prime time: Television programming in the post-network era.* New York: Routledge.

Lowery. S. and DeFleur, M. L. 1994. *Milestones in mass communication research: Media effects*, 3rd ed. New York: Addison-Wesley.

Lull, J. 1980. "The social uses of television." *Human Communication Research*, 6, pp. 197~209.

_____. 1982. "How families select televisions programs: A mass observational study." *Journal of Broadcasting*, 26, pp. 801~812.

Lull, J(ed.). 1988. *World families watch television.* Newbury Park, CA: Sage.

Lumley, F. H. 1934. *Measurement in radio.* Columbus, OH: The Ohio State University.

MacFarland. D. T. 1990. *Contemporary radio programming strategies.* Hillsdale, NJ: Lawrence Erlbaum Associates.

_____. 1997. F*uture radio programming strategies: Cultivating listenership in the digital age*, 2nd ed. Mahwah, NJ: Lawrence Erlbaum Associates.

Mandese, J. 2010.7.27. "Clients weigh in on Nielsen plan to give less 'weight' to internet households." *Media Post.* http://www.mediapost.com/publications/article/132707/clients-weigh-in-on-nielsen-plan-to-give-less-wei.html Ohio State University.

McCombs, M. E. and Shaw. D. L. 1972. "The agenda-setting function of the mass media." *Public Opinion Quarterly*, 36, pp. 176~187.

McDonald., D. G. and Reese, S. D. 1987. "Television news and audience selectivity." *Journalism Quarterly*, 64, pp. 763~768.

McDonald, D. G. and Schechter, R. 1988. "Audience role in the evolution of fictional television content." *Journal of Broadcasting & Electronic Media*, 32, pp. 61~71.

McDowell, W. S. and Dick, S. J. 2003. "Has lead-in lost its punch? An analysis of prime time inheritance effects: Comparing 1992 and 2002." *International Journal of Media Management*, 5, pp. 285~293.

McKnight, L. W. and Bailey, J. P(eds.). 1997. *Internet economics*. Boston: MIT Press.

McLeodd. M. and McDonald. D. G. 1985. "Beyond simple exposure: Media orientations and their impact on political processes." *Communication Research*, 12, pp. 3~33.

McPhee, W. N. 1963. *Formal theories of mass behavior*. New York: The Free Press.

McQuail, D. 1994. *Mass communication theory: An introduction*, 3rd ed. Thousand Oaks, CA: Sage.

_____. 1997. *Audience analysis*. Thousand Oaks, CA: Sage.

McQuail, D. and Gurevitch, M. 1974. "Explaining audience behavior: Three approaches considered." In J. G. Blumler and E. Katz(eds.). *The uses of mass communications: Current perspectives on gratifications research*. Beverly Hills, CA: Sage.

Media Dynamics. 2004. *TV Dimensions 2004*. New York: Author.

_____. 2012. *TV dimensions*. Nutley, NJ: Author.

Meehan, E. R. 1984. "Ratings and the institutional approach: A third answer to the commodity question." *Critical Studies in Mass Communication*, 1, pp. 216~225.

Metheringham, R. A. 1964. "Measuring the net cumulative coverage of a print campaign." *Journal of advertising Research*, 4, pp. 23~28.

Miller. P. V. 1987.5. *Measuring TV viewing in studies of television effects*. Paper presented at the meeting of the International Communication Association, Montreal.

Miller, P V. 1994. "Made-to-order and standardized audiences: Forms of reality in audience measurement." In J. Ettema and C. Whitney(eds.). *Audiencemaking: How the media create the audience*. Thousand Oaks, CA: Sage.

Moores, S. 1993. *Interpreting audiences: The ethnography, of media consumption*. London: Sage.

Morley, D. 1986. *Family television: Cultural power and domestic leisure*. London: Comedia.

MRC. 2007.8.3. "A guide to understanding internet measurement alternatives: A media research council staff point of view." Washington: Author. http://mediaratingscouncil. org/MRC%20POV%20General%20Internet%20080307.pdf

Naples, M. J. 1979. *The effective frequency: The relationship between frequency and advertising effectiveness.* New York: Association of National Advertisers.

Napoli, P. M. 2001. *Foundations of communications policy: Principles and process in the regulation of electronic Media.* Cresskill, NJ: Hampton Press.

_____. 2003. *Audience economics: Media Institutions and the audience marketplace.* New York: Columbia University Press.

_____. 2007. *Media diversity and localism: Meaning and metrics.* Mahwah, NJ: Lawrence Erlbaum.

_____. 2011. *Audience evolution: New technologies and the transformation of media audiences.* New York: Columbia University Press.

_____. 2012. summer. *Program value in the evolving television audience marketplace.* New York: Time Warner Cable Research Program on Digital Communication.

Neuendorf, K. A., Atkin, D. J. and Jeffres, L.W. 2001. "Reconceptualizing channel repertoire in the urban cable environment." *Journal of Broadcasting & Electronic Media*, 45(3), pp. 464~482.

Neuman, W. R. 1991. *The future of the mass audience.* Cambridge : Cambridge University Press.

Newcomb, H. M. and Alley. R. S. 1983. *The producer's medium.* New York: Oxford University Press.

Newcomb. H. M. and Hirsch, P. M. 1984. "Television as a cultural forum: Implications for research." In W. Rowland and B. Watkins(eds.). *Interpreting television.* Beverly Hills, CA: Sage.

Nielsen. 2005.11.14. "Research paper: Local people meter standard error of advertising schedules." http://www.nielsenmedia.com/forclients/LPMStandardError_11-05.pdf

_____. 2009. "Introduction to Nielsen data fusion." New York: Author. http://nielsen.com/content/dam/nielsen/en_us/documents/pdf/Fact%20Sheets/Nielsen%20Introduction%20to%Data%20Fusion.pdf

_____. 2011a. "People first: A user-centric hybrid online audience measurement model." New York: Author. http://www.nielsen.com/us/en/insights/reports-downloads/2011/user-centric-hybrid-online-audience-measurement-model.html

_____. 2011b. *State of the media: Consumer usage report 2011.* New York: Nielsen Media Research.

_____. 2011c. *The television audience 2010-2011.* New York: Author.

Nielsen. A. C. 1988. "Television ratings and the public Interest." In J. Powell and W.

Gair(eds.). *Public interest and the business of broadcasting: The broadcast industry looks at itself.* New York: Quorum Books.

Nielsen Media Research. 1985~2004. *Television audience report.* New York: Author.

Nielsen Station Index. annually. *Your guide to reports & services.* New York: Nielsen Media Research.

Niven, H. 1960. "Who in the family selects the TV program?" *Journalism Quarterly*, 37, pp. 110~111.

Noam, E(ed.). 1985. *Video media competition: Regulation, economics, and technology.* New York: Columbia University Press.

Noll, R. G., Peck, M. G. and McGowan, J. J. 1973. *Economic aspects of television regulation.* Washington, DC: Brookings Institution Press.

Noll, R. G., Price, M. E(eds.). 1998. *A communications cornucopia: Market Foundation essays on information policy.* Washington, DC: Brookings Institution Press.

Ofcom. 2012.6. "Measuring media plurality: Ofcom's advice to the Secretary of State for Culture, Olympics, Media and Sport." http://stakeholders.ofcom.org.uk/binaries/consulations/measuring-plurality/statement/statement.pdf

Ogburn, W. F. 1933. "The influence of invention and discovery." In W. F. Ogburn(ed.). *Recent Social trends.* New York: McGraw-Hill.

Owen, B, M. 1975. *Economics and freedom of expression: Media structure and the first amendment.* Cambridge, MA: Ballinger.

Owen, B. M., Beebe, J. and Manning, W. 1974. *Television economics.* Lexington, MA: D.C. Heath.

Owen, B. M. and Wildman, S. S. 1992. *Video economics.* Cambridge, MA: Harvard University Press.

Palmgreen, P., Wenner, L. A. and Rayburn, J. D. 1981. "Gratification discrepancies and news program choice." *Communication Research*, 8, pp. 451~478.

Park, R. E. 1970. *Potential impact of cable growth on television broadcasting*(R-587-FF). Santa Monica, CA: Rand Corporation.

_____. 1979. *Audience diversion due to cable television: Statistical analysis of new data* (R-2403-FCC). Santa Monica, CA: Rand Corporation.

Parkman, A. M. 1982. "The effect of television station ownership on local news ratings." *Review of Economics and Statistics*, 64, pp. 289~295.

Perse, E. M. 1986. "Soap opera viewing patterns of college students and cultivation."

Journal of Broadcasting & Electronic Media, 30, pp. 175~193.

Peterson, R. 1972. "Psychographics and media exposure." *Journal of advertising Research*, 12, pp. 17~20.

Phalen, P. F. 1996. "Information and markets and the market for information: An analysis of the market for television audience." Unpublished doctoral dissertation, North western University, Evanston, IL.

_____. 1998. "The Market for information system and personalize exchange: Business practices in the market for television audiences." *Journal of media Economics*, 11(4), pp. 17~34.

_____. 1999. *Buying Internet audiences: The more things changes.* Paper presented at the Broadcast Education Association annual conference, Las vegas, NV, 1999. 4. 16~19.

_____. 2003. "Trading time and money for information in the television advertising market: Strategies and consequences." In A. Albarran and A. Arrese(eds.). *Time and markets.* Mahwah, NJ: Lawrence Erlbaum Associates.

_____. 2005. "Audience research and analysis." In A. Albarran, S. Chan-Olmsted and M. Wirth(eds.). *Handbook of media management and economics.* Mahwah, NJ: Lawrence Erlbaum Associates.

Phalen, P. F. and Ducey, R. 2005. "Market Research: U.S." In D. Gomery and L. Hockley(eds.). *The television Industry book.* London: British Film Institute.

Philport, J. 1980. *The psychology of viewer program evaluation.* In Proceedings of the 1980 technical conference on qualitative ratings. Washington, DC: Corporation for Public Broadcasting.

Picard, R. G. 2011. *The economics and financing of media companies*, 2nd ed. New York: Fordham University Press.

Poltrack, D. 1983. *Television marketing: Network, local, and cable.* New York: McGraw-Hill.

_____. 1988. "The 'big 3' networks." *Gannett Center Journal*, 2(3), pp. 53~62.

Potter, W. J. 1996. *An analysis of thinking and research about qualitative methods.* Mahwah, NJ: Lawrence Erlbaum Associates.

Praiser, E. 2011. *The filter bubble: What the Internet is hiding from you.* New York: Penguin Press.

Prior, M. 2007. *Post-broadcast democracy: How media choice increase inequality in political involvement and polarizes elections.* New York: Cambridge University Press.

_____. 2009. "The Immensely inflated news audience: Assessing bias in self-reported news exposure." *Public Opinion Quarterly*, 73(1), pp. 130~143. doi:10.1093/poq/nfp002

Proulx, M. and Shepatin, S. 2012. *Social TV: How marketers can reach and engage audiences by connecting television to the web, social media and mobile.* Hoboken, NJ: Wiley.

Rao, V. R. 1975. "Taxonomy of television programs based on viewing behavior." *Journal of Marketing Research*, 12, pp. 335~358.

Reagan, J. 1984. "Effects of cable television on news use." *Journalism Quarterly*, 61, pp. 317~324.

Robinson, J. P. 1977. *How Americans used their time in 1965.* New York: Praeger.

Robinson, J. P. and Levy, M. R. 1986. *The main source: Learning from television news.* Beverly Hills, CA: Sage.

Rogers, E. M. 1994. *A history of communication study: A biographical approach.* New York: The Free Press.

Rosengren, K. E., Wenner, L. A. and Palmgreen, P(eds.). 1985. *Media gratifications research: Current perspectives.* Beverly Hills, CA: Sage.

Rosenstein, A. W. and Grant, A. E. 1997. "Reconceptualizing the role of habit: a new model of television audience activity." *Journal of Broadcasting & Electronic Media*, 41(30), pp. 324~344.

Rothenberg, J. 1962. "Consumer sovereignty and the economics of TV programming." *Studies in Pubic Communication*, 4, pp. 23~36.

Rowland, W. 1983. *The Politics of TV violence: Policy uses of communication research.* Beverly Hills, CA: Sage.

Rubens, W. S. 1978. "A guide to TV ratings." *Journal of advertising Research*, 18, pp. 11~18.

_____. 1984. "High-tech audience measurement for new-tech audiences." *Critical studies in Mass Communication*, 1, pp. 195~205.

Rubin, A. M. 1984. "Ritualized and instrumental television viewing." *Journal of Communication*, 34(3), pp. 67~77.

_____. 1993. "Audience activity and media use." *Communication Monographs*, 60, pp. 98~115.

Rubin, A. M. and Perse, E. M. 1987a. "Audience activity and soap opera involvement."

Human Communication Research, 14, pp. 246~268.

_____. 1987b. "Audience activity and television news gratifications." *Communication Research*, 14, pp. 58~84.

Russell, M. A. 2011. *Mining the social web: Analyzing data from Facebook, Twitter, LinkedIn, and other social media sites.* Sebastapol, CA: O'Reilly.

Rust, R. T. 1986. *Advertising media models: A practical guide.* Lexington, MA: Lexington Books.

Rust, R. T. and Alpert, M. I. 1984. "An audience flow model of television viewing choice." *Marketing Science*, 3(2), pp. 113~124.

Rust, R. T. and Donthu, N. 1988. "A Programming and positioning strategy for cable television networks." *Journal of advertising*, 17, pp. 6~13.

Rust, R. T. and Kamakura, W. A. and Alpert, M. I. 1992. "Viewer preference segmentation and viewing choice models of network television." *Journal of advertising*, 21(1), pp. 1~18.

Rust, R. T. and Klompmaker, J. E. 1981. "Improving the estimation procedure for the beta binomial TV exposure model." *Journal of Marketing Research*, 18, pp. 442~448.

Rust, R. T., Klompmaker, J. E. and Headen, R. S. 1981. "A comparative study of television duplication models." *Journal of advertising*, 21, pp. 42~46.

Sabavala, D. J. and Morrison, D. G. 1977. "A model of TV show loyalty." *Journal of advertising Research*, 17, pp. 35~43.

_____. 1981. "A nonstationary model of binary choice applied to media exposure." *Management Science*, 27, pp. 637~657.

Salganik, M. J. and Levy, K. E. C. 2012.2.2. *Wiki surveys: Open and quantifiable social data collection.* Working paper. http://arxiv.org/pdf/1202. 0500v1.pdf

Salomon, G. and Cohen, A. 1978. "On the meaning and validity of television viewing." *Human Communication Research*, 4, pp. 265~270.

Salvaggio, J. L. and Bryant, J(eds.). 1989. *Media use in the information age: Emerging patterns of adoption and consumer use.* Hillsdale, NJ: Lawrence Erlbaum Associates.

Schramm, W., Lyle, J. and Parker, E. B. 1961. *Television in the lives of our children.* Stanford, CA: Stanford University Press.

Schroder, K. 1987. "Convergence of antagonistic traditions? The case of audience research." *European Journal of Communication*, 2, pp. 7~31.

Schudson, M. 1984. *Advertising, the uneasy persuasion: its dubious impact on American society.* New York: Basic Books.

Sears, D. O. and Freedman, J. L. 1972. "Selective exposure to information: A critical review." In W. Schramm and D. Roberts(eds.). *The process and effects of mass communication.* Urbana, IL: University of Illinois Press.

Sengupta, S. and Rusli, E. M. 2012.1.31. "Personal data's value? Facebook is set to find out." *The New York Times.* http://www.nytimes.com/2012/02/01/technology/riding-personal-data-facebook-is-going-public.html

Shachar, R. and Emerson, J. W. 2000. "Cast demographics, unobserved segments, and heterogeneous switching costs in a television viewing choice model." *Journal of Marketing Research,* 37, pp. 173~186.

Sharp, B., Beal, V. and Collins, M. 2009.6. "Television: Back to the future." *Journal of advertising Research,* 49(2), pp. 211~219. DOI: 10.2501/S00218499090031X

Sherman, B. L. 1995. *Telecommunications management: Broadcasting/cable and the new technologies,* 2nd ed. New York: McGraw-Hill.

Simon, H. 1997. *Administrative behavior: A study of decision-making processes in administrative organizations.* New York: The Free Press.

Sims, J. 1988. "AGB: The ratings innovator." *Gannett Center Journal,* 2(3), pp. 85~89.

Singer, J. L., Singer, D. G. and Rapaczynski, W. S. 1984. "Family patterns and television viewing as predictors of children's belief's and aggression." *Journal of Communication,* 34(3), pp. 73~89.

Sissors, J. Z. and Baron, R. B. 2002. *Advertising media planning,* 6th ed. Chicago: McGraw-Hill.

_____. 2010. *Advertising media planning,* 7th ed. New York: McGraw-Hill.

Sizing up the Market. 2004.1.12. *Broadcast and Cable,* 21.

Smythe, D. 1981. *Dependency road: Communications, capitalism, consciousness, and Canada.* Norwood, NJ: Ablex.

Soong, R. 1988. "The statistical reliability of people meter ratings." *Journal of advertising Research,* 28, pp. 50~56.

Sparkes, V. 1983. "Public perception of and reaction to multi-channel cable television service." *Journal of Broadcasting,* 27, pp. 163~175.

Spaulding, J. W. 1963. "1928: Radio becomes a mass advertising medium." *Journal of Broadcasting,* 7, pp. 31~44.

Stanford, S. W. 1984. "Predicting favorite TV program gratifications from general orientations." *Communication Research*, 11, pp. 419~436.

Stanton, F. N. 1935. "Critique of present methods and a new plan for studying listening behavior." Unpublished doctoral dissertation, The Ohio State University, Columbus, OH.

Statistical Research, Inc. 1975. *How good is the television diary technique?* Report prepared for the national Association of Broadcasters. Washington, DC: Author.

Steiner, G. A. 1963. *The people look at television*. New York: Alfred A. Knopf.

_____. 1966. "The people look at commercials: A study of audience behavior." *Journal of Business*, 39, pp. 272~304.

Steiner, P. O. 1952. "Program patterns and preferences, and the workability of competition in radio broadcasting." *Quarterly Journal of Economics*, 66, pp. 194~223.

Stroud, N. J. 2011. *Niche news: The politics of news choice*. Oxford: Oxford University Press.

Sterling, C. H. and Kittross, J. M. 1990. *Stay tuned: A concise history of American broadcasting*, 2nd ed. Belmont, CA: Wadsworth.

_____. 2001. *Stay tuned: A History of American broadcasting*, 3rd ed. Mahwah, NJ: LEA.

Straubhaar, J. D. 2007. *World television: From global to local*. Los Angeles, CA: Sage Publications.

Sudman, S and Bradburn, N. 1982. *Asking questions: A practical guide to questionnaire design*. San Francisco: Jossey-Bass.

Sunstein, C. 2001. *Republic.com*. Princeton, NJ: Princeton University Press.

_____. 2009. *Going to extremes: How like minds unite and divide*. Oxford: Oxford University Press.

Surmanek, J. 2003. *Advertising media A to Z*. New York: McGraw-Hill.

Swanson, C. I. 1967. "The frequency structure of television and magazines." *Journal of advertising Research*, 7, pp. 3~7.

Takada, H. and Henry, W. 1993. fall. "Analysis of network TV commercial time pricing for top-rated prime time programs." *Journal of Current Issues and Research in Advertising*, 15(2), pp. 59~70.

Taneja, H., Webster, J. G., Malthouse, E. C. and Ksiazek, T. B. 2012. Media consumption across platforms: Identifying user-defined repertoires. *New Media & Society*, 14(6), pp. 951~968.

Television Audience Assessment. 1983a. *The audience rates television*. Boston, MA: Author.

_____. 1983b. *The multichannel environment*. Boston, MA: Author.

Terranova, J. 1998.10. "Ratings wars." *American Demographics*, pp. 31~35.

Tiedge, J. T. and Ksobiech, K. J. 1986. "The 'lead-in' strategy for prime-time: Does it increase the audience?" *Journal of Communication*, 36(3), pp. 64~76.

_____. 1987. "Counterprogramming primetime network television." *Journal of Broadcasting & Electronic Media*, 31, pp. 41~55.

Turow, J. 1997a. *Breaking up America: Advertisers and the new media world*. Chicago: University of Chicago Press.

_____. 1997b. *Media systems in society: Understanding industries, strategies and power*, 2nd ed. New York: Longman.

_____. 2006. *Niche envy: Marketing discrimination in the digital age*. Cambridge, Mass.: MIT Press.

_____. 2012. *The daily you: How the new advertising industry is defining your identity and your worth*. New Haven: Yale University Press.

Turow, J. and Tsui, L(eds.). 2008. *The hyperlinked society: Questioning connections in the digital age*. Ann Arbor: University of Michigan Press.

Urban, C. D. 1984. "Factors influencing media consumption: A survey of the literature." In B. M. Compaine(ed.). *Understanding new media: Trends and issues in electronic distribution of information*. Cambridge, MA: Ballinger.

van Rees, K. and van Eijck, K. 2003. "Media repertoires of selective audiences: The impact of status, gender, and age on media use." *Poetics*, 31(5-6), pp. 465~490.

Varian, H. R. 2006. "Revealed preference." In M. Szenberg, L. Ramrattan and A. A. Gottesman(eds.). *Samuelsonian economics and the twenty-first century*. Oxford; New York: Oxford University Press.

Veronis Suhler Stevenson. 2012. *Communications industry forecast & report*, 26th ed. New York: Author.

Vogel, H. L. 1986. *Entertainment industry economics: A guide for financial analysis*. Cambridge: Cambridge University Press.

_____. 2004. *Entertainment industry economics: A guide for financial analysis*, 6th ed. Cambridge: Cambridge University Press.

_____. 2011. *Entertainment industry economics: A guide for financial analysis*, 8th ed. Cambridge: Cambridge University Press.

Wakshlag, J., Agostino, D., Terry, H., Driscoll, P. and Ramsey, B. 1983. "Television news viewing and network affiliation change." *Journal of Broadcasting*, 27, pp. 53~68.

Wakshlag, J., Day, K. and Zillmann, D. 1981. "Selective exposure to educational television programs as a function of differently paced humorous inserts." *Journal of Educational Psychology*, 73, pp. 27~32.

Wakshlag, J. and Greenberg, B. 1979. "Programming strategies and the popularity of television programs for children." *Human Communication Research*, 6, pp. 58~68.

Wakshlag, J., Reitz, R. and Zillmann, D. 1982. "Selective exposure to and acquisition of information from educational television programs as a function of appeal and tempo of background music." *Journal of Educational Psychology*, 74, pp. 666~677.

Wakshlag, J., Vial, V. K. and Tamborini, R. 1983. "Selecting crime drama and apprehension about crime." *Human Communication Research*, 10, pp. 227~242.

Walejko, G. K. 2010. "Addressing the challenges of measuring self-reported media use: Using contingent feedback to increase data quality in web and face-to-face survey modes." Doctoral dissertation. Northwestern University.

Walker, J. R. 1988. "Inheritance effects in the new media environment." *Journal of Broadcasting & Electronic Media*, 32, pp. 391~401.

Walker, J. and Ferguson, D. 1998. *The broadcast television industry*. Boston: Allyn and Bacon.

Wand, B. 1968. "Television viewing and family choice differences." *Public Opinion Quarterly*, 32, pp. 84~94.

Warner, C. 2003. *Selling media: Broadcast, cable, print and interactive*, 3rd ed. Ames, LA: Iowa State Press.

Waterman, D. 1986. "The failure of cultural programming on cable TV: An economic interpretation." *Journal of Communication*, 36(3), pp. 92~107.

_____. 1992. "'Narrowcasting' and 'broadcasting' on nonbroadcast media: A program choice model." *Communication Research*, 19(1), pp. 3~28.

Watts, D. J. 2011. *Everything is Obvious: Once you know the answer*. New York: Crown Books.

Weber, R. 2003. "Methods to forecast television viewing patterns for target audiences." In A. Schorr, B. Campbell and M. Schenk(eds.). *Communication research in Europe and abroad: Challenges for the first decade*. Berlin: DeGruyter.

Webster, J. G. 1982. *The impacts of cable and pay cable on local station audiences*. Washington, DC: National Association of Broadcasters.

_____. 1983a. *Audience research*. Washington, DC: National Association of Broadcasters.

_____. 1983b. "The impact of cable and pay cable on local station audiences." *Journal of Broadcasting*, 27, pp. 119~126.

_____. 1984a. "Cable television's impact on audience for local news." *Journalism Quarterly*, 61, pp. 419~422.

_____. 1984b.4. "Peoplemeters." In *Research & Planning: Information for management*. Washington, DC: National Association of Broadcasters.

_____. 1985. "Program audience duplication: A study of television inheritance effects." *Journal of Broadcasting & Electronic Media*, 29, pp. 121~133.

_____. 1986. "Audience behavior in the new media environment." *Journal of Communication*, 36(3), pp. 77~91.

_____. 1989a. "Assessing exposure to the new media." In J. Salvaggio and J. Bryant(eds.). *Media use in the information age: Emerging patterns of adoption and consumer use*. Hillsdale, NJ: Lawrence Erlbaum Associates.

_____. 1989b. "Television audience behavior: Patterns of exposure in the new media environment." In J. Salvaggio and J. Bryant(eds.). *Media use in the information age: Emerging patterns of adoption and consumer use*. Hillsdale, NJ: Lawrence Erlbaum Associates.

_____. 1990. "The role of audience ratings in communications policy." *Communications and the Law*, 12(2), pp. 59~72.

_____. 1998. "The audience." *Journal of Broadcasting & Electronic Media*, 42(2), pp. 190~207.

_____. 2005. "Beneath the veneer of fragmentation: Television audience polarization in a multi-channel world." *Journal of Communication*, 55(2), pp. 366~382.

_____. 2006. "Audience flow past and present: Inheritance effects reconsidered." *Journal of Broadcasting & Electronic Media*, 50(2), pp. 323~337.

_____. 2010. "User information regimes: How social media shape patterns of consumption." *Northwestern University Law Review*, 104(2), pp. 593~612.

_____. 2011. "The duality of media: A structurational theory of public attention." *Communication Theory*, 21, pp. 43~66.

Webster, J. G. and Coscarelli, W. 1979. "The relative appeal to children of adult versus children's television programming." *Journal of Broadcasting*, 23, pp. 437~451.

Webster, J. G. and Ksiasek, T. B. 2012. "The dynamics of audience fragmentation: Public attention in an age of digital media." *Journal of Communication*, 62, pp. 39~56.

Webster, J. G. and Lin, S. F. 2002. "The Internet audience: Web use as mass behavior." *Journal of Broadcasting & Electronic Media*, 46(1), pp. 1~12.

Webster, J. G. and Newton, G. D. 1988. "Structural determinants of the television news audience." *Journal of Broadcasting & Electronic Media*, 32, pp. 381~389.

Webster, J. G. and Phalen, P. F. 1997. *The mass audience: Rediscovering the dominant model*. Mahwah, NJ: Lawrence Erlbaum Associates.

Webster, J. G. and Wakshlag, J. 1982. "The impact of group viewing on patterns of television program choice." *Journal of Broadcasting*, 26, pp. 445~455.

_____. 1983. "A theory of television program choice." *Communication Research*, 10, pp. 430~446.

_____. 1985. "Measuring exposure to television." In D. Zillmann and J. Bryant(eds.). *Selective exposure to communication*. Hillsdale, NJ: Lawrence Erlbaum Associates.

Webster, J. G. and Wang, T. 1992. "Structural determinants of exposure to television: The case of repeat viewing." *Journal of Broadcasting & Electronic Media*, 36(4), pp. 125~136.

Weibull, L. 1985. "Structural factors in gratifications research." In K. E. Rosengren, L. A. Wenner and P. Palmgreen(eds.). *Media gratifications research: Current perspectives*. Beverly Hills, CA: Sage.

Wells, W. D. 1969. "The rise and fall of television program types." *Journal of advertising Research*, 9, pp. 21~27.

_____. 1975. "Psychographics: A critical review." *Journal of Marketing Research*, 12, pp. 196~213.

WFA. 2008. "The WFA/EACA Guide to organizing audience research." World federation of Advertisers/European Association of Communications Agencies: Brussels. http://www.wfanet.org/pdf/med_documents/WFA_EACA_Organising_Audience_Research_2008.pdf

White, K. J. 1977. "Television markets shares, station characteristics and viewer choice." *Communication Research*, 4, pp. 415~434.

White, B. C. and Satterthwaite, N. D. 1989. *But first these messages... The selling of broadcast advertising*. Boston: Allyn and Bacon.

Why's and wherefore's of syndex II. 1988.5.23. *Broadcasting*, pp. 58~59.

Wildman, S. S. and Owen, B. M. 1985. "Program competition, diversity, and multichannel bundling in the new video industry." In E. Noam(ed.). *Video media competition: Regulation, economics, and technology.* New York: Columbia University Press.

Wildman, S. S. and Siwek, S. E. 1988. *International trade in films and television programs.* Cambridge, MA: Ballinger.

Wimmer, R. and Dominick, J. 2002. *Mass media research: An introduction*, 7th ed. Belmont, CA: Wadsworth.

_____. 2010. *Mass media research: An introduction*, 9th ed. Belmont, CA: Wadsworth.

Winterberry. 2012.1. "From information to audiences: The emerging marketing data use cases." A Winterberry Group White Paper. http://www.iab.net/media/file/From InformationToAudiences-AWinterberryGroupWhitePaper-January2012.pdf

Wirth, M. O. and Bloch, H. 1985. The broadcasters: The future role of local stations and the three networks. In E. Noam(ed.). *Video media competition: Regulation, economics, and technology.* New York: Columbia University Press.

Wirth, M. O. and Wollert, J. A. 1984. "The effects of market structure on local television news pricing." *Journal of Broadcasting*, 28, pp. 215~224.

Wise, B. 2011.12.6. "Why the operational half of metrics is in trouble (and how to fix it)." *Media Post.* http://www.mediapost.com/publications/article/163653/why-the-operational -half-of-metrics-is-in-trouble.html

Wober, J. M. 1988. *The use and abuse of television: A social psychological analysis of the changing screen.* Hillsdale, NJ: Lawrence Erlbaum Associates.

Wober, J. M. and Gunter, B. 1986. "Television audience research at Britain's Independent Broadcasting Authority, 1974~1984." *Journal of Broadcasting & Electronic Media*, 30, pp. 15~31.

Wonneberger, A., Schoenbach, K. and van Meurs, L. 2009. "Dynamics of individual television viewing behavior: Models, empirical evidence, and a research program." *Communication Studies*, 60(3), pp. 235~252.

Wulfemeyer, K. T. 1983. "The interests and preferences of audiences for local television news." *Journalism Quarterly*, 60, pp. 323~328.

Yuan, E. J. 2010. "Audience loyalty and its determinants." *Asian Journal of Communication*, 20(3), pp. 354~366.

Yuan, E. J. and Ksiazek, T. 2011. "The duality of structure in China's national television market: A network analysis of audience behavior." *Journal of Broadcasting & Electronic Media*, 55(2), pp. 180~197.

Yuan, E. J. and Webster, J. G. 2006. "Channel repertoires: Using peoplemeter data in Beijing." *Journal of Broadcasting & Electronic Media*, 50(3), pp. 524~536.

Zeigler, S. K. and Howard, H. 1991. *Broadcast advertising: A comprehensive working textbook*, 3rd ed. Ames, IA: Iowa State University Press.

Zenaty, J. 1988. "The advertising agency." *Gannett Center Journal*, 2(3), pp. 79~84.

ZenithOptimedia. 2011. *Market and MediaFact Report.* Author.

Zillmann, D. 2000. "Mood management in the context of selective exposure theory." *Communication Yearbook*, 23, pp. 103~122.

Zillmann, D. and Bryant, J(eds.). 1985. *Selective exposure to communication.* Hillsdale, NJ: Lawrence Erlbaum Associates.

Zillmann, D., Hezel, R. T. and Medoff, N. J. 1980. "The effect of affective states on selective exposure to televised entertainment fare." *Journal of Applied Social Psychology*, 10, pp. 323~339.

Zillmann, D. and Vorderer, P. 2000. *Media entertainment: The psychology of its appeal.* Mahwah, NJ: Lawrence Erlbaum Associates.

저자 색인

* 고딕으로 표시된 페이지는 표제어가 그림이나 표에 있음.

주제 색인

뿡(hypoing) 411

ㅅ

사람이 분석 단위일 때(people as unit of analysis) 201~202
사멸(mortality) 411
사일러, 제임스(James Seiler) 58
사회 연결망(social networks) 173
산입 표본(in-tab) 99, 411
산출(production) 134~142
산출 오차(production error) 82, 135~142
산포도(variability) 95
산포 시장(scatter market) 286, 411
　☞ '기회주의적 시장', '선불 시장도 보시오.
삼각조사회사계약(TRCC: Tri-partite Research Company Contracts) 299, 411
상관도(correlation) 231, 411
상대 표준 오차(relative standard error) 94, 411
　☞ '표집 오차'도 보시오.
상대 표준 오차 문턱(relative standard error thresholds) 411
　☞ '상대 표준 오차'도 보시오.
상속 효과(inheritance effects) 266, 344~346, 411
　☞ '수용자 중복', '수용자 흐름', '채널 충성(도)'도 보시오.
상호작용광고국(IAB: Interactive Advertising Bureau) 244, 383, 411
새로운 미디어 환경의 도전(challenges of new media environment) 68~72
샌디, 허리케인 (Sandy, Hurricane) 135
서버(servers) 102, 127~131, 133~134, 411

서버 중심 측정(server~centric measurement) 73~74, 127~131, 133~134, 243~245, 412
　☞ '이용자 중심 측정'도 보시오.
서베이(surveys)
　실사(enumeration) 100, 414
　웹 기반(web-based) 113
　종단면(longitudinal) 89~90, 417
　확립(establishment) 100
　횡단면(cross-sectional) 88~89, 423
선별적 노출(selective exposure) 162~163, 386
선불 시장(upfront market) 286, 412
선택지 인식(awareness of options) 172~173
선형 미디어(linear media) 158, 167, 179, 412
선호(preferences) 156, 170~171
설문(questionnaires) 111~113
세계광고주연맹(WFA: World Federation of Advertisers) 76, 412
세분화(segmentation) 309~313, 412
　☞ '표적 수용자'도 보시오.
센서스(census) 83, 412
셋톱박스(set-top boxes: STB) 74, 103~104, 119, 121, 132, 141, 412
소 반복 위험 효과(double jeopardy effects) 254~257
소비 시간(time spent) 412
소셜미디어(social media) 189, 328~329
소수자 집단(의) 시청자(minority viewers) 78~79, 392
수동식 피플미터(passive peoplemeters) 123~124
수동적 수용자(passive audience) 159,

지은이

제임스 웹스터 James G. Webster

노스웨스턴 대학 커뮤니케이션학과 정교수이다. 인디애나 대학에서 박사 학위를 받았다. 노스웨스턴 대학 커뮤니케이션학부장을 역임했다. *Journal of Broadcasting & Electronic Media*와 *Journal of Communication*의 편집이사를 맡기도 했으며 닐슨, 터너, 토요타 등의 컨설팅을 하기도 했다. 주요 연구 관심사는 미디어 이용이다. 연구 초기에는 주로 텔레비전 수용자 행태와 프로그램 선택에 집중했다. 수용자 측정과 미디어 산업, 뉴미디어의 사회적 영향도 연구해왔는데, 근래에는 디지털 플랫폼을 넘나드는 미디어 소비에 주목하고 있다

퍼트리샤 팰런 Patricia F. Phalen

조지워싱턴 대학 미디어/홍보학과 부교수이다. 학부와 대학원에서 미디어 조직과 수용자 관련 과목을 강의한다. 노스웨스턴 대학에서 박사 학위를 받았고, 푸트콘앤벨딩에서 미디어 플래닝을, WTTW에서는 수용자 조사 업무를 담당했다. *Journal of Media Economics, Journal of Broadcasting & Electronic Media, American Journal of Political Science, Political Communication, The Journal of Radio Studies* 등에 다양한 논문을 발표했다.

로런스 릭티 Lawrence W. Lichty

노스웨스턴 대학 커뮤니케이션학과 명예교수이다. 오하이오스테이트 대학에서 석사, 박사 학위를 받았다. 연구 관심 분야는 수용자 연구, 미디어 역사, 프로그램 역사, 다큐멘터리이다.

옮긴이

정성욱

미디어연구소 '봄'의 대표. KBS 프로듀서로 일하다가, 서울대 대학원에서 석사 학위를, 노스웨스턴 대학에서 박사 학위를 받았다. 논문으로 "The American Data Culture Since 1820", 『한국의 법 전통과 소셜미디어 규제』, 『커뮤니케이션 효과론의 존재론적 전제』, 『객관보도의 위기와 전통의 힘』이 있다. 시청률 데이터의 질을 좌우하는 변인에 대한 분석에서 시작한 '데이터 문화의 비교'가 종국의 연구 관심사다.

한울아카데미 2023

시청률 분석

수용자 측정과 분석법

지은이 ㅣ 제임스 웹스터 · 퍼트리샤 팰런 · 로런스 릭티
옮긴이 ㅣ 정성욱
펴낸이 ㅣ 김종수
펴낸곳 ㅣ 한울엠플러스(주)
편   집 ㅣ 김경희

초판 1쇄 인쇄 ㅣ 2017년 9월 14일
초판 1쇄 발행 ㅣ 2017년 9월 29일

주소 ㅣ 10881 경기도 파주시 광인사길 153 한울시소빌딩 3층
전화 ㅣ 031-955-0655
팩스 ㅣ 031-955-0656
홈페이지 ㅣ www.hanulmplus.kr
등록번호 ㅣ 제406-2015-000143호

Printed in Korea.
ISBN 978-89-460-7023-3 93070(양장)
         978-89-460-6365-5 93070(학생판)

* 책값은 겉표지에 표시되어 있습니다.
* 이 책은 강의를 위한 학생판 교재를 따로 준비했습니다.
   강의 교재로 사용하실 때에는 본사로 연락해주십시오.